中国人民大学法律文化研究中心
北京市法学会中国法律文化研究会　主办

曾宪义法学教育与法律文化基金会　资助

总主编　马小红

法律文化研究

RESEARCH ON LEGAL CULTURE

第十一辑

非洲法律文化专题

Symposium on
African Legal Culture

主编　夏新华

社会科学文献出版社
SOCIAL SCIENCES ACADEMIC PRESS (CHINA)

原序
从传统中寻找力量

出版发行《法律文化研究》（年刊）酝酿已久，我们办刊的宗旨当然与如今许多已经面世的学术刊物是一致的，这就是繁荣法学的教育和研究、为现实中的法治实践提供历史的借鉴和理论的依据。说到"宗旨"两字，我想借用晋人杜预《左氏春秋传序》中的一段话来说明："其微显阐幽，裁成义类者，皆据旧例而发义，指行事以正褒贬。"即通过对历史上"旧例"、"行事"的考察，阐明社会发展的道理、端正人生的态度；记述历史、研究传统的宗旨就在于彰显复杂的历史表象背后所蕴含的深刻的"大义"。就法律文化研究而言，这个"大义"就是发掘、弘扬传统法的优秀精神，并代代相传。

然而，一部学术著作和学术刊物的生命力和影响力并不只取决于它的宗旨，在很大程度上，它是需要特色来立足的，需要用自身的特色力争最好地体现出宗旨。我们定名为《法律文化研究》（年刊）有这样几点考虑，第一，我们研究的对象是宽阔的，不只局限于"法律史"，从文化的角度，我们要探讨的甚至也不仅仅是"法"或"法律"。我们的研究对象包括法的本身与产生出不同模式的法的社会环境两个方面。因此，我们在考察法律的同时，要通过法律观察社会；在考察社会时，要体悟出不同国家和地区的法律特色之所在，以及这些特色形成的"所以然"。第二，在人类的历史长河中，传统文化的传承、不同文化间的交流与融合，构成了人类文明不断发展的主旋律。一个民族和国家的传统往往是文化的标志，"法律文化"研究的重点是研究不同民族和国家的不同法律传统及这些传统的传承；研究不同法律文化间的相同、相通、相异之处，以及法律文化的融合、发展规律。

因此，我们的特色在于发掘传统，利导传统，从传统中寻找力量。

在此，我们不能不对近代以来人们对中国传统法律文化的误解作一辩白。

与其他学科相比，法学界在传统文化方面的研究显得比较薄弱，其原因是复杂的。

首先，近代以来，学界在比较中西法律文化传统时对中国传统法律文化基本持否定的态度，"发明西人法律之学，以文明我中国"是当时学界的主流观点。对传统法律文化的反思、批判，一方面促进了中国法律的近代化进程，另一方面也造成了人们的误解，使许多人认为中国古代是"只有刑，没有法"的社会。

其次，近代以来人们习惯了以国力强弱为标准来评价文化的所谓"优劣"。有一些学者将西方的法律模式作为"文明"、"进步"的标尺，来评判不同国家和地区的法律。这种理论上的偏见，不仅阻碍了不同法律文化间的沟通与融合，而且造成了不同法律文化间的对抗和相互毁坏。在抛弃了中国古代法律制度体系后，人们对中国传统法律的理念也产生了史无前例的怀疑甚至予以否定。

最后，受社会思潮的影响，一些人过分注重法学研究的所谓"现实"性，而忽视研究的理论意义和学术价值，导致传统法律文化虚无主义的泛滥。

对一个民族和国家来说，历史和传统是不能抹掉的印记，更是不能被中断或被抛弃的标志。如果不带有偏见，我们可以发现中国传统法律文化中凝聚着人类共同的精神追求，凝聚着有利于人类发展的巨大智慧，因此在现实中我们不难寻找到传统法律文化与现代法律文明的契合点，也不难发现传统法律文化对我们的积极影响。

就法的理念而言，中西传统是不谋而合的。东西方法治文明都承认"正义"是法律的灵魂，"公正"是法律追求的目标。只不过古今中外不同的文化对正义、公正的理解以及实现正义和公正的途径不尽相同。法国启蒙思想家伏尔泰说："在别的国家法律用以治罪，而在中国其作用更大，用以褒奖善行。"西方文化传统侧重于强调法律对人之"恶性"的遏制，强调通过完善的制度设计和运行来实现社会公正与和谐。中国传统法律文化的主流更侧重于强调人们"善性"的弘扬、自觉的修养和在团体中的谦让，通过自律达到和谐的境界。在和谐中，正义、公正不只是理想，而且成为可望也可即的现实。

就法律制度而言，中国古代法律制度所体现出的一些符合人类社会发展、符合现代法治原则的精华也应该引起我们的关注。比如，尊老恤弱精神是传统法律的一个优秀之处。历代法律强调官府对穷苦民众的冤屈要格外关心，为他们"做主"。自汉文帝时开始，中国古代"养老"（或敬老）制度逐渐完善，国家对达到一定岁数的老者给予税役减免，官衙还赐予米、布、肉以示敬重。竞争中以强凌弱、以众暴寡在中国传统文化中被视为大恶，也是法律严惩的对象。这种对困难群体的体恤和关怀，不仅有利于社会矛盾的缓和，而且体现了法律的公正精神，与现代法律文明完全一致。再比如，中国古代法律中对环境开发利用的限制也值得我们借鉴。《礼记》中记载，人们应顺应季节的变化从事不同的工作和劳动，春天不得入山狩猎，不得下湖捕捞，不得进山林砍伐，以免毁坏山林和影响动植物生长。这一思想在"秦简"和其他王朝的法律典籍中被制变化、法律化。这种保护自然、保护环境的法律法规，反映的是"天人合一"的观念、对自然"敬畏"的观念及保护和善待一切生命的理念等，而这些观念与现代法治中的环境保护、可持续发展精神也是吻合的。

在现代法治的形成过程中，从理念到制度，我们并不缺乏可利用的本土资源，我们理应对中国源远流长的传统法律文化充满信心。我们进行研究的目的，也是希望能够充分发掘传统法律文化的价值，从中找到发展现代法治文明的内在力量。

我们也应该切忌将研究和弘扬传统法律文化理解为固守传统。任何一种传统的更新都不可能在故步自封中完成。只有在与现实社会相联系的淘汰与吸收中，传统才能充满活力，完成转型。传统法律文化也是如此，古今中外，概莫能外。

就中国法律而言，现代社会已经大不同于古代社会，我们的政治、经济环境和生活方式已经发生了巨大的变化，古代的一些法律制度和理念在确立和形成的当时虽然有其合理性，但随着时代的变迁，这些制度和理念有些已经失去了效用，有些甚至走向发展的反面，成为制约社会进步的阻力。在对传统法律文化进行改造和更新时，我们要注意积极地、有意识地淘汰这样的制度和理念，注意学习和引进外国的一些先进的法律文化，并不断总结引进外国法律文化的经验教训。近代以来，我们在引进和学习西方法律文化方面有过成功，也有过失败。比如，罪刑法定主义的确立就值得肯定。1764 年，意大利法学家贝卡利亚出版了《论犯罪与刑罚》一书，对欧洲封建刑事法律制度的野蛮性和随意性提出了谴责，从理论上提出了一些进步的刑法学说，其中罪刑法定的原则影响最大。罪刑法定，即犯罪和刑罚应由法律明文规定，不能类推适用。近代以来，这一原则逐渐为各国刑法承认和贯彻。1948 年联合国大会通过的《世界人权宣言》和 1966 年的《公民权利和政治权利国际公约》都规定了罪刑法定原则。罪刑法定主义的学说在清末传入中国，此后，在颁行的一些刑法中也得到原则上的承认。但是，由于种种原因，这一原则在司法实践中或难以贯彻实行，或类推适用一直被允许。直到 1997 年修订《中华人民共和国刑法》，才明确规定了"法律明文规定为犯罪行为的，依照法律定罪处刑；法律没有明文规定为犯罪行为的，不得定罪处刑"。类推适用在立法上被彻底废止，司法实践则在努力的贯彻之中。罪刑法定原则的确立，对促进中国法律的发展和提升中国的国际形象有着重要的意义。

世界文明兴衰史雄辩地证明，一个民族、一种文明文化唯有在保持其文化的主体性的同时，以开放的胸襟吸收其他文明的优秀成果，不断吐故纳新，方能保持其旺盛的生命力，保持其永续发展的势头，并创造出更辉煌的文明成果。其实，近代西方法律传统转型时也经历过一个反思传统—淘汰旧制—融合东西—形成新的传统并加以弘扬的过程。在许多启蒙思想家的法学经典著作中，我们可以看到西方法学家对中国法律的赞扬和批判、分析和评价。孟德斯鸠《论法的精神》、伏尔泰《风俗论》、魁奈《中华帝国的专制制度》、梅因《古代法》、黑格尔《历史哲学》等都对中国的法律有着精湛的论述。即使现代，西方的法治传统仍然处在变化"扩容"之中，中国的一些理念不断地融入西方法治中。一些现代欧美法学家或研究者更是将中国法律制度作为专门的领域精心地进行研究。比如费正清《中国：传统与变迁》、C. 莫里斯等《中华帝国的法律》、高道蕴《中国早期的法治思想》以及欧中坦《千方百计上京城：清朝的京控》、史景迁《王氏之死》等。一些中国传统法律的理念，比如顺应而不是"征服"自然，弱者应该得到或享有社会公正，以和睦而不是对立为最终目标的调解，等等，在吸纳现代社会气息的基础上，在西方法治体系中被光大。如同历史上的佛教在印度本土式微而在中国的文化中被发扬一样，这些具有价值的思想和理念在中国却常常因为其是"传统"而受到漠视或批判。

因此，我们应该发扬兼容并蓄、与时俱进的精神，在融合中西、博采古今中改造和更新传统法律文化，完成传统法律文化的现代转型。

近代以来，中国传统法律文化的断裂是一个不争的事实，但是，另外一个不争的事实是，近年来，中国传统文化越来越受到社会的广泛重视，不仅政府致力于保护各种文化遗产，学术界也从哲学、史学、社会学等各个方面对传统文化进行研究。中国人民大学首创全国第一所具有教学、科研实体性质的"国学院"，招收了本科学生和硕士研究生、博士研究生，受到国人的广泛关注；此前，武汉大学在哲学院建立了"国学班"，其后，北京大学建立了"国学研究院"和"国学教室"，中山大学设立了"国学研修班"，国家图书馆开办了"部级干部历史文化讲座"。鉴于各国人民对中国传统文化的热爱和兴趣，我国在世界许多国家和地区设立了近百所"孔子学院"。2005 年年底，教育部哲学社会科学重大攻关项目"中国传统法律文化研究"（十卷）正式启动，这个项目也得到国家新闻出版总署的重视，批准该项目为国家重大图书出版项目，从而为传统法律文化的研究工作注入了新的推动力。我作为项目的首席专家深感责任重大。孔子曾言"人能弘道，非道弘人"，我们希望能从传统中寻找到力量，在异质文化中汲取到法治营养，并为"中国传统法律文化研究"（十卷）这个项目的顺利进行营造学术环境，努力将这一项目做成不负时代的学术精品。

《法律文化研究》是学术年刊，每年出版一辑，每辑约 50 万字，这是我们献给学人的一块学术园地，祈望得到方家与广大读者的关爱和赐教。

曾宪义
2005 年

改版前言

　　《法律文化研究》自 2005 年至 2010 年已经出版六辑。时隔三年，我们改版续发，原因是多方面的。

　　本刊停发最为直接的原因是主编曾宪义教授的不幸去世。此外，近年来我本人新增的"做事"迟疑与拖沓的毛病以及出版社方面的出版困难也都是这项工作停顿的原因。

　　2004 年我调入中国人民大学不久，曾老师告诉我他有一个计划，就是用文集的方式整合全国法史研究的资源，展示法史研究成果。不久曾老师就联系了中国人民大学出版社并签订了六辑出版合同。后来，作为教育部重大攻关项目"中国传统法律文化研究"（十卷）的首席专家，曾老师明确将年刊与《百年回眸——法律史研究在中国》定位为重大攻关项目的配套工程。

　　在确定文集的名称时，曾老师斟酌再三，名称由"中国传统法律文化研究"改为"传统法律文化研究"，再改为"法律文化研究"。对此，曾老师在卷首语《从传统中寻找力量》中解释道："我们研究的对象是宽阔的，不只局限于'法律史'，从文化的角度，我们要探讨的甚至也不仅仅是'法'或'法律'。我们的研究对象包括法的本身与产生出不同模式的法的社会环境两个方面。因此，我们在考察法律的同时，要通过法律观察社会；在考察社会时，要体悟出不同国家和地区的法律特色之所在，以及这些特色形成的'所以然'。"

　　时光荏苒，转眼近十年过去了，当时我所感受到的只是曾老师对法史研究抱有的希望，而今天再读"卷首语"中的这段话，则更感到曾老师对法史研究方向或"出路"的深思熟虑。

感谢学界同人的支持与关注，《法律文化研究》自出版以来得到各位惠赐大作与坦诚赐教。近十年来"跨学科"、"多学科"研究方法的运用，已然使曾老师期冀的法律文化研究"不只局限于'法律史'"的愿望正在逐步成为现实，而唯有如此，"法律史"才能与时俱进，在学术与现实中发挥它应有的作用。我本人在编辑《法律文化研究》的过程中，在跟随曾老师的学习中，也认识到"学科"应是我们进入学术殿堂的"方便门"，而不应是学术发展的桎梏，研究没有"领地"与"边界"的限制，因为研究的对象是"问题"，研究的目的是解决学术和实践中的问题而不只是为了在形式上完善学科。

为此，在本刊再续时，我与学界一些先进、后锐商议，用一个更为恰当的方式反映法律文化研究的以往与现实，于是便有了这次的改版。改版后的《法律文化研究》，不再设固定的主编，每辑结合学术前沿集中于一个专题的研究，由专题申报者负责选稿并任该辑主编，每一辑都力求能反映出当前该专题研究所具有的最高学术水准与最新研究动向。每辑前言由该辑主编撰写"导读"，后附该辑专题研究著作与论文的索引。这样的形式不仅可以使研究集中于目前的热点、难点问题，而且可以使更多的学者在《法律文化研究》这个平台上发挥作用，同时出版社也可以摆脱出版负担过重等困境。

编委会与编辑部的工作机构设于中国人民大学法律文化研究中心与曾宪义法律教育与文化研究基金会。希望改版后的《法律文化研究》能一如既往地得到学界的赐稿与指教。

马小红

初稿于 2013 年仲夏

再稿于 2014 年孟春

目　录

三 著作评论篇

主编导读

　　非洲法律文化是法律文化研究的重要领域。相较于国外，我国对非洲法的系统研究起步较晚，但自 20 世纪 90 年代以降，随着越来越多的学者参与到非洲法的研究中，我国的非洲法律文化研究取得了显著进步，涌现出一大批优秀研究成果。本书编辑的目的就在于全面梳理和展现非洲法律文化研究领域代表性的学术成果，以进一步促进和繁荣非洲法律文化研究。由于非洲法律文化研究领域成果颇多，故本书主要分为基础理论篇、部门法文化篇和著作评论篇加以叙述，整体上构成一个逻辑体系。

　　在基础理论篇中，非洲法律文化的发展变迁是非洲法律文化研究中必须要解决的基础理论问题，充分梳理非洲法律文化发展变迁对非洲法研究具有重大的基础性意义。一个国家的法律制度一般经历了由习惯发展为习惯法，再向成文法转化的过程。在非洲法律文化形成过程中，非洲传统习惯起到了重要作用，故欲研究非洲法律文化，必须对非洲习惯法有一个清晰准确的认识。在梳理非洲法文化形成与发展并形成体系的基础之上，是否存在独立的非洲法系历来是非洲法学界关注的重点问题。非洲法律文化在变迁过程中，不断地经受外来法文化的冲击，伊斯兰教法和西方法相继植入非洲，同非洲本土习惯法不断地碰撞、交流与融合，故本土法文化与外来法文化及其关系问题同样是研究非洲法律文化不能回避的重要问题。

　　在部门法文化篇中将重点介绍非洲以公法文化和私法文化为主的部门法文化。非洲法律文化不仅拥有以宪法文化、刑事法文化等为代表的公法文化，还拥有以民法典等为代表的私法文化。虽然公法文化与私法文化的概念并不十分周延，但在整体上仍可涵盖非洲的部门法文化。英美法文化和大陆法文化在非洲宪法文化的形成中互相融合，刑法、民法、商法等领域在法典和案例层面均有代表性成果。此外，随着法律全球化的迅猛发展，非洲法律文化同样呈现出区域化与国际化趋势，这是非洲法在全球化背景下的新突破与新进展。

在非洲法律文化的研究领域中，还涌现出一批优秀学术著作，其中不乏开创性与里程碑意义的作品，为展现其精华，故在著作评论篇中选取了3篇具有代表性的书评文章，呈现给读者诸君。书末为与非洲法律文化有关的各类目录索引。

以下是分篇介绍。

一　基础理论篇

任何对法律文化的研究在一定意义上都是对历史的研究，非洲法律的历史就其本质而言是一部变迁史。非洲历史上发生了多次剧烈的社会动荡，与之相对应，非洲的法律文化在其漫长的发展进程中，同样经受了多次外来法文化的冲击，不断发生变迁。法律离不开历史的沉淀，研究非洲法律文化，首先要摸清其整体发展的历史脉络，梳理其变迁过程。"形而上者谓之道。"在对非洲法律文化的研究中，应当采取一般研究与具体研究相结合、注重历史文化分析的方法，不可忽视理论的指导作用，以文化的情怀感悟现实。一个从事非洲法律文化研究的学者，如果对非洲法律文化底蕴厚重、个性独特的悠久历史视而不见，仅对当代的法律演进进行研究，那么他的理论假设与结论分析就可能存在漏洞或显得空洞，也将经不起历史的检验。中国学界有关非洲法律文化变迁的研究中，代表性成果主要有夏新华的《非洲法律文化之变迁》[①]、《论殖民时代西方法在非洲的移植》[②]、《英国法在非洲的本土化》[③]、《非洲法律文化研究初探》[④]，洪永红的《非洲法律现代化》[⑤]、《论殖民时期法国法在黑非洲的移植》[⑥] 等，除

---

① 夏新华：《非洲法律文化之变迁》，《比较法研究》1999 年第 2 期。
② 夏新华：《论殖民时代西方法在非洲的移植》，《西亚非洲》1998 年第 2 期。
③ 夏新华：《英国法在非洲的本土化》，《西亚非洲》2001 年第 3 期。
④ 夏新华：《非洲法律文化研究初探》，《环球法律评论》2006 年第 2 期。
⑤ 洪永红：《非洲法律现代化》，《西亚非洲》1998 年第 1 期。
⑥ 洪永红：《论殖民时期法国法在黑非洲的移植》，《西亚非洲》2006 年第 1 期。

此之外,《非洲法律文化现代化的思考》①,夏新华、肖海英合作的《非洲法律文化的历史演进——首届"非洲法律与社会发展变迁"国际研讨会述评》等文章也可供参考。

夏新华于 1999 年发表的《非洲法律文化之变迁》一文,首次提出了非洲法律文化三次变迁说,初步形成了非洲法文化变迁的逻辑体系,构建了非洲法律文化研究的宏观框架,是研究非洲法律文化变迁的奠基性成果。夏新华认为,非洲法律文化主要发生了三次重大变迁:第一次发生在 7~16 世纪,是伊斯兰教法与非洲传统习惯法的交汇与融合;第二次发生在 16 世纪中叶并持续到 20 世纪 50 到 60 年代,西方法伴随着欧洲殖民统治在非洲全面移植;第三次则是 20 世纪中叶以来,随着非洲国家纷纷独立,当代非洲国家继承了殖民时代的法律遗产,并重视传统法律资源,正努力探索一条适合非洲的未来法律文化发展之路。《非洲法律文化之变迁》一文对中国的非洲法研究产生了重要影响,甚至直接影响了我国的非洲法教学与人才培养。如"外国法制史"本科教材开始增列"非洲法"一章,使其成为我国"外国法制史"教材体系中的重要组成部分。② 在研究生培养上,《非洲法律文化史论》③、《非洲法律文化专论》④ 俱是必备参考书目。《非洲法律文化之变迁》一文后来还被收录于高鸿钧主编的研究生教材《法律文化导读》一书中。

非洲习惯法文化作为非洲法律文化研究的重点,一直是法律人类学和比较法学界重点关注的领域。故欲研究非洲法律文化,必须对非洲习惯法有一个清晰准确的认识。专门从事非洲法研究的国际非洲法协会就曾建议"尤其关注对非洲传统习惯法、本地法律制度与外来法律制度之间的关系,以及习惯法的发展"。中国学者研究非洲习惯法的成果较多,如洪永红的

① 夏新华:《非洲法律文化现代化的思考》,《西亚非洲》2006 年第 1 期。
② 2002 年,"复旦博学"系列中的《外国法制史》(何勤华主编,复旦大学出版社,2002)首次增加"非洲法律制度"一章,由夏新华撰写;2003 年,夏新华参编的普通高等学校"十五"国家级规划教材《外国法制史》(林榕年、叶秋华主编,中国人民大学出版社,2003)亦将"非洲法"纳入其中;同年,由崦主编的《外国法制史》(北京大学出版社,2003)中增列了由洪永红编写的非洲法部分,其框架结构源于《非洲法律文化之变迁》一文。2011 年,夏新华主编了《外国法制史》(北京大学出版社,2011),其中非洲法部分结构更加完整,更加精细化。
③ 夏新华:《非洲法律文化史论》,中国政法大学出版社,2013。
④ 夏新华:《非洲法律文化专论》,中国社会科学出版社,2008。

《非洲习惯法初探》①、《非洲习惯法立法形式》②，夏新华的《论非洲习惯法的概念与特征》③ 等。其中，洪永红的《非洲习惯法初探》一文是我国较早对非洲习惯法进行探析的较为系统的一篇文章。洪永红认为："现代非洲在法律方面的重要特征之一是各国仍普遍适用习惯法。"因此，对非洲习惯法进行系统全面研究确有必要也很重要，不仅有利于推动国内对非洲法的研究，还有利于加深对非洲法律文化发展及其现代化的了解，更有利于为中国法学理论提供新的视野及思路。鉴于国内外学术界对非洲习惯法的概念与特性的分析多存歧义，洪永红认为，若不能在概念上做出确切把握，对非洲法律文化研究的开展将十分不利，他认为："非洲大陆并没有一种统一的习惯法，而且在一国之内也不只有一种习惯法。非洲习惯法是非洲大陆各民族、各部落习惯法的统称。"的确，在当时对习惯与法并无严格区分的时代，人民只能用经验生活去生产一种类似于法的规则，用以调整人们之间的权利义务与利益冲突，且即使是在同一大陆的不同地区，生活习惯也不尽相同，这使非洲习惯法文化丰富多彩。若试图为"非洲习惯法"下一公认性的定义几乎是徒劳的，非洲习惯法在不断发展之中，且在不同时期显现出不同的历史特征，对于非洲习惯法这一概念，应以历史与理性的眼光看待。文章最后对非洲习惯法的现代化问题进行了深入研究，洪永红认为："现代化是一个动态的发展过程，非洲法律的现代化问题，就是非洲法律的发展问题。"非洲国家独立后政治的跌宕起伏、动荡多变促使人们深刻反思非洲的发展与现代化问题。此文作为研究非洲习惯法的早期成果之一，对非洲习惯法概念、主要内容、适用范围、立法形式、司法程序以及习惯法的现代化等问题做了开拓性研究，同时也为往后研究非洲习惯法的学者提供了重要的参考蓝本与研究指引。

夏新华、洪永红、朱伟东、王奎等学者也针对非洲不同地区，如南非、津巴布韦、苏丹等国的习惯法特征进行了有针对性的解读。如王奎在《南非习惯法的历史发展》④ 中认为，在前殖民时期、殖民时期和独立以后，习惯法在南非的法律体系中的地位、作用、特点、适用的范围和条件

---

① 洪永红：《非洲习惯法初探》，《比较法研究》2001 年第 2 期。
② 洪永红：《非洲习惯法立法形式》，《西亚非洲》2000 年第 2 期。
③ 夏新华：《论非洲习惯法的概念与特征》，《西亚非洲》1999 年第 3 期。
④ 王奎：《南非习惯法的历史发展》，《佛山科学技术学院学报》2013 年第 12 期。

都是不同的。在新宪法框架内，南非习惯法与普通法基本处于同等地位，但在司法实践中，南非法院在如何适用习惯法等问题上仍遇到许多问题。洪永红在《论独立后津巴布韦习惯法新趋势》①中指出，津巴布韦独立后在保留了殖民者遗留的普通法的同时，仍继续适用习惯法。这些习惯法及其适用出现了新的发展趋势：习惯法得到宪法的确认和保护；呈现成文化趋势；习惯法法院被纳入全国统一的司法体系；传统部落首领成为新政府机构的组成部分；习惯法的内容也在编撰整理中得到修改；等等。夏新华在《苏丹丁卡人习惯法研究》②中认为，对于丁卡人而言，社会的变革乃大势所趋，而作为与社会互动的法律，也将经历一次由传统到现代化的转型。至于其转型模式的选择，其转型进程的快与慢、激烈或缓和，取决于外部，更取决于自身。

与世界其他文化相比，非洲传统文化的一个显著特点是主要借助口头语言，在缺乏文字的条件下发展起来。③这种文化不像中国传统文化那样"有典有册"，而是"无典无册"。因此，各个族体的人民在长期的生活与劳作中逐渐形成的非洲习惯法在形式上也相应地表现为"口头非洲法"，它存在于非洲各族人民的日常生活中，世代口耳相传，反复使用，形成了约定俗成的规则与程序，深深地影响了人们的行为方式。因此，研究非洲本土法文化有必要对非洲口头法文化做一专门详细的介绍与梳理。专门以口头非洲法文化为研究对象的主要有何志辉的《口头非洲法：从司法看习惯法的口头性》④和夏新华、何志辉合作的《口头法与非洲传统法律文化》⑤两篇文章。何志辉的《口头非洲法：从司法看习惯法的口头性》一文对非洲口头法的产生、适用、普及进行了系统论述。该文立足于学界既有研究成果，试图从司法依据与司法过程两方面来看非洲习惯法的口头

---

① 洪永红：《论独立后津巴布韦习惯法新趋势》，《西亚非洲》2009 年第 12 期。
② 夏新华：《苏丹丁卡人习惯法研究》，载胡平仁主编《湘江法律评论》第 10 卷，湘潭大学出版社，2012。
③ 李保平：《论撒哈拉以南非洲传统文化的基本特征》，《北京大学学报》（哲学社会科学版）1993 年第 6 期。
④ 何志辉：《口头非洲法：从司法看习惯法的口头性》，载何勤华主编《20 世纪外国司法制度的变革》，法律出版社，2005。
⑤ 夏新华、何志辉：《口头法与非洲传统法律文化》，《湘潭大学学报》（哲学社会科学版）2006 年第 3 期。

性，从而把握其基本特征，探寻其文化内涵。作者认为，非洲口头法并没有西方意义上的"立法"与"司法"之分，而只能分别对应习惯法的"形成"与"适用"。尽管非洲大陆国家众多，习惯法文化纷繁复杂，但习惯法的形成与适用大体一致，因此，该文将非洲习惯法视为一个整体进行探讨。就口头法的形成而言，非洲习惯法不仅有"生成型"规则，还有"创制型"规则，该文重点探讨的是非洲习惯法的"创制型"规则。"创制型"规则的产生，往往与特定时期、特定个体或群体在社会生活中对特定问题所做的处理有关，而这些问题的处理方式与结果大多会把旧的习惯加以修改，或直接形成一种新的规则，从而体现群体利益进而上升为群体意志，并具有高度的权威性和约束力且反复适用。该文参考了大量外文资料与国内的代表性文献资料，分别从个体所为的口头创制方式及其权威、群体所为的口头创制方式及其权威展开论述。就口头法适用而言，非洲习惯法的适用具有口头性，这一特点几乎贯穿于整个传统社会，该文重点对程序的口头性进行了梳理，一方面是起诉与受理程序的口头性，另一方面则是审判与执行程序的口头性。该文对仪式上的口头性与观念上的口头性进行了简要梳理，并指出，非洲习惯法流传至今给非洲人民乃至全人类留下了一笔丰厚而宝贵的文化遗产，尽管口头文化在非洲历史研究中曾长期被人忽视，但可以肯定的是，研究非洲史必须重视非洲民间流传的口述资料。非洲习惯法处在不断发展过程中，其"口头法"文化也应面对时代发展，逐渐向现代法治迈进，并始终保留着传统中精华的部分从而使非洲口头法文化不断迸发新活力。总体而言，该文立足于对历史资料的考证与分析，还原了非洲口头法文化的基本面貌，文章内容丰富饱满，看似在简单介绍口头法，但实质上是从司法的角度来看非洲习惯法中的口头性，开辟了一条研究非洲口头法文化的新路径，对非洲法律文化研究的深入起到了非常重要的作用。在夏新华与何志辉之后合作的《口头法与非洲传统法律文化》一文中，两位学者进一步指出，口头非洲法是非洲传统社会极为重要的元素，它的存续是非洲法律文化得以长期存在的重要原因，非洲法律文化正是因其浓郁的口头性才具有顽强的生命力。

当我国的非洲法研究尚处于初始阶段之时，非洲法的有关理论问题悬而未决，甚至还存在学术认同问题，一些学者对非洲法的概念、非洲法系能否独立存在、非洲法律文化的整体性和多样性以及非洲法律文化的研究对象和研究价值等问题尚存异议。针对这些疑问，夏新华在《非洲法律文化研究的理论辨析》和《非洲法律文化研究初探》等文章中做了系统的回答，进一步明晰了非洲法律文化研究的基本理论问题，为我国的非洲法研究指明了方向。

在非洲法律研究的一系列理论辨析中，非洲法系是否存在与如何划分问题是研究非洲法律理论时不可回避的问题。由于理论建构的难度以及非洲法的复杂性，对非洲法系的研究在很长的一段时间内难以突破现有理论局限，一直是学界争论的焦点。艾周昌的《关于非洲法系的若干问题》①、洪永红的《关于非洲的法系问题》②、贺鉴的《论非洲法律文化研究中的法系问题》③、夏新华的《从"非洲法系"到"非洲混合法系"——再论非洲法研究中的法系问题》④ 就对此进行了集中探索讨论。这4篇文章分别发表于2002年、2005年、2010年和2014年，具有时间上的延续性，表现了我国学者不同时期的学术观点，同时也体现了我国的非洲法学者对非洲法系问题不懈的思索与努力。

非洲法系是否存在呢？如果存在，那又是一个怎样的非洲法系呢？历史学界和法学界的学者均饶有兴趣地参与讨论，其中艾周昌、贺鉴和夏新华的文章颇具代表性。艾周昌主攻历史，曾主编《非洲黑人文明》⑤，他和陆庭恩教授总主编《非洲通史》（三卷本）⑥，并和沐涛合著《走进黑非洲》⑦，学术成果很多；同时，他也是一位研究非洲法的历史学家，"有一份史料说一份话"，艾周昌的《关于非洲法系的若干问题》一文立足于大量史实，论证非洲法系确实存在，并驳斥了非洲没有商法的观点。艾周昌指出，非洲法系应当是对近代以前撒哈拉以南非洲各国以习惯为主的习惯法、制定法和成文法的总称。在非洲法系中，习惯法占多数，制定法占少数；在

① 艾周昌：《关于非洲法系的若干问题》，《西亚非洲》2002年第2期。
② 洪永红：《关于非洲的法系问题》，《文史博览》（理论版）2005年第12期。
③ 贺鉴：《论非洲法律文化研究中的法系问题》，《湘潭大学学报》（哲学社会科学版）2010年第2期。
④ 夏新华：《从"非洲法系"到"非洲混合法系"——再论非洲法研究中的法系问题》，《比较法研究》2014年第6期。
⑤ 艾周昌主编《非洲黑人文明》，中国社会科学出版社，1999。
⑥ 陆庭恩等主编《非洲通史》（三卷本），华东师范大学出版社，1996。
⑦ 艾周昌、沐涛：《走进黑非洲》，上海文艺出版社，2001。

制定法中，不成文法占多数，成文法则较少。除此以外，它至少还有两个共同点：第一，非洲传统法在所有权问题上大体是一致的；第二，非洲法系一般关注集体利益甚于个人利益。艾周昌运用大量史料，以史学的视野洞察非洲法系问题，有别于法学家的思维模式，无疑给法学界带来一股新风。

艾周昌认为非洲法系确实存在，但贺鉴持不同看法，他认为一个独立的非洲法系是不存在的。而夏新华的《从"非洲法系"到"非洲混合法系"——再论非洲法研究中的法系问题》则为非洲法系理论探讨的"收官之作"。该文提出"非洲混合法"的概念，以解答非洲法系的存在问题。虽然之前学界已有不少探讨，但夏新华认为先前的研究未能很好地解决问题。关于艾周昌对非洲法系的看法，夏新华认为，艾周昌先生的理论铺垫不充分，与法理学意义上的法系概念有较大差距。夏新华认为洪永红的观点在逻辑上不够紧密：首先，不能将法源的构成简单地等同于法系的分类；其次，既然非洲法系能够存在，那么它必定与普通法系或大陆法系一样，属于一级概念，而洪永红却认为非洲主要有非洲习惯法系、非洲伊斯兰法系等五种法系，姑且不论这些"法系"能否存在，即使存在，也只能是法系母概念下的子概念而已，显然是不能与"非洲法系"并列存在的，这是一个明显的逻辑谬误。此外，贺鉴虽然认为"一个独立的非洲法系是不存在的"，却认为当代非洲法由"非洲普通法系"、"非洲大陆法系"和"非洲混合法系"共同组成，对此，夏新华亦不认同。夏新华认为，独立的"非洲法系"至少在目前是不存在的，他呼吁学界放弃对非洲法系存在与否的无休止的争论，转而关注非洲法律文化的混合性与特殊性，并在此基础上寻求理论上的突破和创新。为此，夏新华提出了"非洲混合法系"的概念，并从历史根基、理论基础和现实依据三个方面进行了充分论证。《从"非洲法系"到"非洲混合法系"——再论非洲法研究中的法系问题》一文脱胎于夏新华逐渐成熟的混合法系理论和他对非洲法律文化孜孜不倦的研究，该文突破了传统"中西二元"的思维局限，以更加开阔的视野重构非洲法研究的"三维空间"，既缓和了非洲法系能否独立存在的争议，又摆脱了非洲法系如何划分的困境，为学界进一步探析法系划分理论提供了典型个案和新颖的研究路径。关于非洲混合法系，夏新华、刘星等学者还站在某一国家或某一地域范围内，或是从混合法概念下的某一部门法视角进行了探讨，代表性学术成果包括《冲突与调适：南非混合法形成的历史考察》①、《论南非法律体系的混合特性》②、《南部非洲混合法域研究》③ 等，与之相关的部门法成果有《混合法传统下的南非合同法》④、《南非国际私法研究——一个混合法系国家的视角》⑤ 等。如夏新华与刘星在《南部非洲混合法域研究》一文中从混合法域的视角为混合法系理论提供了借鉴意义。他们认为，混合法域指的是为混合法律体系所支配的区域。殖民时期的南部非洲普遍适用习惯法。殖民者的入侵首先在南非实现了罗马—荷兰法与英国法的并存，使其法律带有混合的色彩。南非法的辐射又使其周边 5 个国家的法律体系均呈现出混合特性。南部非洲混合法域的形成是多种因素共同作用的结果，相比其他地区其法律体系具有许多独特之处。

古老而别具特色的非洲法律文化在其漫长的发展过程中因不断经受着外来法的巨大冲击而不断变迁。在非洲，既有非洲本土的习惯法，又有以英国法为主的普通法与以法国法为主的大陆法。多法源相融共存，展现出一幅法律发展的多彩画卷。非洲本土法文化和外来法文化及其关系问题无疑是研究非洲法律文化发展的又一个重要理论问题。

对于非洲本土法文化与外来法文化的关系，国内相关研究成果有徐国栋的《非洲各国法律演变过程中的外来法与本土法——固有法、伊斯兰法和西方法的双重或三重变奏》⑥，夏新华的《论非洲法律发展中的本土法与外来法》⑦、《论殖民时期西方法在非洲的移植》⑧、《英国法在非洲的本土化》⑨，夏新华和郭兰英的《从奥蒂罗案看英国法对非洲法的影响》⑩，洪

---

① 夏新华：《冲突与调适：南非混合法形成的历史考察》，《河北法学》2002 年第 3 期。
② 夏新华、刘星：《论南非法律体系的混合特性》，《时代法学》2010 年第 4 期。
③ 刘星：《南部非洲混合法域研究》，硕士学位论文，湘潭大学，2009。
④ 路晓霞：《混合法传统下的南非合同法》，硕士学位论文，湘潭大学，2004。
⑤ 朱伟东：《南非国际私法研究——一个混合法系国家的视角》，博士学位论文，武汉大学，2005。
⑥ 徐国栋：《非洲各国法律演变过程中的外来法与本土法——固有法、伊斯兰法和西方法的双重或三重变奏》，载何勤华主编《法的移植与法的本土化》，法律出版社，2001。
⑦ 夏新华：《论非洲法律发展中的本土法与外来法》，《辽宁大学学报》（哲学社会科学版）2010 年第 1 期。
⑧ 夏新华：《论殖民时期西方法在非洲的移植》，《西亚非洲》1998 年第 2 期。
⑨ 夏新华：《英国法在非洲的本土化》，《西亚非洲》2001 年第 3 期。
⑩ 夏新华、郭兰英：《从奥蒂罗案看英国法对非洲法的影响》，《西亚非洲》1999 年第 1 期。

永红的《论殖民时期葡萄牙法对非洲习惯法之影响》①，以及颜运秋的《非洲司法制度的本土化与外来化》② 等文章。夏新华在《论非洲法律发展中的本土法与外来法》③ 一文中对非洲本土法与外来法的发展与演进进行了总体的介绍与梳理，对外来法律文化在非洲的移植与影响展开了系统完整的阐述与分析。该文还对法律移植的概念做了详细分析，法律移植一直是我国法学界寄予热情与备受关注的焦点问题，从理论上来说，法律移植是本土法与外来法得以产生关联的前提条件，法律移植作为一种法律文化交流现象，反映了法律发展的内在要求和客观规律性。该文还指出，讨论非洲本土法与外来法问题应采取相对主义的立场，因为在非洲"本土法"和"外来法"是相对的概念。可以说，该文构筑了非洲本土法文化与外来法文化的理论框架。

徐国栋的《非洲各国法律演变过程中的外来法与本土法——固有法、伊斯兰法和西方法的双重或三重变奏》一文是迄今为止中国学者研究非洲法律本土法与外来法的最宏大的叙事篇章。以往学界对非洲法研究的视野限于撒哈拉以南非洲，该文可以说填补了宏观研究整个非洲大陆法律文化的空白。在非洲几乎能看到世界上所有法系的影子，这对研究法系的学者来说可谓一块良田沃土。徐国栋对非洲诸国的法治情况，尤其是对民法典的编纂情况逐一进行国别考察，而且按照法律文化圈来论述各国的具体情况。该文的研究包含了非洲所有国家，可以说是国内唯一一篇涉及诸多国家法律变迁的鸿篇巨制。为了使研究层次分明便于阐述，作者对 53 个非洲国家分别按照共同的经历、作为殖民地国家与未作为殖民地国家的统一标准进行分类。该文认为非洲法律史基本上由两次外来法的侵入和传播构成，这一事实造成了非洲固有法与伊斯兰法、西方法的相互作用。尽管这种交互作用是给非洲人民带来了巨大痛苦的血腥侵略的结果，但作为其伴生物的文化碰撞却带来了进步。虽然非洲人民曾长期遭到外来的侵犯与凌辱，承受了巨大的痛苦和压迫，但这也意味着一种更先进的秩序进入非洲

---

① 洪永红：《论殖民时期葡萄牙法对非洲习惯法之影响》，《湘潭大学学报》（哲学社会科学版）2001 年第 1 期。

② 颜运秋：《非洲司法制度的本土化与外来化》，《西亚非洲》2000 年第 4 期。

③ 夏新华：《论非洲法律发展中的本土法与外来法》，《辽宁大学学报》（哲学社会科学版）2010 年第 1 期。

社会，在一定程度上迫使非洲社会接受先进的文化，不断挣破落后的原始社会局面向新的社会发展迈进。

以上成果大多从非洲法的共性方面进行研究，以某一非洲国家为视角的研究成果亦有一些代表性，如夏新华的《肯尼亚奥蒂罗安葬权案评析》①、洪永红的《殖民时期加纳的本土法与英国法》② 等。洪永红在《殖民时期加纳的本土法与英国法》一文中，将加纳法律史分为殖民初期和殖民地时期两大阶段，探讨了殖民时期加纳本土法与英国法的关系，可供读者参阅。

二　部门法文化篇

长期以来，非洲人民在反殖民统治和建设独立民族国家的过程中一直尝试建立自己的民主国家，或成或败，或模仿或照搬，或英式、法式，或美式、苏式，这些都反映了非洲人民为追求自由、平等所进行的艰苦斗争。西方法对非洲法的影响体现在各个部门法上，但是西方宪法对非洲法的影响却有其特殊性，宪法移植在一定程度上可影响整个国家的法律制度，与此同时，宪法移植也可通过长时间的本土化，形成既具有本国文化特色又能体现宪法普遍性价值的宪法文化。中国非洲法学界关于大陆法系和普通法系国家宪法对非洲宪法发展的影响研究中，非洲宪法文化研究向来是非洲公法文化研究的重点，相关成果也很丰富。如贺鉴的《北非国家社会主义宪法评述》③，等，从不同方面展现了非洲的宪法文化。尤其是在近年来埃及宪法危机爆发的背景下，许多学者着眼于埃及的宪法政治，涌现出一批有代表性的学术成果，如丁峰、夏新华的《后穆巴拉克时代埃及的宪法变迁》④，王琼的《政治变革中新旧埃及宪法的比较分析》⑤，余建华的《宪法公投对后穆巴拉克时代埃及社会政治的影响》⑥，等，以及湘潭

---

① 夏新华：《肯尼亚奥蒂罗安葬权案评析》，《河北法学》1999 年第 5 期。
② 洪永红：《殖民时期加纳的本土法与英国法》，《西亚非洲》1999 年第 3 期。
③ 贺鉴：《北非国家社会主义宪法评述》，《当代世界与社会主义》2010 年第 4 期。
④ 丁峰、夏新华：《后穆巴拉克时代埃及的宪法变迁》，《西亚非洲》2015 年第 5 期。
⑤ 王琼：《政治变革中新旧埃及宪法的比较分析》，《阿拉伯世界》2014 年第 1 期。
⑥ 余建华：《宪法公投对后穆巴拉克时代埃及社会政治的影响》，《阿拉伯世界研究》2013 年第 2 期。

大学非洲法律与社会研究中心的一大批非洲宪制研究方向的博士、硕士学位论文。① 对埃及宪法政治的变迁史研究，为我国提供了宝贵的借鉴意义。

大陆法系在非洲的移植过程与欧洲殖民者的殖民活动密不可分，欧洲大陆法系国家占领了非洲大部分领土，即便二战后非洲国家相继获得政治独立，但它们在很大程度上仍保留着大陆法的某些特征，或继续沿用原宗主国的法律，因而被称为大陆法系非洲国家。南非是非洲大陆的混合法国家，在其历史发展中，习惯法被长期保留下来，但自欧洲殖民者进入非洲以来，西方法一直统治着南非，先有罗马—荷兰法，后又有英国普通法，两者之间相互竞争，相互作用，共同形成了今天南非独具特色的混合型法律制度。② 贺鉴在《大陆法系对南非宪法的影响》一文揭示了大陆法系国家中的法国宪法和德国宪法对南非宪法发展的影响，部分填补了相关领域的空白，具有重要意义。作者分别从大陆法系国家宪法形式和修正程序、国家形式、法院体系以及有关公民权利和自由的规定等方面对南非宪法的影响进行阐述。在宪法形式与修正程序上，该文指出尽管南非是英联邦国家，但在宪法形式上，与法、德两国宪法一样。南非宪法的修正程序非常严格，修宪权由国民大会行使，修宪程序也有详细规定。在国家形式上，该文从国家管理形式、国家结构形式两个方面来探析法、德两国宪法对南非宪法的影响。就国家管理形式而言，具体体现在对权力制衡与不信任案的规定上；就国家结构形式而言，则主要体现为采用单一制的国家结构形式。具体而言，通过借鉴法国宪法，南非采用了单一制的国家结构形式；通过借鉴德国宪法，南非采用了"带有某种联邦制色彩"的单一制。之所以采用单一制，是因为在1996年南非宪法规定南非是统一的主权国家，这为南非的统一提供了宪法保障。在法院体系上，法、德两国宪法的影响主要体现在对南非宪法法院与普通法院系统的影响上。在公民权利和自由的规定上，南非宪法则主要在基本权利的立宪模式、宪法设计结构、对基本权利的限制和特殊规定上借鉴了大陆法系。

当然，关于非洲宪法文化研究的优秀成果还有很多，丁峰和夏新华撰写的《后穆巴拉克时代埃及的宪法变迁》一文在国别宪法研究方面，从埃

---

① 详见夏新华《非洲法律文化史论》之"附录二：湘潭大学非洲法研究的缘起、成绩与展望"，中国政法大学出版社，2013。

② 夏新华：《冲突与调适：南非混合法形成的历史考察》，《河北法学》2002年第3期。

及频繁的宪法变迁中得出培育埃及民族特色宪法文化至关重要、工具性修宪不足取、需要切实维护宪法的稳定与权威等结论。

在非洲刑法文化方面，由于历史原因和文化传统的差异，非洲各国对刑法的称谓不尽相同，有的称为"刑罚法"，如苏丹、坦桑尼亚等国；也有的称为"犯罪法"，如加纳、肯尼亚、尼日利亚等国。独立以后，大多数非洲国家以西方国家的刑法为基础，确立了现代刑法原则，颁布了独立的刑法典，并废除了刑事法律中落后的制度和观念。[①] 大陆法非洲国家的刑法主要采罪刑法定原则，而普通法非洲国家的刑法则主要采遵循先例原则。在南非，无论是刑事制定法还是刑事判例法，都体现了罪刑法定原则。赖早兴的《非洲死刑的存废——现状、态度与国际因素》[②]、赖早兴和夏新华合著的《非洲国家独立后刑事法律的发展》[③]、肖世杰和谭观秀的《非洲国家现行刑事政策及未来展望》[④]、洪永红的《论卢旺达国际刑事法庭对国际刑法发展的贡献》[⑤] 等文章都对非洲的刑事法文化及其制度进行了专门研究。在国别研究方面，王奎的《南非死刑的废除：历史、根据与特征》[⑥]、席逢遥的《南非法律体系与刑罚执行制度历史变迁及启示》[⑦]、杨凯的《南非刑法的渊源与罪刑法定原则》[⑧]、郭炯的《论南非刑法的历史变迁》[⑨]、张怀印的《尼日利亚伊斯兰刑法述评——从阿米娜"石刑"谈起》[⑩] 等文章对南非刑法、非洲伊斯兰刑法等进行了深入研究。其中，赖早兴和夏新华合著的《非洲国家独立后刑事法律的发展》一文从六个方面介绍了非洲刑事法律的基本情况，第一个方面介绍了刑事渊源多元化之发展，第二个方面介绍了刑事法律政策对刑罚手段之倚重的基本情况，第三个方面

---

① 夏新华：《非洲法律文化史论》，中国政法大学出版社，2013，第 178 页。

② 赖早兴：《非洲死刑的存废——现状、态度与国际因素》，《西亚非洲》2005 年第 3 期。

③ 赖早兴、夏新华：《非洲国家独立后刑事法律的发展》，载何勤华主编《二十世纪外国刑事法律的理论与实践》，法律出版社，2005。

④ 肖世杰、谭观秀：《非洲国家现行刑事政策及未来展望》，《西亚非洲》2007 年第 2 期。

⑤ 洪永红：《论卢旺达国际刑事法庭对国际刑法发展的贡献》，《河北法学》2007 年第 1 期。

⑥ 王奎：《南非的死刑废除：历史、根据与特征》，《西亚非洲》2006 年第 9 期。

⑦ 席逢遥：《南非法律体系与刑罚执行制度历史变迁及启示》，《中国司法》2013 年第 6 期。

⑧ 杨凯：《南非刑法的渊源与罪刑法定原则》，《河南省公安高等专科学校学报》2002 年第 8 期。

⑨ 郭炯：《论南非刑法的历史变迁》，博士学位论文，湘潭大学，2017。

⑩ 张怀印：《尼日利亚伊斯兰刑法述评——从阿米娜"石刑"谈起》，《长春工业大学学报》2007 年第 1 期。

介绍了法人犯罪之确认，第四个方面介绍了死刑存废之争议问题，第五个方面介绍了跨国犯罪之共同应对问题，第六个方面介绍了腐败犯罪之协调惩治问题。通过这六个方面的介绍，基本展示了非洲刑法的发展面貌。为使读者对非洲刑法的实施有更加直观的了解，本书选取冷必元的《从尼日利亚阿米娜石刑案看沙里亚刑法与西方刑罚文明的冲突》一文作为个案研究。该文通过对尼日利亚沙里亚刑法的法律规范、具体制度的观察与分析，以及对阿米娜石刑案等案卷资料的充分运用，对沙里亚法能完全实现个案正义做了非常深入的分析，不仅对整个案件做了详细的梳理，同时也揭示了西方的野心。具体而言，西方学者对阿米娜石刑判决的批判主要体现在以下三个方面：其一，该判决违反了国际法；其二，该判决违反了尼日利亚宪法；其三，私通行为不应当入罪。西方学者给出的观点看似"合情合理"，但该文在进行充分的分析研究后认为："尼日利亚对阿米娜的最终判决结果却证明，西方国家热诚的过度担心原来完全没有必要。"针对西方学者的批判，该文指出了根据沙里亚刑法势必会对阿米娜案做出无罪判决的可能性与必然性。尼日利亚沙里亚刑法确立了一整套自我约束机制和正义实现机制，其条款的制定和实行并没有违背尼日利亚宪法，也并不包含歧视妇女的法律精神。相反，沙里亚刑法是对尼日利亚部分地区宗教、文化、社会和法律传统现实的反映。这对我们了解阿米娜案的历史背景和尼日利亚伊斯兰刑法系统，正确认识和评价尼日利亚伊斯兰刑法有重要的意义。与本文相关的还有张怀印的《尼日利亚伊斯兰刑法述评——从阿米娜"石刑"谈起》，他认为在伊斯兰法与世俗法之间，尼日利亚一直面临一个两难的处境：一方面，要使伊斯兰法世俗化，而又不能过于激进，以免法律改革因失去社会基础而惨遭失败；另一方面，又应该使法律摆脱对宗教的依附，更加适应现代社会的发展。伊斯兰刑法的扩张体现了穆斯林群体意识的扩张。无论是在尼日利亚还是在其他非洲国家，调适伊斯兰法与世俗法的冲突，使其在现代社会中融洽共处，都是一个长期的过程。

关于非洲的婚姻家庭法文化，朱伟东的《非洲国家的二元婚姻法律制度》①、申茜的《论南非习惯婚姻法的冲突及解决》②、吴晓力的《南非

---

① 朱伟东：《非洲国家的二元婚姻法律制度》，梁慧星主编《民商法论丛》第 39 卷，法律出版社，2008。
② 申茜：《论南非习惯婚姻法的冲突及解决》，硕士学位论文，湘潭大学，2010。

〈家庭暴力法〉探析》①、夏新华与贲向前的《津巴布韦马噶亚遗产继承权案》② 等文章或论文为非洲婚姻、家庭、继承法领域的代表性成果。其中，学界特别关注非洲妇女的法律地位。如夏吉生的《非洲妇女在土地、财产继承和婚姻方面的法律地位问题》③、《跨入新世纪的非洲妇女》④，李伯军和石婷的《非洲妇女在武装冲突中遭受性暴力的人权保护法律问题及对策》⑤，魏翠萍的《试论非洲妇女的社会地位及作用》⑥ 等文章，均从不同的角度介绍了非洲妇女的法律地位，使我们对非洲的婚姻家庭法有了更加全面和客观的了解。其中，夏吉生在《非洲妇女在土地、财产继承和婚姻方面的法律地位问题》一文中指出：非洲国家独立以来，非洲妇女的社会地位发生了很大变化，妇女运动也在开展。但非洲妇女的法律地位仍存在不少问题，在土地、财产继承和婚姻诸方面更为突出。首先，该文指出非洲妇女占了农村劳动力的 70%，生产非洲粮食的 80%，每天平均花费 15 小时以上时间来从事田间生产、操持家务和抚育子女，她们同土地的关系最为密切，但在许多非洲国家，妇女的土地权利却得不到保障。其次，在财产继承方面，非洲国家独立以后制定了新法律，但传统习惯法仍然起着很大作用，殖民时期传入的西方法律仍有影响。在许多非洲国家，妇女仍然没有财产继承权。最后，在非洲传统习惯法中，婚姻不是单纯的男女双方间的事，而是两个家族甚至两个群体间的事。婚嫁离合与家族有关，在母系社会或父系社会均是如此。相对而言，婚姻和家庭被认为是短暂的，而家族和世系才是长久的。上述关于非洲妇女在土地、财产继承和婚姻诸方面的法律地位，当然有其社会根源和历史原因，但同样与非洲复杂的法律体制紧密相连。应当看到，许多非洲国家独立以后，在制定法律维护妇女权益、提高妇女地位方面做出了积极努力，取得了相应成就，一些非洲妇女组织和非政府组织对推动这方面的进展做出了贡献。例如，赤道几内亚制定了

---

① 吴晓力：《南非〈家庭暴力法〉探析》，硕士学位论文，湘潭大学，2010。

② 夏新华、贲向前：《津巴布韦马噶亚遗产继承权案》，《中国审判》2007 年第 4 期。

③ 夏吉生：《非洲妇女在土地、财产继承和婚姻方面的法律地位问题》，《西亚非洲》1997 年第 4 期。

④ 夏吉生：《跨入新世纪的非洲妇女》，《亚非纵横》2001 年第 2 期。

⑤ 李伯军、石婷：《非洲妇女在武装冲突中遭受性暴力的人权保护法律问题及对策》，《广州大学学报》（社会科学版）2012 年第 5 期。

⑥ 魏翠萍：《试论非洲妇女的社会地位及作用》，《西亚非洲》1994 年第 1 期。

关于离婚、寡妇地位、妇女继承、计划生育以及强迫婚姻等方面的法律；莱索托增加妇女获得信贷的机会；南非将批准消除歧视妇女的公约等。当然，非洲妇女的法律地位在各个方面将会不断得到改善，但还有很长的路要走。

在非洲的民商事法典方面，由于受大陆法系法典编纂思想的影响，许多非洲国家纷纷制定了现代民商事法典，如埃及的 1875 年《混合民法典》和《混合商法典》、1883 年《国民民法典》、1948 年《民法典》，张小虎在《私法的世俗化，抑或公法的伊斯兰化——〈埃及民法典〉第 226 条的存废之争》① 一文中有专门研究。而《埃塞俄比亚民法典》堪称典范，无论在结构上还是在内容上均是一部优秀的民法典，它完全可与《荷兰新民法典》、《俄罗斯联邦民法典》一起构成世界三大模范法典。同时，它可能因为过于先进而不符合埃塞俄比亚国情，因而被评价为"比较法学家的快事，非洲人的噩梦"。我国学者对非洲民法典的研究也往往聚焦于此，代表性的作品有夏新华的《勒内·达维德与〈埃塞俄比亚民法典〉》② 和徐国栋的《埃塞俄比亚民法典：两股改革热情碰撞的结晶》③ 等。其中，夏新华的《勒内·达维德与〈埃塞俄比亚民法典〉》阐述了著名比较法学家勒内·达维德应埃塞俄比亚皇帝之邀起草民法典的故事，认为该法典可能因为过于先进而不完全符合埃塞俄比亚国情，但由于它汇集了法国自其颁布民法典 150 多年以来的特别法立法经验、判例和学说的精华，以及其他国家的先进经验，在结构和内容上均有许多可借鉴之处，从而促进了埃塞俄比亚的法律发展与社会进步。而徐国栋的《埃塞俄比亚民法典：两股改革热情碰撞的结晶》体现了其惯有的大气风格。该文首先介绍埃塞俄比亚作为一个非常特别的国家，其特点有三：其一，埃塞俄比亚有悠久的文明史，除埃及以外，埃塞俄比亚是非洲第二古老的独立国家；其二，埃塞俄比亚人很早便拥有了自己的文字，用以记载自身历史，保存自身文明；其三，埃塞俄比亚的土著宗教是土生土长的基督教。徐国栋认为，《埃塞俄比亚民法典》是一部富于特色的法典，汇集了法国颁布民法典 150 多年以来的特别立法经验、判例和学说的精华以及其他国家的先进经验，这部法

---

① 张小虎：《私法的世俗化，抑或公法的伊斯兰化——〈埃及民法典〉第 226 条的存废之争》，载程波主编《湘江法律评论》第 11 卷，湘潭大学出版社，2014。
② 夏新华：《勒内·达维德与〈埃塞俄比亚民法典〉》，《西亚非洲》2008 年第 1 期。
③ 徐国栋：《埃塞俄比亚民法典：两股改革热情碰撞的结晶》，《法律科学》2002 年第 2 期。

典呈现出来的许多方面仍然值得借鉴。它的杰出性质提醒人们，在谈论民法典时，若只言欧美，就难免有遗珠之憾。毕竟，欧美的优秀民法典在向非洲、亚洲传播的过程中与当地文化交流融合，催生了一批"出于蓝而胜于蓝"的民法典。《埃塞俄比亚民法典》在本土法与外来法、现代西方法与传统习惯法之间实现一种契合。

虽然我国越来越重视对非洲法的研究，但很少有成果系统、全面和深入地研究非洲的劳动法律文化。从目前国内外学者对非洲劳动法的研究状况来看，非洲劳动法律文化的研究尚属非洲法研究中的薄弱环节，肖海英的博士学位论文《南非劳动法研究》① 是非洲劳动法研究的代表性成果，弥足珍贵。肖海英、夏新华在《新南非劳动关系的形成及其法律保护》② 一文中介绍了新南非劳动关系在殖民统治时期、种族隔离时期和种族隔离以后时期三个阶段中，经历了由实质不平等的劳动关系向真实平等的劳动关系的转型，并从宪法保护、其他劳动立法保护、国际劳工立法保护三个方面介绍了新南非劳动关系的法律保护。劳动关系是社会生产和生活中人们相互之间最重要的联系之一，其对劳动者、企业（雇主）和整个社会有着深刻的影响。对劳动关系进行法律保护具有重要的理论和现实意义。新南非主要通过宪法、国际劳工标准以及依据宪法和国际劳工标准制定和实施的国内其他劳动立法来规范和调整新出现的劳动关系，保障劳动者的合法权益，消除种族隔离时的旧制度对劳动力市场和劳动关系造成的不良影响，以促进南非和谐劳动关系的构建，实现经济的快速发展及社会稳定。除此之外，湘潭大学法学院硕士研究生谭心宇 2015 年的毕业论文《埃塞俄比亚〈劳动法〉研究》③ 也属非洲劳动法领域不可多得的作品。

民商事领域直接反映了区域经济的发展对法律协调化和统一化的诉求。姚桂梅对 20 世纪 60 年代至 90 年代的非洲经济一体化进展进行分析后认为："六十年代末到八十年代，众多次地区经济一体化组织如雨后春笋，虽签署了许多文件，但很少付诸行动，因此实质性进展相当缓慢；八十年代中期之后，在经济全球化的冲击下，非洲出现'边缘化'趋势，非洲国

---

① 肖海英：《南非劳动法研究》，博士学位论文，湘潭大学，2013。
② 肖海英、夏新华：《新南非劳动关系的形成及其法律保护》，《湘潭大学学报》（哲学社会科学版）2012 年第 6 期。
③ 谭心宇：《埃塞俄比亚〈劳动法〉研究》，硕士学位论文，湘潭大学，2015。

家深感经济一体化的必要性和紧迫性；九十年代以来，非洲经济一体化出现了不断高涨的趋势。"① 张宏明也认为："几十年来在非洲统一组织大力倡导和支持下建立起来的一些次地区经济合作组织经历坎坷后不同程度地获得了发展……虽然大部分非洲地区经济合作组织仍没有超越自由贸易区的发展阶段，但是它们已经为非洲经济共同体的发展奠定了基础。"② 由于历史原因，大多数非洲国家的法律制度比较落后，这不利于当地投资与贸易的发展，也不利于实现地区一体化。为此，非洲许多重要的国际组织都积极推动本地区法律的统一化与协调化进程，如西非经济共同体、南部非洲发展共同体等，但成效最为显著的当数非洲商法协调组织（OHADA）。③如何摆脱非洲法律多样性的特质阻碍经济交流和商事交往的困境？朱伟东的《非洲国际商法统一化与协调化》④ 一文给出了答案。该文认为，经济全球化是非洲国际商法统一化与协调化的根本原因，而单一国家内部法律的多样性、非洲国家之间法律的多样性、非洲国家和其他大陆法系国家之间法律的多样性是推动非洲国际商法统一化与协调化的直接原因。同时，该文重点考察了非洲国际商法进行统一化和协调化的几大重要方式，在传统的协调、统一路径之外，现实中非洲各国通常也采用统一法和示范法的形式，有的国家还采用"重述"（restatement）的方法。这些进路在协调化过程中作用较大，促进了法律的统一和协调。但国际、区域间的商法统一化与协调化不仅依赖于其方式，更需要在内容上尽可能翔实，为国际、区域间民商事往来保驾护航。遗憾的是，非洲国家对实体商法较为关注，却未对一系列影响本地贸易发展的程序性事项（传统的国际私法规则）给予应有的重视，实体法和程序法的不协调造成了非洲地区贸易与投资诉讼的复杂性和不确定性。在对非洲区域性、非洲在国际商法统一化与协调化运动中的成果进行梳理后，该文对非洲国际商法统一化与协调化前景进行了大胆预测，认为虽然非洲国际商法的统一化与协调化还面临着诸多困难，但由于已经认识到进行国际商法的统一与协调有利于非洲国家应对全球化

---

① 姚桂梅：《加快经济一体化推动非洲发展》，《当代世界》2009 年第 12 期。

② 张宏明：《泛非主义思潮和运动兴起的历史背景》，载杨光、温伯友主编《中东非洲发展报告（2001—2002）》，社会科学文献出版社，2002，第 34 页。

③ 朱伟东：《非洲商法协调组织述评》，《西亚非洲》2009 年第 1 期。

④ 朱伟东：《非洲国际商法统一化与协调化》，《西亚非洲》2003 年第 3 期。

挑战，有利于非洲经济一体化目标的实现，有利于非洲国家贸易的发展。总之，非洲国际商法的统一化与协调化之路是漫长的，主要任务只能由非洲人自己来完成。该文为了解非洲国际商法打开了缺口，如今我国与非洲国家贸易频繁，对非洲国际商法进行法律研究确有必要，客观全面分析非洲国际商法的统一化与协调化，有利于科学预测非洲国际商法未来的发展趋势，为我国对非洲投资提供参考。该文作为非洲法律区域化、国际化在民商事领域的较为早期成果，在国内学者尚未对非洲商法领域开展全面而深入的研究的情况下，勇于开拓新的研究领域，作者的学术创新精神值得赞许。除此之外，夏新华、甘正气的《法律全球化与非洲法的发展趋势》①、《南非新内幕交易法评析》②，颜运秋的《非洲国家外商投资法的基本特征》③，洪永红的《埃及与阿曼的私人投资法比较》④，贺鉴、石慧的《埃及和阿尔及利亚投资法比较》⑤，张怀印、张明磊的《埃及投资法的新近发展》⑥、《埃及投资法律体系及其特点》⑦ 等文章论著均从不同国家的不同角度研究了非洲涉外民商事法律问题。由于篇幅有限，在此不一一列举。

　　中国和非洲同样历史悠久，其法律文化的内容同样丰富多彩，相异之处不少，相同点更多，都崇尚传统、强调义务、注重群体（家族）、尊崇和谐、推崇调解，我们几乎很难再找到另一种如非洲法这般近似中国的域外法律文化。不仅如此，自近代以来，中国与非洲都遭到西方法的猛烈冲击，都历经了外来法和本土法的激烈碰撞，都面临着诸如西方法的本土化与传统法的现代化之类的法律难题。⑧ 对于现代中国所面临的诸多法制难题，非洲人同样做出自己的选择，其经验、教训均足以给我们以启迪。同时，非洲法律文化的区域化、国际化可以为目前中国有关"一带一路"倡议的立法活动提供经验借鉴，乃至对中国法治的资源取向及法治模式的构

①　夏新华、甘正气：《法律全球化与非洲法的发展趋势》，《华东政法学院学报》2005 年第 5 期。
②　夏新华：《南非新内幕交易法评析》，《湘潭大学学报》2002 年第 2 期。
③　颜运秋：《非洲国家外商投资法的基本特征》，《外交学院学报》2005 年第 2 期。
④　洪永红：《埃及与阿曼的私人投资法比较》，《河北法学》2000 年第 2 期。
⑤　贺鉴、石慧：《埃及和阿尔及利亚投资法比较》，《阿拉伯世界》2003 年第 2 期。
⑥　张怀印、张明磊：《埃及投资法的新近发展》，《长春工业大学学报》2006 年第 1 期。
⑦　张怀印：《埃及投资法律体系及其特点》，《西亚非洲》2006 年第 3 期。
⑧　胡旭晟：《走进非洲法》，转引自洪永红、夏新华《非洲法导论》，湖南人民出版社，2000，"序二"第 5 页。

建也有借鉴作用。

　　非洲法律文化研究属于非洲学和法学的交叉研究领域，中国的非洲法研究出现较晚。20 世纪 80 年代中期，中国法学家开始关注外国的法律制度，也开始了对非洲法的研究，其间较有影响力的成果是上海社会科学院法学研究所编译的《各国宪政制度和民商法要览·非洲分册》①。朱景文在《比较法导论》中较早地从比较法学的角度对非洲法的基本理论进行了探讨。20 世纪 90 年代以来，我国非洲法研究已经取得了可喜成绩。洪永红、夏新华等著的《非洲法导论》是国内第一部非洲法研究专著。② 其后几年，出版的非洲法论著还有洪永红主编的《非洲刑法评论》③，何勤华、洪永红主编的《非洲法律发达史》④，朱伟东的《南非共和国国际私法研究》⑤，夏新华的《非洲法律文化史论》⑥、《非洲法律文化专论》⑦，洪永红的《卢旺达国际刑事法庭研究》⑧，朱伟东的译著《非洲商法：OHADA 与统一化进程》⑨，萨尔瓦托·曼库索、洪永红主编的《中国对非投资法律环境研究》⑩，洪永红、夏新华主编的《非洲法律与社会发展变迁》⑪，洪永红主编的《非洲经贸投资法概览》。⑫ 虽然目前非洲法研究成果颇丰，但仍亟待我们将目光和精力投向与投入广袤的非洲大陆这个鲜有学者探索的宝库，同时我们也需要认真对待学术界同行对我们的反馈，为此我们选取了三篇针对非洲法律文化专著的评议性文章，以此共勉。

① 上海社会科学院法学研究所编译室编译《各国宪政制度和民商法要览·非洲分册》，法律出版社，1986。
② 洪永红、夏新华等：《非洲法导论》，湖南人民出版社，2000。
③ 洪永红主编《非洲刑法评论》，中国检察出版社，2005。
④ 何勤华、洪永红主编《非洲法律发达史》，法律出版社，2006。
⑤ 朱伟东：《南非共和国国际私法研究》，法律出版社，2006。
⑥ 夏新华：《非洲法律文化史论》，中国政法大学出版社，2013。
⑦ 夏新华：《非洲法律文化专论》，中国社会科学出版社，2008。
⑧ 洪永红：《卢旺达国际刑事法庭研究》，中国社会科学出版社，2009。
⑨ 〔美〕克莱尔·莫尔·迪克森等：《非洲商法：OHADA 与统一化进程》，朱伟东译，中国政法大学出版社，2014。
⑩ 〔意〕萨尔瓦托·曼库索、洪永红主编《中国对非投资法律环境研究》，湘潭大学出版社，2009。
⑪ 洪永红、夏新华主编《非洲法律与社会发展变迁》，湘潭大学出版社，2010。
⑫ 洪永红主编《非洲经贸投资法概览》，湘潭大学出版社，2012。

一　基础理论篇

非洲法律文化之变迁

夏新华[*]

法律的历史就其本质而言是一部变迁史。非洲历史上发生了多次剧烈的社会和文化变迁，与此相适应，非洲古老而独具特色的法律文化在其漫长的发展进程中，不断经受着外来法文化的巨大冲击，也不断发生着变迁。笔者认为，从非洲大陆法律文化发展的整体性考察，非洲法律文化的发展经历了三次重大变迁：第一次变迁发生于7世纪，主要是伊斯兰教法文化与非洲传统习惯法文化的交汇与融合，并形成了一种新的法律文化构架；第二次变迁发生于15世纪中叶，持续到20世纪五六十年代，主要是西方法文化伴随欧洲殖民统治在非洲全面移植，其后果是形成了西方法与残存的且具有顽强生命力的非洲习惯法以及可适用的伊斯兰教法三者同时并存的法律格局；第三次发生于20世纪五六十年代非洲各国纷纷独立之后，当代非洲国家继承了殖民时代的法律遗产，并重视传统法律资源，正在努力探索一条适合非洲的未来法律文化发展之路，这很可能在一定程度上代表了后发国家法律文化的发展方向，将是非洲对人类法律文明的巨大贡献。

对非洲法文化变迁的研究，无论是在外国法制史学界还是在非洲史学界均是一个极为薄弱的环节，故本文拟对这一变迁的历史过程加以初步考察，以期抛砖引玉，求教于学界。

一　非洲习惯法及其特性

非洲大陆是人类最主要的起源地，是人类文明最先获得发展并且在整

---

*　夏新华，湖南师范大学法学院教授、博士生导师。

个旧石器时代一直处于世界领先水平的大陆。作为人类文明摇篮的非洲，也是世界历史上最先出现奴隶制社会形态和国家组织的地区。早在公元前4000年，埃及就出现了早期的奴隶制国家形式。但是，非洲各地区文明的发展较其他大陆更呈现出突出的不平衡现象，从整体上看，呈北早南晚的态势：非洲北部的国家组织出现得很早，且一般相对比较发达，越往南，国家组织出现得越晚，且发展程度越低，直至南非地区全然没有出现国家的条件。[①] 在15世纪末西方殖民者开始入侵非洲之前，地中海、红海和印度洋沿岸的一些非洲国家已经进入不同发展水平的封建社会；在塞内加尔河、尼日尔河、刚果河、赞比西河流域及大湖地区，则存在着一系列奴隶制国家；而在赤道热带森林、赞比西河以南、撒哈拉沙漠和卡拉哈里沙漠边缘及东非大裂谷东支沿线，人们还过着采集、狩猎、游牧和半农半牧的原始社会生活。迟至17、18世纪，除了南部非洲地区的科依－萨恩人和逐渐退居到中部非洲热带森林中的俾格米人之外，在非洲绝大部分地区，凡是形成古代民族的地方，一般地说，都曾建立古代国家或准国家、雏形国家组织。

非洲早期文化的发展在相当程度上保持着历史的连续性和发展的统一性，而正是这种早期文化发展的统一性为我们研究非洲远古习惯法提供了丰厚的文化土壤。当然，我们也注意到，由于非洲古代国家形式的出现和发展相对缓慢，非洲大陆地理环境、自然状态、风土人情又千差万别，加之非洲的部族十分复杂，习惯极其繁多，古代非洲各文明国家和民族的法律因此也呈现出多样性和不平衡发展的态势。古埃及诞生了世界上最古老的文明，也产生了世界上最古老的奴隶制法律体系之一——古埃及法，其存续时间长达四千多年。由于古代非洲大部分民族、国家法律的发展相对缓慢，虽然从理论上说，非洲法律的发展一般经历了由习惯发展为习惯法，再向成文法转化的漫长的历史时期，但是，因非洲非文字口传文化的顽强存在和持久影响，大多数非洲国家和民族的法律状态仍长期停留在习惯或习惯法阶段。即便是在外来法律移植到非洲之后，一些国家和民族至今仍受习惯法的约束。因此，我们这里所讲的非洲习惯法的形成与发展，并不是指某个特定历史阶段或某个特定国家的习惯法，而通常指的是自远

---

① 何芳川、宁骚主编《非洲通史·古代卷》，华东师范大学出版社，1995，第5页。

古以来就广泛而持久地存在于非洲各民族人民日常生活中的习惯法。

鉴于学界对非洲习惯法的概念与特性的分析多存歧义，这不利于非洲法律文化研究的有效展开，故本文拟首先对此作初步探讨，以还非洲习惯法的本来面目。

要探讨远古非洲习惯法，首先必须对"非洲习惯法"本身的概念有一个清楚的了解，学术界对此向来存在多种认识。例如，弗朗西斯·斯奈德（Francis Snyder）认为"非洲习惯法"是近代的产物，是殖民时期的一种创造，作为一种历史现象，它是在特殊的历史环境下发展，并与殖民国家有着密切的联系。① 西蒙·罗伯茨（Simon Roberts）赞成弗朗西斯·斯奈德的上述观点，他认为这种习惯法只是一种同过去有些联系的法，为殖民主义制度所支持，甚至被有些人生动地喻为"创造出来的传统"。② 西蒙·罗伯茨进一步说，上述意义上的"非洲习惯法"被应用于在殖民时代建立起来的法院系统中，存在于移居国外的政府官员的头脑中，也广泛存在于非洲人的头脑中，这样习惯法才可能流传至今。一些研究非洲文化的法学家和人类学家在他们的著作（特别是反映殖民时代的作品）中常常对存在于非洲传统社会中的法律冠以各式各样的名称，如"土著法"（Native law）、"土著习惯法"（Native customary law）、"土著法律和习惯"（Native law and custom）、"地方法"（Local law）、"部落法"（Tribal law）等，而当旁注和引证是针对某一特定种族的法律制度时，就称之为"布干达人法"（Buganda law）、"努尔人法"（Nuer law）或"芳蒂人习惯法"（Fanti customary law）等。在他们看来，欧洲基督教文明社会的法律居于支配地位，而非洲特别是撒哈拉以南非洲则是异教的未开化地区，这里拥有的不是法律，而仅仅是惯例。③

笔者认为，上述观点都是试图以欧洲法律种类的术语来重新解释非洲法律形式，将这种法律形式与西方殖民国家的法律形式相比较，因而称非洲法为"习惯法"。"土著法"、"土著法律和惯例"、"习惯法"等术语并不是产生于名副其实的词源解释，而是产生于外国的种族主义偏见，显

---

① Francis Snyder, "Customary Law and Economic," *Journal of African Law* 28 (1984): 34.

② Simon Roberts, "Some Notes on African Law," *Journal of African Law* 28 (1984): 1, 3.

③ A. Kodwo Mensah-Brown, *Introduction to Law in Contemporary Africa* (London: Conch Magazine Limited, 1976), p. 19.

然，这代表的是一种殖民统治的观点。由于非洲本土习惯法普遍是不成文的，结果，许多非非洲（no-African）学生和学者据此认为本土非洲法没有资格称为法律，在他们眼中，一种法律的存在只能通过对成文出版物的注释才能被确定。笔者认为，这种看法显然又是错误的，因为在传统的非洲社会中并没有专门的法律职业，正如英国伦敦大学东方与非洲研究学院（The School of Oriental and African Studies of the University of London）著名非洲法专家安东尼·阿洛特（A. N. Allott）教授指出的那样，这里的专门法律工作者极其稀少，培养律师的非洲本土法律学校过去没有听说过，现在仍然没听说。法律"铭记在法官的心中"，它源于社会经验而非正规教育。① 不过，尽管学者们对非洲习惯法的理解存在种种歧义与偏见，但是，从其法律的起源和发展进程考虑，使用"非洲习惯法"这个特别的名称仍然有利于研究非洲法的过去和未来，况且，早在 20 世纪五六十年代，阿洛特等著名学者就提出了这个想法，并已开始进入这个崭新的令人兴奋的研究领域。②

与此同时，一些关于非洲法律问题的国际会议也曾对此展开积极讨论，如 1959 年 12 月 28 日至 1960 年 1 月 8 日召开的伦敦会议，即以"非洲法律的未来"为主题，一部分与会者认为，尽管"本土习惯法"不是一个令人满意的术语，但在当前情况下仍然是一种使用起来最令人满意的表述。1963 年 9 月 8 日至 18 日，非洲独立国家在坦桑尼亚达累斯萨拉姆首次召开了法律会议，本次会议确定的主题是"地方法庭和习惯法"，这表明，到 1963 年，"地方法庭"和"习惯法"已成功地取代"土著法庭"和前面所提到的具有殖民色彩的分类术语。③

不仅如此，一些非洲国家在采用"习惯法"这个用语的同时，还试图给出一个具有可操作性的法定解释。举例说，加纳 1960 年《解释法》第 8 条第 1 款将习惯法的概念表述为："包含在加纳法律中的习惯法是由习惯形成的法律规则组成的，这样的法律规则适用于加纳的特殊社区。"④ 坦桑尼亚

---

① A. Kodwo Mensah-Brown, op. cit., p. 23.

② Simon Roberts, "Some Notes on African Law," *Journal of African Law* 28 (1984): 1, 3.

③ A. Kodwo Mensah-Brown, op. cit., p. 21.

④ Gordon R. Woodman and A. O. Obilade, *African Law and Legal Theory* (Cambridge: Great Britain at the University, 1995), p. 36.

《解释法》第 2 条第 1 款表述为："习惯法意指包含某些权利和义务的任何规则或一系列规则，它建立在坦噶尼喀非洲人社区习惯的基础上，并具有法律强制力，而一般地被这些社区接受。"1958 年，尼日利亚《联邦证据法》中的表述是："习惯法是一些在特定区域内由于长期使用而具有法律效力的规则。"① T. O. 伊莱亚斯（T. Olawale Elias）教授对习惯法的表述更具有启发性，他认为："习惯法是对几代人生活经历的总结，它是一部深思熟虑的法典，是几代人用他们的经验和智慧通过一定的方法而制造出的一种联系。"②

综合上述几种观点，结合非洲社会的特点，笔者认为，本文中所讨论的非洲习惯法乃是这样一些规范，它是非洲各个传统社会中（主要指村社）属于各个族体的人民在长期的生活与劳作过程中逐渐形成的，被用来分配人们之间的权利、义务，调整和解决人们之间的利益冲突，且主要是在一套特殊的崇拜神灵、崇拜祖先等关系网络中以口述方式被贯彻实施的。

非洲习惯法的特性主要表现在以下几个方面。

（一）形式上表现为"口头非洲法"

与世界其他文化区相比，非洲传统文化的一个显著特点是它主要借助口头语言，在缺乏文字的条件下发展起来。③ 这种文化不像中国传统文化那样"有典有册"，而是"有典无册"。也就是说，非洲传统文化不是用文字写成的书本，而是储藏于人们脑子里的语言。对非洲各族人民而言，语言不仅是日常的交流手段，而且是保存前人智能的基本工具和途径，先人的智慧蕴藏于基本言语即"口头传说中"，而口头传说是保存和传播一代又一代非洲人民积累的社会和文化创造品的真正的宝库。④ 同理，属于各个族体的人民在长期的生活与劳作中逐渐形成的非洲习惯法在形式上也相应地表现为"口头非洲法"（Oral African Law），因其形式是口头的而不是文字

① A. Kodwo Mensah-Brown, op. cit., p. 20.
② T. Olawale Elias, *The Nature of African Customary Law* (London: Manchester University Press, 1956), p. 189.
③ 李保平：《非洲传统文化与现代化》，北京大学出版社，1997，第 79 页。
④ 联合国教科文组织编写，〔布基纳法索〕J. 基－泽博主编《非洲通史》第 1 卷，中国对外翻译出版公司，1984，第 5 页。

记载的，它活生生地存在于非洲各族人民的日常生活中，世代口耳相传，反复使用，形成了约定俗成的规则和程序，深深地影响了人们的行为方式。专门研究非洲黑人传说的当代马里学者 A. 哈姆帕特·巴（A. Hampate Ba）认为：在非洲传统社会里，深远而神圣的联系把人的行为与言语结合为一体，人们必须信守自己讲的话，并受其约束，他就是他的言语，他的言语就是他自身的证明；社会的协商依靠言语的价值和对言语的尊重。① 13 世纪马里帝国宪法的制定就是最好的例证。据传说，马里帝国的创始人松迪亚塔（Sundiata）在取得基里纳大捷后不久召开了由联盟军各首领参加的一次制宪会议，大会通过几项重要决定，如庄严宣告松迪亚塔为曼萨或马汉，意为皇帝，即王中之王；皇位继承依父系，采取兄终弟及制；皇帝必须从松迪亚塔家族世系中产生；同时还确定了各个氏族的权利和义务。此次制宪会议十分重要，且意义深远。曼丁哥人（Mandinge）的口头传说将习惯法和禁律的制定归功于松迪亚塔，这些习俗和禁律至今仍约束着曼丁哥人各氏族间的关系以及他们与西非其他氏族的关系。② 此外，即使是在诉讼方式上，"口传非洲法"的特色也鲜明地体现出来。例如，尼日利亚东北部的伊多马人（Idoma）使用一种传统的司法程序，即在一种基本上是戏剧性的场面中利用半合唱的方式判案，把音乐与辩论结合为正式的司法体制。具体程序是，以合唱式应答为背景，争讼双方就像正式演员那样陈述各自的理由，审判过程持续两天甚至一周。马里、几内亚等国的班巴拉人（Bambara）和东非的图西人（Tutsi）也有与此类似的司法程序。③

（二）精神上反映了非洲人特殊的价值观

受传统的多神宗教影响，古代非洲人的头脑中形成一种特殊的世界观：上帝从根本上说是一位神灵，他是所有纠纷的最后权威；上帝之下是祖先神灵，他们总是令人敬畏；人是非物质本体和物质本体的复合物，肉

---

① 联合国教科文组织编写，〔布基纳法索〕J. 基－泽博主编《非洲通史》第 1 卷，中国对外翻译出版公司，1984，第 122 页。

② 联合国教科文组织编写，〔塞内加尔〕D. J. 尼昂主编《非洲通史》第 4 卷，中国对外翻译出版公司，1992，第 109~110 页。

③ 宁骚主编《非洲黑人文化》，浙江人民出版社，1993，第 352~353 页。

体死后便分解，灵魂依然活着，因而死亡并没有结束生命，只不过是生命的延伸；人类社会就是由死者、生者和尚未出生者组成的一个连续不断的家系；人与社会的关系意味着个人属于整个社会，个人权利的表现在于履行其义务，这使社会成为一连串相互间的关系。① 研究非洲宗教的非洲学者凯约德（J. O. Kayode）指出："不细致地了解祖先崇拜，就无法了解他们的宗教信条，也就无法了解他们的生活、他们的经济、他们的历史和他们的政治——这些都是广义文化的内容。"② 传统宗教是维护社会规范的强大力量，它要求人们依照神祇立下的准则，遵奉祖先的传统和伦理道德规范行事。在古代非洲人日常生活中，具有权威地位的习惯法即源于这种特殊的价值观念。美国法人类学家霍贝尔（E. Hoebel）通过对加纳阿散蒂人的法律状况进行个案分析，充分证实了神灵、祖先及社会和谐在非洲人的习惯法观念中是何等重要。霍贝尔认为，在这里，所有法律问题都是"家庭的事务"，由不借助于物质力量的仲裁进行调整，通常是由受人尊敬的老者来执行。原告应当着族长和旁人的面向祖先发誓，讲述祖先的权利，族长们所进行的调解和劝导，都不是自己的创造，而是祖先意志的体现，制裁也是祖先们的不悦和处罚。其之所以如此，是因为祖先们被认为是部落风俗和法律的监护人。阿散蒂人在约束自己的行为之前总是想着自己正被祖先注视着，担心将来在天堂里相遇时会受到祖先的责难。这些思想会产生一种非常强烈的道德约束力，这些就是法律的基础。③ 这说明，具有特殊观念的习惯法在古代非洲法律文化中处于权威地位，甚至深深地影响了非洲人的思维和诉讼方式。比如，解决争端重在和解，首先要能保证集团的一致和集团成员间的协调与谅解。对个人而言，社会道德主张宽容和谦让，胜诉者常常放弃判决的执行。法国著名比较法学家达维德说："他们所关心的只是与时间毫无关系的集团（部落、等级、村庄、家族等），而不是像西方那样关心个人、夫妇、家庭这样一些不持久的因素。"④ 日本学者

---

① 联合国教科文组织编写，〔加纳〕A. 阿杜·博亨主编《非洲通史》第 7 卷，中国对外翻译出版公司，1991，第 411 ~ 413 页。

② J. O. Kayode, *Understanding African Traditional Religion* (Ile-Ife: The University of Ife Press, 1984), p. 20.

③ 〔美〕E. 霍贝尔：《原始人的法》，严存生等译，贵州人民出版社，1992，第 192 ~ 194 页。

④ 〔法〕勒内·达维德：《当代主要法律体系》，添竹生译，上海译文出版社，1984，第 515 页。

千叶正士也认为："非洲人的'概念的灵活性'的功能补充物是当事人的社会身份，它主要产生于亲属关系结构。在非洲人中，每个人的社会角色取决于其在社会体系中的社会身份。"① 这些看法都是很有见地的。所以，在精神上，非洲习惯法最鲜明的特性就是尊奉神灵，崇拜祖先，尊重传统，注重集团本位，强调社会和谐。

（三）内涵上主要是民事法律方面的规范

在非洲各个传统社会里，社会组织是以血缘关系为原则建立起来并得以维系的。这种社会组织同时也是基本的社会生活共同体。家庭、氏族、部落的建立、运行和维持都必须遵循一套复杂的原则和社会规范，所调整的对象主要是民事方面的社会事务，像如何划分亲属关系，如何处理家族、氏族内部成员的相互关系以及继嗣规则、内部禁婚原则等。如在班布蒂人（Bambuti）中，习惯法对集体生活的准则以及在赤道大森林里生活如何保持生态平衡做了规定，财产归集体所有，而在成员中分配食物的不公平被认为是严重破坏道德的行为；不许虐待孩子、殴打妻子或丈夫；不许滥杀动物和吃掉被认为是"生命幼芽"的蛋以及砍伐大树；不许盗窃和诽谤他人；等等。总之，这些社会规范在非洲各传统社会里强有力地制约着个人行为，起着十分重要的社会控制作用。奥德·布朗（Order Browne）认为，非洲习惯法"与其说属于刑法性质的，还不如说是属于民法性质的，几乎所有最严重、最特别的犯罪都是采用类似于仲裁而不是惩罚的制度进行处理"。② 这与梅因的观点相反。梅因认为，社会和法典愈古老，它的刑事立法就愈详细、愈完备。一个国家文化的高低，看它的民法和刑法的比例就能知道。大凡半开化的国家，民法少而刑法多；大凡开化的国家，民法多而刑法少。他说："这种现象常常可以看到，并且这样解释无疑在很大程度上是正确的，由于法律初次用文字写成时，社会中经常发生强暴行为。"③ 而笔者认为，用梅因的这种"普适性"观点来看待非洲习惯法是不恰当的，因为他并不了解古代非洲习惯法的特性，我们只有对古代

① 〔日〕千叶正士：《法律多元——从日本法律文化迈向一般理论》，强世功等译，中国政法大学出版社，1997，第160页。
② T. Olawale Elias, op. cit., p. 115.
③ 〔英〕梅因：《古代法》，沈景一译，商务印书馆，1959，第207页。

非洲习惯法起源的特性有一个清楚的全面认识，才能还历史以本来面目。

（四）诉讼中通行神明裁判方式

古代非洲习惯法带有较浓厚的原始部族痕迹，尤其是与各部族中流行的图腾崇拜有密切的关系。图腾禁忌约束着人们的行为，也使司法诉讼充满神秘色彩。例如，在中非一个奉青藤为图腾的部落中，当发生有关土地、房舍以及杀伤、盗窃等较为重大的纠纷时，酋长就会召集双方当事者，摘来青藤叶子，让巫师念过咒语后请双方嚼吃。据说，心亏理屈的人吃了就会死掉，临场怯食就等于自己认输。又如，在南非的巴罗朗部族里，如果发生纠纷，酋长就会拿出珍藏的图腾标志铁锤，让双方对着铁锤发誓，理亏的一方据说就会受到神灵的惩罚。① 之所以如此，是因为"在部落中，占统治地位的思想不是理性，而是神明。对部落而言，神明裁判是公正的，而理性裁判却是不公正的。在部落审判中，无须说明理由，因为它是非理性的"。②

通过以上分析，笔者认为，古代非洲人的习惯法观念，在概念内涵和表现形式等方面与西方思想观念迥然不同，而与东方民族的法律观、价值观颇为相似。正如千叶正士所言："如同日本的情形一样，非洲人的个人权利概念也是一个由法律公布的表面概念和当事人的社会身份这一隐藏观念构成的复合物。"③ 但正是由于习惯法的权威性、独特性，非洲特别是"撒哈拉以南的非洲以及马达加斯加曾受习惯法统治达几个世纪之久"。④

二 伊斯兰教法与非洲传统法律文化的交汇和融合

非洲法律文化的第一次重大变迁发生于 7～16 世纪。

---

① 宁骚主编《非洲黑人文化》，浙江人民出版社，1993，第 138 页。
② T. Olawale Elias, op. cit. , p. 28.
③ 〔日〕千叶正士：《法律多元——从日本法律文化迈向一般理论》，强世功等译，中国政法大学出版社，1997，第 26 页。
④ 〔法〕勒内·达维德：《当代主要法律体系》，添竹生译，上海译文出版社，1984，第 514 页。

（一）伊斯兰教在非洲的传播

7世纪，当阿拉伯人挟着《古兰经》，高举伊斯兰"圣战"的大旗奔逐在北非大地上时，非洲国家发展史上的伊斯兰时代来临。伊斯兰教通过武力与和平两种方式征服了非洲广大地区：埃及和马格里布地区经过长期的武力征服，到10世纪左右，先后完成了阿拉伯－伊斯兰化。在北起撒哈拉沙漠以南、南至热带森林边缘地带、西起塞内冈比亚、东至瓦代直到东非沿海的辽阔地域，主要是通过以商业贸易为媒介的和平征服方式传播伊斯兰文明。到16世纪，伊斯兰教已成为非洲具有普遍意义的宗教。①

影响非洲各族人民的宗教信仰，主要有四种，即传统宗教、基督教、印度教和伊斯兰教。传统宗教是非洲固有的有着悠久历史和广泛社会基础的宗教，其余均是后来从外界传入非洲大陆的外来宗教。基督教在非洲的传播有两个时期，即1～6世纪在埃及、北非、东苏丹和埃塞俄比亚等地区的局部传播时期和19世纪随殖民统治在非洲广泛传播时期。这里涉及的是第一个时期。基督教转入非洲比伊斯兰教早，大约在公元1世纪，基督教传入埃及，并在广大的农村取代了旧时的神坛。后又经由埃及的一些港口和迦太基传入北非。但至7世纪中叶，随着伊斯兰教的迅速传播，北非地区基督教的影响几乎消失得无影无踪，"只剩下若干教堂的废墟供人凭吊"。② 不过，东苏丹的三个基督教王国从6世纪起，就顽强地存在于伊斯兰世界的西部边缘，长达8个世纪之久，埃塞俄比亚的阿姆哈拉人则从4世纪初就开始信奉基督教。但从总体上看，基督教对非洲习惯法的影响是很不稳定的，即使是在千年基督教古国埃塞俄比亚，人们"仍遵守各种各样的习惯"。③ 此外，印度在公元前6世纪就已同东非进行贸易，莫桑比克沿海的休达城有相当数量的印度居民和专门停泊印度船只的处所，因此，在东非沿海一带，很早就有信奉印度教的印度商人，不过，"印度教徒认为他们信教不用管收教徒的事"，他们也"没有什么传教工作可言"。④ 因

---

① 伊斯兰教在非洲向南的传播没有越过林波波河和赞比西河。

② 何芳川、宁骚主编《非洲通史·古代卷》，华东师范大学出版社，1995，第175页。

③ 〔法〕勒内·达维德：《当代主要法律体系》，漆竹生译，上海译文出版社，1984，第520页。

④ 〔肯尼亚〕佐伊·马什、G. W. 金斯诺思：《东非史简编》，伍彤之译，上海人民出版社，1974，第140页。

而可以说，印度教在非洲的影响是相当有限的。而伊斯兰教在非洲的传播，虽然迟至 7 世纪，但在古代非洲国家发展的历史上，其作用无论从涵盖范围还是从影响看，都远远超过了另外两大外来宗教——基督教和印度教。故本文着重讨论的是伊斯兰教法与非洲传统法律文化的交汇和融合。

（二）伊斯兰教法在非洲的移植及原因分析

1. 伊斯兰教法在非洲的移植

伊斯兰教在非洲传播的过程，也是伊斯兰教法文化在非洲移植的过程。伊斯兰教法作为一种宗教法，它与伊斯兰教义教规有着密切的联系；作为一种属人法，它因宗教信仰的同一性而适用于信教者群体。当非洲土著居民皈依伊斯兰教后，他们便开始受到沙里亚法的约束。伊斯兰教和伊斯兰教法以各种不同的形式，并在不同程度上，在整个非洲大陆留下了自己的痕迹。根据安德逊教授的观点，非洲的伊斯兰教法在各种不同的情形下起着作用，在下面的地区表现较为明显。[1]（1）全部或大部分是穆斯林的地区或国家。在这里，伊斯兰教法是公开被承认的《基本法》，在私法领域尤为如此。如北部非洲前欧洲殖民地摩洛哥、阿尔及利亚、利比亚、突尼斯、埃及等国，以及索马里和"非洲之角"的毗邻地区、桑给巴尔和东非沿海岸带部分地区、苏丹的北部地区，尼日利亚北部和法属西非的一些地区如塞内加尔等。（2）伊斯兰教法和制度占统治地位的地区。在这些地区，沙里亚法院和同一性质的法院对所有本土居民拥有普遍管辖权，尽管这些居民中包括大量非穆斯林，而且他们通常是非洲传统宗教和制度的拥护者。例如，尼日利亚中部和北部的一些地区和后来法属西非的一些地区都属于这种情况。（3）居民构成上一般为非穆斯林，但其成员也包括个体或穆斯林团体。这些穆斯林团体并不能对全体居民行使审判权。例如，东非的部分地区、刚果、西非的部分地区和南非的部分地区。可见，伊斯兰教法文化在非洲的移植，在地域上是有区别的。整体而言，北非地区已经全部伊斯兰化，而撒哈拉以南地区则是伊斯兰教法的本土化和民族化。

阿拉伯人征服北非的过程，就是北非地区阿拉伯化与伊斯兰化的过程。阿拉伯人的入侵和征服使来自西亚其他地区的穆斯林定居于北部非

---

[1] A. Kodwo Mensah-Brown, op. cit. , p. 54.

洲，被占领地区由阿拉伯总督管理，他们随身带来了伊斯兰法律制度和法律思想习俗，且将它们当作《基本法》律文化强加于各省。

伊斯兰教法文化在撒哈拉沙漠以南非洲的移植是一个渐进而又持久的过程。这个过程伴随着外来法文化的本土化和民族化。一方面，许多皈依伊斯兰教的君主曾去麦加朝觐，并潜心学习《古兰经》，与穆斯林研讨治国之道，在宫廷设置穆斯林书记官，采用伊斯兰法典，任命伊斯兰法学家为法官，按照伊斯兰教法处理民事和刑事案件。他们还派遣留学生到埃及开罗的爱资哈尔大学①和摩洛哥非斯的卡拉维因大学学习教法，形成了一个由本地的黑人穆斯林学者、宣讲师和法官组成的集团。另一方面，苏丹地区也形成了自己的学术文化中心，马里帝国的廷巴克图最负盛名。13～14 世纪的廷巴克图是当时整个伊斯兰世界的几大学术中心之一，其影响已超越了西苏丹地区。这里学者云集，典藏丰富。著名的桑科勒（Sankore）清真寺作为一所闻名遐迩的大学，为马里帝国培养了不少黑人学者。桑海帝国时期的廷巴克图，学术与文化的昌盛发达似乎超过了马里帝国时期，仅讲授古兰经的学校就有 180 所。② 桑海帝国的阿斯基亚大帝于 1495～1497 年前往麦加朝圣。阿斯基亚此行的一大特点，是他已无意像前人那样旨在炫耀帝国财富而大讲排场肆意挥霍，而是努力利用朝圣的机会学习阿拉伯世界的制度与文化。他带去了帝国的许多官员和学者，观摩研习阿拉伯国家的政治模式、法律制度、行政体制和教育文化制度，企望通过移植阿拉伯文明的成果来将桑海这个西苏丹大草原上的黑人国家改造为一个真正发达统一的大帝国。③ 阿斯基亚在开罗和麦加等城市曾广为延揽阿拉伯学者前往桑海帝国传播阿拉伯的科学与学术。随着伊斯兰教在西苏丹的传播日益广泛和深入，14 世纪马里君主苏莱曼在位时，伊斯兰教已深入普通

① 爱资哈尔大学是非洲最古老的伊斯兰学府，创建于 972 年，距今已有一千多年的历史，爱资哈尔大学的前身是爱资哈尔清真寺，原是埃及大法官阿里·本·努阿曼宣讲伊斯兰教什叶派的主张和法律的场所。到了 11 世纪，正是埃及法蒂玛王朝文化的极盛时期，爱资哈尔清真寺逐步发展为一所纯宗教性的学校。这里不仅是传播宗教思想、弘扬伊斯兰教什叶派教义的天房，而且也是传授文化知识的最高学府。14 世纪蒙古人入侵巴格达后，大批珍贵的图书典籍被转移到爱资哈尔大学，从而使爱资哈尔大学不仅继承了巴格达文化的遗产，而且成为当时阿拉伯文化的中心。

② 联合国教科文组织编写，〔塞内加尔〕D. J. 尼昂主编《非洲通史》第 4 卷，中国对外翻译出版公司，1992，第 109～110 页。

③ 刘鸿武：《黑非洲文化研究》，华东师范大学出版社，1997，第 154 页。

民众之中，其主要戒律已成为社会普遍遵循的规范。据伊本·白图泰记述，当时穆斯林领袖已供职于马里宫廷，君主和所有宫廷成员都参加群众性的祈祷活动，在过伊斯兰教重大节日宰牲节和开斋节时，法官、讲演员和法学家都会戴着头巾，于苏丹面前诵念赞词。"苏丹按时作礼拜"，马里人"注重背诵《古兰经》，强背不出来，会给孩子们带上脚绊，待背出，才行撤去"。① 1812 年，伊斯兰宣教师奥斯曼·丹·福迪奥 (1754～1817) 以伊斯兰教正统为标榜，向混合伊斯兰教派和异教徒发动圣战，统一了豪萨地区，建立了索科托帝国，确立了中央和地方分权的神权政治结构。伊斯兰教作为一种政治思想和政治制度，在索科托帝国的体现堪称典范：哈里发是帝国的最高统治者、最高行政和司法首脑，垄断对伊斯兰教法的解释权；各穆斯林埃米尔国的埃米尔由他任命，并签订巴亚 (意为臣服) 契约；哈里发派遣使臣监督各埃米尔国，解决各埃米尔国间的纠纷；各埃米尔国每年固定向中央政府缴纳一定的税收和贡纳，战时应召出兵作战，同时也拥有较大的自主权，有自己的议事会、法庭和军队；中央政府设哈里发法庭，各埃米尔国有自己的法庭，均按照伊斯兰教法处理民事和刑事案件。② 在东部非洲，桑给巴尔的统治者甚至把伊斯兰教法作为国家的《基本法》，宗教法庭成为司法权的一部分，管理和判决属于私人身份法方面的问题。③

2. 移植成功的原因分析

伊斯兰教法文化何以能迅速移植到非洲固有法文化的土壤中？原因是多方面的。

就北非地区而言，伊斯兰教是统治者的宗教，皈依伊斯兰教，可以免受歧视；信仰伊斯兰教的人可以不纳人头税，从而在经济上获得利益；伊斯兰教的哈里吉派主张平等，易于为原住民科普特人和柏柏尔人所接受；柏柏尔人的经济状况和生活习惯同阿拉伯人相似，都从事游牧业、手工业和商业；柏柏尔人的文化同阿拉伯牧民的文化很接近；柏柏尔人的语言属布匿语系，与阿拉伯语同属闪族语系，故柏柏尔人易于接受阿拉伯语。

---

① 《伊本·白图泰游记》，马金鹏译，宁夏人民出版社，1985，第 602 页。
② 宁骚主编《非洲黑人文化》，浙江人民出版社，1993，第 49 页。
③ 金宜久主编《伊斯兰教史》，中国社会科学出版社，1990，第 420 页。

伊斯兰教法文化在撒哈拉以南非洲的移植虽然不是一帆风顺，但它最终还是冲破阻力，有效地移植到撒哈拉以南非洲传统法律文化的土壤之中。究其原因，首先，当伊斯兰教法随阿拉伯人的强有力扩张在非洲各民族中进行移植时，相对落后的非洲并没有能够形成一股抵挡这种外来法律文化移植的有效力量，这是无可置疑的事实。其次，非洲人的习惯法观念与伊斯兰教的法律观念并不存在根本性的抵触，"伊斯兰教与地方信仰制度有时可以取得一致"。① 例如，在尼日利亚，一夫多妻是一个古老的习俗，对非洲人而言，这似乎是一种合理的而且是必要的制度，② 因此成为穆斯林并不需要同一夫多妻的传统根本决裂。对大多数皈依伊斯兰教的撒哈拉以南非洲穆斯林来说，伊斯兰教意味着虔诚信教的一种方式，伊斯兰教法补充着传统习惯法，而传统习惯法又弥补了伊斯兰教法的若干不足。美国著名伊斯兰史学家艾·拉皮斯德在《伊斯兰社会史》一书中指出：伊斯兰范式之所以能够在这一时期被广泛地应用于非洲各式各样的社会，一个内在的原因就是这些社会都是以契合伊斯兰文化精神的家庭－社会型、宗教－伦理型为基本特点的社会。因此，伊斯兰教与这些地区的政治、经济、道德伦理的文化模式都具有"相互作用"的关系。再次，撒哈拉以南非洲各族的统治者出于加强统治的需要，往往寻求伊斯兰教法与传统宗教、习惯法之间的妥协、调和。例如，马林凯人诸王国的国王，对伊斯兰教法采取实用主义的态度，当他们谋求与伊斯兰世界加强联系时，便宣称自己是穆斯林，遵循伊斯兰教义教规；而当他们谋求动员民族力量一致对外，或者出现了伊斯兰教法无法调整的领域，必须适用习惯法时，便转而向传统宗教和传统习惯法寻求支持。对于广大的西苏丹和中苏丹等地区的统治者来说，伊斯兰教法中禁止重利、信仰真主安拉为唯一神、主张穆斯林皆兄弟和圣战等教法上的规范，为他们提供了一种把落后、分散的社会进一步组织起来的工具。事实上，像伊斯兰教这样具有普遍性的宗教正符合统治者的需要，它可以在各个不同的氏族和部落中成为有较强凝聚力的共同的文化纽带。因此，伴随着阿拉伯人在撒哈拉以南非洲的扩张和渗透，伊斯兰教成为撒哈拉以南非洲广大地区和国家的精神支柱，伊斯兰教

---

① 金宜久主编《伊斯兰教史》，中国社会科学出版社，1990，第420页。
② 〔英〕艾伦·伯恩斯：《尼日利亚史》，上海师范大学本书翻译组译，上海人民出版社，1974，第400页。

法文化的影响也深入非洲社会和政治生活的方方面面，起着潜移默化的作用。

（三）伊斯兰教法的影响

伊斯兰教在非洲广阔地带，逐渐完成了从一种宗教信仰到一种政治思潮再到一套政治制度的演进过程。这样，随着各地上层统治阶级接受伊斯兰教，这些国家的政治法律文化，特别是政治法律制度和经世治国之道，在不同程度上发生变迁。对此，英国著名的伊斯兰法律史学者库尔森指出，伴随着伊斯兰教传入撒哈拉以南非洲地区，"历史造成了二种法律之间不同程度的融合，从传统习惯法庭尝试性地、零星地应用沙里阿的法律规范，到沙里亚法庭有限地承认习惯法的成分不等"。① 因此，撒哈拉以南非洲法律文化的变迁史，并不是一部纯粹的伊斯兰文明史，而是伊斯兰法律文化随伊斯兰教的传播不断地影响、逐渐地深入当地各族人民社会和政治生活的各个方面，并与他们固有的法律文化发生冲突、摩擦、撞击，以致最终相互妥协、容纳与融合的历史。在撒哈拉以南非洲法律文化变迁过程中，非洲传统宗教与伊斯兰教相结合，形成了敬拜安拉，信奉黑人自己的先知、礼拜仪式和宗教习俗非洲化的一神教，实现了从"自然宗教"向"人为宗教"的历史性演变。而各国上层统治阶级接受伊斯兰教，更加深了这些国家政治法律文化的变迁。从总的趋势看，这种变迁也是一种文化进化，它不仅推动了非洲传统社会的整体进步，也推进了伊斯兰法律文化的更广泛移植。撒哈拉以南非洲的黑人文化已不是一种与外界隔绝的纯正黑人文化，而是一种混合型的注入了北非文化尤其是阿拉伯伊斯兰文化内容的多元文化。② 外来的阿拉伯文化和伊斯兰教与土著黑人文化相互渗透，使对方都改变了自己原有的形态。

总之，伊斯兰教法文化在非洲经过几个世纪的移植，在信奉伊斯兰教的撒哈拉以南非洲广大地区，逐渐形成了一种在政治法律制度建设、法律教育、经世治国之道、宗教信仰规范等方面以伊斯兰教法为主体，并辅之

---

① 〔英〕库尔森：《伊斯兰教法律史》，吴云贵译，中国社会科学出版社，1986，第113页。
② 刘鸿武：《黑非洲文化研究》，华东师范大学出版社，1997，第152页。

以非洲传统习惯法的新的法律文化构架，连同北非地区的阿拉伯 - 伊斯兰化，共同实现了非洲法律文化的第一次重大变迁。

三　西方法在非洲的移植与影响

非洲法律文化的第二次重大变迁发生于 16 世纪至 20 世纪五六十年代，即黑奴贸易和殖民统治时期。

（一）欧洲列强瓜分非洲

非洲大陆因毗邻西欧且又位于东西方新航路上而成为西方殖民主义侵略扩张的最早对象。1415 年，伊比利亚半岛上的葡萄牙舰队渡过直布罗陀海峡占领了北非大西洋海岸城市休达。这一"改变了非洲历史的进程和走向"① 的历史剧变，既是整个近代欧洲全球扩张的开始，也是非洲大陆沦为西方殖民主义侵略扩张对象的起点。从此时至 20 世纪初，西方列强把整个非洲瓜分完毕并最终确立殖民统治，前后近 500 年。这一段血腥历史以 1876 年列强开始大规模瓜分非洲为界②，又可分为两个阶段。

15 世纪到 19 世纪 80 年代为第一个阶段。该阶段主要是罪恶的黑奴贸易。葡萄牙、西班牙、英国、荷兰、法国、瑞典、丹麦和美国等欧美国家先后参与了奴隶贸易。这种罪恶的贩奴活动，虽未深入到非洲内陆实行分割占领，但其影响和危害早已扩展蔓延到撒哈拉以南非洲的内陆广大地区。在 19 世纪末西方列强掀起瓜分非洲内陆高潮之前的几个世纪里，西方的殖民扩张就已经遍及非洲大陆东西南北的广大地区。因此，从文化发展史的角度来说，400 年的黑奴贸易除对撒哈拉以南非洲传统文化及其社会造成毁灭性破坏之外，几乎不曾给撒哈拉以南非洲文化带来任何积极的结果，几乎不曾给撒哈拉以南非洲带来任何新的文化成分。这种衰退和毁灭要远比世界其他地区严重。③

---

① R. Oliver and A. Atmore, *Africa since 1800*（London, 1972）, p. 275.

② 此时的非洲大陆，除了北部突尼斯、的黎波里、埃及和整个尼罗河流域大片领土属奥斯曼土耳其帝国之外，只有 10.8% 的领土被欧洲列强占领，其余均在当地非洲人政权的控制之下。而 1876 年"国际非洲协会"的创立，意味着欧洲列强开始有组织、有计划地染指非洲；1884～1885 年的柏林会议则标志着欧洲列强对非洲的全面瓜分。

③ 刘鸿武：《黑非洲文化研究》，华东师范大学出版社，1997，第 212 页。

19 世纪 80 年代到 20 世纪 60 年代结束为第二阶段。这一时期，西方列强将非洲瓜分殆尽并实行比较直接的殖民统治。在柏林会议之前，西方列强就已经通过武力纷纷占领非洲具有战略意义的地区。在北非，英、法等联合控制了埃及。英国又通过埃及对苏丹实行统治。法国则于 1830 年侵占了阿尔及利亚。在西非，法国在塞内加尔河口、几内亚、象牙海岸和达荷美的沿海地带建立了一系列据点；英国则在冈比亚河口、塞拉利昂和尼日利亚的拉各斯建立了殖民统治。葡萄牙很早就占领了安哥拉和莫桑比克的沿海地区。在南非，1806 年英国乘荷兰在拿破仑战争中被法国吞并的机会，强占了荷兰已经营 100 多年的好望角殖民地。但到 1876 年，西方列强只侵占了非洲大陆 10.8% 的面积。① 列强后来瓜分非洲，正是以这些地方作为前进基地向内地扩张的。1876 年的刚果河口争端事件揭开了列强瓜分中非的序幕。柏林会议又称柏林西非会议、刚果会议、西非会议和柏林非洲会议，刚果问题是促使会议召开的直接原因。1884 年 11 月 15 日至 1885 年 2 月 26 日，由德、法共同发起，德、法、英、美、俄、意、比等 15 国参加的旨在瓜分非洲的专门会议在德国柏林召开。会议经过长达 3 个多月的激烈斗争和妥协，通过了《柏林会议关于非洲的总议定书》，内容共 7 章 38 条。该议定书规定了著名的"有效占领"原则，具体内容有两条，即要求今后占领非洲大陆沿海新地区的国家要以文件和声明的形式通知《柏林会议关于非洲的总议定书》的各签署国，同时建立足以保护该地区现有各项权利（如确保航运和贸易自由等）的统治机构。② 柏林会议是西方列强第一次在远离非洲、无一位非洲代表出席的情况下，凭借各自的实力达成了在非洲争端中的谅解，"标志着欧洲在非洲的扩张从此有了国际法"。③ 非洲首次作为一个整体被搁置在任人宰割的国际砧板上。

据资料表明，1876 年殖民列强占有的非洲殖民地占非洲土地面积的 10.8%，1885 年这一比例增加到 25%，1900 年激增到 90.4%，1912 年上升至 96%，至此，非洲基本上被瓜分完毕，欧洲的法律制度也随着炮舰、传教士、商人和冒险家进入非洲的广大地区。外来的法律文化又一次对非洲法律文化展开了全方位的、大规模的冲击，影响十分深远。西方法在非洲的

---

① 郑家馨主编《殖民主义史·非洲卷》，北京大学出版社，2000，第 3 页。
② 《国际条约集 1872～1861》，世界知识出版社，1986，第 83～97 页。
③ 郑家馨主编《殖民主义史·非洲卷》，北京大学出版社，2000，第 354 页。

具体移植方式随殖民国家的不同而不同，尤以英国普通法的"间接移植"方式和以法国和葡萄牙为代表的大陆法的"直接移植"方式最为典型。

（二）英国普通法的"间接移植"

经过几个世纪的殖民侵略，英国在非洲据有广阔的殖民地和附属国：埃及、南非、苏丹、加纳、英属索马里（今索马里北部）、尼日利亚、塞拉利昂、冈比亚、乌干达、肯尼亚、尼亚萨兰（今马拉维）、北罗得西亚（今赞比亚）、南罗得西亚（今津巴布韦）、贝专纳（今博茨瓦纳）、斯威士兰、巴苏陀兰（今莱索托）、桑给巴尔、塞舌尔群岛、毛里求斯群岛、圣赫勒拿岛等。这些地区的面积约为 8860020 平方公里，约占非洲总面积的 29%，为英国本土面积的 36.3 倍。[①]

在非洲，英国殖民者所遇到的情况比较复杂，各地发展不平衡，有的地区处于原始社会，有的进入奴隶社会，有的已经跨入封建社会。为了治理地域如此广阔且国情不同的众多非洲领地，减少行政开支和弥补行政人员的不足，英国殖民者实行"间接统治"制度。

间接统治制度是英国殖民官员卢加德（F. Lugard）总结英国在印度等地的统治经验后制定的一套行之有效的统治方式，20 世纪 20 年代以后在英属殖民地获得普遍推广。卢加德早年在印度、缅甸的英国殖民军队中服役，后来到东非乌干达和西非的尼日利亚地区进行殖民侵略和扩张活动，曾任香港总督。1914 年至 1919 年任尼日利亚殖民地和保护国总督。因为他为英国的殖民侵略活动立下了汗马功劳，被加封为爵士，获得巴斯勋章和金十字勋章。卢加德在长期的殖民生活中深深地体会到，面对地域广阔的殖民地、完全陌生的非洲人社会，殖民当局根本不可能完全使用欧洲官员取代当地的酋长，而必须依靠当地传统的政治领袖和受过殖民教育的当地雇员。[②] 经过长期的殖民实践，他总结出一套关于"间接统治"制度的理论。在一份年度报告中，他这样写道："（殖民）政府利用本地的酋长，借助于他们的地位和统治的权力，通过他们进行工作，但要求酋长们遵守人道和正义的基本原则。……一个'埃米尔'，如果事实证明他不听劝告，不

---

① 葛佶主编《简明非洲百科全书》，中国社会科学出版社，2000，第 87 页。

② Buell, *The Native Problem in Africa*, Vol. 1 (New York, 1978), p. 718.

可救药，那就撤换其职务，由一个人民所承认的继承者来取代他。"① 为了全面阐明"间接统治"理论，卢加德于 1922 年出版了《英属热带非洲的双重委任统治》一书。在书中，卢加德详细阐明了"间接统治"理论，对欧洲国家在非洲的殖民掠夺和瓜分大加赞美和宣扬："欧洲人在非洲，是为了相互的利益，既为了欧洲自己的工业阶级，也是为了非洲本地各民族发展到一个较高的水平；彼此得益、相得益彰是完全可行的，为完成双重委任统治所进行的文明管理的目的和愿望也就在于此。"② 依据这种理论，一战以后非洲各英属殖民地广泛推行"间接统治"制度。20 世纪 20 ~ 40 年代，"间接统治"成为英国管理非洲殖民地的官方理论指南。例如，英国全面搬用卢加德所制定的那一套制度和政策，在坦噶尼喀大力推行"间接统治"。拜厄特就任坦噶尼喀总督后，着手建立"间接统治"。1921 年和 1923 年，坦噶尼喀政府先后两次颁布《土著当局法》，授权地方当局和部落酋长维持地方秩序。1924 年 3 月，拜厄特建议由殖民政府向部落酋长发薪金，这被英国殖民部认为是"朝实行'间接统治'迈出了一大步"。③ 1925 年，卡梅伦爵士继任总督。在赴坦噶尼喀就任之前，卡梅伦曾在尼日利亚殖民政府中担任要职长达 17 年，不仅有着颇为丰富的殖民地行政管理经验，也是卢加德"间接统治"殖民理论的忠实执行者。除对《土著当局法》进行补充之外，卡梅伦任期内还把坦噶尼喀全境重新划分为 11 个省，在各省实施"间接统治"，建立各级土著政权。1929 年，在卡梅伦的主持下，坦噶尼喀仿效尼日利亚模式，通过了《土著法庭法》，开始土著法庭的建设工作。④ 这样，到 1931 年卡梅伦离任时，英国在坦噶尼喀的"间接统治"已基本确立。

间接统治制度的主要内容包括承认英国的宗主权、确认土著政权、建立土著金库和成立土著法院四项。

承认英国至高无上的宗主权是间接统治的前提。卢加德认为，这种宗主权包括对全部土地的最高所有权、任命埃米尔和所有国家官员之权、立

---

① 转引自〔肯尼亚〕佐依·马什、G. W. 金伊诺思《东非史简编》，伍彤之译，商务印书馆，1974，第 205 页。

② Frederich Lugard, *The Dual Mandate in British Tropical Afica* (London: Rank Cass Ltd., 1922), p. 617.

③ J. Liffe, *A Modern History of Tanganyika* (Cambridge, 1979), p. 319.

④ J. Liffe, op. cit., p. 320.

法权和征税权。土著统治者只有接受和承认英国的宗主权，他们的权势与地位才能得以保存和维持。他在对卡诺首领的讲话中说："……英国政府将成为这个地区的宗主国，不仅行使任命埃米尔，而且行使任命国家主要官员的权力，但要保留现存的统治者；一般不干预这个地区的继承权、任命权或选举惯例，但高级专员将拥有否决权，国王或酋长胡作非为将失去其职位。"①

确认土著政权是间接统治的基础。1916 年，卢加德重新颁布了《土著政权法》。该法肯定各级酋长等土著政权的存在，尊重他们在本族中的神圣地位，维持土王和各酋长的荣华富贵与权势。卢加德在《英属热带非洲的双重委任统治》一书中明确指出："土著酋长是（殖民）行政机构不可缺少的一个部分。不管英国的和土著的统治者各自行使职权，或是相互合作，都不存在两种类型的统治。只有一个单一的政府，在政府中土著酋长同英国官员一样，有着权限明确的职责和一致公认的身份；他们的职责绝对不能相互冲突，而尽可能避免重叠。"② 在北尼日利亚，土著政权机构主要指索科托的哈里发、各级的埃米尔和酋长、酋长会议等。这是因为在 19 世纪以后，欧洲普遍认为只有在一些补充性或辅助性的职能中使用本地的人员，并利用本地的记过体制，才能使殖民统治有效地维持下去。1923 年发表的英国政府《肯尼亚白皮书》就确立了"土著人至上"原则，声明"国王陛下的政府认为自己是代表非洲居民履行一种受委托的责任，……委托的目标应该说是为了保护土著种族并使之进步……"③ 土著政权的主要职责是维护地方治安，为政府征收税款和派工，传达和执行殖民当局的各项法令。

建立土著金库是间接统治的经济支柱。英国统治者明白，从经济上控制一个地区是尽快取得统治权的必由之路。1904 年和 1906 年先后颁布《土地收入公告》和《土著收入公告》，后来又于 1917 年颁布《土著收入法》。卢加德强调，征收税金要以土著统治者的名义进行，并要非洲农民相信这是代替从前所缴的贡赋，而不是白种人额外向他们征税。④ 土著金

---

① 李智彪：《卢加德与北尼日利亚》，《西亚非洲》1988 年第 1 期。

② 陆庭恩主编《非洲与帝国主义（1914～1939）》，北京大学出版社，1987，第 98 页。

③ 联合国教科文组织编写，〔加纳〕A. 阿杜·博亨主编《非洲通史》第 7 卷，中国对外翻译出版公司，1991，第 255 页。

④ Frederich Lugard, *The Dual Mandate in British Tropical Africa* (London: Rank Cass Ltd., 1922), p. 242.

库是土著政权的重要组成部分，担负着它的经费开支。各金库每年要编制收支预算，交殖民当局批准，并及时汇报执行情况。金库的主要支出项目包括土著政权各级官吏和警察的薪金，英国地方官员和技术人员的部分薪金，以及地方教育、卫生、交通的部分修建费用等。

建立土著法院是间接统治制度的保障。土著法院，或称土著法庭，是指非洲人依照其传统的土著习惯法或地方法来审理案件的司法机构。卢加德主张要尽可能缩小英国法律和司法程序的适用范围，充分利用土著政权的司法职能。在1900年和1906年就曾颁布《土著法院公告》，声明保留原有的土著司法机构。1906年，英国在北尼日利亚正式确定的土著法院共109个，分为四等，其中只有索科托、卡诺、博尔努和扎里亚等9个土著法院有判处死刑的权力，但土著当局在执行判决前须将案情记录呈送殖民总督批准。① 1914年颁布的《土著法院法》明文规定土著法院作为初等法院在全国普遍设立。由于土著法院只对当地非洲居民有司法权，因此参照英国本国法律制度建立了高等法院和省法院，以便审理白人之间以及白人与土著居民之间的各种纠纷。虽然土著法院与上级法院并无隶属关系，但土著法院的活动却受省法院和高等法院严格控制，如驻扎官可以列席庭讯，随时查阅审判记录，甚至可以延缓、削弱乃至修改法院的判决。

卢加德和他的继任者通过发布一系列公告、指示和法令，使之由一种单纯的统治手段发展和完善为一套政治、经济和法律的统治制度。

"间接治理"的殖民统治政策是致使英国法间接移植到非洲的重要途径。"间接移植"可以理解为，英国殖民当局一方面保留非洲传统酋长的地位，承认现存的非洲习惯法和伊斯兰教法的传统司法效力，并将其置于英国人的监督、控制之下；另一方面以相对温和的方式悄悄地将英国法移植到非洲传统法文化的土壤之中。

在"间接统治"的实施过程中，卢加德非常重视当地部落酋长的作用，利用部落酋长来达到殖民统治的目的。这一点，同德国殖民者在非洲各殖民地的做法有较大的不同。他指出："土著酋长是（殖民）行政当局中不可或缺的一部分……在一个单一的政府中，土著酋长同英国官员一

---

① Margery Perham, *Native Administration in Nigeria* (London：Oxford University Press，1937)，p. 57.

样，有着职权明确的责任和一致公认的身份；他们的责任不但绝对不能互相冲突，而且还要尽可能地避免重合。英国官员和部落酋长应该互为补充，而部落酋长也应该清楚，如果不为国家称职地工作，就会失去地位和权力。"① 卡梅伦也曾这样阐述自己的殖民主义理论："……我们的职责就是尽我们全力使土著居民沿着自己的树干发展，而不是使之西方化，成为拙劣的欧洲人翻板——我们全部的教化政策就是要达到这一目标。如果我们毁掉一切风俗、传统及人民生活习惯，把我们自认为较好的管理方式、准则强加于他们，毁掉使我们的管理真正深入人民习惯和思想中的东西，那就无法使土著居民成为优秀的非洲人。事实上，我们不应破坏非洲的气氛、非洲精神和非洲种族的全部基础，而如果我们破坏了土著人的所有部落组织，扯断把非洲人同自己人民维系在一起的根，就会出现这样的结局。"②

英国殖民当局把土著法院作为间接统治制度的保障，它是间接统治制度的一根重要支柱。1900 年颁布的《土著法院公告》授权驻扎官发给土著法院许可证，允许其对土著居民拥有司法权，实施伊斯兰教法或土著习惯法，其管辖权主要限于民事案件，并拥有有限的刑事审判权。1906 年颁布的《土著法院公告》把所有土著法院按权力大小分成 A、B、C、D 四级。1914 年又颁布《土著法院法》，明文规定土著法院作为初等法院在各殖民地普遍设立。各地土著法院的组成不尽相同。北部豪萨－富拉尼人的土著法院又分为四级，低级的由职业法官组成，高级的是埃米尔领导下的司法会议。在南方地区，由于殖民主义者入侵前尚未形成分级的司法机构，土著法院由土王、酋长及部落上层人物组成。法院的负责官员必须经过殖民当局任命，殖民当局严格监督土著法院的活动。土著法院仅有权审理地方土著居民的诉讼案，大多数法院只能判处有期徒刑和罚金刑，死刑判决要经总督批准。除此以外还有高等法院，这是由英国人组成，执行英国法律专门审理外国人之间或外国人和土著居民之间诉讼的法院。土著法院与高等法院之间没有从属关系，土著法院受英国专员、驻扎官的监督和控制。例如，英国为了在尼亚萨兰达到间接统治的目的，在 1929 年把某些司法权力交还给酋长们；授权酋长开庭审判民事和刑事案件，条件是当事人尚可

---

① Frederich Lugard, *The Dual Mandate in British Tropical African* (London: Rank Cass Ltd., 1922), p. 203.

② Buell, *The Native Problem in Africa*, Vol. 1 (New York, 1978), pp. 451 – 452.

向高一级法院上诉。接着，根据 1933 年法令，把酋长们纳入行政管理体制。由一个酋长和他的幕僚们组成的土著当局，在每一个地区都建立起来，被赋予各种不同的行政职责。殖民政府允许土著当局征收地方税——经其批准的附加税，酋长及其幕僚每隔一段时期在酋长会议上聚首，借以协调各个不同的地方当局的活动。

不过，与大陆法相比，英国法的判例体系、推理方法、复杂的程序和独特的概念术语，使其在向外传播中遇到更大的困难。对于非洲的继受国来说，接受以判例法为特征的英国法，并不像接受大陆法的法典那样直截了当，常常发生接受哪一个时期的英国法和英国法包括哪些内容之类的问题。英国人最终的解决办法如下：大多数殖民地在接受英国法时规定一个日期（the date of reception of English law），所接受的是该时期生效的英国法，即英国国王签发的枢密院敕令，或者殖民地立法机构通过的法令，规定殖民地采用同时期在英国生效的普通法、衡平法和制定法。如加纳继受英国法的日期是 1874 年 7 月 24 日，冈比亚为 1888 年 11 月 1 日，尼日利亚是 1900 年 1 月 1 日。英国法继受日期的确定可分为几种情况：（1）在制定法缺乏立法上设置日期的情况下，可依据一般原则即制定法的实施日期来确定。如一项 1915 年的法令采纳了英国法，则通常意味着采纳的英国法可上溯至 1915 年。（2）依据一个特定的日子来确定一个确切的日期，这通常是在殖民地的其他法规中提及。这个日期的确定，通常是为了纪念对英国法的继受，或是为了纪念殖民地首次接受一个立法机关，或是为了纪念殖民地被上升为一个殖民地国家。当然，有时这个特定的日期也是变动的。比如，在尼日利亚，纪念拉各斯殖民地成立的最初日期是 1863 年 1 月 1 日；后来，当拉各斯殖民地在 1874 年被纳入黄金海岸殖民地后，这个时期被更改为 1874 年 7 月 24 日；最后，当尼日利亚被合成为一个独立的行政地区后，这个日子又变成全体尼日利亚人的纪念日之一，即 1900 年 1 月 1 日。其他英属非洲殖民地的情况大抵如此。①

英国立法机构制定的"枢密院敕令"（An Order in Council）在殖民地起着根本法的作用。"1889 年枢密院非洲敕令"为英国政府行使司法权的

① 〔法〕勒内·达维德：《当代主要法律体系》，添竹生译，上海译文出版社，1984，第 525 页；〔德〕茨威格特、海因·克茨：《比较法总论》，潘汉典等译，贵州人民出版社，1992，第 410~411 页。

所有非洲地区规定了一整套管理制度，具有宪法性质。该敕令第 13 条规定，在情形许可时，殖民当局"可依据并遵奉英国现行有效法律之精神行使民事和刑事审判权"。"1897 年枢密院东非敕令"也规定，殖民地行政首长是制定"女王法规"的权威（第 45 条），在得到国务大臣同意时，他可为"本土法院"的司法管理制定规则（第 52 条）。"1911 年枢密院北罗得西亚敕令"第 21 条规定，根据当时英国有效法律并符合其精神时，北罗得西亚当局可行使刑事和民事审判权。正是通过枢密院立法和各殖民地当局立法或行使审判权这两种形式，英国法律的根本精神和基本原则才在各殖民地得到灵活运用和有效贯彻。

英国法的这种间接移植方式产生两个特殊的后果：第一，如果英国殖民者认为非洲习惯法和伊斯兰教法并不违背"自然、正义和道德"，那么它们对于当地土著居民仍继续有效。第二，由部落酋长和其他贵族主持，适用习惯法的原有非洲法院基本上保持不变，殖民官员主要是监督某些基本的程序规则，以使其在案件特别是在刑事案件中得到执行，使其中的某些案件上诉到高等法院，并最终能够上诉到由英国法官主持的终审法院。因此，通过这种间接移植方式，"在英帝国的非洲领土上，输入的英国法、非洲习惯法和可适用的伊斯兰教法同时并存"。[①]

（三）以法国和葡萄牙为代表的大陆法的"直接移植"

1. 法国法律在非洲的移植

与英国殖民主义者相比，法国的征服过程更多地充满了血与火。柏林会议后，法国是行动最积极的国家之一，它在全球的殖民地版图虽然小于英国，但在非洲占有最多的殖民地，遍及北非、西非、东北非和东南岛屿，第一次世界大战之后又获得了对法属中非的委任统治权。在这片广袤的土地上，从地中海之滨到热带丛林，从热带丛林到印度洋西岸的最大海岛，法国主要是通过军事征服和签订欺骗性的政治、经济协定，最终实现了对非洲的殖民征服。

同英国人的间接方式形成鲜明对照的是法国实行的高度中央集权的

---

① 〔德〕茨威格特、海因·克茨：《比较法总论》，潘汉典等译，贵州人民出版社，1992，第412 页。

"直接统治"制度。这种直接统治制度是受以"同化"为中心的殖民理论指导的。这种理论打着法国大革命时期雅各宾的"自由、平等、博爱"思想的旗号，把种族主义巧妙地掩盖起来，声称凡殖民地的人民在某种意义上都是法兰西民族或法兰西社会的成员。法国认为法语是通向法兰西文明的唯一途径，因此，法国人在非洲殖民地各级学校中坚持法语教育，训练酋长和酋长子弟，让他们学习法国文化和熟悉法国的生活方式，使他们从小受法国文化的熏陶，成为忠于法国的基层官员。法国殖民理论与英国不同，其实践的目标是所有法国殖民地最终只能成为法国的行政区（或海外省），而不是自治领。在实施"同化"的过程中，法国不容许任何自治思想存在，并排除任何脱离法兰西帝国独立发展成国家的可能性。

与直接统治制度和同化政策相适应，法国法在非洲的移植表现为一种"直接移植"的方式，即在政治强制力的驱动下，直接移植到非洲传统法律文化的土壤中。按照"同化"理论，非洲社会的传统政治制度、司法制度均在摒弃之列。在法国殖民主义者眼中，欧洲文明优于非洲习俗，落后的非洲需要欧洲人的帮助和指导，因而把当地土著居民的同化作为一个长期奋斗的目标而不懈地努力，并推动其朝法兰西本土更高的文明阶段进化。具体做法是，通过教育和示范，将法国的语言、文化和政治法律制度强加于殖民地，使之成为法国的一部分。这具体表现为以下几个方面。

首先，法国人在非洲每占取一块殖民地，即不失时机地输入法兰西法典，特别是《法国民法典》和《法国商法典》。在阿尔及利亚、突尼斯和摩洛哥这些马格里布国家，法国自19世纪初便发挥着占统治地位的政治影响。特别是这些国家的债法和商法在很大程度上与法国法是相同的。例如，阿尔及利亚早在1834年就全面地采用了《法国民法典》和《法国商法典》，而突尼斯于1906年、摩洛哥于1913年分别颁行了《债与契约法典》，这两部法典实际上是《法国民法典》的债权部分适合东方需要的翻版。① 在法国大革命的平等观念和法兰西文明优越性的信念鼓舞下，法国殖民地的立法者在法律领域始终不懈地为了让非洲人能够选择法国法律提供种种机会。像结婚或遗嘱这样的民事行为，可以依照法国法律进行，亦

---

① 〔德〕茨威格特、海因·克茨：《比较法总论》，潘汉典等译，贵州人民出版社，1992，第205页。

可以通过当事人之间的协商或最终诉诸法国法院从而使一项特定的争议受到法国法的调整。即使在非洲习惯法已得以保留的领域，也存在通过其他途径被法国法取而代之的可能。在家庭和继承法领域，居住于上述地区的法国公民之间的诉讼由特别法院依《法国民法典》的规定审理，而本地人之间的诉讼则由其相应的主管宗教法院按伊斯兰教法、基督教教会法或犹太教法审理。然而，本地人首先是在阿尔及利亚，尔后是在摩洛哥和突尼斯获得一种选择权，依此可以选择法国法上的民事地位从而在遗嘱或婚姻关系上诉诸《法国民法典》予以调整。① 在法属西非，当地习惯并不承认非洲统治者对土地的最高所有权，土地被看作耕地者的公共财产。1906 年法国当局颁布的《土地注册法令》规定，土著居民可以通过注册领取地契而使所耕土地归其所有。② 其结果是"把它们的土地置于和习惯法制度截然不同的制度管辖之下"。③

其次，是把殖民地人民在法律上划分为少数的"公民"和绝大多数的"臣民"，以达到分而治之的目的。19 世纪上半叶，最早取得法国"公民"权的是塞内加尔沿海地区四个市镇（达喀尔、戈雷、圣路易和吕菲斯克）的土著居民。1916 年的一项法令再次确认了四市镇非洲土著的"法国公民"地位，实行法国市政法律。根据 1912 年法国当局制定的《入籍法》，其余殖民地的土著居民如要成为"公民"，必须向殖民政府提出申请，并达到规定的各项条件，如法语具有一定水平，服完兵役，放弃继承传统的个人地位，服从法国法律等。一旦成为"公民"，就获得与法国本土公民同样的公民权，主要是选举权。此外，殖民地还适用特别的规定，允许当地土著居民在较宽松的前提条件下获得法国公民权，从而也可以选择适用法国民法，但是绝大多数非洲人只能充当"臣民"，被迫遵守屈辱的"土著法规"，④ 受法国行政官员管束。塞内加尔沿海的这四个"同化"样板区，从 19 世纪上半叶起，经过近百年的"同化"，到 1926 年只有 4.9 万人获得法国公民权，仅占塞内加尔人口（135.8 万人）的 3%，而这还是所

① 〔德〕茨威格特、海因·克茨：《比较法总论》，潘汉典等译，贵州人民出版社，1992，第 205 页。

② 艾周昌、郑家馨主编《非洲通史·近代卷》，华东师范大学出版社，1995，第 779 页。

③ 〔法〕勒内·达维德：《当代主要法律体系》，漆竹生译，上海译文出版社，1984，第 524 页。

④ 参见吴秉真、高晋元主编《非洲民族独立简史》，世界知识出版社，1993，第 246～247 页。

有法国殖民地中"同化"比例最高的"样板";在法属西非 1349.9 万总人口中,只有 9.8 万人获得法国公民权,仅占人口的 0.7%;在法属赤道非洲和马达加斯加岛,"同化"的比例要小得多。①

再次,剥夺传统酋长的司法权,在治理圈内实行速决裁判制。虽然法国直接统治的策略,即对待传统酋长的态度,随着时间的推移发生了一些变化。实际上,法国直接统治策略也不是一成不变的教条,其明显的特点是不太稳定。② 但与英国殖民者不同的是,法国殖民政府对待传统酋长的基本态度总的来说是敌视和利用。法国对传统酋长的具体处理办法主要有以下几种:(1)直接消灭、废黜或流放;(2)剥夺酋长对传统领地的控制权,重新划分行政区;(3)重新任命酋长;(4)加强对酋长子女们的"培训"。通过牢牢控制酋长,法国的直接统治达到顶峰。③ 至于在热带非洲摧毁传统政治制度后幸存下来的酋长,正如法属西非总督沃朗奥旺所说,他们并无自己的权力,只有"治理区"的(法国)司令才能统帅一切,"土著人酋长只是一种工具,一种辅助物"。④ 另外,除了殖民政权控制下的土著法院可以根据伊斯兰法律或土著法审理一般土著诉讼案外,法国殖民当局根据 1887 年的总统法令,在治理圈内实行速决裁判制,即不经过法院审批就可逮捕非洲人,随意处以各种监禁和罚金。⑤《土著人法》原本于 19世纪 70 年代首先适用于阿尔及利亚,80 年代又被引入法属西非。1924 年的一项法令授权法国官员对"违法"行为,即从不按时纳税到对法国殖民官员"怠慢无礼",均可给予严厉处罚,最高为 15 天监禁。⑥

最后,法国政府还以立法的形式向殖民地直接移植法国法律。早在 17世纪,法国就以立法确立了其在非洲从事的奴隶贸易的"合法性"。1685年,法国国王路易十四公布了《黑人法典》,奴隶在这部法典中被定义为"家具"和"人畜",而后可怕的疾病的流行,严重影响了奴隶贸易的进

① 郑家馨主编《殖民主义史·非洲卷》,北京大学出版社,2000,第 68 页。
② 李安山:《法国在非洲的殖民统治浅析》,《西亚非洲》1991 年第 1 期。
③ 郑家馨主编《殖民主义史·非洲卷》,北京大学出版社,2000,第 467~472 页。
④ 联合国教科文组织编写,〔加纳〕A. 阿杜·博亨主编《非洲通史》第 7 卷,中国对外翻译出版公司,1991,第 262 页。
⑤ 艾周昌、郑家馨主编《非洲通史·近代卷》,华东师范大学出版社,1995 年,第 777 页。
⑥ 联合国教科文组织编写,〔加纳〕A. 阿杜·博亨主编《非洲通史》第 7 卷,中国对外翻译出版公司,1991,第 265 页。

行，于是路易十四就颁布了"卫生法"。1791 年，法国的立法议会通过了解放奴隶的立法。1792 年，国民议会取缔传教团体的法令。[①] 法国在殖民扩张初期，通过同非洲当地的首领缔结同盟条约或是保护条约来攫取非洲的土地。17 世纪至 19 世纪下半叶，随着不断进行的殖民扩张，法国逐渐控制了整个西非地区。于是，法国就采用一种在殖民中央机构制定中央法的方式将这些陆续获得的殖民地整合成一个殖民联邦，即法属西非。所以说，法国法传入非洲的一种方式是法国殖民中央机构制定的殖民中央法，即法国殖民中央机构制定和颁布的法律，包括专门在殖民地适用的法律以及其他在法国本土同样适用的法国法律、行政部门的法令、条例或命令。法国在西非殖民地的统治建立后，纷纷建立地方行政机关并开始运作，欧洲移民也开始源源不断地来到殖民地，这都促使殖民者将法国法引入非洲。这个过程称为"法律接受"。在法属西非，法国占领塞内加尔后，法国法便被引入塞内加尔的民法典、商法典、刑法典、公司法以及其他法律中，这些法律也相应地分为法国本土已经生效的法律和专为塞内加尔特别制定或特别为其修改的法律，这就是法国直接统治的结果。除塞内加尔之外的其他法属西非殖民地都是法国后来陆续征服的，法国并没有直接将本土法直接移植到这些殖民地，而是采用颁布接受条例的办法，将塞内加尔的法律适用于这些殖民地，从而间接引入法国法，这些也可以说是法国实行间接统治方式的结果。一般来说，法国在非洲每建立一块新的殖民地，法国当局便会颁布一个接受条例，每个条例都会规定在该殖民地适用法国法，更准确地说，是被誉为法国在非洲的殖民母法——塞内加尔的法律。比如，1978 年 6 月 1 日的一个法令规定：法属加蓬继续受到塞内加尔民法、商法和刑法的调整。在喀麦隆，1924 年 5 月 22 日法令规定：法国于 1924 年 1 月 1 日前在法属赤道非洲颁布的法律和法令，在法国托管下的喀麦隆领土上生效。可以说，塞内加尔在整个法国法移植的过程中扮演着非同一般的角色：它是法国最早建立的殖民地，法国后来的殖民扩张都是以塞内加尔为基地向西非内陆逐步进行的，由此我们可以说，塞内加尔可被称为法属中西非的"母殖民地"。另一种方式便是殖民地法。殖民地法就是法国殖民地地方机关制定的法律。尽管法国试图将立法权集中到中央，

---

① 〔法〕G. G. 贝莉埃：《塞内加尔》，伍协生等译，上海人民出版社，1976，第 115 页。

但非洲殖民地毕竟不是法国本土，要治理好非洲殖民地，不得不授权法国
殖民地方当局，根据非洲本地情况颁布一些"地方性法律"。比如，1840
年9月7日塞内加尔的一项组织法令在规定法国法律只有在得到法国中央
政府的命令确认后才能在塞内加尔适用的同时，还规定总督可以对行政事
务、治安事务，以及法律的执行方面做出命令和决定。实际上，这也说
明，在限制地方立法权的同时，法国中央政府也尊重地方当局在立法和执
法上的机动性，法国在将其本国法移植到非洲的同时，不忘将其与非洲的
本土实际相结合，从而从政治法律上巩固其统治。

2. 葡萄牙法律在非洲的移植

葡萄牙是最早在非洲建立殖民地的国家之一，其主要的殖民地是安哥
拉和莫桑比克。葡萄牙对非洲的统治是通过立法实行的，除《葡萄牙共和
国宪法》对非洲殖民地做了规定外，还颁布了《海外组织法》、《海外行政
改革法》、《殖民条例》、《莫桑比克省条例》和《安哥拉省条例》等法律。
葡萄牙起初称非洲为"占领地"、"统治区"或"领地"，1910年后开始采
用"殖民地"这个名称，1951年又改为"省"。①

葡萄牙对殖民地的行政管理具有浓重的独裁色彩。最高的行政当局是
葡萄牙共和国的总统，总统任命内阁总理，总理任命掌管非洲殖民地的
"海外领地部"部长。总督是"土著居民的保护人"和财政的管理人。总
督有权决定划分殖民地为若干行政区域，设省、州、区三级地方政府。有
些区又分为白人区和土著区，一个土著区下辖若干个哨所，每个哨所负责
控制若干个非洲人的村庄。各级行政官员，甚至一些哨所所长均由总督亲
自任命，由白人担任。每一级官员都对其上级负责，最终建立起一个巨大
的"金字塔"形的统治机制。支撑独裁统治的是随时听候调遣，负责征服
和镇压以及在征税、征召劳工、强占非洲人土地等方面扮演重要角色的军
队。因此，独裁统治和军事镇压构成葡属殖民地政治制度的两大特色。

葡萄牙法在非洲大陆的移植包括其对葡属几内亚、安哥拉和莫桑比克
等殖民地的习惯法和伊斯兰教法的认可，以及葡萄牙殖民地对非洲的征服
和统治进程。其主要方式有以下几种。

首先，以立法的形式直接移植。葡萄牙早就宣布葡萄牙法适用于非洲殖

---

① 洪永红、夏新华等：《非洲法导论》，湖南人民出版社，2000，第181页。

民地，但直至 19 世纪末，仍被限制在非洲沿海狭小地带。因此，为了巩固和加强其在非洲的殖民统治，葡萄牙在立法方面采取了积极的态度，制定了一系列法律法规。这些法律法规层次多样、范围广泛，从宪法规范到实施细则，囊括刑事、民事、行政和诉讼法等各个方面。它们有的是葡萄牙本土的法律直接在非洲殖民地适用的，有的则是专门为殖民地制定的，例如，1933年的《葡萄牙共和国宪法》、《海外组织法》，1951 年制定的《葡萄牙共和国宪法（修正案）》和《殖民地法》等。另外，虽然葡萄牙有国会，在殖民地也有立法会议，但是它们对殖民地事务的决策、法令都没有决定权，行政会议也只是起着咨询的作用而已。各殖民地基层官员是所辖地区的"土皇帝"，有相对的独裁权。哨所所长在他的辖区内是"至高无上的，他的话就是法律，支配着非洲人的一切：自由、土地、劳动、刑罚和迁移"。①

由于葡萄牙是一个信奉天主教的国家，所以殖民政府在殖民立法方面还与宗教势力相勾结，利用罗马教廷制定一些宗教法规，从而达到巩固其统治的目的。如曾与罗马教廷达成协议规定，土著人在天主教教堂的牧师面前举行婚礼时，只能适用葡萄牙民法，不能按照传统的习俗来办事；1941 年 4月，葡萄牙和罗马教廷又共同制定了《传教条例》，该条例规定，对"未开化"的非洲人的教育由教会负责，传教士的教育目的是让非洲人遵循葡萄牙法。②

其次，通过压制或者改变习惯法的适用和同化的政策来实现本国法的移植。葡萄牙殖民政府开始了大规模编纂习惯法的工作，试图将习惯法形成文字。非洲习惯法大多是不成文的，葡萄牙立法为什么加上"成文的"呢？这实际上是为葡萄牙政府改造非洲习惯法制造了法律依据。此后，葡萄牙政府在汇编习惯法的过程中也确实采取了编纂的方法，使"口头法"逐步"成文化"。但问题的核心并不在于是否采取了"成文化"的方式，而是由谁来负责实施"成文化"的工作，如果让葡萄牙殖民者来负责实施成文化工作，他们就会将殖民主义的法律观移入非洲习惯法中，最终损害非洲习惯法，更损害非洲人的利益，将非洲习惯法改造为为殖民统治服务

---

① Enmark Anders and Westbery, *Angola and Mozambique*: *The Case Against Portugal* (London, 1963), p. 39.

② Narana Coissoro, "Africa Customary Law in Former Portugal Colonies Between 1954 – 1974," *Journal of African Law* 28 (1984): 75.

的“殖民习惯法”。① 而习惯法违反“良心”和“人性”时便不可用，法官就开始创制习惯法，通过“抵触条款”的应用，排除习惯法的适用；法官在适用法律时，经过编撰的法律是具有优先适用权的。而在适用法律时习惯法与葡萄牙法律发生冲突时，如果是关于个人财产的案件，或者是其他任何已经规定由葡萄牙法律管辖的案件，则直接适用葡萄牙法。只有在葡萄牙法没有规定的情况下才适用习惯法。而对于习惯法之间的冲突，当事人可以协议适用其中之一。如若遇到既没有葡萄牙法具体规定亦无当事人协议结果，则由法官按照心中的公平原则和良心审理。从解决国内法律冲突的方式中可以看出，殖民者通过选择条款的方式来限制习惯法的效力。按照《土著法》的规定，习惯法适用的对象限于黑色人种的个体或出生或通常居住在几内亚、安哥拉、莫桑比克并且不具备葡萄牙公法和私法所必需的要求、葡萄牙公民应具有的教育水平、社会地位和个人生活习惯的黑人后裔。

1926～1961 年，葡萄牙对非洲人采取“同化”政策。同化政策的基本目的是迫使非洲人接受葡萄牙文化，服从葡萄牙法律，培植忠于葡萄牙殖民政府的非洲人。已经同化的非洲人被称作“文明人”，在法律上只适用葡萄牙法律。② 他们的穿着仿效欧洲人，既会讲土著语，也会讲葡萄牙语，他们受过教育，其中有的人还到葡萄牙留学，信奉天主教，这就为葡萄牙法律在非洲殖民地的传播奠定了人才和思想方面的基础。

其他大陆法系国家的法律在非洲的移植方式与法国、葡萄牙大同小异，本文就不一一赘述了。

（四）西方法移植的后果

西方法在非洲的移植，“总的来说，各宗主国都首先引用自己的法律制度或其法律制度的不同部分作为殖民地的根本法和一般法律，然后才允许非洲法律和司法制度的调整具有连续性，但上述法律并不包括其违反殖民机构要求或被认为和正义与人性的‘文明’概念相抵触的部分”。③ 无论

---

① 洪永红：《论殖民时期葡萄牙法对非洲习惯法之影响》，《湘潭大学学报》（哲学社会科学版）2001 年第 1 期。

② Narana Coissoro，"Africa Customary Law in Former Portugal Colonies Between 1954 – 1974," *Journal of African Law* 28 （1984）：73.

③ A. Kodwo Mensah-Brown, op. cit., p. 11.

是在英属非洲殖民地还是在法属非洲殖民地，抑或其他欧洲列强的非洲殖民地，西方法经过长时间的渗透和移植，逐渐占据了主导地位，尤其是公法、民商法和诉讼法等领域。从理论上讲，一种先进的法律文化移植到一种相对落后的法律文化之中，通常要具备两个优势条件：国力的优势和文化本身的优势，亦即力量问题和质量问题。法学家科沙克尔指出："法律继受的发生至少是基于被继受法律在思想和文化方面的强有力地位，而这种强有力地位又复以该法律乃属强大的政治力量的法律为条件，假使这种力量仍然实际存在，假使这种力量及其文化至少还生机盎然和记忆犹在。"① 就法文化所依恃的物质文明而言，近代西方资本主义国家的综合国力远远超过尚处于社会发展不同阶段的非洲各民族国家，这是毋庸争辩的事实。而就文化本身而言，优劣不可一概而论，但西方法文化在当时而言无疑是一种符合历史发展潮流的文化。所以，西方法文化是以一种单向流动的方式移植到非洲法律文化之中的，相比之下，非洲本土法文化的能动反应十分微弱。由于时代条件和外部环境的变化发生的这种文化上的变迁转型，从总体上而言，是一种源自外部力量引发的、外推型的文化转型变迁进程。在文化力量对比严重失衡的情况下，宗主国政府及其司法机构对殖民地的法律运作往往采取积极干预的手段，强力推销本国的法律价值观。比如，非洲人一个重要的习俗是为男孩和女孩进入成年举行成年仪式，即男孩受割礼和女孩切除阴蒂。这种仪式被认为是社会、文化和宗教生活中一个极为重要的部分。嗜吃人肉的恶习曾广泛流行，尤其是在边远地区一直保存到晚近。一个战士会吃被征服的敌人的心，以增加自己的胆量。约鲁巴酋长们还要吃他们的前任酋长们的心或舌头，这样他们就能更加确定无疑地继承王族血统的魔力或其他美德。"他吃了国王"这一谚语，即表示这个人承袭了王位。② 这些观念和做法是西方殖民主义者的价值观不可接受的。法国政府从一开始就将法国刑法典强行适用于整个法属非洲殖民地，竭力禁止割礼、吃人肉、血亲复仇以及类似的野蛮的非洲传统习惯做法，并坚决取缔过分的行为。英国政府通过与土著酋长签订"约章"

---

① 转引自〔德〕茨威格特、海因·克茨《比较法总论》，潘汉典等译，贵州人民出版社，1992，第184页。

② 〔英〕艾伦·伯恩斯：《尼日利亚史》，上海师范大学本书翻译组译，上海人民出版社，1974，第398~399页。

的方式，迫使他们承认英国的司法管辖权，并明确禁止和取缔上述野蛮习惯。如《1844 年约章》第 2 条规定："以活人为祭品和诸如绑架等野蛮习惯，都是可耻的，是违反法律的行为"。①

西方法的移植最终使非洲的法律状态形成了三种类型：一是属于普通法系类型的英属殖民地和附属国，主要有西非的冈比亚、加纳、尼日利亚、塞内加尔；东非和中非的肯尼亚、马拉维、苏丹、坦噶尼喀、乌干达、赞比亚等。1922 年以前，处于英国控制下的埃及受英国法的影响也很深。二是属于大陆法系类型、具有民法传统特色的欧洲大陆国家，如法国、葡萄牙、西班牙等国的殖民地和附属国，主要分布在非洲的东部、西部、中部、北部的广大地区，包括北非的阿尔及利亚、摩洛哥、突尼斯、利比亚，西非的贝宁、几内亚、象牙海岸、马里、毛里塔尼亚、尼日尔、多哥、上沃尔特、塞拉利昂、几内亚比绍、圣多美和普林西比、佛得角、赤道几内亚，中非的乍得、扎伊尔、加蓬、刚果等，东非的科摩罗、塞舌尔、布隆迪、莫桑比克、马达加斯加等，以及南部非洲的安哥拉。此外，一直保持国家独立、没有沦为殖民地的基督教国家埃塞俄比亚在法律上也深受大陆法系成文法传统的影响。三是兼具大陆法系和普通法系两大法律特色的混合法类型的国家和地区，主要是南部非洲和西非的喀麦隆以及东非的索马里共和国。②

伦敦大学非洲法教授阿洛特指出："欧洲殖民国家的入侵，引起了非洲法律编排上一次本质性的革命，至今仍对非洲法律有影响。"③ 西方法文化在非洲的全面移植产生的直接后果是改变了非洲的法律文化状态，形成了殖民宗主国主导下的占统治地位的西方法文化与残存的且具有顽强生命力的非洲习惯法文化以及可适用的伊斯兰教法文化同时并存的法律格局，从而实现了非洲法律文化的第二次重大变迁。非洲法律文化从此真正开始了从传统向现代化变迁的历史进程，这必将对非洲法律文化的第三次变迁及未来走向产生深远的影响。

---

① J. E. Casely Hayford, *Gold Coast Native Institution* (London: Frank Cass, 1970), pp. 367 – 368，转引自李安山《殖民主义统治与农村社会反抗——对殖民时期加纳东部省的研究》，湖南教育出版社，1999，第 291 页。

② A. Kodwo Mensah-Brown, op. cit., pp. 8 – 16.

③ A. Kodwo Mensah-Brown, op. cit., p. 11.

四　当代非洲法律文化的现代化变迁

非洲法律文化的第三次重大变迁发生于 20 世纪中叶以来非洲各国独立之后。20 世纪五六十年代，在第二次世界大战后大好国际形势的鼓舞下，非洲人民开展了汹涌澎湃的争取民族独立的斗争，经过近半个世纪的奋斗，到 90 年代初纳米比亚共和国成立和新南非诞生，非洲人民争取独立运动和政治解放的历史任务宣告胜利完成。至此，非洲大陆的政治面貌发生了翻天覆地的变化。

非洲国家的独立为非洲法律文化真正走向现代化创造了前提条件。独立后非洲国家法律状态表现出现代法律与传统法律相结合，归属于大陆法系和英美法系的基本特征。从法文化变迁的角度看，一方面，西方法律文化得到继承和发展，从而扎根于非洲各民族法律文化的土壤之中；另一方面，独立后的非洲各国在坚持法律现代化发展方向的同时，努力改造殖民法律文化遗产，更加重视利用本土法律资源，充分发挥传统习惯法的积极作用。两者的结合促进了非洲现代法律秩序的逐渐形成，这便是当代非洲法律文化现代化的历史进程。

现代化意味着变化。有学者认为，非洲的现代化是从最早时期开始的持续发展的过程。[①]"变化"一词对殖民地民族主义者来说，意味着"破坏"；而对殖民地的行政当局和当地的上层精英来说，则意味着"进步"，他们认为变化既是使非洲现代化也是使非洲进入西方轨道的唯一方法。独立后的非洲各国领导人认为，继承和学习西方法律是实现非洲现代化的主要手段，他们期望通过变化的途径使非洲站立起来并成为世界各民族大家庭中平等的一员。

非洲国家独立后，继承了殖民主义者留下的法律遗产。前宗主国的法律不但作为殖民地欧洲人的属人法继续实施，在许多领域也作为共同法被独立后的各国确认和实施，只是废弃了其中一些违反国家主权或带有歧视性和殖民主义色彩的条款。这在许多非洲国家独立后的历次宪法中得到确认。例如，前英属殖民地乌干达 1962 年 10 月 9 日的独立宪法将当时施行的法规一

---

① 联合国教科文组织编写，〔加纳〕A. 阿杜·博亨主编《非洲通史》第 7 卷，中国对外翻译出版公司，1991，第 394 页。

概加以保留，1967 年宪法又重申了同样的规定，该法第 115 条规定，保留的所谓"现行的法规"不仅包括以前历届议会所制定的法规，还包括在殖民统治时期制定的 1902 年《乌干达敕令》和 1962 年《乌干达独立敕令》。[①] 其他国家的情形也大抵如此。因此，法国比较法学家勒内·达维德指出，非洲各国独立后，"所有殖民强国制订的欧洲法都在新的国家里得到承认"，并且出现了"使其更加完美的愿望"。[②]

但是，由于非洲大陆的殖民地时期较为短暂，在几十年的殖民统治期间，西方文化的移植扩散对非洲传统文化的侵蚀改造又具有表层性、仓促推进的特点，因此在殖民地时期，各殖民地按照宗主国模式建立起来的各种文化新体制，无论是文化方面的还是教育方面的都还缺乏深厚牢固的根基。对此，刘鸿武教授指出，无论怎样，80 年的西方殖民统治所迅速建立起来的文化上、制度上的殖民地西式结构，都如同漂浮在水面的东西，或建在沙丘上的建筑，其肤浅和不稳固是显而易见的。正因为如此，殖民地独立后，西方人留下的那份殖民地遗产，包括它的政治体制、法律制度、文化模式和其他西方化的遗产，就显得那样脆弱，有的很快就瓦解崩溃了。[③] 非洲国家的法律实践证明，西方法律制度并没有能够占领非洲法律文化的全部领地，宗主国的模式未能完全契合非洲国家的具体国情，加之部族矛盾、大国插手、政权基础薄弱和人为的失误等因素，非洲国家政局动荡，政权更迭频繁，法制遭到践踏。这说明，简单照搬、模仿西方模式并不能真正走向现代化。于是，独立后的非洲各国在坚持法律文化现代化发展方向的同时，更加重视民族传统价值观念；殖民统治时期的压迫和歧视，也促使人们正确评价本国的法律传统，以增强民族自尊心和自信心。

非洲国家独立后，非洲习惯法如何发展或如何现代化问题，成为非洲国家法制建设中的重大现实问题和理论问题。各国领导人认为传统习惯法在团体成员间建立起来的团结协作精神是一种尤其值得保护的积极因素，有利于民族团结和国家稳定。因此，非洲国家在宪法中明文确认了传统习惯法作为重要法律渊源的地位，并在民商法、诉讼法、司法制度等方面有选择地适用

---

① 《各国宪政制度和民商法要览·非洲分册》，上海社会科学院法学研究所编译室编译，法律出版社，1986，第 395 页。

② 〔法〕勒内·达维德：《当代主要法律体系》，添竹生译，上海译文出版社，1984，第 530 页。

③ 刘鸿武：《黑非洲文化研究》，华东师范大学出版社，1997，第 218 页。

习惯法。如肯尼亚 1967 年《法院组织法》第 3 节规定了一个适用传统习惯法的原则，即"在当事人一方或各方受非洲习惯法的支配或影响的民事案件，只要这些习惯法可以适用并且不违背正义和道德，不与任何成文法相抵触，高等法院及其所属的一切法院应以这些习惯法为指导进行审理，并按照正义的实质加以判决，不得过分拘泥程序方面的技术问题，不得有不当的迟延"。①

为了增进对习惯法的了解，使其在生活中更好地发挥作用，非洲国家政府和国际社会做了许多工作。例如，1957 年马达加斯加国民议会通过决议确认习惯法并将其编纂成法典；1961 年坦噶尼喀决定将各地习惯法编成法典，以便使习惯法实现一定程度的统一。国际社会还召开了多次专门会议讨论非洲习惯法的现代化问题，分别是 1953 年在乌干达马凯雷雷大学召开的司法顾问大会，1956 年在尼日利亚乔斯召开的司法顾问会议，1959 年 12 月至 1960 年 1 月在伦敦召开的"关于非洲法律的未来"会议以及 1963 年 9 月 8 日至 18 日在坦噶尼喀（今坦桑尼亚）达累斯萨拉姆召开的"非洲地方法院及习惯法会议"。其中，达累斯萨拉姆会议是大部分非洲国家自取得独立以来首次召开的探讨非洲地方法院以及习惯法这一重要主题的会议，影响深远，意义重大。② 另外，在伦敦大学东方学和非洲学学院主持和有关国家的合作下，进行了一项系统编纂非洲习惯法的工作，1968 ~

---

① 《各国宪政制度和民商法要览·非洲分册》，上海社会科学院法学研究所编译室编译，法律出版社，1986，第 198 页。

② The Minister of Justice of Tanganyika, *African Conference on Local Courts and Customary Law* (Dar es salaam, 1963), p. 15. 达累斯萨拉姆国际大会对非洲习惯法的现代化问题，特别是地方法院的建立与发展问题进行了探讨。大会确定的六大议题中有五大问题是针对司法程序尤其是针对习惯法法院进行讨论的。这六大议题分别是：（1）地方法院的最终发展目标；（2）地方法院的监管；（3）习惯法的发展；（4）非洲地方法院的司法管辖权；（5）地方法院的诉讼代理人制度；（6）非洲地方法院法官和职员的选拔与培训。大会认为非洲习惯法法院体制的优点有五：（1）绝大多数非洲人能够理解和接受它的诉讼程序；（2）它能非常方便地为人们带来他们所寻求的公正，不至于让人们到更远的地方去寻求公正；（3）他们处理的大多数案件都与那些法院有特殊理解的事实与习惯有关；（4）它能以外行人身份参与执法；（5）它不强加沉重的负担给每个州的预算，并且它对于诉讼当事人而言是廉价的。大会对非洲习惯法法院在司法体制中的地位和作用，向非洲国家提出了三种可选择的办法：（1）予以废除，由一般的治安法院和其他法院来取代它们；（2）限制习惯法法院的司法权限，即将它们严格地限定在习惯法法院或"习惯法议会"；（3）扩大习惯法法院的司法权限，尤其是扩大适用制定法和非习惯法的权力，以便最终使它们发展为与之差不多水平的治安法院。大会进一步建议，在考虑法院未来的发展目标之前，必须对非洲本地法院在非洲司法制度中的地位和价值予以审视。

1969 年出版了阐述肯尼亚婚姻和继承法的著作，1970～1971 年又出版了阐述马拉维财产法、债权法、婚姻和继承法的同类著作。①

西方法律和非洲传统习惯法的双重作用，促进了当代非洲国家法律文化的发展和现代法律秩序的逐渐建立。这是非洲法律文化的第三次变迁，也反映了当代非洲法律文化现代化的历史进程。随着时代的发展，非洲国家的法律文化、法律制度、法律观念等也在不断进行现代化变革。这主要表现在以下几方面。

首先是西方范式宪政体制的探索与建构。长期以来，非洲人民在反殖民统治和建设独立国家的过程中一直尝试着建立自己的宪政国家，或成或败，或模仿或照搬，或美式或英式或法式，这些都反映了非洲人民为追求自由、平等进行的艰苦斗争，同时也反映了外国宪政主义对非洲国家宪政发展的渗透和影响。

非洲国家独立初期，由于当时特定的条件和内外环境，英语和法语非洲国家基本上接受了前宗主国设定的政治模式，采用民主共和政体，即议会民主制或总统共和制，建立文官政府，颁布宪法，成立议会，建立竞争性的选举制度，允许反对党合法存在，实行自由开放的经济政策。非洲伊斯兰国家也程度不同地采纳了西方资本主义的宪政原则和制度。由于独立初期这种以多党竞争为基础的自由主义政体并不完全符合非洲国情，20 世纪 70 年代至 80 年代末，许多国家转而模仿苏联模式，宣称走社会主义道路。这些国家在政体上的一个共同特点就是从议会民主制向集权制转变。它们修改宪法，在经济上采取国有化措施，强调民族经济的发展，反对外资渗入。在政治上，它们大多废除多党制，实行一党制。可以说，权力的高度集中甚至个人化趋向构成这一时期非洲政治带有普遍性的本质内涵和突出特征。② 非洲历来是美国全球战略锁链上不可缺少的一环，非洲的宪政发展很早就受到美国宪政思想和政治体制的影响，突出地体现为四个方面，即人权观念、联邦制、总统制与政党制以及司法审查制度。③

进入 20 世纪 90 年代，非洲国家的政治体制发生了独立以来最为广泛

---

① 〔法〕勒内·达维德：《当代主要法律体系》，漆竹生译，上海译文出版社，1984，第 538～540 页。

② 张宏明：《多维视野中的非洲政治发展》，社会科学文献出版社，1999，第 1 页。

③ 夏新华：《美国宪政主义与 20 世纪非洲宪政的发展》，《法制与社会发展》2005 年第 1 期。

而深刻的变革，几乎涉及政治体系的各个方面，其中包括议会制度、司法制度、行政制度、政党制度、选举制度、人事制度等诸多方面的改革。其要旨是以多党制为特征的代议制民主政体取代以一党制或军政权为特征的集权政体。绝大多数国家通过修宪立宪、全民公决、立法选举和总统选举等方式，初步确立了民主政治的框架。贝宁是非洲大陆第一个在多党民主化浪潮中通过召开全国会议实现政治体制转轨和政权和平更迭的国家。根据 1990 年通过的新宪法，贝宁成为"法制和民主国家"，国家政体采用总统制，实行行政、立法和司法分立的原则。为平衡行政、立法和司法三大权力，贝宁于 1993 年设立了宪法法院、于 1994 年设立了经济和社会理事会及最高视听和通讯管理委员会等新的国家机构。这标志着贝宁民主政治的架构已基本确立。① 摆脱种族统治的南非于 1996 年 5 月 8 日通过新宪法，确认了统一的南非、法律面前人人平等、三权分立等基本原则，保证了公民的基本权利。目前，绝大多数非洲国家已实现了政治体制转轨，注重把西方宪政民主制的经验与自己的历史、社会、文化传统等基本国情结合起来，积极探索新的宪政模式。非洲的宪政实践终究要靠非洲人自己完成，美国等西方国家宪政主义的作用仅在于为非洲宪政实践提供了一个观念和模式上的蓝本，过去那个凭借先进的文明和强大的武力进行殖民统治，然后逐步实现自己的政治思想的时代毕竟一去不复返。非洲国家只能借助外来宪政主义的影响力和推动力，并使之本土化，唯有这样，非洲的宪政主义才能实现。②

其次是刑事法律制度及其观念的更新。大多数非洲国家以西方国家的刑法为基础，颁布了独立的刑法典，并且废除了刑事法律中落后的制度和观念。血亲复仇和私下交纳赎罪金以求和解的传统做法遭到禁止。伊斯兰国家的刑法典中放弃了犯罪是触犯安拉的行为的传统观念，放弃了把犯罪划分为"经定刑"犯罪和"酌定刑"犯罪两大类的传统方法，代之以重罪、轻罪和违警罪三大类的现代划分。多数国家的刑法典仍保留了若干传统的罪名和刑罚，尽管很少使用，但它表明现代刑法并非完全建立在传统法律之外，而是对传统法律进行扬弃的结果。在刑事政策上，独立后非洲

---

① 张宏明：《对黑非洲国家政治发展问题的若干看法》，《西亚非洲》1999 年第 1 期。
② 夏新华：《非洲法律文化专论》，中国社会科学出版社，2008，第 138 页。

国家的刑事政策观念较为淡漠，在社会治理上，大多数国家仍过分倚重于刑罚手段；在法人犯罪问题上，部分非洲国家受英美法系刑法的影响开始确认法人可成为犯罪主体、应对严重危害社会行为承担刑事责任；对于死刑的存废问题，非洲国家并没有取得意见的一致；面对猖獗的跨国犯罪，非洲国家开始强调国家间的合作，其中南部非洲国家在此方面做出表率；严重的腐败问题已经引起非洲国家的普遍关注，它们纷纷采取相应措施预防和惩治。

再次是民商、经济法律体系的调整。大部分非洲国家都制定了现代意义上的民商法典，同时对传统法律进行编纂修改，这使民商法律的核心内容《家庭身份法》既保留了传统的风格，又与现代世界潮流相协调。对传统民商法律的调整改革，一是伊斯兰教属人法的编纂；二是传统民商法内容的更新。西方对伊斯兰教法印象最深和非议最多的莫过于多妻制和休妻制，经过调整改革，这些印象在非洲伊斯兰国家已经有所改变。如当代突尼斯法学家重新解释了《古兰经》中允许多妻的精神，宣称在现实生活中能够真正平等地对待诸妻是根本不可能的，从而认为《古兰经》中提出这一条件的本意不是允许多妻，更不是提倡多妻，而是禁止多妻，因而1956年《突尼斯个人身份法》第18条明确提出了"禁止一夫多妻制"。① 这显示出既考虑到《古兰经》戒律的精神也使之现代化的可能性。关于休妻制，传统沙里亚法允许丈夫对妻子口头宣布三次即可休妻。而新的法律规定，双方同意的离婚或单方意图的离婚都须经法院判决核准。1956年《突尼斯个人身份法》第29条即有此明确规定。总之，穆斯林身份法的改革是在经训的范围内进行的，通过对各教派的准则和不同教法学派的学说的比较、糅合，采纳了其中与现代民商法潮流最接近的规范，以期既符合现代社会发展的需要，又不违背伊斯兰教的基本准则。②

在经济法律领域，非洲国家为了发展民族经济，打破外国资本的操纵，制定颁布了一些经济法规，努力建立适合本国发展的经济法律秩序。例如，利比亚1951年独立时，政府开始发展国营经济，通过立法促进国营工业的发展，并发布《全国工业发展法》。独立后的加纳采取一系列步骤

① 《各国宪政制度和民商法要览·非洲分册》，上海社会科学院法学研究所编译室编译，法律出版社，1986，第378页。
② 王云霞：《东方法律改革比较研究》，中国人民大学出版社，2002，第215页。

促进工业化，克服单一经济作物制，为此制定了许多法令、法规，如 1973 年《石油法》和《资本投资法》规定了企业的国有化以及加强对投资的控制，初步建立了适合本国发展的经济法律秩序。

最后是司法制度改革。独立后的非洲国家的宪法一般都确定了司法独立的原则，这就使司法权从行政权中分离出来。在司法独立原则的指导下，许多国家对传统的司法机构进行改革，建立了现代法院组织。在伊斯兰国家，传统的沙里亚法院大多数被撤销，即使予以保留，也进行了改革，使之适应现代社会生活的需要。伊斯兰教法专家吴云贵说，非洲伊斯兰国家的司法，"在体制上，已由单一的卡迪法院发展为由多名审判官组成的按地域和审判权区分的三级法院。在职能上，沙里亚法院已不像从前那样重要，仅仅是国家设立的一种辅助性的民事审判机关，其司法权只限于同穆斯林私人身份有关的民事诉讼和宗教纠纷。而在那些已经撤销宗教法院或沙里亚法院已名存实亡的伊斯兰国家里，代之而起的则是全国统一的民事审判制度，宗教法院的权威仅留存在人们的记忆里"。① 在新南非，临时宪法（1993）和新宪法（1996）都用专章对司法制度做了原则规定，保证了司法独立原则和法律面前人人平等原则的贯彻实施。新南非在这方面已走在非洲国家的前列。

非洲法律文化从传统转入现代化这一历史性变迁，是世界近代法律史上最重大的事件之一，它使非洲传统社会中丰富多彩的法律文化都趋向以西方为范式的现代化法制，这便是非洲法律文化的第三次重大变迁。这次变迁是在变革和继承传统的基础上进行的。在经过相当长时间的实践后，大多数非洲国家逐渐认识到，脱离传统、割断历史最终还是不能使自己完全成为现代化的法制社会，引进与改造并举才是大多数非洲国家走向现代法制社会的正确道路。尼日利亚史学家 A. E. 阿菲格博指出："非洲文化对西方新事物的反应是多种多样的，非洲不光是扬弃和改变了某些风俗习惯和信仰，而是在社会的一个阶层里保留了些，同时在另一阶层里又作为新的选择对象被接受。"事实上，"没有任何非洲社会同欧洲接触而不受相当程度的影响，也没有任何非洲社会在接触中遭受破灭"。②

---

① 吴云贵：《伊斯兰教法概略》，中国社会科学出版社，1993，第 233 页。
② 联合国教科文组织编写，〔加纳〕A. 阿杜·博亨主编《非洲通史》第 7 卷，中国对外翻译出版公司，1991，第 394 ~ 395 页。

展望第三次法律文化变迁，21 世纪非洲法律文化的现代化进程将会继续延续下去，将会进一步移转到与各民族历史文化传统相联系的轨道上来，在法制类型上继续朝混合法类型演进。扬弃后的传统习惯法会更加适应现代社会发展的需要。这种趋势很可能在一定程度上成为未来第三世界国家法律文化发展的方向。

要实现这一历史性的转变，绝非易事，我们认为，非洲各国未来在走向法律文化现代化的进程中，应该注意解决以下几个方面的问题。

第一，要重视利用本土法律资源，充分发挥传统习惯法的合理作用。独立后各国确认和颁布的西方式法律未能充分改变非洲人的举止行为，尤其是广大农民依然像他们的祖先那样生活，遵循古老的传统习惯法，置身于整个现代化运动之外。而非洲丰富多彩的本土法律资源则是一笔可贵的精神财富，有其存在的合理价值。目前，一些国家已采取措施，重视发挥传统法律的积极作用。如加蓬的利伯维尔大学法律系开设了传统法课程并规定讲师任教必须具备以下条件：（1）与他们的农村家庭保持着联系；（2）受过西方法律方面的训练；（3）必须在一名有办法获得传统知识的人员辅助下对其生活环境进行研究。新南非司法制度的一个特色就是固有习惯法和酋长法庭的作用和地位在"制宪原则"、临时宪法和新宪法中均得到承认。很显然，非洲80％以上的人口生活在农村，如果能充分发挥传统习惯法的积极作用，这对于稳定社会治安、和睦友邻关系与促进社会进步是大有裨益的。

第二，要推进伊斯兰宗教法的改革，努力寻找宗教准则与世俗力量之间的合理结合点。由于多数国家的法律现代化没有突破法律与宗教的传统关系，法律在很大程度上难以摆脱对宗教的依附地位，改革容易出现反复。70 年代末以来泛滥的伊斯兰原教旨主义思潮就因此强烈地波及非洲的伊斯兰国家，这说明对传统法律的改革既不能过于保守，也不能操之过急，必须契合各国的政治、经济、社会文化发展状况。未来的改革应该在宗教准则与世俗力量之间找到一个合理结合点：既不使法律完全抛弃宗教基础，以免使法律改革因失掉社会基础而招致失败，又能使法律摆脱对宗教的依附地位，享有相对独立的结构和形式。比如在民商法领域，世俗法律与宗教属人法的并存现象不大可能在短期内消除，那么在未来的法律改革中，就既要克服无视社会发展、固守传统的落后行为，又要避免那种缺乏社会基础的以西方观念彻底取代传统的过激倾向。

第三，要重视法的实施条件，不能简单照搬欧洲法。非洲各国虽然采纳了西方式法律，但与欧洲不同的是，非洲并没有足够的职业法学家，没有足够的法律从业人员，也没有完备的法律教育机构。在很多情况下，法律规定形同虚设，而仅仅只成为所谓"精英文化"的一部分；另一方面，相当多的一般民众不懂法律，他们不了解自己的权利，也不会行使自己的权利。在这种情形下，简单地模仿照搬欧洲国家的模式而脱离本国实际将会对非洲国家的发展带来负面干扰。因此，在实施现代法律时，必须从非洲国家的国情出发，努力创造法的实施条件，比如，可以运用政党的机构，通过广播、报纸、举办讲座开展对新立法的宣传工作；可以普及法学教育，出版法律或判例汇编并保存完好；编写法律教科书，为非洲法律和条例方面的资料工作提供方便。① 实践证明，这些工作卓有成效。

第四，要继续朝混合法类型演进，体现出更多的非洲特色。法律的发展趋势和其他社会文化一样，是一个持续发展的复合物。随着各种文明的冲突与融合，属于人类文明一部分的各民族各地区的法律文化正在朝混合法的方向发展。也就是说，人类法律文明将会遵循冲突—交流—融合—发展的道路走向混合法。经过独立前后的发展演变，许多非洲国家的法律格局正在朝混合法类型演进，已不能说它们是纯粹的大陆法国家或英美法国家了。如毛里求斯独立前先后沦为法国和英国的殖民地，适用过大陆法和普通法，1968 年独立后，毛里求斯一方面实施《法国民法典》；另一方面在工业产权方面借鉴英国法，在诉讼程序方面也糅合了英国法和法国法。② 一些国家除继续参照资本主义国家法律外，还吸收了一些社会主义法律的原则和制度。而南非的法律在非洲法中独具一格，是一种典型的"混合型"法律制度。正如一些学者所说："经过在南非的长期存在，原来的罗马－荷兰法'两层蛋糕'已经加进了第三层——英国法。"③ 在南非这样一个不断变动和发展的社会中，其法律是经常进行修订、补充和发展的，以适应形势的变化。时至今日，南非的现代法律仍然以罗马－荷兰法的原则

① 〔法〕勒内·达维德：《当代主要法律体系》，添竹生译，上海译文出版社，1984，第532 页。

② 《各国宪政制度和民商法要览·非洲分册》，上海社会科学院法学研究所编译室编译，法律出版社，1986，第 279～280 页。

③ John Dugard, *Human Rights and the South African Legal Order* (Princeton University Press, 1978), p. 9.

为基础，并加进英国法律在立法和判例方面的影响。

第五，要克服法律地方主义，促进非洲法律统一化进程。非洲政治版图四分五裂，是殖民主义者人为瓜分非洲的后果。独立后的非洲国家间关系错综复杂，种族、部族、经济、政治等诸多矛盾混杂，这种状况导致了法律的地方主义倾向。这种地方主义既违背各国发展的长远利益，又与法的观念格格不入。一个现代国家如果没有一套比较完善的法律，不实行法治，便难以保障政治的稳定和经济的发展。非洲国家首先要统一立法，摒弃一些落后的不适应时代发展的法律，并根据国情吸收世界先进的法律，以不断完善本国的法律体系。其次要实行司法统一。不一定要建立单一体系的司法组织，但必须对目前的各司法组织统一划分其管辖权以避免司法冲突。再次要加强法制教育，强化国民的法律意识，让国民能自觉守法。这种统一化既包括非洲国家内部的法制统一化，减少法律冲突，也包括整个非洲大陆的法制统一化，以克服狭隘的民族主义，促进整个非洲大陆的现代化。一些非洲国家已经意识到法律地方主义的危害性，在法律的统一化进程中做了许多工作，如法语非洲国家对某些法律领域的共同判例汇编进行了整理编制。而在伦敦大学东方学和非洲学学院主持下，非洲国家密切合作，进行了一项系统编纂非洲习惯法的工作。但迄今为止，这些工作仍嫌不足。不过，我们有理由相信，只要非洲国家不使自己的法走向狭隘的民族主义，那么，正如比较法学家勒内·达维德所说："非洲国家法的发展将会收到事半功倍的效果。"[①]

伯尔曼说："法的理论除了研究西方的法律体系和法律传统之外，还必须研究非西方的法律体系和传统，研究西方法律与非西方法律的融合，研究人类共同法律语言的发展。只有朝着这个方向前进，才能发现摆脱20世纪后期西方法律传统所面临的危机之路。"[②] 我们研究非洲法律文化的变迁，也将以此为勉。

（原文载《比较法研究》1999年第2期，收入本书时有修改）

---

① 〔法〕勒内·达维德：《当代主要法律体系》，添竹生译，上海译文出版社，1984，第541页。

② 〔美〕伯尔曼：《法律与革命——西方法律传统的形成》，贺卫方等译，中国大百科全书出版社，1993，第53页。

非洲习惯法初探

洪永红*

现代非洲在法律方面的重要特征之一是各国仍普遍适用习惯法，不少国家还保留或成立专门的习惯法法院或类似的法院适用习惯法，这与世界上其他大陆相比，是独一无二的。因而，很有必要对非洲习惯法进行全面、系统的研究。

国外学者一般认为，对非洲习惯法进行比较系统、深入的研究始自 20 世纪五六十年代，是英国非洲法学家阿洛特（Allott）首先提出并推动非洲习惯法研究。[①] 其实，非洲人（如加纳的桑巴、博茨瓦纳的马塞茨）早就对当地习惯法做了一些记录。[②] 欧洲的探险者特别是一些人类学家和牧师也对非洲习惯法有过研究。

从时间上划分，非洲习惯法大致可分为前殖民时期、殖民时期和独立以后三大时期。但从其基本原则和基本内容来说，非洲习惯法没有根本性的变化。本文限于篇幅，对非洲不同时期的习惯法不详加区别，主要探讨非洲习惯法的概念、主要内容、适用范围、立法形式、司法程序以及习惯法的现代化等问题，以就正于前辈和同人。

一　非洲习惯的概念和法主要内容

（一）非洲习惯法的概念

欧洲传教士对非洲习惯法记载得较早较多，他们把非洲本土习惯法仅

---

* 洪永红，湘潭大学法学院教授、博士生导师，非洲法律与社会研究中心主任。

① J. M. Sarbah, J. B. Danquah, N. A. Ollennu, "African Legal Tradition," *Journal of African Law* 1& 2 (1984): 44.

② T. Olawale Elias, *The Nature of African Customary Law* (London: Manchester University Press, 1956), p. 25.

看成"异端邪说",并认为他们的职责便是以基督教文化消灭非洲本土习惯法并制定更高级的法律。他们认为,非洲习惯法是非理性的图腾崇拜,有害于基督教,也违背"社会公共秩序",应该废除,代之以西方的法律、习惯和伦理道德标准。这类观点反映了殖民初期欧洲人对非洲法文化的普遍看法。这既是一种偏见,也是一种无知。

殖民初期的欧洲殖民当局对非洲习惯法的态度同传教士截然相反,自吹一套"推崇当地风俗"理论。例如,英国任命的加纳第一任总督乔治·麦克里恩(George Maclean)在审理案件时要求英国人尊重非洲习惯法,他告诫在加纳的英国人"阻碍旅行家和阻碍贸易——按当地的说法就是'封闭道路'——是严重的违法行为"。① 而英国法院如果要管辖非洲人,则必须得到加纳统治者的授权。②

欧洲一些学者认为,形成这一情况的原因是殖民当局"对非洲风俗规则的通常不精确理解"以及执法中的"偏差"。③ 笔者认为,欧洲殖民者在殖民初期"尊重"非洲习惯法,没有将欧洲法强加给非洲人,没有强制移植宗主国法律,这是由这一时期欧洲殖民者在非洲的各种政治力量对比决定的。这主要表现在:第一,他们与非洲土著人力量相比处于劣势,其势力仅限于非洲沿海;第二,欧洲殖民者最初的主要力量放在对美洲和亚洲的争夺上,非洲只是掠夺其他地区的中转站;第三,欧洲殖民者在15世纪侵入非洲后,在非洲从事了长达400多年的奴隶贸易,他们只把非洲当作一个奴隶的买方市场,而根本没把非洲人当作"人"来考虑,也就让非洲人继续沿用本土习惯法。④

欧洲人类学者对非洲习惯法的研究也做出过很大的贡献。他们花了很多时间和精力对非洲习惯法进行调查整理,但对非洲习惯法的认识很不一样。有的发现,"在非洲部落中,占统治地位的思想不是理性而是神明。对部落进行神明审判是公正的,而理性审判却是不公正的"。⑤ 有的人认

---

① 〔英〕威·恩·弗·瓦德:《加纳史》,彭家礼译,商务印书馆,1972,第311页。
② 〔英〕威·恩·弗·瓦德:《加纳史》,彭家礼译,商务印书馆,1972,第273页。
③ Boaventura de Sousa Santos, "From Customary Law to Popular Justice," *Journal of African Law* 1 & 2 (1984).
④ 详见洪永红、苏治《论加纳的习惯法与英国法》,载胡旭晟主编《湘江法律评论》第3卷,湖南人民出版社,1999。
⑤ T. Olawale Elias, op. cit., p. 28.

为，非洲社会极少有或没有法律。还有人认为，习俗就是法，法与习惯没有区别。因而，他们在谈论非洲习惯法时，常常将法与习惯连用，使用"非洲法与习惯"或"非洲习惯与法"等概念。其实，习惯与习惯法是不同性质的概念。比如，舞蹈和支付聘礼是结婚中最常见的仪式，但二者却具有完全不同的效力。跳舞作为一种习惯，虽常常可见，但婚姻是否有效，并不以是否举行了跳舞仪式来判断。聘礼则不同，在非洲人的观念中，如果没有支付聘礼，只举行了其他仪式，则这种婚姻是无强制拘束力的。

有的学者对非洲习惯法的评价则很高。例如，洛维（R. H. Lowie）博士认为："非洲的原始审判达到了它的最高发展阶段。"① 这些学者利用比较的方法，将非洲习惯法与现代欧洲法进行比较，认为尽管非洲法的渊源和类型与现代欧洲法律体系有差别，但是它完全适应非洲的社会环境和经济背景，并始终随着时代的变化而发展，也符合现代的法制思想和精神。而且非洲习惯法与现代欧洲的司法制度相比，也并不逊色。非洲人在立法上，也有自己独特的程序。此外，非洲的法理学说与欧洲现代的法理学说也基本相同。

弗朗西斯·斯奈尔（Francis Snyder）和西蒙·罗伯茨（Simon Roberts）等人则认为，"非洲习惯法"这一概念是殖民时期的一种创造而不是前殖民主义的产物。② 在殖民者到来之前，非洲人的心目中并没有"习惯法"这一概念，只有"法律"这一观念。殖民者侵占非洲后，将殖民者国家的法律移植到非洲，为了与非洲本土法相区别，便将其称作"非洲习惯法"。

因此，西方学者在其著作和论文中对非洲习惯法（African custom law）的称呼很多，如非洲土著法（African native law）、非洲传统法（African traditional law）、本土非洲法（Indigenous African law）、非洲本地法（African autochthonous law）、非洲原始法（Aboriginal African law）、非洲土著法和习惯（African native law and custom）、非洲土著习惯法（African native custom law）、非洲地方法（African local law）、非洲部落法（African tribal law），或者一些学者简称为"习惯法"（Custom law）、"非洲法"

---

① T. Olawale Elias, op. cit. , p. 30.
② Simon Roberts, "Some Notes on African Customary Law," *Journal of African Law* 1& 2 (1984)：2 - 3；Francis Snyder, "Customary Law and Economic," *Journal of African Law* 1& 2 (1984)：34 - 36.

（African law）等。当这种法是针对非洲特定的种族集团的时候，又被称为
"芳蒂人习惯法"（Fanti customary law）、"布干达人法"（Buganda law）、
"斯瓦茨习惯法"（Swazi customary law）、"茨瓦纳法和习惯"（Tswana law
and custom）、"努尔人法"（Nuer law）等。[①]

殖民时期的立法对"习惯法"下过一些定义。如加纳《土著法院（殖
民地）条例》的定义是："'土著习惯法'（native customary law）就是关于
权利及与之密切相关的义务的规则或规则体，这种规则或规则体来自已确
立的土著惯例（native usage），适合于所有特别的原因、行为、诉讼、事
件、争议或问题，也包括任何依据 1944 年《土著政权（殖民地）条例》
第 30 条和第 31 条所记载或修正的土著习惯法。"[②] 1958 年《地方法院法》
第 2 条的定义为："'习惯法'（customary law）就是所有尚未成文化的规则
或法律实施的规则，它来源于惯例（usage）已确立的权利和相关的义务，
并不与加纳法律相悖，也包括政府公报上偶尔刊登的习惯法公告。"[③]

独立后，非洲国家对习惯法也在立法上做了界定。如加纳 1960 年
《解释法》对习惯法的界定是："习惯法"包含于加纳法律之中，是由加纳
特殊群体所适用的习惯中的法律规范（rules of law）组成。一些国家则使
用"习惯"（custom）、"地方习惯"（local custom）这些术语，如《尼日利
亚联邦证据法》第 2 条第 1 款对习惯法做出了如下定义："习惯"是在一
个特别的区域长时期使用并取得法律强制力的规范（rule）。

非洲习惯法的概念也受到学者的关注。1959 年底 1960 年初，在伦敦
召开了非洲习惯法会议。与会者认为，使用非洲习惯法这一术语"是最为
便利实用的"，尽管"本土习惯法不是一个让人满意的术语，但要想出一
个更好一点的术语也是不可能的"。"地方法"或"不成文的地方法"是
作为一个更好的术语被提出用来描述非洲法院有权实施的法律。实际上，
"本土法律"和"习惯法"在整个会议文件中交互使用。

1963 年 9 月，在达累斯萨拉姆举行"地方法院和习惯法"会议。这一

---

① A. Kodwo Mensah-Brown, *Introduction to Law in Contemporary Africa* (London: Conch Magazine
Limited, 1976), p. 18; Sheikh Amiri Abedi, *African Conference on Local Courts and Customary
Law* (Dares salaam, 1963), p. 6.

② Antony Allott, *Essays in African Law* (Butterworth & Co. Publishers Ltd., 1960), p. 164.

③ Antony Allott, op. cit., p. 165.

会议在非洲法制史上有着深远的影响，它是非洲独立国家首次召开的关于非洲习惯法的会议。这次会议的主题表明：到 1963 年，"地方法院"和"习惯法"已成功取代"本地法院"、"土著法"、"非洲法"或"非洲人法院"等术语。但是，也有人认为，由于各国都对习惯法进行记录整理，将"口头法"逐渐变为"成文法"，因而继续使用习惯法一词不符合事实，也会给人造成误解，阻碍习惯法向成文法转变。因此，有学者提出使用"起源于习惯的法律或规范"这一概念，这样"在某些场合下用习惯法区分不同起源的规范便很方便"。[①]

另一些非洲法学家认为，不能把习惯法和本土法律等同起来，这样会使习惯法的种类和形式等同起来。在起源上，本土非洲法一部分是习惯的，而另一部分又是制定的。后者则是本土立法机关的产物。在此情况下本应当把这种法称为"土著法"或"土人法"。但这种观点遭到不少人反对，因为这些术语仍是欧洲种族主义歧视的标志。还有一些非洲法学家主张采纳"传统非洲法"的概念。它来源于当代人类学文献中的传统社会的概念。传统非洲社会是指各种族群体，如加纳的阿肯族、肯尼亚的南迪族和博茨瓦纳的茨瓦纳族。"传统非洲法"作为现代非洲法的一个组成部分，能够更多地倾向于反映它的历史的或发展的特性，而不是它的词源特性。

实际上，笔者认为，非洲大陆并没有一种统一的习惯法，而且在一国之内也不只有一种习惯法。[②] 非洲习惯法是对非洲大陆各民族、各部落习惯法的统称。并且，非洲大陆不同部落、不同民族、不同种类的习惯法尽管存在诸多不同程度的差异，但它们都源于非洲本土习惯，彼此之间也有许多相似之处，故我们可以把它称为非洲习惯法系。

（二）非洲习惯法的主要内容

西方法律的首要目的在于确定个人的权利和义务，以及违反权利、义务应受到相应的惩罚。非洲习惯法的目的则强调修补个体和集体之间的裂痕，以维持社会平衡。一般认为，非洲习惯法可以分为公法（public law）和私法（private law）两大领域。

---

① Antony Allott, op. cit., pp. 165 – 166.
② 例如，坦桑尼亚有将近 120 个种族，虽然这并不意味着拥有 120 种不同种类的习惯法，但也绝不是只有一种或少数几种习惯法。

所谓私法，是调整个人之间的社会关系的法律，比如个人间的债务纠纷、损害他人身体、损害或盗窃他人财产、通奸、离婚等属于私法的范围。对这种行为惩罚的主要方式是责令被告弥补受害人的损失。在非洲人的观念中，人身惩罚只是象征性的惩罚，因为关押、监禁仅仅只是使加害人及他的同伙陷入困境，而对受害人毫无益处。

所谓公法，是调整整个社会安全利益关系的法律。这些罪行的基本特征是危害整个社会关系。比如，巫术、乱伦、泄露某种宗教或某个政治组织的机密、诅咒、喧哗、恶意中伤、吸毒等犯罪应由公法调整。这类罪行无论是从它们的本质还是从它们的严重后果来看，都损害了集体情感，威胁到整个社会的安全利益。另外，群体与群体之间或者来自不同亲属群体的（kinship groups）个人与个人之间的违法行为，通常被认为会危害整个社会关系，因而也被归入公法领域。

非洲习惯法的内容很丰富，除商法几乎未作规定外，在家庭法、继承法和土地租赁法等领域能自成体系，而且在其他方面也以各种不同的形式广泛地存在。

1. 刑法

现代非洲国家都接受刑法应当成文化的原则，如加纳和尼日利亚宪法和地方法院法都禁止不成文法刑事惩罚。在一些国家，尽管刑事习惯法被废除，但民事制裁仍保留下来。法院通常可以在刑事诉讼程序中通过判予补偿的方式解决，如苏丹，普遍存在按习惯法向受害者家属赔付"血钱"（blood money）来制裁杀人犯。肯尼亚、加纳等在审理刑事案件中也可以判决被告给受害者以民事补偿。

实际上，独立后的非洲国家根据各国具体国情，采取了不同的做法。肯尼亚将刑事习惯法以制定法形式编纂出来，继续适用。尼日利亚则完全以刑法典取代刑事习惯法。加纳将刑事习惯法合并到刑法典中，但不包括下列习惯刑事犯罪：（1）使人变成神；（2）不计后果的、非法的、愚昧的发誓；（3）持有有毒的或其他危害物品试图危及、伤害或骚扰他人。

2. 婚姻法

非洲国家一般认可五种形式的婚姻：根据婚姻法或婚姻条例结婚的婚姻、根据地方习惯法结婚的婚姻、根据穆斯林法结婚的婚姻、根据印度教法结婚的婚姻、根据基督教教规结婚的婚姻。目前，非洲国家很难以单一的婚姻制度取代各种不同的婚姻制度。

非洲习惯法大多允许一夫多妻，一般也不规定结婚的最低年龄，而是由父母决定什么时候女孩子可以结婚。人们尤其喜欢"亲上加亲"式（cross-cousin）的婚姻，堂表兄弟姐妹之间通婚普遍存在。在非洲习惯法观念中，婚姻是两个家族之间的联盟，一个家族的成员可以正常地取代另一个。因而一个男人死了妻子，优先考虑的是娶亡妻的姐妹。非洲人认为，这是一种美德，表明该男子富有同情心并与前妻情深义重，他能代为照顾亡妻的姐妹。同时，这也可以保证该男子给亡妻的聘礼不会浪费，因为娶亡妻的姐妹不需要再付大笔聘礼。在非洲，也盛行像古代中国习惯婚姻中的"转房制"，即同一家中兄弟娶亡兄弟的遗孀。

在许多非洲国家，如果一方提出离婚，通常先是努力寻求和好。如果和好无望，大多由双方家族协商离婚。

3. 关于未成年人的法律

非洲习惯法特色之一是关于未成年人的法律规定也比较多，主要是关于监护权、文身和割礼等规定。

（1）监护权。在非洲大多数父系社会，送聘礼的主要目的之一是保证妻子生的小孩都是丈夫家族的成员。抚育儿童是家族的共同责任，而不仅仅是某个人或某对夫妇的责任。因而，非洲小孩常常在大家庭里抚养，父母只是大家庭里的抚养人之一。父母一旦离婚，未成年人的监护权归父亲的家族。

（2）文身。文身是指在小孩的脸上或身上划刀痕。这种刀痕非常清晰、各有特色，而且永远擦不掉。文身的作用之一是给小孩刻上种族或家族的记号，以确保他们能终身对本族人保持认同和忠诚。文身也是一种装饰，还能证明一个人的勇敢或有过痛苦的经历。

（3）割礼。对男孩女孩实行割礼，是许多非洲国家的习惯。割礼在非洲人心目中是成年的象征。在殖民时代，男性割礼被认为是一种外科手术，对婴儿造成伤害的危险很小而允许，而女性割礼（不管什么形式）被规定为非法。现在，非洲实行割礼的越来越少，尤其是对女性实行割礼这一规定大多已被废除。

4. 继承法

继承法与婚姻法密切相关，但继承方式的确定不仅取决于婚姻的种类，与生活方式和死者的遗愿也相关。许多非洲国家现存的继承法适合各种特殊情况。1963 年的《加纳结婚、离婚和继承法案》规定，遗嘱仅适用于登记结婚的婚姻，不适用于依照习惯法结婚的婚姻。

5. 土地法

习惯法和一般法在关于土地所有和转让方面存在巨大的差异，法律冲突严重。非洲习惯法认为土地是公有的，不承认土地买卖，只允许土地租赁，因而习惯法中的土地法主要是关于土地租赁的内容。

6. 合同和民事侵权

在所有统一法或合同法中，习惯法中的合同法与英美法一样，也包括某些对价（consideration）因素。习惯法中有一些特别的或简易的合同形式，如婚姻合同、借贷合同、服务合同等。合同原则也强调诚实、平等、公平。

习惯法往往民刑不分，把民事侵权与刑法中的伤害罪、杀人罪混同。对这种行为通常采取财产补偿的方式予以制裁。

二　非洲习惯法的效力

非洲习惯法的效力是指非洲习惯法的适用范围，即它在什么样的效力范围内生效。殖民时期，欧洲殖民当局以成文立法形式对习惯法的适用加以规定。这些规定大致分为三类情况：第一类规定，法院对审理非洲人之间的民事纠纷案有义务适用习惯法，如加纳 1874 年《法院条例》第 87 条规定："依本条例，法院不丧失遵循和适用习俗的权利……这些法律和习惯在程序和实体上均适用于当事人双方是土著人……"[1] 第二类规定，上级法院在审理当事人是非洲人的案件中接受习惯法原则指导，如坦桑尼亚《枢密院令》（1920）第 24 条规定："在所有案件中，无论是民事案件还是刑事案件，只要当事人是土著人，每一法庭在适用法律时都应该接受土著法指导……"[2] 第三类规定，审理当事人是非洲人的案件，法院可自由选择适用习惯法，如南非 1927 年《土著管理条例》第 11 条规定："尽管其他法律规定，土著人法庭在审理土著人之间因习惯纠纷引起的诉讼中可以选择适用该习惯纠纷的土著法……"[3]

---

① Antony Allott, op. cit. , pp. 158 – 159.

② Antony Allott, op. cit. , p. 159.

③ Antony Allott, op. cit. , p. 159.

非洲习惯法的效力也可分时间效力、空间效力和对人效力。

（一） 非洲习惯法的时间效力

欧洲殖民政府对此一般未作规定，他们是把习惯法当作自古就有的。实际上，古代非洲习惯法也像现代法一样有其开始生效和终止生效的观念。非洲习惯法要令其生效或终止，往往要通过公众大会。酋长或其他德高望重者在公众大会上通过特定程序宣布实施或废除某一法律，该习惯法才可生效或终止。非洲国家独立后，则大多通过立法形式"认可"习惯法，习惯法才生效。

（二） 非洲习惯法的对人效力

欧洲殖民政府对此无一例外地规定，一般只适用"非洲人"或"土著人"。那么，什么是"非洲人"或"土著人"呢？欧洲殖民立法也做了一些规定。塞拉利昂《保护地条例》（1949 年修订本）第 2 条规定："'土著人'是指居住在保护地内或塞拉利昂领地附近的非洲原始种族或部落的普通居民。"[1] 葡萄牙《土著法》为进一步强调"土著人"身份与"黑人人种的个体"相伴随，附加规定："个体的父母亲是土著人，即使在他父母亲居住的外国地区出生，也被视为土著人。"[2] 也就是说，非洲黑人即使在非洲以外的地方（如葡萄牙本土）出生或定居，即使他（她）从未去过非洲，也因其肤色和不符合"同化"条件，仍然是非洲"土著人"。

从这些成文法规定看来，前殖民地的欧洲法对非洲人和非非洲人都适用。而非洲习惯法只适用非洲人，而不适用在非洲的欧洲人。但事实并不尽然，常常出现这样一些情况：（1）非洲人一般适用殖民地制定的刑法，而很少适用非洲刑事习惯法；（2）土著法院对非洲人有权适用某些非非洲习惯法；（3）非洲人常常保留向上级法院上诉的权利，上级法院一般不是根据习惯法而是根据殖民者的法律审判；（4）非洲人与非非洲人发生纠纷时可能情愿（如根据合同）或不情愿（如因为侵权）地适用非非洲习惯法；（5）非洲人与非洲人之间的纠纷也可能选择适用英国法；（6）非洲人因选择

---

[1] Antony Allott, op. cit. , p. 173.

[2] Narana Coissoro, "Africa Customary Law in Former Portugal Colonies Between 1954 – 1974," *Journal of African Law* 1&2 （1994）.

欧洲的生活方式发生纠纷时不再适用习惯法，如按基督教婚姻方式结婚造成的婚姻纠纷；（7）非洲人因为成为"文明人"不再适用非洲习惯法。

独立后的非洲国家则不再以是不是"非洲人"来确定习惯法的对人效力，一般依据该人所属部落或民族确定适用哪种习惯法。

（三）非洲习惯法的空间效力

殖民政府对此规定得比较笼统，大多规定非洲人法院"管辖这一地区盛行的习惯法"。如肯尼亚《非洲人法院条例》第17条规定："根据本条例，非洲人法院应当实施法院管辖区盛行的土著法……"① 何谓"这一地区盛行的习惯法"？"盛行"意味着习惯法在这一地区既"已发现"或"存在"，又"占主导地位"。雷吉（Reg）一案清楚地表明，"盛行"意味着在某一地区"占主导地位"，并在该地区只有一种习惯法体系。在本案中，提出关于伊洛林②的问题，阿卡利（Alkali）初级法庭根据伊斯兰教法判决被告有罪。被告上诉宣称他是居住在伊洛林的约鲁巴人，不能适用穆斯林法，只能适用约鲁巴习惯法。阿德莫拉（J. Ademola）发现在伊洛林地区盛行两种法律，在民事方面盛行约鲁巴法，在刑事方面盛行伊斯兰教法。他认为，如果不把"盛行"解释为"占主导地位"，如果四五个不同的部落的刑法同时适用，则会造成混乱，因而不能解释为这一地区多数人的部落法或实际已发现的土著法，而是解释为在本案中占主导地位的伊斯兰刑法。

非洲习惯法不完全是属人法，也是属地法。非洲国家独立后一般以某一地区占主导地位的部落法或民族法作为该地区的习惯法。

三　非洲习惯法的立法形式

一般认为，法律规则的形成"经历了由习惯演变为习惯法再发展为成文法的长期过程"。③ 但对习惯法的产生过程长期存在一种误解，即认为习

---

① Antony Allott, op. cit. , p. 160.
② 伊洛林原属约鲁巴王国的一个地区，大约1810年伊洛林统治者脱离并打败约鲁巴，建立富拉尼王国，改信伊斯兰教。
③ 沈宗灵主编《法理学》，高等教育出版社，1999，第83页。

惯法只是古代人民在长期日常生活中逐渐自然形成的，"在人类初生时代，不可能想象会有任何种类的立法机关，甚至一个明确的立法者"，"人们当时尚无立法者，当时根本没有这一类东西存在"。① 这些观点并不完全正确，至少对非洲习惯法来说是不正确的。

非洲习惯法不是简单地由习惯"自然地"上升为习惯法，而必须通过一定的立法形式才可实现。一般而言，一种习惯要成为有效的习惯法必须具备三个要素：（1）由一定的机构或具有特殊身份的人物提出立法建议；（2）在公众大会上公议，得到大众认可；（3）由当地具有最高权威的公共机构宣布违者重罚。当然，由于非洲习惯法的立法主体不同，立法形式也就不同。大致说来，非洲习惯法的立法形式有六种，即酋长立法、酋长会议立法、公众大会立法、团体立法、长老会议立法和法官立法。

（一）酋长立法

酋长立法，是指酋长只根据他本人的意志通过颁布敕令的形式制定法律。如酋长可以颁布一些有关动物饲养与庄稼收割的行政命令，调整婚姻礼金的比例等。但这种立法方式在非洲并不多见。酋长立法是特殊情况下的产物，一般只有当酋长是独裁的统治者和骄横的军事统治者时才只根据自己意志制定法令。非洲人认为这种法律是酋长个人的法律，因此不管统治者采用什么压力来强制推行，非洲人更多的是破坏而不是服从这种法律。在非洲人的观念中，"很难想象，一个好的国王或酋长在没有通过正当程序的情况下，以个人名义制定、修改或废除法律"。②

（二）酋长会议立法

在非洲，绝大多数酋长通过酋长会议民主讨论方式通过法律。即使在

---

① 前一段引文见〔英〕梅因《古代法》，商务印书馆，1984，第5页。后一段引文见〔古希腊〕柏拉图《法律篇》，转引自《西方法律思想史资料选编》，北京大学出版社，1993，第21页。此外还有许多类似的观点，如《牛津法律大词典》对"习惯法"（customary law）的定义为："当一些习惯、惯例和通行的做法在相当一部分地区已经确定……它们就理所当然地称为习惯法。"（光明日报出版社，1988，第236页。）《法学词典》对习惯法的定义则为："国家认可并赋予法律效力的习惯。"（上海辞书出版社，1989，第53页。）

② T. Olawale Elias, op. cit., p. 192.

社会经济比较发达的约鲁巴族和阿散蒂族，也大多是通过酋长会议立法。约鲁巴族的最高酋长（也有人称"国王"）在首府奥约组建酋长会议，负责为"国王"提供各项建议，讨论重大问题，制定和修改法律。例如，大约在100多年前酋长会议修改了王位继承方面的法律。阿散蒂人立法的一般程序是：先由村法院（village court）和最高法庭提出议案，认为在审理具体案件时应用传统规则已不能充分解决问题，而向"国王"请求修改；"国王"召集各酋长，组建立法会议，并自任立法会议主席；各位参加者对议案进行充分讨论、修改；酋长会议通过法律草案之后由国王公布。在一些不如约鲁巴人和阿散蒂人具有高度组织性的社会里，对立法而言，他们也有自己的体制。例如，恩格瓦克思族（Ngwakese）酋长会议立法的范围包括土地使用权、家庭法、牲畜和酒的出售及消费、特定的宗教仪式以及传统的贡赋等内容。

（三）公众大会立法

公众大会立法是对国王或酋长会议立法的补充或替代。公众大会通常是为了讨论公共事务而召开。会上，只要有建设性的意见，任何人都可以在会上发表。大会制定或修改法律能否通过往往是由大会上辩论获胜的一方决定，而不是通过正式投票来决定。这种立法方式和态度在那些有着强大政治组织和等级制度的非洲社会中是比较少见的，因此，它在约鲁巴族几乎未得到采用。然而，在伊波、坎巴和巴苏陀等部族中却十分盛行。人们常常利用集市或社会活动（如葬礼）的机会召集一次大会来讨论公共事务。并且，一群相邻的村庄有时共同委托由长老组成的专业组织通过立法大会修改法律。但是，要让这样的联合立法大会制定出任何有效力的法律规范，就必须要求各不同的村镇应具有共同的特性，如属于同一种族。并且，除非各相互平等的部落达成了共同协议，否则即使是相邻的部落，也通常没有一方遵守另一方法律的义务。

（四）团体立法

有些学者将团体立法称为"自治立法"（autonomous legislation），即一些特殊团体自行制定其内部规则。如非洲某些贸易协会制定的规范地区内贸易和地区间贸易的团体规则，数不清的铁匠、画匠等行会的规章，以及到处可见的同龄人组织的社团规则。这些行会或其他团体制定的规则适用于内部成员，并且不得与任何习惯法规则或任何王室或酋长法律相冲突。这些社团有时还设立自己的内部法庭负责实施自己的社团规则。

显然，将"团体立法"等同于"自治立法"，混淆了二者的本质区别。这些所谓的"自治立法"只是某些团体的自治章程，而不是正常的立法结果，也不被传统法庭接受，因而不是法律。团体立法虽然也是由一些特殊团体制定，但它不仅仅是该团体的内部规则，还是可以广泛适用的法律。团体立法是"自治立法"（确切地说应该是内部规章）的升华，是将某一团体内部规章上升为法律规范，或由某一团体为全社会拟订的法律。在争议双方当事人都属于同一团体时，传统法院可根据该团体内部规章判决。这样，某一团体的内部规章便通过"认可"的方式，上升为法律规范。

（五）长老会议立法

长老会议也有权制定和修改习惯法规则。例如，在乌涂人（Utui）曾有一位年老的男子娶了一位年轻女子。他很想要孩子但不能生育，他的两个继子（他的前妻与前夫生的儿子）和他后娶的这位年轻的妻子通奸，又生了两个孩子。按当时的习惯法，这两个孩子属于年轻女子与老年男子在婚姻存续期间所生，因而毫无疑问属于老年男子。但该女子及其亲属提出离婚时坚持对孩子的监护权，而该男子又确实年老体衰，难以抚养年幼的孩子。于是长老会议通过新法律，规定："如果女儿的父母不满意自己的女婿，可以告知他他们想退婚的意图，如果长老们认为理由充足，就会要求他们将聘礼如数退回。这位女婿便对其妻所生儿女不再享有任何权利。"[1]

再如，杀人案依早期习惯法通常只须赔偿 12 头奶牛即可。欧洲殖民者侵入非洲后，改变了土著法庭习惯做法，判犯人监禁或死刑，长老会议便将被判处监禁的犯罪人的赔偿金额改为传统金额的一半，同时认为如果犯人被判处死刑或已死在狱中，便不再赔偿。[2]

---

① T. Olawale Elias, op. cit., p. 202.

② T. Olawale Elias, op. cit., p. 203.

（六）法官立法

格雷的立法定义是"社会立法机构的正式语言"。① 这一观点很明确地把法官立法排除在外。而赫兰德则认为："我们法官确立的一般秩序……是真正的立法。"② 这是西方学者关于法官立法的争论中的两种十分极端的观点。这一争论至今尚未完全平息。那么非洲习惯法中是否存在法官立法呢？非洲社会由于法院体系很不完善，一般而言，难以普遍存在法官立法现象，但也不能完全否认。例如，在欧洲人到来之前，茨瓦纳人习惯法通过三种途径来改变，即（1）酋长的敕令；（2）法庭判决；（3）附近地区法律的影响。③ 其中，法庭判决便是法官立法的具体体现。

殖民政权建立以后，通过法院判决修改习惯法的情况则很普遍。例如，依赞比亚古老习惯法，在夫妻离婚确定孩子监护权上是依血统判决给父亲。但后来习惯法法院的法官因受西方法律观念的影响，通过判例将"未成年人利益优先原则"融入习惯法之中，成为习惯法的一项原则。以致赞比亚独立后在依习惯法审理案件时，仍采用"未成年人利益优先原则"。④

四　非洲习惯法的司法程序

一些学者认为，非洲习惯法程序的实质是仲裁，非洲习惯法不存在诉讼程序。这种观点有失偏颇。他忽视了一个基本事实，即非洲有着刑事责任与民事责任之分，非洲法中有公法和私法之分。审判违犯公法行为的程序具有诉讼法的特性，在处理违犯私法的行为时，却既有仲裁特性又有诉讼法特性。德利伯格认为："在公法的实施中，首领或任何其他的法律上的权威，被当作法官，并做出合适的裁决，但对私法案件的审理与其说是

---

① J. C. Gray, *Nature and Sources of the Law* (New York: Columbia University Press, 1921), p. 145.

② T. E. Holland, *The Elements of Jurisprudence* (Oxford University Press, 1924), p. 76.

③ T. Olawale Elias, op. cit., p. 204.

④ 例如，1973 年的 Nkomo v. Tshili 案和 1981 年的 Bwali V. Simanwe 案在处理监护权纠纷中均是以"未成年人利益优先原则"否定血统主义。参见 M. Abun-Nasr et al., *Law, Society and National Identity* (Hamburg, 1990), pp. 168 – 170。

审判，还不如说是仲裁。"① 这种观点尽管没有否认非洲习惯法的司法程序，但他严格地以公法和私法来划分私法和仲裁，也有不妥之处。实际上，在非洲习惯法语境中并没有明确的"仲裁"一词，其意义并不明确。像其他法律体系一样，非洲法的首要目的是维护社会平衡，但其司法程序并非主要由仲裁组成。也就是说，非洲人虽没有严格区分仲裁与诉讼，但他们确实有解决争议的司法程序。习惯法司法程序中的主要步骤如下。

（一）起诉与受理

起诉的方式很多，取决于被指控的罪行是民事的还是刑事的，以及社会中是否有国王或酋长。在一个君主制或者酋长制社会里，所有引起社会秩序混乱的事情，即"犯罪"行为，都必须上报给国王或酋长，或者上报给国王或酋长所指定的人或机关。社会中每个人都有责任将罪犯缉拿归案，而任何人放纵犯人都会受到谴责，因为这种犯罪行为破坏了社会平衡，而社会平衡与每个人都息息相关。除了社会成员应该逮捕罪犯的这种普遍责任外，还有许多政治组织、行政机构和军事机构等来行使各种各样的维持治安的职能，包括强行将不驯服的罪犯带到国王或者酋长面前。加纳的阿散蒂王国、南非的祖鲁王国等都有类似的机关。这些国家的共同特点是，有强有力的统治者（国王或酋长），有秩序井然的有规则的法庭体系，有专门的法官和法庭勤务员。对重要的审判还要事先公布审判日期，欢迎公众旁听。常备军的成员在和平时期往往被雇用担任这些职务。

一些社团组织也有权行使司法职能。这些组织如尼日利亚约鲁巴人的奥博尼（Oyboni）和塞拉利昂的博罗（Poro）等在某些事务中可主持正义，因为这些社团组织由当地大部分有影响的要人组成，而且与统治王朝关系紧密。

有国王或酋长的非洲社会的法庭同样审理民事纠纷案件。民事争议中的受害方可以向一位中立的长者投诉。但是有两种案件，长者可能拒绝处理：一是问题太细微，无需长者处理；二是问题太复杂，长者处理只会把事情闹大。

---

① Gordon. R. Woodman and A. O. Obilade, ed., *African Law and Legal Theory* (Dartmouth Publishing Company Limited., 1995), pp. 130 – 132.

两位家长或村长之间的争端,第一步是找另一位头领进行投诉。如果双方同意他审理案件,他就会着手处理投诉。但是,如果双方争论者想要向酋长或最高酋长或最高酋长报告,当地酋长就有责任向最高酋长或国王汇报情况。

无酋长社会的司法和行政组织比较起来则非常不正规,也没有制度化,但也有一些非常明确的司法程序。尼日利亚东部的伊波族和东部非洲的坎巴族和乌涂族是这类非洲社会的典型。在这种社会中,尽管没有专门的由司法官员组成的固定裁判团,但长老会是社会秩序的最终保证者和公共财富的维护者。在坎巴族,若要审判诸如谋杀犯、惯犯和令人震惊的道德败坏行为的罪犯(比如乱伦),需组成"长老会"。

归纳起来,无酋长社会的起诉方式有七种。(1)争论双方首先召集一些人为他们调解解决争端。如果他们对调解不满意,可以将案件送交长者仲裁。(2)起诉方可以在村子里来回击鼓,声明他有冤情,请求长老调查裁决。(3)起诉一方也可以直接去见长者,要求状告另一方。(4)起诉一方也可以通过某些解决纠纷的职业组织请求裁决。一般是重大疑难案件采用这种程序。(5)另一个非常神圣的程序是"长矛程序"。起诉者如果要状告某人,就将一把"神圣之矛"放在被告的房子外面,如果被告是未成年人,就放在他父母的房子外面。在伊波人眼里,这相当于把黑色魔法或者毒药附着于被告或者他的父母。这就迫使长老们立即采取行动,听审双方争执,及时予以裁决,以避免冲突升级。(6)一些不急迫的案件,起诉方也可以自由选择机会起诉。这种起诉方式选择在葬礼、婚礼或其他重大聚会上。(7)特别的起诉方式。以上六种方式只适用原告有明确的被告的案件。当被告还不确定,又没有正规的警察或者侦查机构时,原告只能采取一种特别的方式,即原告先向神控告,借助神来确定被告。

(二)审判

1. 审判模式

非洲的审判方式很多。无论是有酋长的社会还是无酋长的社会,类型不同的案件,其审理方式往往也是不同的。根据被告确定与否,程序可以划分为两种。

（1）被告已确定。有酋长社会中采取的程序往往要比无酋长社会中采用的程序严格。然而，两者并没有实质上的不同。一般审判程序包括起诉、举证、被告辩护、裁决等。负责审判的长老一般具有长期的实践经验，往往能获得一种娴熟的侦查技巧，他们有时花几年时间搜集能证明被告有罪的证据。当证据确凿后，便召集所有的人来历数罪犯及其同谋的种种罪恶，并请受害人或其亲属和旁人来作证。若大家都认为罪行属实，便当众宣判。

（2）被告尚不确定。在已发现犯罪结果但不知晓被告的情况下，必须先进行侦查，确定被告。不同的非洲国家采用多种多样的取证方式。但残酷考验、发誓、占卜是三种最常用的诉诸超自然力的取证方式。通常情况下，第一步往往由受害者与向占卜人咨询。这些占卜人聪明而又富有经验，往往对当地的人和事几乎了如指掌，又善于仔细地询问和逻辑推理。当然，他们为了使人相信他的推测成果源自超自然的魔力，利用多种多样令人难解的类似的宗教仪式，得到一个符合其想法的答案。

如果通过占卜指出的嫌疑人不认罪，那么长老就会对嫌疑人施予一定的考验。考验的形式多种多样，如他们把树的汁液混入水中，让嫌疑人喝；或把刀或其他铁器放入火中加热，让嫌疑人触摸；或把嫌疑人带到附近的池塘或水边，令其投水。他们认为，喝了那种水而生病的人，或抓住火红的铁器而被烧伤的人，或被投入水中往下沉的人，则是犯罪人。在塞内加尔，为了裁判一个违法行为，本村的审判官把一块烧红的铁放到被告的舌头上烫一下。如果舌头没有烫伤，那么这个人就被宣布无罪；如果舌头被烫伤，那就是有罪。①

发誓是残酷考验的替代选择。发誓时往往在某一圣物前，先由起诉人把誓言重复三遍，接着嫌疑人发誓。在非洲人的观念中，如发誓者发假誓，那受影响的就不仅是其本人，还会牵连他的亲属。但发誓并不一定能立即确定罪犯。要使誓言生效，其所需时间从几天到几个月不等，有时还要借助于多种考验形式。当然，如果嫌疑人拒绝发誓，其行为本身就足以说明其有罪。

---

① 〔法〕G. G. 贝莉埃：《塞内加尔》，伍协生等译，上海人民出版社，1976，第73页。

2. 诉讼代理人

非洲习惯法普遍允许代理人参加庭审。非洲习惯法允许庭审代理人的理论基础是，家长应对家庭成员的过失负责任，因而非洲习惯法中担任代理人的往往是当事人的家长或其他家庭成员。但在刚果、塞拉利昂等国家，允许其他人充当代理人或辩护人，并且代理人或辩护人常常戴上假面具以防被人认出。

3. 审判庭

在有酋长的社会中，审判庭的座位安排经常是马蹄形，酋长或有资历的长者坐于中央，而资历稍浅者则坐于两旁，原告和被告则分坐在法庭对面。在无酋长社会中，则比较宽松，没有固定严格的座位排定。在伊波族中，在指定的审判日期，起诉者、被告、审判官和其他参加者聚集在村中央的大树下，当事人用椰子酒或熟食招待参加庭审者。

4. 庭审

在庭审时，法官很少插话。阿散蒂人认为，一个理想法官在法庭上的形象，就是能让他人能畅所欲言，而他自己只有在发言人讲话离题太远时才插话。在非洲没有陪审团制度，但是参加庭审的同村人或邻居便是裁决争议的最好陪审团。法官在断案时，常常参考公众的意见。同时，法官也处于群众的监督之下，所有在场的人都知道习惯法的规则，他们不会容忍法官不按认可的习惯法判案。对法官判决不服，当事人还可逐级上诉，直到由国王亲自审理。

在非洲社会里，习惯法灵活多变的特征经常使法官有必要参考先前的由他们自己或者祖先或者同时代的知名人物判定的案件，特别是参考那些被经常引用的案例或者已广为人知的案例。但不同于现代英国法官，非洲的法官并不认为采用遵循司法先例是其法律义务。

埃维族的习惯法司法程序是，担任审判的官员坐在前台，先由原告和被告轮流陈词，然后证人出庭作证，但每位证人作证前都要接受审查，接着，双方辩论，其他相关人也可以发表意见。辩论完之后，法官退席商议，最后回来宣判。加纳的阿肯人或多或少也是这样。

5. 证据

非洲的司法判决不是基于臆断或仅仅按民意做出，而是基于证据。非洲司法程序中的一条基本原则是公开审判，不得偏听偏信。约鲁巴族有一句流行的格言："偏听一面之词来判案的人是有罪的。"① 几乎在所有的非洲国家中，传唤证人都是一种最重要的举证方式。在无酋长社会中，证人常常站在观众席上陈述证词，态度很随便，所陈述的证词的形式往往由审判官决定。在审判中，如当事双方对至关重要的问题有争议，那证人证言起关键作用。习惯法也很强调物证。如果 A 称 B 偷了他的羊或项链或其他动产，A 必须把东西呈到老者面前或告诉他们赃物在什么地方，以便他们核实。

（三）惩罚的形式

对败诉者惩罚的形式通常比较灵活，可根据当事双方的意愿和败诉者的实际情况进行量刑。主要考虑的因素是败诉一方是否有能力偿付罚款或赔偿，如果败诉方无能力以某种物品偿付，在征得胜诉方同意情况下，可以其他替代物补偿。这种灵活性，被一些学者视作习惯法不精确、不严肃的明证。但实际上，这种观点是不符合非洲人法律观念的。

在诸如巫术、魔法、蓄意杀人以及类似的一些犯罪案件中，罪犯通常被处以死刑。死刑同样适用于叛国罪或其他政治性犯罪。执行死刑的方式有打死、绞死、淹死及刺死等。罪行较轻的罪犯，通常被处以罚款或以其他各种形式偿还。年轻的犯法者通常还被鞭笞。

囚禁作为惩罚罪犯的一种方式，在非洲习惯法规中并不被广泛使用。在东非乌干达，曾有将犯人限制在树桩里的制度。尼日利亚的约鲁巴人在殖民时期便建立起了囚禁的方式，"约鲁巴人为其债务偿还的安全而采用了许多方法。有时候不得不采取囚禁手段，但这并不是取消债务，而只是迫使其偿还债务的一种方式"。"任何一位酋长或者大人物都拥有一座监狱或一间密室，以用来囚禁诸如不服从命令、醉酒之类的犯人。"②

在一些社会里，累犯可能被处以诸如砍断手脚或毁容之类的惩罚。对小偷的惩罚通常是伤害其身体或者支付补偿性赔款。

---

① Richard Olaniyan, ed., *Nigerian History and Culture* (Longman Group Limitied., 1985), p. 132.

② Emmet V. Mittlebeeler, *African Custom and Western Law* (African Publishing Company, 1976), pp. 194 – 195.

（四）执行

有酋长的集权社会里，不仅有常设的军事和行政机构，也有常设的执行官。在无酋长社会中，虽没有有组织的、常设的执行官，但有自己的执行制度。在吉库尤、坎巴等族，审判官或长老临时指定一些年青武士既负责维持庭审秩序，又负责判决的执行。尼日利亚南部的伊波人，对于女犯的刑罚必须由女人来执行。加纳的芳蒂人和尼日利亚的约鲁巴人还有一套自我执行制度，如允许债主（或雇用他人）包围债务人的房屋，限制其出入，直到败诉方履行判决为止。

非洲社会里还存在各种各样的执行模式，但一个共同点是，都力求债务人自觉履行。如规定亲族人员对败诉的家人都负有责任督促其履行或代其履行的义务，否则败诉者及其家人都会被嘲笑、羞辱或者在社会上被人孤立、唾弃。在吉库尤族，对判处死刑的罪犯的执行还要征求罪犯父兄或近亲的意见。如果这些亲属求情并愿赔偿，就不对犯人执行死刑而采用补偿的手段。然而，求情的亲属必须站在圣物旁发誓保证，如果该罪犯以后重犯同一项罪或犯有其他重大罪行，他们不再求情。但如果罪犯的亲属同意处决罪犯，就把一把土撒在罪犯身上，表示他与犯罪者永远脱离关系，于是执行死刑。

（五）诉讼费

非洲习惯法中虽然没有诉讼费这一法律术语，但也要向法官支付费用，习惯法上称作"感恩酬金"，感恩酬金往往由胜诉者而不是败诉者支付。败诉方如果服从判决，可以将感恩酬金还给胜诉方，争端也就解决了。一般由原告在陈述案件时交纳一定费用，如果要传唤被告，原告还得呈上一张树皮作为费用，被告则要出一只山羊或一张树皮，胜诉方除了得到正常的赔偿外，还可以得到两只山羊和一张树皮。向上级法院上诉，上诉费用高达 10 只山羊和 5 张树皮。

五　非洲习惯法的现代化

现代化是一个动态的发展过程，非洲法律的现代化问题，就是非洲法律的发展问题。正如《传统与现代化：苏丹丁伽人的法律挑战》一书所言，法律是现代化的一个重要"工具"和重要方面。① 实际上，与其他地区相比，非洲法律的现代化更显迫切。应当知道，非洲现行法律的外在表现形式十分驳杂。在非洲本土既有大陆法系的成文法，又有英美法系的判例法，还有非洲早已有之的习惯法、伊斯兰教法和印度法等，可以说是世界法律的"万花筒"。如毛里求斯独立后一方面实施《法国民法典》，另一方面在工业产权方面借鉴英国法，在诉讼程序方面融合了英国法和法国法。②

更具特色的是，非洲的法院组织系统也十分复杂。非洲国家除按前宗主国模式建立西方式法院组织外，还保留了不少习惯法法院和宗教法院（如沙里亚法院）。这些法院都行使司法权，而且对其管辖权并无十分明确的划分，因而法律冲突不可避免。

非洲国家独立后，非洲习惯法如何发展或如何现代化问题，成为非洲国家法制建设中的重大现实问题和理论问题。20世纪50年代，召开过一些国际性会议，讨论非洲习惯法的现代化问题。比较著名的有三次，分别是1953年在乌干达马克雷大学召开的司法顾问大会，1956年在尼日利亚乔斯召开的司法顾问会议，1959年12月至1960年1月在伦敦召开的"关于非洲法律的未来"会议。60年代以后，非洲习惯法的现代化步伐加快。1963年9月，在坦桑尼亚达累斯萨拉姆召开了国际性的"非洲地方法院及习惯法会议"。与会代表十分广泛，一些未能参加会议的非洲国家也向大会递交了一些有价值的背景材料。此外，中国、美国、法国、苏联、英国、印度、以色列、荷兰、波兰、加拿大以及联合国都向大会派出了观察员。

概括说来，非洲习惯法的现代化主要从两个方面进行，一是非洲习惯法内容和形式的现代化，二是非洲习惯法法院的现代化。

（一） 习惯法内容和形式的现代化

非洲习惯法现代化问题，最关键是作为本土法的习惯法与作为外来法

---

① Francis Mading Deng, *Tradition and Modernization：A Challenge for Law among the Dinka of the Sudan*（Yale University Press，1971），p. 2.

② 参见上海社会科学院编译室编译《各国宪政制度与民商法要览·非洲分册》，法律出版社，1986，第277~280页。

的欧洲法关系问题。欧洲法是欧洲殖民者利用坚船利炮强行移植到非洲的。欧洲法移植到非洲法后，如何对待非洲本土习惯法呢？欧洲殖民者在不同时期根据不同情况采取不同的方式。总的来说，欧洲殖民者在坚持和维护欧洲法的同时，也在一定范围内承认习惯法。由于欧洲殖民采取这种"双重体制"，到非洲国家独立时，已在非洲形成欧洲法为主体、多种法律并存的局面。鉴于这种情况，非洲国家大都认为习惯法应当是非洲法律体系的重要组成部分。非洲各国普遍认为独立后法制建设的最终目标是实现习惯法与其他法的统一。独立后非洲国家采取下列方式，加快非洲习惯法的现代化历程。

1. 对习惯法进行搜集和记录

尽管非洲各国在如何利用记录成文字的习惯法方面各有不同，但越来越多的非洲国家开展起以文字记录和重述习惯法的活动。统一整理、记录的习惯法可以不同的方式在不同的司法体制中适用。但在实际中，非洲各国有不同的观点：有的主张习惯法应该保留独立的体制，有的主张习惯法应该与一般法统一。习惯法本身在几乎所有的国家都是多种多样的，并且很显然各国在法制统一过程中会使用不同的法律体制。非洲各国记录习惯法的方法各种各样，主要有下列方法。（1）组建具有广泛代表性的法律小组对本国习惯法进行全面、系统的搜集和记录。像肯尼亚和坦桑尼亚采取这种方法。（2）任命一个专业委员会，就某一特定主题或某一特定地区的习惯法进行调查和记录。（4）鼓励和支持学者研究。

2. 对非洲习惯法的修改

非洲国家采取了各种修改习惯法的办法：（1）由确具权威的记录部门向当地政府或中央政府或一个特别的权威中心提出修改建议。这些权威部门可以在记录部门建议的基础上修改习惯法。（2）由地方政府通过地方法来修改。这种修改可以是主动的，亦可以是根据上述（1）或其他权力机构的建议做出的答复。（3）中央政府所做的修改，通过专门的或辅助性的立法方式，或由其主动修改，或根据上述（1）的建议，或根据其他权力机构如地区议会的建议加以修改。（4）通过判例法的发展来修改。

3. 编写法律报告

许多非洲国家只编写那些被送到上诉法庭的法律报告，习惯法法院的审判都虽然做了记录，但没有系统的法律报告。在一些国家，只有特别的文摘或报告，这些文摘或报告来自上诉法院的判决书。有些国家试图通过整理、出版适用习惯法审理的判例，抽象出一些习惯法的基本原理，以判例法实现习惯法的统一。

（二）非洲习惯法法院的现代化

要研究非洲习惯法法院的现代化，必须先了解殖民时期欧洲殖民政府对非洲习惯法法院政策的变化。

1. 殖民时期非洲习惯法法院的演变

在欧洲殖民者到来之前，非洲人自有一套法院体制。在殖民统治时代，欧洲法律和司法体制移植到非洲不同的地区并强加于非洲人，对非洲固有的法律制度进行摧残或改造，将非洲原有的法院称作"地方法院"（local courts）、"土著法院"（native courts）、"非洲人法院"（African courts）、"习惯法法院"（customary courts）。在殖民时代，由于地区的不同、欧洲殖民统治方式的不同，以及殖民统治政策的变化，这些法院的历史发展也有所差异，但我们仍然可以看到一个最基本的发展模式。在原英殖民统治的普通法地区，法院的发展阶段大致如下：不予承认或默认阶段、承认阶段、行政监管阶段、立法控制阶段。

（1）不予承认或默认阶段。殖民刚刚开始时，欧洲法律体制只能移植到非洲某些特定地区，或在特定地方的少数人口区域实施。在这些地区，不承认非洲法的实施。而在非洲广大的内陆地区，殖民政府默认非洲法院适用非洲法。随着欧洲殖民者向非洲内陆的推进，他们一旦强占了某块领土，便不再承认非洲法律，强制推行殖民主义的法律，但遭到非洲人民的强力反对，殖民政府只好变换统治手法，非洲法院进入被英国殖民政府承认阶段。

（2）承认阶段。对非洲本土法律体制的承认与欧洲殖民者"间接统治"政策伴随而生。间接统治由英国殖民者卢加德首创，之后法国殖民者在一些地区也采取这一手段。这种承认使法院的组成没有发生变化，习惯法除极少数的限制外也几乎没有改变。但在刑事审判方面受到某些限制，如殖民者常常以废除"严刑峻法"为由，限制或禁止适用非洲传统刑法。而且一般来说，非洲法院的管辖权只限于双方当事人都是非洲人的案件。

（3）行政监管阶段。随着殖民政权在非洲的巩固和加强，殖民中央政府渐渐开始对非洲习惯法法院加强控制。殖民政府授予地方行政官员广泛的权力，有权调审法院案卷，甚至有权改判案件，也就是说，行政官员充当非洲法律体制中上诉审的角色。在这里，殖民主义者为了自身利益，完全不顾他们本土奉之神圣的"三权分立"原则，也不遵循司法监督行政这一基本原则，相反，大肆推行"行政监管司法"的方针，其简单的理由不外乎是这里的"司法"是非洲人掌管的司法，这里的"行政"却是欧洲人控制的行政！

（4）立法控制阶段。对非洲习惯法法院进行行政监管，加强了立法控制。通过立法，规定建立"土著法院"的审批程序，削减非洲习惯法法院数量，减少非洲法官人数。此外，通过立法使非洲殖民者的"平行体制"（parallel system）逐渐过渡到"统一体制"（integrated system），以降低非洲习惯法法院的地位和作用。所谓"统一体制"，是指将非洲习惯法法院通过上诉审程序与欧洲殖民者建立的司法组织特别是高等法院（或最高法院）相联系，即当事人不服非洲习惯法法院的判决，可以向按殖民者法律组建的法院提起上诉，殖民者的法院有权改判。所谓"平行体制"，是指非洲习惯法法院与殖民者建立的司法体制分离，殖民者法院与非洲习惯法法院没有上下级关系，二者并行不悖。由于殖民者认为"统一体制代表了未来的发展方向，因此，至 1956 年已几乎没有国家采用平行体制"。①

综上所述，殖民政府虽然对非洲习惯法法院采取了种种限制和打击，但最终没有完全将其废除。在像比属刚果那种实行"直接统治"的殖民地，殖民政府也没有废除习惯法法院，相反，习惯法法院还在当地司法体制中具有重要的作用。据统计，比属刚果独立前，习惯法法庭处理的案件每年近 40 万件。②

2. 达累斯萨拉姆国际会议

在 1963 年达累斯萨拉姆国际会议召开前，非洲独立国家已对本国司法体制尤其是地方法院体制进行了立法变革。针对地方法院改革制定的法典有 1960 年的《加纳法院法》、1963 年的《塞拉利昂地方法院法》、1956 年

---

① Gordon. R. Woodman and A. O. Obilade, op. cit. , p. 16.
② 〔法〕罗贝尔·科纳万：《刚果（金）历史》，史陵山译，商务印书馆，1974，第 341 页。

的《东尼日利亚习惯法法院法》等。独立后非洲国家尽管对习惯法认识不一，但大多主张将习惯法纳入新国家的统一法制之中。

1963 年的达累斯萨拉姆国际大会对非洲习惯法的现代化问题主要围绕地方法院的建立与发展问题进行了探讨。大会确定的六大议题——地方法院的最终发展目标、地方法院的监管、习惯法的发展、非洲地方法院的司法管辖权、地方法院的诉讼代理人制度、非洲地方法院法官和职员的选拔与培训中有五大议题是针对司法程序的。

据大会估计，在大多数非洲国家，大约 80% 的案件是由非洲习惯法法院处理的。基于非洲地方法院的数目及其处理的大量案件，因此要实现用一般法院来取代它们这一目标必将经历一个长期的过程。例如，北尼日利亚有大约 770 个土著法院，1962 年审理了超过 293000 个案件；肯尼亚地方法院在 1962 年听审了 345182 个案件。①

大会对非洲习惯法法院在司法体制中的地位和作用，向非洲国家提出了三种可选择的办法：（1）予以废除，由一般的治安法院或其他法院取代它们；（2）限制习惯法法院的司法权限，即将它们严格地限定在习惯法院或"习惯法议会"；（3）扩大习惯法法院的司法权限，尤其是扩大适用制定法和非习惯法的权利，以便最终使它们发展为与之差不多水平的治安法院。达累斯萨拉姆国际会议对非洲国家独立后习惯法法院的现代化具有重大的指导意义。

3. 非洲国家习惯法法院现代化的实践

大多数非洲国家认为非洲习惯法法院现代化的最终目标是使其成为一国独立的司法制度不可缺少的部分，因而大多主张将习惯法法院改为地方法院，并保留习惯法法院的优点。加纳的做法是使非洲习惯法法院完全受控于最高司法系统，以此完成将各个部分合并成一个核心的国家司法制度的进程。科特迪瓦则将习惯法法院并入一个现代化的司法系统中。马拉维直接把非洲人法院更名为地方法院，使其成为整个独立司法系统的一部分。在大多数非洲国家，将地方法院纳入普通司法系统的方法是依赖于扩大它们的管辖权，尤其是依靠增加法定的和非习惯的管辖权。随着国家制定法对习惯法的承认，习惯法被当作国家一般法的一部分加以实施。各

---

① Gordon. R. Woodman and A. O. Obilade, op. cit., p. 15.

国政府对地方法院的适当信任和支持，扩大地方法院的管辖权，加快了习惯法统一的进程。

4. 对习惯法法院的监控

在殖民时期，不同国家中的习惯法法院受制于不同的行政部门，如受内务事务部、地方政务部或者土著事务部监控。独立后非洲国家主张，所有的法院应独立于行政权力。与这一原则相一致的是，习惯法法院应该成为该国独立的司法系统的一部分，并且大多认为，习惯法法院的控制权应授予独立的司法系统。

对习惯法法院监督的另一个重要制度是上诉制度。作为习惯法法院的判决可以被上诉，对确立习惯法法院的监督机制十分重要。非洲国家一致认为，当事人对法院的一审判决应该享有上诉权。习惯法法院既然确定为初级法院，对习惯法法院的判决不服就可以上诉。考虑到习惯法法院经常与缺乏法律知识和经验的人打交道，他们当中的许多人都忽视自己的上诉权。复审和再审在这种情况下显得极为重要。但应该分清楚，它们与上诉有不同的功能。尤其应注意，复审和再审不应被用作妨碍最终裁判效力的工具。此外，有的非洲国家授予检察官以司法监督权。

5. 习惯法法院法官及其他工作人员的选任和培训

（1）审判权与行政权分离。非洲国家普遍赞同习惯法法院的审判官和行政官员分离、审判官与执行官分离。按非洲传统习惯法，审判官和行政长官的划分比较含糊。审判官可以是国王、酋长、长老、专门主持法庭审理的法官或者具有习惯法专门知识的人。独立后非洲国家规定，传统行政长官如果担任习惯法法院法官，则必须符合以下条件：必须放弃他们传统的行政权力，除非只担任纯礼仪性的职务；必须像其他地方法庭的法官一样，通过一定的考试或接受相应的训练。

（2）习惯法法院法官的初任资格。初任习惯法法院法官必须具备如下资格：受过基本的教育，具有一定的阅读和写作能力；受过必要的法学教育；具有必要的习惯法知识，所有习惯法法院法官或将要成为当地法院的法官，应当懂得他们将要上任地区的习惯法；在伊斯兰教徒定居的地区，必须掌握有关伊斯兰教法的知识。

（3）法官的任免。独立前，习惯法法官一般由殖民政府或当地酋长任免。独立后，非洲任免法官的机构有两种：一种是由国家司法行政部门任免；另一种是由专门的委员会任免。任免法官的国家司法行政部门一般是司法部，也有个别由其他行政部门任免。司法行政部门在任免法官前，一般听取各方面意见，并对议会负责。任免法官的专门委员会一般是司法人员叙用委员会（Judicial Service Commission）。这是大多数英语非洲国家采取的形式。这种体制强调司法独立，强调行政不得干预司法原则，但司法人员叙用委员会成员中也有不少行政官员。

（4）习惯法法官和职员的培训。培训的内容包括：习惯法法院法官常用的制定法和对制定法的解释，因为他们在刑法、程序和证据等方面须运用大量的制定法；语言教育，学习主要学习本国通用的英语、法语或葡萄牙语等，同时也要学习当地语言。

6. 诉讼代理制度

殖民时期，非洲殖民地法律和条例通常禁止律师参与习惯法法庭审理。殖民者禁止律师在非洲人法院为任何当事人担任代理，也禁止律师在各种诉讼阶段出现。但是律师可以在适用欧洲法的殖民者法院中担任代理人或辩护人。如独立前的坦桑尼亚，不允许律师在"本地人法院"中担任辩护人，但允许律师在英式法院中充当代理人。①

非洲国家独立后，对是否允许律师担任非洲习惯法法院的诉讼代理人采取了不同的方法。其基本原则是：（1）习惯法法庭如果允许律师出庭，则审判人员必须是具有专业知识的法官；（2）当一个案件从地方法庭上诉到高等法院时，应该允许诉讼代理人参加；（3）当习惯法法院审理的是小案件时，就可以不要律师参加；（4）如果不允许律师参加习惯法法院的庭审，则应允许律师在法庭外给予当事人以法律援助。

（原文载《比较法研究》2001 年第 2 期，收入本书时有改动）

---

① 〔美〕迪亚斯：《第三世界的律师》，陈乐康、陈卫东译，中国政法大学出版社，1997，第209 页。

口头非洲法：从司法看习惯法的口头性

何志辉[*]

一　导论

非洲习惯法是非洲各个传统社会中（主要指村社）属于各个族体的人民在长期的生活与劳作过程中逐渐形成的，被用来分配人们之间的权利、义务，调整和解决人们之间的利益冲突，且主要是在一套特殊的神灵崇拜、祖先崇拜等关系网络中，以口述方式被贯彻实施的，[①] 因具有鲜明的口头性而被称为"口头非洲法"，是非洲法律体系的重要组成部分。它不仅历史久远，内涵丰富，凝聚着非洲人民长期生活所积累的司法经验与智慧，而且自近现代以来仍然在广大地区被遵循或适用。直到殖民统治时期宗主国法律对非洲法产生影响，[②] 以及 20 世纪 60 年代以来非洲国家纷纷迈向现代化，非洲习惯法才逐步从口头法转为成文法。因独特景观而引人注目的非洲习惯法，融传统与现代为一体，在非洲各国的法制建设与社会转型中扮演着重要角色。

尽管非洲习惯法的搜集整理工作在国外早已展开（很早就有一些非洲

---

* 　何志辉，澳门科技大学法学院副教授。

①　关于习惯法的定义，可参看 T. Olawale Elias, *The Nature of African Customary Law* （Manchester University Press, 1956）, pp. 37 – 35；洪永红、夏新华等《非洲法导论》，湖南人民出版社，2000，第 21 页。

②　以英国法对非洲法的影响为例，国外较早的研究有：Antony Allott, "The Authority of English Decisionsin Colonial Courts," *Journal of African Law* 1 （1957）; Ajayi, "The Interaction of English Law with Customary Law in Western Nigeria," *Journal of African Law* 4 （1960）.

人零散记录过一些习惯法，而在殖民时期更有不少欧洲传教士对此记载较多），但深入、系统的研究则自20世纪50年代末期才起步。① 在我国，学界对此极少关注，加之条件有限，资料匮乏，直至20世纪90年代中后期才有初具规模的研究工作。

本文立足于学界既有的成果，试图从司法依据与司法过程两方面来看非洲习惯法的口头性，把握其基本特征，探寻其文化内涵。在此需要说明的是：（1）非洲习惯法是一种"口头法"，与通常意义上的"习惯法"相比，存在较大的差别；而在近代以来日渐成文化的大潮下，其口头性愈加鲜明。本文探讨的时间范围在"传统（民间）社会"，截至20世纪50年代末期。（2）由于这是一种口头法，没有西方意义上的"立法"与"司法"之分，而只能分别对应习惯法的"形成"与"适用"。习惯法的"形成"衍生出司法依据，"适用"则涉及司法过程。本文所谓"从司法看"即包含了这两方面的内容。（3）虽然非洲大陆国家众多，习惯法文化纷繁复杂，但鉴于其形成与适用都存在诸多共性，以及行文方便，除有特别说明之外，本文均将非洲习惯法视为一个整体来探讨。

二 非洲习惯法形成中的口头性

非洲习惯法不仅有自然产生、口耳相传的"生成型"规则，还有靠特定时期、特定个体或群体通过口头制定的即"创制型"规则，是非洲传统社会调整关系、解决问题或处理纠纷的司法依据。"生成型"规则与非洲传统社会的发展状况紧密相关。恩格斯曾指出："在社会发展某个很早的阶段，产生了这样一种需要：把每天重复的产品生产、分配和交换用一个共同规则概括约束起来，借以使个人服从生产和交换的共同条件。这个规则首先表现为习惯，不久便成了法律。"② 这一点，也适用于部分非洲习惯法的演进历程。而"创制型"习惯法规则的产生，则往往与特定时期、特定个体或群体在社会生活中面临特定问题（主要是纠纷）时所做的处理有关。这些特定问题既可能是一偶发事件，也可能是某种矛盾的长期积累与

---

① 以1957年创办的《非洲法杂志》（*Journal of African Law*）为标志，以及著名学者 Elias、Allott 等人的大力推动为代表。

② 《马克思恩格斯选集》第3卷，人民出版社，1995，第221页。

爆发。而特定的处理方式与结果，大多会把旧的习惯加以修改，或者直接形成一种新的规则，体现群体利益（个体利益则很少经得起人们的考验），并上升为群体意志，有高度的权威性和约束力，能够按一定方式反复运作，在实践中体现其应有的效力。随着时间的流逝和人们的接受，它们就真正成为"法"。

在此，本文重点探讨的是非洲习惯法的"创制型"规则。英国著名的非洲法学者伊莱亚斯（T. Olawale. Elias）在《非洲习惯法的性质》（*The Nature of African Customary Law*）中曾经系统地研究了非洲习惯法立法（customary legislation）的几种方式。① 但这种所谓"立法"及其方式的分类，暗含着一种西方法学理论的"殖民者视角"，以此评判非洲习惯法，只会消解这种传统法律文化的特殊性，尤其是消解其鲜明的口头性。对此，本文试图从不同的口头创制方式及其权威的角度，重新审视非洲习惯法形成过程中的口头性。

（一）个体所为的口头创制方式及其权威

在非洲传统社会里，个体所为的口头创制型习惯法规则，主要由国王/部族首领创制以及问题/纠纷的裁断者（如村社长老、巫师和法官等）创制。作为司法依据，其因源于特定问题及其解决方式而往往具有特定性，其权威在很大程度上仰赖于个体身份的神圣性、传统性与意志性。

关于王国/部族首领口头创制的习惯法规则，英国学者伊莱亚斯曾指出，非洲习惯法立法的第一种方式就是国王或酋长的个人命令。这表现为非洲各国国王以及各部落酋长通过口头颁布的饬令、训诫等，发布、确立一定的行为规范。但"改变既存习惯法规则或出台新规则以迎合社会需要的转变，这种方式既非正常，也不普遍"。② 国王与酋长的权威在传统社会中神圣不可动摇，其口头创制的规则一般反映了群体利益，而以个体意志的言说方式来表达。即使在殖民统治时期以及独立后的现代非洲，仍有一些国家保留了酋长制订规则的某些权限。例如，在喀麦隆，大酋长过去被尊为神意的代表，掌握着生杀予夺的大权，独立后其权力受到削弱，限于

---

① T. Olawale Elias, *The Nature of African Customary Law* (London: Manchester University Press, 1956), pp. 191 – 211.

② T. Olawale Elias, op. cit. , p. 192.

依照习惯法审理有关婚姻、财产特别是土地方面的民事纠纷，以往私设监狱的权力被取消。①

国王或酋长制订、颁布命令（规则）时，往往要举行一定的仪式，选择具有神圣感或大众化的场所，宣讲时有一套固定的程式。其中，套话（formula）是必不可少的。学者范西纳（Jan Vansina）在研究库巴人（Kuba）的传统法律文化时就搜集了有关的套话。② 在这里，仪式、场所与口头宣讲，实质上是营造一种与大众尤其是长老们（the elders）沟通的气氛以寻求一致。而如果不依照这些方式，不与社区（community）长老们商议，没有人们的集体同意，无论是国王还是酋长，即使靠政治权力或军事征服发布了个人命令，并且不断施压，也往往被人们破坏而非遵守。③

问题/纠纷的裁断者口头创制的习惯法规则，普遍由村社长老、巫师以及专门的法院法官通过口头调解、神裁或判决形成，适用于特定问题或纠纷的处理方式。

村社长老的权威，是一种以年龄等级为基础的身份权威，或者说，是一种"老人政治"。在非洲，长老受到社会的普遍尊重，一是因为他们有智慧，辈分高、阅历深，被看作经验、知识和智慧的化身，是文化遗产古老风尚的传人；二是因为年龄意味着权力，他们往往身居要职，担任酋长或长老会成员，在传统社会举行礼仪的场合，被安排在高贵的位置，在家庭内更是处于权威的地位。④ 因此，长老在处理社区的内部问题或纠纷时，往往能够凭借经验与智慧，判定是非曲直，做出相应的裁决。而这种裁决一旦被人们认可，则会在日后解决同类问题或纠纷上形成范例，进而演化为习惯性的解决途径，即一种习惯法规则。

巫师的权威，是一种以"巫术崇拜"为基础的信仰权威。⑤ "巫师最初

---

① 李保平：《社会转型时期喀麦隆的文化传统与发展思路》，《亚非研究》第 7 辑，北京大学出版社，1997，第 328～347 页。

② Jan Vansina, "A Traditional Legal System：The Kub," in Hilda Kuper and Leo Kuper, ed., *African Law：Adaptation and Development* (University of California Press, 1965), p. 97.

③ T. Olawale Elias, op. cit., p. 192.

④ 李保平：《非洲谚语体现的文化传统论析》，《西亚非洲》1996 年第 5 期。

⑤ 关于巫术的极为精彩而详尽的分析，参见〔英〕弗雷泽《金枝》，中国民间文艺出版社，1987。

似乎是从事法律的法官，但后来被所谓的布雷恩（职业法官阶层）所取代。"① 在非洲传统社会中，由于祖先崇拜极为普遍，② 传统宗教种类繁多，民间信仰十分繁杂，③ 而巫师往往被认为具有超自然能量，能够与祖先灵魂或天地神灵交流，通过主持"神判"（Divine Judgment）仪式，借助神灵的超凡力量裁断是非，形成神秘而独特的权威。④ 在此，一个不容忽视的事实是，非洲巫师的神秘力量不仅依靠仪式中庄重的民间宗教气氛，而且在很大程度上依靠神秘的语言。巫师之间有内在的一套话语规则，因世代传承而具有高度的垄断性。从巫师身份垄断到话语垄断，巫师的信仰权威由此形成。这种权威在解决具体纠纷时所做的裁决，凭借其神异力量足以形成某一特定的行为规则，在日后不断的适用中获得规则的合法性。

而通过法官解决纠纷形成的规则，则主要是近代以来的事。由于法院体系很不完善，一般而言难以普遍存在法官立法现象，但也不能完全否认。⑤ 例如，茨瓦纳族（Tswana）的习惯法除了通过酋长命令和邻国法律影响的方式来改变，还有就是"法庭判决"（court decisions）。⑥ 法官在判案时应当承袭传统解决方式，这时会巩固旧有的习惯法规则；但在新问题或纠纷面前更可能无例可循，就必须依靠经验与智慧来处理，这样就可能产生新的解决方式，从而形成新的规则，这种规则同样也具有合法性。由于法官的审判过程在很大程度上是靠语言而非文字/文书来实现，由此形成的习惯法也体现出鲜明的口头性。

（二）群体所为的口头创制方式及其权威

群体所为的口头创制方式主要依靠酋长会议、公众大会、长老会议以及民间社会团体等，由此形成的司法依据较之前者数量更多，适用更为普遍，其权威仰赖于集体认同，不仅具有社会属性，更具有实践属性。

---

① 〔美〕约翰·赞恩：《法律的故事》，刘昕、胡凝译，江苏人民出版社，1998，第52页。

② 李保平：《论非洲黑人的祖先崇拜》，《西亚非洲》1997年第5期。

③ 平凡：《西非传统宗教管窥》，《西亚非洲》1981年第6期。

④ Martin Chanock, *Law, Custom and Social Order* (Cambridge University Press, 1985), pp. 85 - 102.

⑤ 洪永红、夏新华等：《非洲法导论》，湖南人民出版社，2000，第81页。

⑥ T. Olawale Elias, op. cit., p. 195.

1. 酋长会议的口头创制

在非洲，绝大多数国家是通过酋长会议（the council of chiefs）的民主讨论方式来形成习惯法规则。例如，约鲁巴族（Yorluba）国王在首府奥约（Oye）组建酋长会议，负责为国王提供各种建议，讨论重大问题，制定和修改法律。又如，在百多年前对王位继承方面的法律修改，就始于一例国王长子从参与执政到弑君篡位的教训，结果是酋长会议修改了传统的让长子逐渐参与国王政务的习惯法，最后决定长子不得与父亲共同执政，否则一个死了，另一个也得殉葬。这一规定，在一定程度上减少了弑君行为。① 阿散蒂族（Ashanti）也有规定，酋长如不事先经过酋长会议商议，不得颁布任何法令。"改革法律的动因往往来自某些传统规则在村社法庭和最高法庭里处理特殊案件时的捉襟见肘"，② 在大家的热切要求下，先由村社法庭和最高法庭提出议案，认为传统规则已不再适用，再向国王请求修改，国王才会召集手下的酋长参加一个立法会议，担任主席，组织讨论，通过的法案则由国王公布。公布法律的程序十分庄重，首先"敲锣"（beating of the gong-gong），然后由通晓各种语言的人（the Linguist）宣讲套话（formula）："国王、酋长会议成员和长老们说，我必须晓谕你们——"然后宣读新法内容，加以强烈的语气词"Par Hi"和一声锣响。"法律一旦如此公布，就代代相传于社区人们的记忆中。"③ 这与中国少数民族习惯法的宣讲过程有某些类似之处，如西南民族地区侗族习惯法"侗款"就有很神圣的"讲款"仪式。④ 这种"口头法"之所以能够形成至高权威，在很大程度上离不开语言在习惯法知识传承中的魔力，以及口头宣讲仪式的"广场效应"。⑤

2. 公众大公的口头创制

公众大会（Public Assembly）是对国王或酋长会议口头创制规则的有效补充或替代，通常为讨论公共事务而召开，会上往往辩论激烈，以制定日常生活中各种各样的规则。不论是首领还是任何其他人，只要有建设性

---

① T. Olawale Elias, op. cit., p. 193.

② T. Olawale Elias, op. cit., p. 194.

③ T. Olawale Elias, op. cit., p. 195.

④ 邓敏文、吴浩：《侗族款词传承情况和社会影响的考察》，《文学论坛》1986 年第 5 期。该文对此进行了详细生动的分析。

⑤ 舒国滢：《在法律的边缘》，中国法制出版社，2000，第 84～101 页。

的意见就都可以在会上发表。大会制定或修改法律能否通过，往往是由大会上辩论获胜的一方决定，而非通过正式投票来决定。这种方式很少在政治组织与等级制度发达的社会（如约鲁巴人、阿散蒂人和巴干达人）发生，而在伊博人（Ibos）、坎巴人（Kamba）和巴苏托人（Basuto）等部族中十分盛行。在伊博族中，人们常常利用集市或社会活动（如葬礼）来召集大会，讨论公共事务。① 这种方式最引人注目的特点之一就在于它是以辩论胜负来决定法律规则的通过与否，要想使各自所代表的群体/部落利益获得支配地位，就必须高度重视口头辩论技巧。

3. 长老会议的口头创制

一般而言，长老会议是公众大会中的一种重要而典型的方式，但具有相对独立性。例如，一群相邻村庄（如 Agbaia 就由 16 个村庄组成）有时会委托由长老组成的专门机构（在此例中，是 Nde Dibea 即"巫医"团体）来修改法律，一经通过，则普遍生效。② 而要获得社区内全体组织的同意，先要有 12 位法庭成员即掌管社会精神（socio - spiritual）事务的"巫医"的商议，再要有 12 位来自 Agbaja 的年长的妇女，最后是小组青年起来保证遵守新法。但长老会议（即 the nde ama ala）的最终同意，是该法生效必不可少的。③ 当然，这些联合的立法会议要形成任何有效的规则，各个村庄必须有共同的民族认同感或其他认同感。强加任何意志于其他部落的规则都是徒劳，甚至会招致危险。同样，既存的习惯法规则可能被乌涂族（Utui）长老修改。

4. 民间团体的口头创制

民间社会的某些团体口头制订的规则，往往是团体内部规章的升华，或者是由某一团体为全社会拟订的规则，可以广泛适用。但"如果它超出或违背了社会行为的习惯规则，那它将会被大家忽略，或者迟早被废止"。④ 在西非约鲁巴人的一些部落里（如 Egbas 和 Ijebus），常常把制订或修改法律的事务交由 Ogboni 秘密社团负责。另一种形式则依靠传统法院的司法活动，尽管只发生在双方当事人之间。通常，这些机构自身会建立内

---

① T. Olawale Elias, op. cit., pp. 199 - 200.
② T. Olawale Elias, op. cit., p. 200.
③ T. Olawale Elias, op. cit., p. 201
④ T. Olawale Elias, op. cit., p. 191.

部法庭来执行团体规则。①

三 非洲习惯法适用中的口头性

非洲习惯法的适用过程具有口头性，这一特点几乎贯穿于整个传统社会。即使在殖民统治时期，根据属人法原则，仍在一定范围内得以保留。而独立以后也没有将其废除，而是加以修改完善。正如达维德指出的那样："事实上，人们还在继续遵守从前的习惯，按照传统进行仲裁，或者更经常的是按照传统取得和解，越过了国家法院。"② 非洲习惯法"适用"中的口头性，主要表现在以下几方面。

（一）程序上的口头性

在非洲习惯法的适用过程中，缺乏书面程式和书面文本，但同样包括起诉、受理、审理、判决、执行等一系列环节，形式独特。

一方面，关于起诉与受理程序的口头性。一种是在权力集中化的情况下，起诉通常是向具有高度权威的个人或组织提起，前者如向国王、酋长、村社长老提起，后者如向王国或部族的政治组织、军事机构、社会团体以及专门法庭提起。案件具体适用哪一种，取决于被指控的不法行为的性质是刑事的还是民事的。当然，在某些方面，刑事和民事的性质并没有截然分开。③

非洲传统习惯法观念认为，刑事性质的行为往往是对集体利益与社会秩序构成威胁或破坏的犯罪行为。例如，实行"邪巫术"或者"黑巫术"，即使这种行为并没有造成实际的严重后果，但由于伤害了群体的信赖与感情，仍对社会秩序构成威胁，因此被视为一种犯罪行为，④ 更不用说其他严重危害社会秩序的犯罪行为（如杀人、抢劫等）。在有明确的"被告"时，起诉不仅仅是受害者的事情，也是全社会的责任。在君主制或酋长制社会里，这类事情必须上报国王、酋长，或者他们指定的人或机关。社会

---

① T. Olawale Elias, op. cit. , p. 198.

② 〔法〕勒内·达维德：《当代主要法律体系》，漆竹生译，上海译文出版社，1984，第535页。

③ 洪永红、夏新华等：《非洲法导论》，湖南人民出版社，2000，第82~85页。

④ Martin Chanock, Law, Customand Social Order (Cambridge University Press, 1985), pp. 85 - 102.

中每个人都有责任把罪犯缉拿归案，而任何放纵或包庇行为都必受到道德谴责。此外，还有许多政治组织、行政机构和军事机构等来行使各种各样的维持治安的职能，包括强行将罪犯带到国王或酋长面前。如加纳的阿散蒂王国、尼日利亚的约鲁巴王国等就有这样的机构，有秩序井然的法庭体系，有专门的法官和法庭勤务员；对于重要的审判，还要事先公布审判日期，欢迎公众旁听。一些往往是由地方要人组成的社团组织也有权行使司法职能，在某些事务中主持公道。而在民事争议中，如果仅仅事关个人，受害者或者自认为是遭遇不公的一方，可以向中立的第三方（往往是当地有权威的长老）投诉。投诉理由充足，则会传唤另一方到场，了解事情始末。如另一方愿意让这位长老审查、裁断，则双方就一起约定在某一时间和地点进行审理。当然，如果事情太细微，或者复杂到足以把事情闹大，长老可以拒绝处理。而如果是两位家长或村长之间的争端，则双方往往首先是找另一位头领进行投诉；但谁想要酋长或最高酋长处理，当地酋长就有责任向最高酋长或国王汇报情况。

另一种是在权力分散化的社会里，虽然没有传统的国王或酋长，而且其司法行政组织既不正规，也没有制度化，但同样存在一套口头起诉和受理案件的方式。如尼日利亚东部的伊博人和东部非洲的坎巴人，虽然没有由专门的司法官员组成的固定裁判团，但有一些非常明确的司法程序。"长老会"就是社会秩序的最终保证者和公共财富的维护者，他们在社会中所享有的崇高威信使他们能够为人们所信任，因此常常扮演着主持公道的司法者的角色，裁断是非。如坎巴族的长老会就负责受理、裁决诸如谋杀、惯犯以及伤风败俗（如乱伦）等罪行。

值得注意的是，即使没有明确的"被告"，例如某个自认为受到邪巫术伤害的人，不知道是谁施术，或者一个被偷窃大量财产或牲畜的失主，找不到是谁作案，这也并不影响起诉，而是把查明被告的活动放到司法审理的过程中。

另一方面，关于审判与执行程序上的口头性。在非洲传统社会中，依照习惯法进行口头审理与判决的方式有多种，案件类型不同，审判方式则不同。对于比较轻微的违法行为，如小偷小摸，若知道违法者是谁，尤其是当场逮获的，常常就地审理；对于重大案件，则往往要经过比较严密而庄重的程序。如果没有明确的"被告"，司法过程就必须先确定被告，再进行审判。被告确定后，审判一般要经过举证、被告辩护、法庭审理和判决宣告等环节。由于审理者（通常是长老）具有丰富的司法经验和察言观色、明断是非的娴熟技巧，又能够花时间搜集有关证据，因此审理过程中能够居高临下，掌握主动。在证据确凿时，便召集所有人听取长老历数罪证，严厉盘问被告，并请受害者或其他相关人员作证。如认为被告确实有罪，则由长老当众宣判。① 在庭审过程中，一条基本原则是公开审判，不得偏听偏信。约鲁巴族有句格言："偏听一面之词来判案的人是有罪的。"② 司法判绝不是简单臆断，或仅仅依照民意，而是基于证据。

值得注意的是，非洲习惯法的审判活动，非常注重法官与群众的沟通与互动。这是一种所谓"司法的广场化"效应：广场具有一切"场"的功能，以特殊的吸引力和扩散力达到司法活动的法律效果和社会效果；广场可由不同的路径自由进出，消解法的陌生感和距离感；广场是透明的公共场所，淡化了人们的角色意识和身份差别；广场是一个"阳光照耀之地"，司法活动每一细节都诉诸民情反应，能最大限度地防止司法"暗箱操作"，还能以民情使"非常程序"正当化。③ 在非洲传统社会里，没有形成正式的、多层化的法院体系，法官基本上是长期生活在群体中的，与人们之间没有西方司法独立所造成的距离感，他们的权威就只能靠公正地审判来确立。

（二）仪式上的口头性

在无文字或不注重文字的口头文化背景下，非洲传统习惯法的适用过程中，有许多环节都很注重特定的仪式，这反映出传统社会对口头文化的依赖和倚重。

仪式上的口头性分为两种，一是传唤被告仪式的口头性。例如，在库巴人（Kuba）的司法程序中，法院自有方法传唤被告，主要是靠街头公告员（town crier）在首府的重要广场上发布传票，任何遇见被告的人都有义务通知他。④

---

① 洪永红、夏新华等：《非洲法导论》，湖南人民出版社，2000，第 86 页。
② Richard Olaniyan, *Nigerian History and Culture* (Longman Croup Limited, 1985), p. 132.
③ 舒国滢：《在法律的边缘》，中国法制出版社，2000，第 86～88 页。
④ Jan Vansina, "A Traditional Legal System: The Kuba," in Hilda Kuper and Leo Kuper, ed., *African Law: Adaptation and Development* (University of California Press, 1965), p. 103.

二是起诉仪式的口头性。在非洲习惯法司法过程中，口头起诉的方式很多。常见的起诉方式包括：向地方权威（如双方都认可的首领或长老）起诉并要求调解；直接向长老告状，长老立即或随后召开特别会议传唤被告进行裁决；向某些解决纠纷的职业组织请求裁决一些重大疑难案件；自由选择机会进行起诉，如利用婚礼、葬礼及其他重大聚会，在所有亲朋好友面前，双方在长老主持下当场对质，当场裁断。此外，还有几种颇具特色的起诉方式，虽不能称为"口头起诉"，但可以视为其变形方式。如"击鼓鸣冤"的起诉方式，即在村里来回击鼓，以示冤情，寻求支持。这时，长老就会立即聚集起来进行处理。又如"长矛程序"，在尼日利亚东部的伊博族，谁想状告某人，就将一支"神圣之矛"放在被告的房子外面，若被告未成年，则放在其父母的房子外面。这在他们看来就是把黑色魔法或者毒药施予被告或其父母，该行为本身就是一件会引起公愤的事情，必然迫使长老们立即采取行动，及时裁决，避免冲突升级。[①]

三是案件审理仪式的口头性。例如，当证人陈述证词时，法庭上的传令官会严厉地要求观众保持安静。在传唤证人、相互质证和法庭辩论过程中，法官会不时地插话以澄清问题或驾驭主题。而在无酋长的社会里，职责划分并不明确，证人常常站在观众席上陈述证词，态度很随便，重要的是允许和鼓励知情者陈述证词，法官在开庭时往往先要念一些咒语，请人们站出来，对双方争执的事件加以评述。法官在断案时常常参考公众的意见，同时也处于公众的监督之下，所有在场的人都知道习惯法的规则，不会容忍法官不按认可的规则判案。而法官如果错判，不仅会受到公众的耻笑和蔑视，还可能受到惩处。[②]

（三）观念上的口头性

在非洲习惯法规则的适用过程中，人们往往要依据一定的认识观和价值观，注重口头语言和文化的神圣地位和影响力。

关于证据的观念。依据非洲传统习惯法，确定被告是否有罪时，非常注重"誓言"以及相关的巫术与神判仪式。日本著名的民俗学家伊藤清司

---

① 洪永红、夏新华等：《非洲法导论》，湖南人民出版社，2000，第 84~85 页。
② 洪永红、夏新华等：《非洲法导论》，湖南人民出版社，2000，第 90~91 页。

研究指出，神判（Divine Judgment）是以相信超自然存在的意志为前提进行的，一种是与意志无关的、根据自律的（autonomic）肉体反应进行判决，如考验（ordeal）；另一种是根据非自律的肉体反应进行判决，如占卜、发誓。① 在非洲传统社会中，通过神判来裁断谁是被告有如下几种典型方式

（1）占卜。在非洲，主持占卡的巫师通常都富有生活经验，对当地的人事十分了解，善于利用人们对这种仪式的敬畏和崇拜心理，通过仔细询问和逻辑推理来判断是非。在当地人的观念中，占卜是神圣而神秘的，绝非愚昧和迷信。事实上，它往往在神圣仪式中隐含主持者的个人智慧，通过渲染仪式来获得超凡权威，使世俗理性染上神异色彩。

（2）发誓。发誓往往与图腾崇拜有关，在某一圣物前进行。如在南非的巴罗朗部族里，如果发生纠纷，酋长难断曲直或断后一方不服，酋长就会拿出珍藏的图腾标志即铁锤，让双方对着铁锤发誓，然后理亏的一方据说会受到图腾神灵的惩罚。② 在非洲人的观念中，发誓者如发假誓，那受影响的就不仅是其本人，还会牵连他的近亲，如妻儿。而如果要一群嫌疑人对着神灵发誓说他们是无辜的，则拒绝发誓的人就有可能被推测为被告或罪犯。③ 但如果占卜或发誓都不能最后确证被告，或被告不服，则只能走下一个程序。

（3）考验。例如库巴族有所谓"毒审"（poisonordeal），即要求嫌疑人喝下毒汁，如果死了，即为有罪；如果没死，则为清白。④ 其他考验方式有把铁器加热让嫌疑人触摸的"火审"，把嫌疑人带到池塘里沉水的"水审"等。这些考验大多带有相当程度的人身危险，但人们认为无辜者必受神灵保佑，唯有真正的有罪者才遭神灵惩罚。当违法行为并不严重时，采用这种惩罚就够了。当然，其中也存在主持者的司法智慧，如巫师经过自己的判断认定谁是谁非，则会根据情况采取对策，利用"诈术"（如利用一些物理或化学原理来增强仪式的神秘色彩，或消减考验中的肉体伤害程

① 〔日〕伊藤清司：《巫术与习惯法》，钟敬文主编《民间文化讲演集》，广西民族出版社，1998，第234页以下。

② 宁骚主编《非洲黑人文化》，浙江人民出版社，1993，第138页。

③ 洪永红、夏新华等：《非洲法导论》，湖南人民出版社，2000，第85页。

④ Jan Vansina, "A Traditional Legal System：The Kuba," in Hilda Kuper and Leo Kuper, ed., *African Law：Adaptation and Development* (University of California Press, 1965)，p. 113.

度）进行"神裁"，确证被告，保护无辜。①

而更重要的是关于公正（Justice）的观念。这种口头性的习惯法司法过程，比起其他（如西方意义上的）诉讼形式，能够充分表达非洲人民对"公正"的渴望和理解，正如达维德所说："他们并不热衷于把'该给每个人的东西'给每个人。在非洲社会里，'公正'首先是要能保证集团的一致和恢复集团成员间的协调与谅解。"② 在大多数场合，这种司法都能够实现非洲人心中所想的公正，而且是"实质正义"多于"程序正义"。例如，非洲习惯法中，犯罪行为与侵权行为界限模糊，都须给予赔偿，而且赔偿损失还常常是一项公共责任，因为他们认为对罪犯课以一定数额的罚款作为对受害者的补偿，应该是最公正、最简单的方法，这样就比较便利地行使了一种集赔偿与惩罚于一体的职能。③

值得注意的是，非洲国家在现代化建设过程中大量借鉴外来法律文化因素，"结果是，一向由继承祖辈的、曾保证社会和谐的神圣习惯所支配的人民并不理解"。④ "为什么现在却凭另一种习惯之名对他们进行评判和非难，而这种习惯不是他们固有的，他们不熟悉，而且与国家的各种基本事实也不相符。……非洲常常被不再理解它的少数知识分子所统治，统治的原则与它是矛盾的。……事实上，传统非洲的巨大问题就是传统的传播的中断。"⑤

四　结语：深入民间的口头文化

英国法律史学家梅特兰（F. W. Maitland）曾指出："只要法律是不成文的，它就必定被戏剧化和表演。正义必须呈现出生动形象的外表，否则

---

① 〔日〕伊藤清司：《巫术与习惯法》，钟敬文主编《民间文化讲演集》，广西民族出版社，1998，第242页以下。

② 〔法〕勒内·达维德：《当代主要法律体系》，漆竹生译，上海译文出版社，1984，第515页。

③ 夏新华：《论英国法对非洲习惯法之影响》，载胡旭晟主编《湘江法律评论》第3卷，湖南人民出版社，1999。

④ 联合国教科文组织编写〔布基纳法索〕J. 基－泽博主编《非洲通史》第1卷，中国对外翻译出版公司，1984，第147页。

⑤ 联合国教科文组织编写〔布基纳法索〕J. 基－泽博主编《非洲通史》第1卷，中国对外翻译出版公司，1984，第148页。

人们就看不见它。"① 非洲习惯法作为一种旨在解决问题或纠纷的"口头法"，确实"呈现出生动形象的外表"，并在随后的传播中获得相对独立性，转化为丰富的民间文化，蕴涵着非洲人民长期积累的司法智慧。"在这里，诗性的或神话式思维、朦胧的正当（正义）观念、直观形象的认识、某种'集体元意识'、隐喻式的象征意义以及观众的集体性行动，均反映在法律活动的过程之中。也正是通过这样的活动过程，法律才'从潜意识的创造之井'中缓缓地流出，成为亦歌亦法的、生动的、朗朗上口的规则，便于人们遵行、记忆和流传。"②

非洲习惯法文化在形态上并不总是表现为一条一条凝固的规则，而往往具有多种民间形态。由于非洲长期以来没有自己的文字，要想一字不易地把习惯法规则传递下去，是存在很多现实困难的，不仅在于传递者的记忆问题，还在于接受者的理解问题。因此，习惯法规则可能并确实是依靠其他更丰富、更贴近民间生活的方式来传递的。

非洲习惯法文化流传至今，留给非洲人民乃至全人类一笔丰厚的遗产：民间故事、民间神话、民间谚语、民间史诗等。非洲民间故事中蕴涵着大量的习惯法资料。例如，在一些部落故事里，在讲述历史时，往往会讲到他们的祖先曾经在何时何地立法、立约，这些内容就成为祖传的习惯法，是他们司法的依据。祖先的立法事业与成就，成为后人崇拜的一个重要原因，并被后人铭记、遵循。还有，如部落的图腾，也与某一习惯法规则相关；禁忌的起源，也会形成某项习惯法规则。③ 这样的习惯法文化，承载着部落的历史与文明。此外，还有一些生活故事，如民间智慧故事、④民间判案故事、⑤ 民间笑话、讽刺故事，⑥ 亦蕴涵着丰富的习惯法内容。非洲民间神话中也蕴涵了大量的习惯法内容，如至上神与人类的神话，即神与人立约，人违背了约定，神离开人类，人类受到惩罚，形成禁忌，即"禁止性"的习惯法规则。⑦ 神灵的审判故事实际上是人间的缩影，但神话

① 转引自舒国滢《在法律的边缘》，中国法制出版社，2000，第88页。
② 舒国滢：《在法律的边缘》，中国法制出版社，2000，第86~88页
③ 李保平：《非洲神话与黑人精神世界》，《西亚非洲》1997年第2期。
④ 雪明选编《埃及神话故事·阿布努瓦斯》，中国世界语出版社，1998，第194~202页。
⑤ 雪明选编《埃及神话故事·阿布努瓦斯》，中国世界语出版社，1998，第207~210页。
⑥ 雪明选编《埃及神话故事·阿布努瓦斯》，中国世界语出版社，1998，第216页。
⑦ 李保平：《非洲神话与黑人精神世界》，《西亚非洲》1997年第2期。

色彩的传播有利于习惯法规则在社会生活中广泛扎根。① 神话中的习惯法文化就在这种代代相传的历史中流传，而且不断得到丰富。这些故事和神话在非洲人民的口耳相传中不断地被再创造，以优美的形式获得人们的喜爱，而深刻的思想内涵又使之具有习惯法规则的启蒙和教育意义。非洲民间谚语中，更是蕴涵了大量的习惯法文化。非洲谚语非常丰富。② 非洲习惯法的某些精神和原则往往是以谚语形式表现出来的，谚语中的法律文化有着深刻而隽永的内涵，还能在一定程度上影响司法活动。③ 这些口承文化对习惯法的丰富、发展起到了重大作用，对大众的法律观念也产生了重要的影响。

这些口头文化在非洲历史研究中曾经长期被人们忽视或遭排斥，在非洲法研究中更是如此。而现在人们已经认识到，要研究非洲历史，就必须重视非洲民间流传的口述资料。④ 历史发展到今天，作为"口头法"的非洲习惯法面对时代发展，逐步迈向现代法治，努力保留传统文化的精粹。我们可以相信的是，非洲习惯法并不会因为现代化进程而丧失生命力，相反，它将会在民间最广袤的土地上绵延发展，获得新生。

（原文载《20 世纪外国司法制度的发展》，法律出版社，2003，收入本书时有改动）

---

① 廖诗忠：《非洲神话故事·奥西里斯》，海峡文艺出版社，1999，第 140 ~ 142 页。
② 李保平：《非洲谚语体现的文化传统论析》，《西亚非洲》1996 年第 5 期。
③ 关于这一问题的分析，详见小约翰·C. 梅辛杰：《谚语在尼日利亚人判案中的作用》，〔美〕阿兰·邓迪斯主编《世界民俗学》，上海文艺出版社，1990，第 419 ~ 429 页。
④ 参见《口头传说和方法》、《逼真的传说》，联合国教科文组织编写，〔布基纳法索〕J. 基 – 泽博主编《非洲通史》第 1 卷，中国对外翻译出版公司，1984，"口头传说和方法论"，第 104 ~ 120、121 ~ 149 页。

非洲法律文化研究的理论辨析

夏新华*

国内外的研究状况表明，在非洲学研究和法学研究领域，学界均未对非洲法律文化展开全面而深入的专门性论述，笔者虽曾撰文对非洲法律文化的变迁进行了论述，[①] 但由于当时资料缺乏和学识有限，尚不够深入，亟待弥补，并详加论述。在法学界甚至还存在学术认同问题，一些学者对非洲法的概念、非洲法系能否独立存在、非洲法律文化的整体性和多样性以及非洲法律文化的研究对象和研究价值等问题尚存异议。2002 年 8 月，在贵州大学召开的全国外国法制史研究会第 15 届年会暨"二十世纪外国司法制度的改革"学术研讨会，专门讨论了"亚非地区的司法状况"，非洲法问题再次成为关注的热点，与以往不同的是，在该次年会上，围绕非洲法的概念和非洲法律文化研究本身，与会代表展开了激烈的争论，产生了观点迥异的两个阵营，在讨论过程中甚至超出了主题，涉及非洲法的学术认同问题。针对非洲地区法律文化研究本身，学者们发表了一些不同意见。如有学者认为，从殖民者的视角来研究非洲法是不可取的，所谓的非洲习惯法在本质上是制定法，而且"非洲法"的名称有待商榷。另有学者认为，非洲文化是多样性的、丰富多彩的，非洲法律文化能否作为一个整体加以研究？法律文化的多样性与共通性如何处理？还有学者认为，非洲法律文化值得我们重视，但非洲法律文化的基本特性和内在机理该如何表述？他们对这些理论问题提出了质疑。[②]

---

* 夏新华，湖南师范大学法学院教授、博士生导师。

① 夏新华：《非洲法律文化之变迁》，《比较法研究》1999 年 1 期。

② 王晓锋等：《司法制度改革：世界与中国——全国外国法制史研究会第十五届年会综述》，载何勤华主编《20 世纪外国司法制度的变革》，法律出版社，2003，第 548 页。

　　学术界的每一次争论都会引起我们的高度重视和更加深入的思考。笔者认为，在对非洲法律文化研究全面展开之前，实有必要对非洲法律文化研究中的一些学术争议问题进行合理的辩解，对几个基本理论问题提出明确的看法。

一　什么是非洲法

　　何谓非洲法？国内外学界的看法不一。有学者认为，真正的非洲法即非洲传统法，存在于撒哈拉沙漠以南非洲。非洲法并不等同于非洲大陆法，因为在非洲大陆，北非基本属于伊斯兰法系，而南非联邦由于白人种族主义的统治，基本属于西方法律体系。① 而我们认为，非洲法不是非洲习惯法或传统法的简称，而是对非洲大陆各种法的统称。非洲法内容繁多、体系庞大，有其独特的发展规律。概括地说，非洲法可分为三大类：习惯法（customary law）、宗教法（religious law）和一般法（general law）。② 其中，宗教法包括伊斯兰教法、印度教法和基督教法等；一般法主要指最初由欧洲殖民者在非洲移植，后被非洲独立国家确认而成为现代非洲国家一部分的英美法（普通法）或大陆法，以及非洲国家独立后制定的有关法律。非洲国家大多是习惯法与一般法并存。一般而言，原英属非洲国家独立后承继了普通法，原法属和葡属等非洲国家承继了大陆法。非洲国家的一个共同特点是，独立后在承继西方法的同时，又承认了非洲固有法（indigenous law）的法律地位，如大多数非洲国家建立了专门的习惯法法院来适用习惯法。因而研究非洲习惯法与一般法的关系十分重要，它不仅涉及非洲习惯法与西方法的冲突，更重要的是关系到非洲法制的统一和非洲法律如何走向现代化。因此可以说，我们研究非洲法，既不仅仅是研究某一种法或法律现象，也不仅仅是研究某一国或某几国的法律现象，而是把非洲法作为一个整体并研究其产生、发展的规律，研究其本质、特征和

---

　　① 朱景文：《比较法导论》，中国检察出版社，1992，第119页。
　　② "一般法"是借用非洲法专家阿洛特使用的一个概念。阿洛特教授使用的"一般法"（general law），主要是指英国在非洲殖民地推行的英国普通法和制定法（common Law and statute law），以区别于英国本土的普通法和制定法。参见 A. N. Allott, "What Is to Be Done with African Customary Law," *Journal of African Law* 28 (1984)：71。

在社会生活中的作用，研究它的创制、实施等一般性理论问题。

二　能否存在一个独立的非洲法系

前述分歧说明，目前国内外学者们对非洲法的争论，主要集中在非洲法的时空分布上。从空间分布看，非洲法是撒哈拉沙漠以南非洲法律的简称，还是整个非洲大陆法律的统称？从时间分布上看，非洲法是非洲习惯法或传统法的简称，还是涵盖非洲习惯法、宗教法和一般法的统称？

时空分布上的争议又集中到非洲法能否构成一个独立的法系。对此问题，西方学者也有不同观点。德国哲学家黑格尔把非洲分成三部分，一是"非洲本土"，即撒哈拉以南非洲；二是"欧洲的非洲"，即地中海沿岸的非洲；三是"亚洲的非洲"，即尼罗河下游，特别是埃及。他认为非洲本土"不是一个历史的大陆，它既没有显示出变化，也没有显示出发展"；非洲黑人"既不能进步，也不能教育"，"处在野蛮的、未开化的状态之中"。① 这样一个没有历史、没有文明的大陆，自然不存在法和法系，因此德国法学家断言没有非洲法系也就顺理成章。②

概括地说，多数比较法学家一般否认有独立的非洲法系存在。无论是德国比较法学家茨威格特（K. Zweigert）和海因·克茨（Hein Kötz）的八大法系划分法（罗马法系、德意志法系、英美法系、北欧法系、社会主义法系、远东法系、伊斯兰教法系和印度法系），还是法国法制史学家和比较法学家艾斯曼的五大法系划分法（罗马法系、日耳曼法系、盎格鲁－撒克逊法系、斯拉夫法系和伊斯兰教法系），无论是日本东京帝国大学教授穗积陈重的五大法族③，还是美国西北大学教授威格摩尔（John H. Wigmore）的 16 个法系（埃及法系、美索不达米亚法系、希伯来法系、中国法系、印度法系、希腊法系、罗马法系、日本法系、穆罕默德法系、凯尔特法系、斯拉夫法系、日耳曼法系、海商法系、教会法系、罗马法系、英国法系），均未将"非洲法系"单列。

当然，也有少数学者认为有非洲法系的存在。如瑞典学者马尔姆斯特

① 〔德〕黑格尔：《历史哲学》，王造时译，上海书店，2001，第 151～166 页。
② 艾周昌：《关于非洲法系的若干问题》，《西亚非洲》2002 年第 2 期。
③ 穗积陈重后来把五大法族扩充为七大法族，增加的是日耳曼法族和斯拉夫法族。

雷姆（Malmström）主张将当代世界各国的法律体系划分为四大法群（group of law）：西方法群或欧美法群、社会主义法群、亚洲非共产主义法群和非洲法群。英国非洲法专家阿洛特（A. N. Allott）认为，非洲法可以构成一个单独的法系，其理由是，尽管在这块大陆上存在许多社会，习惯五花八门，大家却都发现在所有非洲各国法中均存在一些使它们显示出不同于欧洲各国法的共同的特点，即"非洲各国法在诉讼程序、原则、制度、技术手段方面都具有足够的相似之处，因此可加以总的说明"，"可以认为它们构成一个法系"。[1] 中国学者在此问题上也有自己的见解，如华东师范大学历史系教授艾周昌先生曾撰专文论述非洲法系问题，他认为，大量史实雄辩地证明：非洲法系确确实实存在，在非洲法系中，习惯法占多数，制定法占少数；在制定法中，不成文法是多数，成文法则较少。非洲各国的法在所有权问题上的大体一致，以及关注集体利益甚于个人利益的共同之处，更说明一个独立的非洲法系是客观存在的。[2] 然而，笔者认为，艾周昌先生以历史学家的眼光和视角虽然提出了许多新的材料和观点，但与法理学意义上的法系概念尚有一定距离。

无论如何，非洲法的存在都是不争的事实。第二次世界大战以后，尤其是 1957 年非洲第一个黑人国家加纳取得独立以来，非洲民族独立运动日益高涨，越来越多的非洲国家获得独立，仅 1960 年便有 17 个非洲国家取得独立。在此情况下，正如无法无视社会主义法的存在一样，西方学者也无法无视非洲法存在的现实。[3] 比较法学家们开始将关注的目光投向这个独特的法域，并且越来越重视对非洲法的研究。不过，他们的观点和看法仍然是非常慎重的。

茨威格特和克茨对此一方面指出："这种发展最后导致逐渐形成一个全新的非洲法系"。但是，"关于这一点，今天我们必须提出这样一个问题，即我们是否接近这样一个时间：必须把非洲各国的——更正确地说，撒哈拉沙漠以南各国的——法律秩序归为一个非洲法系？"因为"无论如何确实的是，这些非洲法律秩序长时期以来就形成一个独特的、既棘手又

---

① A. N. Allott, "African Law," in J. D. Derrett, *An Introduction to Legal Systems* (1968), p. 131.

② 艾周昌：《关于非洲法系的若干问题》，《西亚非洲》2002 年第 2 期。

③ 洪永红、夏新华等：《非洲法导论》，湖南人民出版社，2000，第 6 页。

吸引人的比较法的、法律人类学的和法律社会学的研究对象"。"无可置疑的是，非洲各国的法律秩序今日都面临基本上十分类似的问题，而通过共同努力是能够达到一般水平的。凡是重视这个观点的人，尽管存在上述的困难，仍然可以谈论这样一个法系。"①

日本比较法学家大木雅夫认为，"非洲各国法的分类也必须考虑时代的因素"，"随着这些趋势的高涨，法的领域中也出现了相互接近的倾向，或许，构想新的非洲法圈之时机已即将来临"。②

法国比较法学家勒内·达维德（René David）在其 1950 年出版的《比较民法总论》一书中把世界主要法律体系分为五类：西方法律体系、苏联法律体系、伊斯兰法法律体系、印度法律体系和中国法律体系。1964 年又在其新著《当代主要法律体系》中把世界法律体系分为三大法系，另加一个补充法系，即罗马 – 日耳曼法系、社会主义法系、普通法系和其他法系。其他法系包括伊斯兰教法、印度法、远东法、马达加斯加和非洲各国法。在这里，达维德是把"马达加斯加和非洲各国法"作为一个单独的法域加以研究的，凸显出比较法学界对非洲法的高度重视。

再回到非洲法系能否独立存在这个问题上来，本文不打算就"法系"的理论问题展开讨论。比较法学家将法归类成系，简化为少数类型，只是便于对当代世界各国法的介绍与理解。就像在宗教方面、语言学方面或自然科学方面一样，我们可以忽略次要的区别不去管它，而确认"系"的存在。但关于怎样进行归类，从而应该承认哪些不同的法系，并无统一意见。这些争论使人们费了不少笔墨，达维德指出，这"并无多大意义"，③因为"法系"的概念并没有与之相对应的生物学上的实在性。由于我们所研究讨论的非洲法并不是非洲习惯法或传统法的简称，而是对非洲大陆各种法的统称，此种界定更多的是基于时空的考虑，因此，更应该关注的是非洲法律文化的整体性和多样性的研究，而不能拘泥于"非洲法系"能否存在。

---

① 〔德〕茨威格特、海因·克茨：《比较法总论》，潘汉典等译，贵州人民出版社，1992，第127~128 页。

② 〔日〕大木雅夫：《比较法》，范愉译，法律出版社，1999，第 112 页。

③ 〔法〕勒内·达维德：《当代主要法律体系》，漆竹生译，上海译文出版社，1984，第 24 页。

三 非洲法律文化的整体性与多样性的关系如何处理

在西方人类学研究传统中，"非洲文化"在时空上是有特定含义的，即在空间上指的是撒哈拉以南非洲尚未伊斯兰化的土著黑人部族文化，而北非文化则属于阿拉伯伊斯兰文化研究的范畴，所谓的"非洲文化"实际上就是指黑人文化；在时间上则主要限于历史的或传统的范畴。① 因此，在非洲文化研究中，学者们常常使用"非洲"一词表达"撒哈拉以南非洲"之意，用"非洲"来指代"撒哈拉以南非洲"已是约定俗成。② 这种做法有先例可援，如著名的非洲黑人学者、乌干达大学教授 J. 姆比蒂（J. S. Mbiti）在他的《非洲宗教与哲学》一书中，就用"非洲"来表示"撒哈拉以南非洲"；另一位知名学者、英国伦敦大学教授 E. 帕林德（E. G. Parrinder）的著作《非洲传统宗教》也是如此。这样的例子不少。而"非洲学"一词也更多的只是指对撒哈拉以南非洲问题的研究。对此，国内非洲学界也是约定俗成，学者们往往在论著的"前言"或"序言"中加以说明。③

然而，上述所谓"通说"用在研究非洲的法律文化时是不太合适的。笔者认为，法律文化研究语境中的"非洲"一词应该指的是整个非洲大陆，而不能单指"撒哈拉以南非洲"。我们首先应关注的是非洲作为一个独特法域的整体性，然后才是它的多样性。这种多样性又可以细分：大的方面可分为北非地区的阿拉伯－伊斯兰法律文化区和撒哈拉以南的黑人法律文化区；再细分时，可分为若干国家或民族的法律文化。总之，要将整体性和多样性结合起来研究，其理由如下。

第一，即便是在非洲文化研究中，中外学者也并未形成统一的看法。有的学者反复强调非洲文化的多样性和差异性，认为不能把非洲各地区、各民族、各部族的文化当作一种统一的文化来看待；另外一些学者则又往

---

① 刘鸿武：《黑非洲文化研究》，华东师范大学出版社，1997，第 12 页。

② 李保平：《非洲传统文化与现代化》，北京大学出版社，1997，"前言"。

③ 例如，张宏明先生在其著作《多维视野中的非洲政治发展》（社会科学文献出版社，1999）一书的"自序"中开篇就说："首先需要说明的是：本书中所论及的非洲国家，系指撒哈拉以南非洲国家。"

往强调非洲各民族各地区文化的统一性和整体性，把非洲作为一个统一的文化单位来看待。① 笔者认为，这两种观点都有其充分的理由，但仍有失偏颇。自史前以来，非洲虽然存在自然障碍并且表现得技术水平低下，但在整个大陆范围内，某种程度的历史一致性依然存在着，它一方面存在于尼罗河盆地与包括离散的卢奥人（Luo）在内的东非之间，通过分散的班图人（Banto）存在于苏丹与中非之间，通过跨越沙漠、横贯大陆的贸易存在于大西洋和东海岸之间。② 联系到非洲法律文化研究，笔者以为，正确的做法是在研究视野上把非洲法律文化的外部总体特征与其内部个性差异结合起来。

第二，法律文化是整体文化系统中的一个子系统，但其独特的调整功能，使之与法律的发展和研究水平密切相关。非洲大陆相同的殖民遭遇和法律文化变迁转型的共同特点，使我们可以从法律文化的角度将非洲作为一个不可分割的整体加以系统研究。根据《非洲统一组织宪章》的定义，非洲大陆是指包括本土和马达加斯加等邻近岛屿在内的整体。J. 基－泽博（J. Ki-Zerbo）教授形象地指出，非洲史是整个非洲大陆各民族的历史，显然要包括地中海地区，这是一个由长期的有时是鲜血联结起来的地区，这种联系使撒哈拉以南非洲与撒哈拉以北非洲像一座门的两扇、一枚硬币的两面。③ 因为，除了近代几十年之外，非洲各国从来没有根据殖民者所规定的国界定型，故非洲各民族的领土基础与继承殖民者所划分的边界完全不同。因此，就非洲大陆而言，应强调共同的因素，因为这些因素是来自共同的渊源和区域间长期的人员、商品、技术和思想的交流，换句话说，来自物质的与精神的交流。

第三，非洲法律渊源的多样性是针对整个非洲大陆而言的，而不单指"撒哈拉以南非洲"。由于在殖民主义统治时期，欧洲宗主国在非洲殖民地附属国推行本国的法律制度，同时，在不妨碍宗主国根本利益的条件下，在某些领域又不得不适当保留当地原有的法律和习惯，因此，今日非洲各

---

① 刘鸿武：《黑非洲文化研究》，华东师范大学出版社，1997，第 27 页。
② 联合国教科文组织编写，〔布基纳法索〕J. 基－泽博主编《非洲通史》第 1 卷，中国对外翻译出版公司，1984，第 15 页。
③ 联合国教科文组织编写，〔布基纳法索〕J. 基－泽博主编《非洲通史》第 1 卷，中国对外翻译出版公司，1984，第 15 页。

国法律的历史渊源就包括两部分：殖民时期宗主国强制推行的法律和保留下来的当地传统法律和习惯。这就使非洲法律的渊源表现出多样性。因此，研究非洲法律文化，首先要从宏观上考察，把握其总体特征，然后再研究其多样性。只见森林不见树木的方法不可取，只见树木不见森林的做法同样行不通。

四 非洲法律文化的研究对象如何确定

笔者认为，尽管学界对"非洲法"的名称及概念提出质疑，有关非洲法律文化的研究对象及其理论构建也尚未有定论，但如同学术界出现的所谓"亚太法"、"亚洲法"、"美洲法"等概念一样，"非洲法"概念的使用首先缘于我们的一种理论预设，然后才是我们对非洲法律文化整体性和多样性及其特性的考察和描述。我们认为，非洲法律文化研究是基于法律文化的广义上的研究。

要回答这个问题，还得先从文化、法律文化和非洲法律文化三者的关系谈起。我们知道，20世纪80年代中期以来，"法律文化"在我国法学界一直被热烈地讨论着，人们发现，将"文化"的概念引入法律领域，不仅赋予了法律更丰富深邃的内涵，还使我们的研究充满了激情和活力。① 而文化是一个多义性的概念，这种多义性已为中外许多文化学研究者所认识。就如同英国人类学家爱德华·泰勒（Edward Tylor）所说："所谓文化或者文明，乃是包括知识、信仰、艺术、道德、法律、风俗以及其他人类作为社会成员而获得种种能力、习性在内的一种复合整体。"② 法律作为文化的一种特殊表现形式，与文化存在极为密切的关系。美国法学家博登海默指出："法律是一个民族文化的重要部分。"③ 这说明法律文化在整个人类文化系统中处于重要地位。法律文化与政治文化、宗教文化、伦理文化等文化一样，是构成人类整体文化系统的一个子系统，是受整体文化影响

---

① 刘作翔：《法律文化理论》，商务印书馆，1999，第10页。
② 〔英〕爱德华·泰勒：《文化之定义》，顾晓鸣译，载《多维视野中的文化理论》，浙江人民出版社，1987，第98页。
③ 〔美〕E. 博登海默：《法理学——法哲学及其方法》，邓正来等译，华夏出版社，1987，中文版前言，第1页。

的一种亚文化。张文显教授对法律文化与（整体）文化的关系做了一番较精细的说明："法律文化与文化是个别与一般、部分与整体、子系统与系统的关系。"① 何谓法律文化？美国法学家弗里德曼（Friedman）将法律文化理解为"共同制约法律制度并且决定法律制度在整个社会文化中地位的价值与观念。律师和法官有怎样的训练方式和习惯？民众对法律的想法如何？集团或个人是否愿意求诸法院？人们向法律家求助的目的何在？当他们求助于其他官员或仲裁人时又怀有怎样的目的？人们是否尊重法律、政府以及传统？阶级结构与法律制度的运用与否之间存在着怎样的关系？取代正规的社会控制手段和在它之外的还有哪些非正规方式？那些人喜欢怎样的控制方式，为什么？"② 可见，期望给法律文化下一个明确而没有异议的"概念"或"定义"是困难的。在这里，弗里德曼的解释是对法律文化的一种可以接受的广义理解。

非洲法律文化不仅是非洲文化的重要组成部分，而且也是世界法律文化的重要组成部分。因此，本文所涉及的法律文化一般做广义的理解。我们可以说，非洲法律文化研究的对象是非洲大文化背景下所有的法律现象，包括法律观念、法律意识、法律行为、法律的机构和实施、法律制度和作为符号体系的法典、判例，以及不成文的惯例和习惯法，等等。

（原文载《法学家》2006 年第 2 期，收入本书时有改动）

---

① 张文显：《法律文化的释义》，《法学研究》1992 年第 5 期。
② 〔美〕H. 埃尔曼：《比较法律文化》，贺卫方、高鸿钧译，清华大学出版社，2002，第 13 页。

关于非洲法系的若干问题

艾周昌[*]

我国一位老一辈史学家说过：说有易，说无难。这是一句至理名言。

关于有没有非洲法系的争论，已经持续一个多世纪。说有的少，说无的多。这也难怪，在欧洲学术界，占统治地位的是德国学派，他们的观点是：撒哈拉以南非洲没有历史、没有哲学、没有文明，只有黑暗和停滞。伟大的德国哲学家黑格尔在《历史哲学》一书中，把非洲分成三部分，一是"非洲本土"，即撒哈拉以南非洲；二是"欧洲的非洲"，即地中海沿岸的非洲；三是"亚洲的非洲"，即尼罗河下游，特别是埃及。他认为，非洲本土"不是一个历史的大陆，它既没有显示出变化，也没有显示出发展"；非洲黑人没有"通达哲学的能力"，因为"黑人的精神意识十分微弱，或者更确切地说根本就不存在"。他断言，非洲黑人"既不能进步，也不能教育"，"处在野蛮的、未开化的状态之中"。[①]

一个没有历史、没有文明的大陆，自然不存在法和法系，因此德国法学家断言没有非洲法系也就顺理成章。

但是，一个世纪以来世界考古学家、历史学家、语言学家的研究表明，从野蛮进入文明的三大要素——金属冶炼、文字的使用和城市的出现，撒哈拉以南非洲都已具备，非洲黑人文明的存在已是一个不争的事实。因而，现在许多法学家都已承认，或者羞羞答答地承认，有一个非洲法系存在。有的人说，非洲法是非洲传统习惯法的简称；有的人则认为，非洲不同种类的习惯法尽管存在诸多不同程度的差异，但它们都属于非洲

* 艾周昌，华东师范大学历史系教授。

① 〔德〕黑格尔：《历史哲学》，王造时译，上海书店，2001，第151~166页。

本土的习惯，彼此之间也有许多相似之处，故可以称为"非洲习惯法法系"。非洲法不应只限于习惯法。中国学者提出了制定法的概念，认为这是"本土立法机关的产物"。非洲历史上最典型的例证，就是13世纪马里帝国的创立者松迪亚塔在基里纳战役大胜索索王国后召开的库鲁坎·富加（Kurukan Fuga）制宪大会。这次大会通过了以下几项重要决议：

——大会宣告松迪亚塔为马里曼萨，即皇帝，联盟各国首领（法林）的称号得到认可；梅马和瓦杜加的首领仍保持国王的称号，但必须承认马里皇帝的宗主权。这就确立了马里帝国的行政体制框架。

——大会规定，皇帝从松迪亚塔家族中产生，采用兄位弟继的继承制度，各王子必须永远不变地从孔德家族中选择自己的第一位妻子，从而确定了皇室的继承和婚姻制度。

——马里曼萨是马里的最高审判官、全族之长，从而确立了审判制度。

——马林克人及其同盟者分为16个"佩带箭袋"的自由民和贵族集团；5个伊斯兰隐士集团被宣布为"伊斯兰信仰的捍卫者"；对有特殊职业的5个集团，承认他们的特殊职业是世袭的，确认他们与马林克人的"谐趣关系"。这就确立了马里帝国各族人民的权利与义务。

——战败的索索人的土地被没收，宣布归帝国所有，许多索索人迁到帝国的西部去住。①

库鲁坎·富加制宪大会在非洲法制史上占有非常重要的地位。它确立了马里帝国的行政体制、继承权、审判权和联盟各国人民的权利和义务，它不再是相沿成习的习惯法，而是法律主体制定和颁布的制定法。这次会议再现了加纳时代的社会结构，并增加了新的内容，即从松迪亚塔执政时开始，儿子必须从事其父亲的职业，尤其是在五个特殊职业族内，还把黑人母系中的"谐趣关系"提升为法律，授权担任"格里奥"②的库泰人"可以同所有部族开玩笑，尤其是凯塔的王室部族"。所以，就非洲法系而

---

① 联合国教科文组织编写，〔塞内加尔〕D. T. 尼昂主编《非洲通史》第4卷，中国对外翻译出版公司，1992，第109~110页。

② 格里奥，撒哈拉以南非洲国家世代相传、说唱野史的行吟艺人。《辞海·文学分册》，上海辞书出版社，1981，第339页。

言，"习惯和习惯法是不同性质的概念，二者不容混淆"，而且习惯法与制定法也是不同的概念，二者也不容混淆。总的说来，在非洲法系中，习惯法占多数，制定法占少数；在制定法中，不成文法占多数，成文法则较少。但在埃塞俄比亚和东苏丹，确有少量制定法是成文法。

对于埃塞俄比亚和东苏丹的成文法，目前研究还很不够。许多成文法大都存在于考古发现的碑文中。如 1955 年在埃塞俄比亚萨文拉地方发现的碑文中，出现了"第七法"的字样。① 这说明阿克苏姆王国颁布过一系列法律和法令。同样，在努比亚的伊布里堡发现了内容丰富的法律文件，可惜"大部分尚未公之于众"。②

埃塞俄比亚与东苏丹相比较而言，人们对埃塞俄比亚的成文法知道得多一些。1930 年，海尔·塞拉西在发表的第一号公告中说："商人，做生意吧！农民，种地吧！我将按照我的父辈传给我的法律和敕令统治你们。"海尔·塞拉西说的不是瞎话，埃塞俄比亚从阿克苏姆王国以来，都有法律颁布，还曾汇编成古代的"国王法律"。③

《红海回航记》最早透露了阿克苏姆王国是有法可循的，并指出阿杜利斯港是"根据法律建立起来的港口"。阿克苏姆王国的元老会议，又叫立法人会议，由国王主持。阿克苏姆王国的刑罚有如下几种：辱刑，即当众剥去犯人的衣服；流刑，即对犯人处以流放之刑；"法律之外的人"，即对犯人宣布为"法律之外的人"，可以没收他本人、家属和亲族的土地、财产，任何人均可杀死他。

由此看来，如果有人梳理一下黑人非洲的原始资料，特别是考古发现的碑铭、阿姆哈拉文、麦罗埃文和豪萨文、阿拉伯文的记载，写一篇非洲黑人成文法的专论，将是一项开创性的研究。当然，难度很大，特别是麦罗埃文现在尚不能释读。

这算第一个问题。第二个问题是，有人说，非洲各国的法没有什么共同点，因此很难有一个非洲法系存在。那么，非洲各国的法究竟有没有共同点呢？

---

① 塞尔格·海布勒·塞拉西：《埃塞俄比亚古代与中世纪史》（英文版），亚的斯亚贝巴，1972，第 81 页。

② 联合国教科文组织编写，〔摩洛哥〕M. 埃尔·法西主编《非洲通史》第 3 卷，中国对外翻译出版公司，1993，第 173 页。

③ 〔英〕理查森·格林菲尔德：《埃塞俄比亚新政治史》上册，钟槐译，商务印书馆，1974，第 98 页。

在这里，首先要搞清非洲法系涵盖的时空范围。非洲法系只应限于撒哈拉以南非洲。世界法制史的专家们把古埃及法列为一个单独法系，有的则将其列为已消失的法系。埃及和马格里布在中世纪普遍推行的伊斯兰教法，被列入伊斯兰教法系。撒哈拉以南非洲的某些国家也受到伊斯兰教法的影响，但伊斯兰教法并未生根，正像大陆法和英美法在近代对撒哈拉以南非洲各国的影响和渗透一样。因此，非洲法系是对近代以前撒哈拉以南非洲各国以习惯为主的习惯法、制定法和成文法的总称。除此而外，它至少还有两个共同点。

第一，非洲传统法在所有权问题上大体是一致的，以村社公有制为主。社会经济制度是社会的基础，政治、法律以及政治、法律、宗教、哲学等思想都是矗立其上的上层建筑。法，不论是习惯法、制定法还是成文法，都根源于物质生活关系。

由于种种原因，非洲黑人各族进入原始公社后期以后，社会生产力发展缓慢，血缘纽带难于割裂，原始公社多以再生和次生形态长期遗存。因此，在非洲法系国家中，土地仍然属于祖先所有，即村社所有。在加纳，根据习惯法，一切土地属于村社，社员只享有土地的用益权。根据用益权的不同，土地可以分为三类："凳子土地"、"家族土地"和"公共土地"。家族土地在本族各个家庭中分配，各家只拥有土地的用益权，土地不归他们所有，但他们可以继承，在无人继承时才转归村社。公共土地包括牧场、森林以及未开垦的土地，由村社成员共同使用。凳子土地也就是酋长土地，收益归酋长家庭所有，用于满足酋长及其家庭的需要，或作为举行公共仪式的费用。即使是阿散蒂人的最高酋长（国王），也只有库马西的一块凳子土地，无权处置下级酋长的凳子土地。1898年，黄金海岸赴英代表团在反对英国提出的土地法案时明确指出："法案中'无人占有地'并不存在；这种土地实际上属于家族、酋长或国王。"①

加纳并不是一个特例，其实在大多数撒哈拉以南非洲国家，土地习惯法是大同小异的。尼日利亚的一位酋长说过："我认为，土地属于大家族。"坦桑尼亚在乌贾马文件中明确说明，根据习惯法，基本生产资料

———————————

① 李安山：《殖民主义统治与农村社会反抗——对殖民时期加纳东部省的研究》，湖南教育出版社，1999，第85页。

（包括土地）为大家族全体成员所有。

第二，非洲法系关注集体利益甚于个人利益。马里制宪会议确立的政治制度框架，即帝国－酋长国（藩邦）－村社结构，在非洲黑人国家虽有或多或少的不同，但总的构架是基本一致的。在酋长国和村社的管理运行机制上，继承和完善了原始的民主制度。村社的头人（小酋长）或酋长国的酋长（或国王）实行推举制，他们的决策需经各种形式的议事会讨论决定。在婚姻制度上，根据习惯法，首先要确定一个人能否结婚，其依据是考察他是否到了青春期，是否举行过割礼，是否有免疫力和是否精神健康。婚姻的有效性主要看是否送过彩礼，是否举行过结婚仪式。结婚以后，不论是一夫多妻制还是一夫一妻制，除个别例外，妻子都没有财产继承权。丈夫死了以后，财产归家族所有，但他的兄弟要娶其遗孀为妻。如果一个男人死了妻子，他要优先娶亡妻的姐妹。抚育儿女是家族的共同责任。小孩到了一定年龄，就被编入该族的某一年龄组，由年长或有经验的成员负责监护和教育。若父母双亡或离婚，未成年人的监护权，在父系亲属制中归父系家族，在母系亲属制（在非洲占少数）中归舅舅家族。

在非洲黑人国家中，村社有一套严密的组织系统。不同年龄等级的人组成同龄会。同龄会有共同的行为规范、共同的道德准则，把村社的男女组织起来为村社服务，分担不同的社会职责。他们朝夕相处，培养了一种互相关怀、团结协作的集体精神。

撇开法学界关于世界有多少种法系的分歧不谈，上述两个共同特征足以说明，一个独立的非洲法系是客观存在的。

第三个问题是，有人说，非洲传统习惯法中几乎没有商法。这又是一个说有易，说无难的问题。我按问题把有关资料梳理排列如下。

最早记述撒哈拉以南非洲人贸易习惯的是希罗多德，他在《历史》中记述了"哑贸易"。他写道，迦太基人到达海拉克列斯柱（直布罗陀海峡），"卸下了他们的货物；而在他们沿着海岸把货物陈列停妥之后，便登上了船，点起了有烟的火。当地的人民看到了烟便到海边来，他们放下了换取货物的黄金，然后从停货的地方退开。于是迦太基人便下船，检查黄金；如果他们觉得黄金的数量对他们的货物来说价格公平的话，他们便收下黄金，走他们的道路；如果觉得不公平的话，他们便再到船上去等着，而那里的人们便回来把更多的黄金加上去直到船上的人满意时为止。据说在这件事上双方是互不欺骗的。迦太基人直到黄金和他们的货物相等时才去取黄金，而那里的人也只有在船上的人取走了黄金的时候才去动货物"。[1]

阿拉伯作家也有类似的记载，不过他们通知黑人的方法不是点烟火，而是敲鼓。例如，雅库特在《地名辞典》中写道，阿拉伯商人来到加纳产金地区时，"他们敲响随身所带的大鼓，使苏丹各个民族所住之处，都能听到鼓声……商人们断定那些人已经听到鼓声，就摆各人自己带来的货物，各种商品分门别类。然后他们离开这个地点，大约一天路程之遥。苏丹人带了黄金来到这里，在每一类货物旁边放下一定数量的黄金，然后离去。接着，商人们就来收取各自货物旁边的黄金，把货物留下，然后敲鼓离去。"[2]

关于中间商和代理商的习惯法，资料就更多一些了。白图泰记述，摩加迪沙的当地人"习惯上是每有船只到港，一些青年便驾小舟，迎了上去，他们每人手捧一饭盒，内装食物送给船上一位商人，并说：'这是我的住客'。每个青年都这样做，所以商人只得随他们去寄宿……一旦寄宿下来，房主便代客人出售和收购货物"。[3] 看来，这是一种客店兼中介商的模式，双方的权利和义务是商人接受一盒饭就表示双方达成了住宿和代办货物的协议，店主必须为商人出售和收购货物。

另外一种模式是官方代理商。巴罗斯记述了达乌德·苏莱曼（Daud Sulayman）经营黄金致富的事。他写道，从那时开始，基尔瓦国王"常派总督到索法拉，一切交易都可经他们的代理商经营"。苏莱曼因从事这种贸易而致富，其子哈桑·苏莱曼（Hasson Sulayman）因控制沿海的大部分，成为奔巴、马菲亚和桑给巴尔诸岛的巨头。[4]

撒哈拉以南非洲的许多地区是既不靠海又不经对外商道，这里的人们往往要组织商队把商品运到其他地区去交换。豪萨地区就是如此。关于商队的习惯法，豪萨文原始资料有较为详细的记载："商队的领队要从卡诺启程，他总是召请一位有经验的副手和一位向导，他们三个人共同商量。"参加商队的商人要"分摊旅途开销。把整个商队从开始到现在所支付的旅

---

[1] 〔古希腊〕希罗多德：《历史》，王以铸译，商务印书馆，1959，第507页。

[2] N. Leetzion and J. E. P. Hopkins, ed., *Corpuo of Early Arabic Sources of West African History* (Cambridge, 1981), pp. 169 - 170.

[3] 《伊本·白图泰游记》，马金鹏译，宁夏人民出版社，1985，第200页。

[4] Roland Oliver, *The Cambridge History of Africa*, Vol 3 (Cambridge University Press, 1977), p. 206.

途开销结算一下，看已付了多少。然后计算出行列里的每一样东西和要走的人及其同行列旅伴已付了多少。知道有多少头牲口和多少个步行商人。结算出后，就扣掉步行商人的份额，把剩余部分分摊到驮货牲口上，知道每一头驮货的牲口应摊到多少……没有任何欺诈。商队的领队、副手和向导，各有其应尽的义务"。领队必须走在商队的后面，他的牲口走在全部牲口的最后。走到危险的地方，跛子、病人和疲劳的人都聚集到领队副手的周围。谁的牲口疲劳了，就把它留在领队副手的身旁。领队副手往往避开森林，因为森林行路困难。如果疲劳和口渴的人停下来，他也就停下来，直到给他们拿来饮水。向导则督促着女人，如果她们要把货物顶在头上，他就替她们摆上去。没有路，他就铺路。他还得砍倒树木，为他们清除道路。"①

西苏丹从加纳以后，各个王国都征收工商税。加纳矿山挖出的天然金块，全部归国王所有；金砂留给采金的平民。② 对盐、铜和杂货征收进出口税。在盐的交易上，商人要交两次税，运进时每驮交 1 第纳尔，运出时交 2 第纳尔。每驮黄铜入境征收 5 密斯卡尔，杂货每驮征 10 密斯卡尔。③

一些非洲黑人国家还设立各种官员，以保障买卖公平；若管理人员枉法，则严加惩处，以保证商人的权益。

桑海帝国阿斯基亚大帝派出大批巡视员，负责保障买卖公平。马里也设有这类官员，白图泰记述了一段故事：伊瓦台俩的管理人，拿走商人"价值六百米斯喀里的东西，只想给一百米斯喀里"，"素丹让法官判处，证明商人所告属实。应保证商人的权益，在取得其权益后，管理人被免职"。④

非洲商法是非洲法系的一个重要方面，这里只汇集了平时摘记的一些资料，没有详细论证和分析。还有一些原始资料也未详细研读。

关于非洲法系还有一些问题，特别是非洲传统法与非洲现代化的关系问题，是一个很有现实意义的大问题，需要专门论述，本文就此打住。

（原文载《西亚非洲》2002 年第 2 期，收入本书时有改动）

---

① 〔苏丹〕德·亚·奥耳迭罗格：《十五至十九世纪的西苏丹》下册，上海人民出版社，1973，第 386～390 页。

② N. Leetzion and J. E. P. Hopkins, op. cit., p. 81.

③ N. Leetzion and J. E. P. Hopkins, op. cit., p. 81.

④ 《伊本·白图泰游记》，马金鹏译，宁夏人民出版社，1985，第 604 页。

从"非洲法系"到"非洲混合法系"

—— 再论非洲法研究中的法系问题

夏新华[*]

近年来，随着国内非洲法研究的不断深入，有关非洲法系的认定和归属等理论问题也一直引起学界的高度关注，学者们见仁见智，各抒己见，如华东师范大学艾周昌教授认为，一个独立的非洲法系是客观存在的；湘潭大学洪永红教授则认为，非洲存在五种以上的法系；贺鉴教授虽认为非洲的法律种类多样，但仍不能构成一个独立的非洲法系。[①] 鉴于非洲法系划分的复杂性，笔者亦曾撰文指出，学界应当放弃对是否存在一个独立的非洲法系的争论，进而转入对非洲法律文化的整体性与多元性的考察，以此更加全面地研究非洲的法律问题。[②] 显然，这是对复杂问题的一种暂时回避。由此看来，对非洲法系问题的研究似乎遇到了瓶颈，难以深入下去。近年来，随着中非法律合作的深度开展，对非洲法律的研究日益引起国家有关部门的高度重视，因此，加强非洲法基础理论研究刻不容缓。这也促使我们再次对非洲法系问题展开深入的思考。笔者认为，简单的回避并非摆脱非洲法系划分的困境的最佳方式，面对争议，积极地寻找理论突破，构建一套全新的"非洲混合法系"理论就显得尤为必要。

一　法系划分的困境与"混合法系"理论的发展

自 1900 年巴黎比较法大会召开后，有关法系划分的理论日益丰富，各

---

[*] 夏新华，湖南师范大学法学院教授、博士生导师。
[①] 参见艾周昌《关于非洲法系的若干问题》，《西亚非洲》2002 年第 2 期，第 54 页；洪永红：《关于非洲的法系问题》，《文史博览》（理论版）2005 年第 12 期，第 33 页；贺鉴：《论非洲法律文化研究中的法系问题》，《湘潭大学学报》（哲学社会科学版）2010 年第 2 期，第 113 页。
[②] 夏新华：《非洲法律文化研究的理论辨析》，《法学家》2006 年第 2 期。

种观点和学说争鸣不断。① 1905 年，法国比较法学家阿代马尔·埃斯曼持“多标准说”，将种族、宗教、历史和地理等多种因素作为考察标准，以此划分了罗马法系、日耳曼法系、盎格鲁－撒克逊法系、斯拉夫法系和伊斯兰教法系。1913 年，法国比较法学家绍塞尔·霍尔持“种族说”，以人类不同种族的划分为依据，将世界法律体系分为印欧（雅利安人）法系、闪族（犹太人）法系、蒙古（中国人、日本人）法系以及未开化民族（非洲人、美拉尼西亚人）法系。1928 年，美国比较法学者约翰·威格摩尔持“罗列说”，将人类历史上出现的法律制度和传统，以一种客观罗列的方式，归结为十六大法系，即埃及法系、美索不达米亚法系、希伯来法系、希腊法系、凯尔特法系、教会法系、罗马法系、日耳曼法系、斯拉夫法系、海事法系、日本法系、中华法系、印度法系、伊斯兰教法系、大陆法系和英美法系。1951 年，欧洲比较法学者阿尔曼戎、诺尔德、沃尔夫则持“实质说”，他们依据私法和法系实质，在七大语系的启发下，提出了法国法系、日耳曼法系、斯堪的纳维亚法系、英吉利法系、俄罗斯法系、伊斯兰教法系和印度法系。1951 年，瑞士比较法学家施尼策尔综合历史与学理等因素，将世界法律体系划分为未开化民族法系、地中海民族法系、欧美法系、宗教法系和亚非民族法系共五个法系。1964 年，法国比较法学家勒内·达维德采用“意识形态说”，以社会意识形态为基础划分了五大法系，即西方法系、苏维埃法系、伊斯兰教法系、印度法系、中国法系。后来，他又对该理论进行修正，提出了著名的三大法系，即罗马－日耳曼法系、普通法系和社会主义法系，还用“其他法系”涵盖了伊斯兰教法、犹太法和远东法以及马达加斯加和非洲各国法。1969 年，美国比较法学家约翰·梅里曼持“法律传统说”，将那些法律起源相同或受同一法律传统影响的国家和地区归结为一个法系，进而将当今世界的法律体系划分为民法传统、普通法传统、社会主义法律传统三大法律传统。1971 年，德国比较法学家茨威格特和克茨提出了著名的“法律样式说”，他们认为一个法系的构

① 〔德〕茨威格特、海因·克茨：《比较法总论》，潘汉典、米健、高鸿钧、贺卫方译，法律出版社，2003，第 99～101 页；〔法〕勒内·达维德：《当代主要法律体系》，漆竹生译，上海译文出版社，1984，第 25～29 页；〔英〕约翰·亨利·梅里曼：《大陆法系》，顾培东、禄正平译，法律出版社，2004，第 2～5 页；〔日〕大木雅夫：《比较法》，范愉译，法律出版社，1999，第 151 页；米健等：《当今与未来世界法律体系》，法律出版社，2010，第 28～29 页。

成必须具备共同的法律样式，并以该学说为标准进而划分了八大法系，即罗马法系、德意志法系、北欧法系、普通法系、社会主义法系、远东法系、伊斯兰教法系、印度教法系。到 20 世纪 80 年代，日本著名比较法学家大木雅夫综合西方学术观点，提出了独特的四大"法圈说"：（1）西方法圈，包括罗马法系、德意志法系、北欧法系，以及继受西方法的日本法等；（2）普通法圈，包括英国法系、美国法；（3）脱离社会主义的发展中国家法圈，包括苏维埃法、东欧各国法（亚洲共产主义法系）；（4）宗教性或哲学性的混合法，包括伊斯兰教法、印度法、远东各国法。

然而，各种法系划分的标准和类型不仅无法穷尽，而且五花八门的观点也都存在这样或那样的理论缺陷：一方面，具有浓厚的西方色彩，难以跳出西方中心主义的思维定式；另一方面，不论上述哪一派学说、哪一种划分结果，都不可避免地存在"遗漏子项"的逻辑问题，从而导致"比较法学者的分类并非对世界上所有法律体系的完整划分，而仅仅是对一些重要的或他们所熟悉的法律体系的划分，遗漏或忽略了某些法律体系"。① 这也表明，"西方中心主义"的偏见和"遗漏子项"的疏忽，直接导致了对非洲法系研究的忽视，这正是造成非洲法系存在与否以及划分之争的根本原因。然而，随着全球化的推进，法系的发展呈现出开放性、多元性与融合性的特征，"法律多元主义"开始兴盛。为了延续法律的多元主义，这就要求我们在法系研究中既要关注各国、各地区的共性，又要尊重法律多元现象的客观存在。由此，打破传统法系的划分格局和思维定式变得刻不容缓，法系理论需要被"重构"、被"超越"。

面对既有法系理论的困境和偏见，西方学界开始反思并试图寻找新的理论突破口。从 20 世纪 70 年代后期，欧美学者开始关注法系的融合现象，逐渐阐发出"混合法律体系"（Mixed Legal System）的概念，并由此衍生出"混合法域"（Mixed Jurisdictions）及"混合法系"（Mixed System、Mixed Law or The Third Legal Family）的概念。以这三组概念为核心的混合法系理论的形成与发展大致经历了如下过程。

20 世纪末，一些学者开始关注到大陆法系与普通法系在欧洲的融合现象，他们以"混合法律体系"概括之，并将这些具有法系融合特征的地区定名为"混合法域"。例如，麦克奈特撰写的《一些有关混合法律体系的

---

① 黄文艺：《重构还是终结：对法系理论的梳理与反思》，《政法论坛》2011 年第 5 期。

历史考察》① 一文，对"混合法律体系"的历史演变和基本概念进行了梳理与归纳，通过考察某些地区或国家法律体系的混合性特征，将其转化为可行的混合法理论。随后，加拿大麦吉尔大学教授泰勒撰写了《混合法域：普通法系与民法法系的较量》② 一文，他向比较法学界传递了一个重要的信息，即普通法与大陆法的融合已经成为一种值得关注的现象，由两大法系融合而生的地区性的"混合法域"正逐渐显现。到 21 世纪初，在苏格兰、路易斯安那州、以色列、魁北克省等"混合法域"地区学者的共同努力下，成立了学术共同体，这使"混合法理论"日趋成熟。2000 年 12 月，欧美学者齐聚爱丁堡大学法学院，希望以传统法系的混合趋势来构建欧洲共同法。2002 年11 月，全球各地 150 多位专家在美国杜兰大学召开了第一届"混合法域国际研讨会"（First Worldwide Congress on Mixed Jurisdiction），成立了新的国际性组织——世界混合法域法学家协会（Worldwide Society on Mixed Jurisdiction Jurists）。至此，西方学界开始成立正式的学会，探索混合法理论，并将其运用于比较法研究实践。其后，2007 年在英国爱丁堡大学、2011 年在以色列希伯来大学又接连召开了第二届和第三届混合法域国际研讨会。正是这四次会议的召开，使混合法理论走向成熟化、体系化。

当前，在经历了数十年的学术积累之后，以杜兰大学法学院帕尔默教授和格拉斯哥大学比较法学教授奥赫绪等为代表的学者，将混合法理论视野投向更加广阔的法域，以"混合法系"为宏大视角对全球性法系融合进程的研究已逐步展开，并取得了重要的理论突破。例如，奥赫绪通过《混合成的与混合中的法系：一个概念的考察》③、《临界中的比较法：法制转型期所考虑的矛盾因素》④、《什么是混合法律体系：排斥还是扩张?》⑤ 和《多

---

① J. McKnight, "Some Historical Observations on Mixed Systems of Law," *22 Juridical Review* 177 (1977).

② William Tetley, "Mixed Jurisdictions: Common Law v. Civil Law (codified and uncodified)," *Louisiana Law Review* 60 (2000): 677 – 738.

③ Esin Örücü, "Mixed and Mixing Systems: A Conceptual Search," in E. Örücü, E. Attwooll & S. Coyle, eds., *Studies in Legal Systems: Mixed and Mixing* (The Hague, London: Kluwer Law International, 1996), p. 335 – 351.

④ Esin Örücü, "Critical Comparative Law: Considering Paradoxes for Legal Systems in Transition," *Netherlands International Law Review* 48 (2001): 104.

⑤ Esin Örücü, "What Is a Mixed Legal System: Exclusion or Expansion?" *Electronic Journal of Comparative Law* 12 (2008): 1.

元文化和官方法律：文化多元论与欧洲怀疑论?》① 等文章，考察了"混合法系"的形成与发展，归纳了相关概念，呼吁学界转变研究视角，即将"混合法系"理论作为一种新的研究方法，应用于解决非洲和欧洲的法系划分问题。又如，以世界混合法域法学家协会主席帕尔默为例，从《混合法律体系的两个对立理论》② 到《混合法律体系……纯粹的法律神话》③，再到《第三法族（混合法系）中的魁北克省及其类似法域》④，最后到《世界上的混合法域：第三法族》⑤，他坚持以多元主义的广阔视野（Pluralism's Wide-Angle Lens）来看待世界法律发展融合的新趋势，构建了"混合法系"基础理论，且考察了 10 个混合法系国家并引以为例证，引发了比较法学界的轰动。

由此可见，西方学界有关混合法理论的贡献是渐次发展起来的，从 20 世纪 70 年代末以"混合法律体系"所描绘出的一种法系融合现象，发展为 21 世纪初以"混合法域"理论为研究核心的学术共同体，再到近年来以"混合法系"为宏大视角对全球性法系融合进程的具体考察。

因此，"混合法律体系"、"混合法域"与"混合法系"是一组关系递进的概念。"混合法律体系"是指一部现行法律来源于一个以上法律传统或法系的法律体系，它体现的是一种混合的状况或结果；"混合法域"则是指为混合法律体系所支配的国家或行政地区，它体现的是混合法律体系所支配的一个地域；如果将若干个混合法域统归起来，作为一个整体，就形成了"混合法系"。⑥ 与相对成型的普通法系、大陆法系、伊斯兰教法系等法系相比，混合法系的"魅力"在于它所关注的是动态的法律文化之交

---

① Esin Örücü, "Diverse Cultures and Official Laws: Multiculturalism and Euroscepticism?" *Utrecht Law Review* 6 (2010): 75 – 88.

② Vernon Valentine Palmer, "Two Rival Theories of Mixed Legal Systems," *Electronic Journal of Comparative Law* 12 (2008): 1.

③ Vernon Valentine Palmer, "Mixed Legal Systems... and the Myth of Pure Laws," *Louisiana Law Review* 67 (2007): 1205 – 1218.

④ Vernon Valentine Palmer, "Quebec and Her Sisters in the Third Legal Family," *McGill Law Journal* 54 (2007): 321 – 351.

⑤ Vernon Valentine Palmer, *Mixed Jurisdictions Worldwide: The Third Legal Family*, 2nd (Cambridge University Press, 2nd 2012).

⑥ 夏新华：《混合法系发展的前沿——兼论中国法学家的理论贡献》，《湘潭大学学报》（哲学社会科学版）2008 年第 3 期。

汇、融合与共存，同时也是一种从过去到未来，跨国家、跨地域的开放式研究。① 从混合法系的内涵上看，它能够囊括传统法系概念的三个层次。② 第一，混合法系由多个混合法域聚集而成，而混合法域则由多个具有混合法律体系特征的国家组成；第二，之所以具有同类性，是因为这些混合法域具有共同的特征，即"两种或两种以上法律传统的融合"；第三，混合法系本身亦不泛指一定社会制度下的法律，而是用动态的考察眼光，将不同时期、不同社会制度的法律囊括于混合的历史进程之中。

事实上，随着混合法理论的发展成熟，西方学者已经将其应用于解决比较法研究中的具体问题，针对世界上特殊的法域，特别是苏格兰、以色列、波多黎各、魁北克省、路易斯安那州，以及东部、南部和北部非洲等国家或地区的研究已经越发深入。混合法系理论能够为我们反思传统法系划分的缺陷提供帮助，并为学界寻找法系研究的出路指引方向。

由此反观我国学界对"非洲法系"的争议，在广袤的非洲大陆上，外来法与本土法的冲突融合以及西方法与习惯法的此消彼长，恰恰展现了多种法律文化在非洲地区的"博弈"，研究这些动态过程不但可以扩展视野，而且还能"重构"法系理论，以实现在把握共性又展现个性的同时还注重法律文化的多元化。因此，对非洲法律文化研究的深入，促使我们再次深入思考，倘若将"混合法系"理论运用于非洲法律的历史变迁和区域特征的考察研究，那么有关"非洲法系"能否独立存在的争议势必将得到解决。

二 "非洲法系"能否独立存在的争议及辨正

非洲法系能否独立存在的问题，长期以来备受国内外学界的关注。国外学界对此持怀疑态度的学者不在少数。例如，德国哲学家黑格尔就把非洲分成"非洲本土"即撒哈拉以南非洲、"欧洲的非洲"即地中海沿岸的非洲和"亚洲的非洲"即尼罗河下游非洲三部分，他认为非洲本土"不是

---

① 夏新华、张小虎：《终结还是重构：对法系理论的超越》，《政法论坛》2013 年第 2 期。

② 传统法系的含义有三个要素："其一，法系是多个国家和地区的法律的总称；其二，因共性或共同传统而归类成系；其三，法系本身不是指一定社会制度的法律。"刘兆兴：《比较法学》，中国政法大学出版社，2013，第 56 页。

一个历史的大陆，它既没有显示出变化，也没有显示出发展"；非洲黑人"既不能进步，也不能教育"，"处在野蛮的、未开化的状态之中"。① 这样一个没有历史、没有文明的大陆，自然不存在法和法系，故黑格尔断言没有非洲法系。而在西方比较法学界，多数学者虽然提及了非洲的法律制度，但大多否认有独立的非洲法系的存在。如上文所述，威格摩尔罗列的16 个法系中虽有"埃及法系"的分类，且这也是比较法学界对非洲是否有法系关联问题的最早阐述，但并未有明确的"非洲法系"概念的表述。施尼策尔的"亚非民族法系"的提法虽触及非洲法系，但仍是一个极为宽泛的不严谨的概念。达维德的"马达加斯加及非洲各国法"的提法是一个显著进步，体现了对非洲法的重视，但仍不明确。茨威格特和克茨虽引述观点认为"可以谈论非洲法系"，② 却未施笔墨破解非洲法系的理论困惑。总体而言，西方学界逐渐认识到，作为一个拥有独立法律文化的大洲，不能再忽视非洲在法系划分中的独特地位，但他们均否认存在独立的非洲法系，故未将"非洲法系"单列。

当然，也有少数西方学者认为非洲法系能够单独存在。英国非洲法专家阿洛特就认为非洲法可以构成一个单独的法系，其理由是非洲各国法在诉讼程序、原则、制度和技术手段等方面都具有足够的相似之处。③ 美国杜兰大学教授帕尔默也多次强调，非洲地区多种法律文化交融、多种法律体系融合的复杂特征能够通过"混合法域"来加以概括，他将视野投向南部非洲地区，特别是南非独特的"罗马－荷兰－英国"法律传统；随后，他又将典型混合法律体系国家的数量由 7 个扩充至 16 个，并把博茨瓦纳、莱索托、斯威士兰、毛里求斯、津巴布韦和纳米比亚 6 个非洲国家同南非一道纳入混合法域的分布图，并认为一种新的法系——"非洲法系"正在出现。④

我国学界对此问题也一直存在争议。艾周昌先生对非洲法系的看法

---

① 〔德〕黑格尔：《历史哲学》，王造时译，上海书店，2001，第 151~166 页。

② 茨威格特和克茨引述姆巴耶的观点认为："无可置疑的是，非洲各国的法律秩序今日都面临基本上十分类似的问题，而通过共同努力是能够达到一般水平的。凡是重视这个观点的人，尽管存在着上述的困难，仍然可以谈论这样一个法系。"〔德〕茨威格特、海因·克茨：《比较法总论》，潘汉典等译，法律出版社，2003，第 105 页。

③ 夏新华：《非洲法律文化史论》，中国政法大学出版社，2013，第 16 页。

④ Vernon Valentine Palmer, *Mixed Jurisdictions Worldwide: The Third Legal Family* (Cambridge University Press, 2012).

是：大量史实雄辩地证明，"非洲法系确确实实存在。在非洲法系中，习惯法占多数，制定法占少数；在制定法中，不成文法是多数，成文法则较少。非洲各国的法在所有权问题上的大体一致，以及关注集体利益甚于个人利益的共同之处，更说明一个独立的非洲法系是客观存在的"。① 但笔者认为，艾周昌先生的理论铺垫不充分，与法理学意义上的法系概念有较大差距。洪永红教授也对非洲法系的存在持肯定态度，他甚至认为，"非洲存在多种法系，其主要有非洲习惯法系、非洲普通法系、非洲大陆法系、非洲伊斯兰教法系和非洲混合法系等"。② 对此，笔者认为洪永红教授的观点存在逻辑上的混乱。首先，非洲法在长期历史变迁中由于外来法和本土法的交互作用形成了多种法源，涵盖了非洲习惯法、伊斯兰教法以及非洲普通法和大陆法，多种法源的相融并存，展现了一幅法律多元文化的图景，因此，不能将法源的构成简单地等同于法系的分类。其次，既然非洲法系能够存在，那么它必定同普通法系或大陆法系一样，属于一级概念，而洪永红教授却接着认为非洲主要有非洲习惯法系、非洲伊斯兰教法系等五种法系，姑且不论这些"法系"是不是存在，即使存在，也只能是法系母概念下的子概念而已，显然是不能与"非洲法系"并列存在的，这是一个明显的逻辑谬误。此外，贺鉴教授虽然认为"一个独立的非洲法系是不存在的"，但他认为当代非洲法由"非洲普通法系"、"非洲大陆法系"和"非洲混合法系"共同组成，③ 此种观点仍有逻辑错误之嫌，笔者亦不能苟同。

因此，综合国内外学者的研究成果，笔者认为，独立的"非洲法系"至少在目前是不存在的。其一，从理论逻辑性来看，非洲从整体上缺乏共同的法律传统，由于法律渊源的多元化和法律文化的多样性，任何有关"非洲法系"的表述都难以避免逻辑的混淆，"非洲法系"的子系统和母系统时常相互重叠或包含，谬误不断；其二，从现实特殊性来看，非洲地区的法律发展，在时空分布上极具复杂性，历史上多种外来法律文化的输入，区域上各种法律体系的融合，使"非洲法系"的概念无法清晰完整地概括非洲特殊的法律现实，以致非洲法律文化的整体性和多样性无法全面兼顾。所以，

① 艾周昌：《关于非洲法系的若干问题》，《西亚非洲》2002 年第 2 期。
② 洪永红：《关于非洲的法系问题》，《文史博览》（理论版）2005 年第 12 期。
③ 贺鉴：《论非洲法律文化研究中的法系问题》，《湘潭大学学报》（哲学社会科学版）2010年第 2 期。

我们应当放弃对非洲法系存在与否的无休止的争论，转而关注非洲法律文化的混合性与特殊性，并在此基础上寻求理论上的突破和创新。

三 "非洲混合法系"的提出及意义

既然独立的"非洲法系"不存在，那么，非洲大陆的法律究竟能否构成一个特别的法系呢？或言之，拥有多样性法源的非洲法律如何"归类成系"？答案是肯定的。我们认为，多样性法源的非洲法律在整体上的归类成系不仅必要，而且完全可能。而从当下非洲法的发展态势来看，它会逐步演化成一个具有典型特征的"非洲混合法系"。其理由有以下三点。

第一，从非洲法的法源构成来看，法律渊源的多元化是构建"非洲混合法系"的历史根基。在非洲历史发展的长河中，其法律文化先后经历了三次重大的变迁。① 在远古时代，非洲本土的法源表现为一种典型的习惯法，它通过"口耳相传"的形式，反映了非洲人特有的精神价值观，并以"神明裁判"的方式对纠纷进行裁决，习惯法在整个非洲大陆特别是撒哈拉以南非洲和马达加斯加地区存在长达数个世纪，成为非洲法最早的法源之一。7～16 世纪，非洲法律文化发生了第一次重大变迁，阿拉伯人通过武力的方式征服了埃及和马格里布地区，完成了北非地区的阿拉伯－伊斯兰化，接着又通过商业贸易等和平的方式陆续将伊斯兰文明传播至撒哈拉以南的部分地区，形成了以伊斯兰教法为主体、辅之以非洲传统习惯的政治法律制度，两种不同法源在非洲的混合从此开始。在 16 世纪至 20 世纪中叶的殖民时期，各宗主国往往先引入本国的法律制度作为殖民地的根本法或一般法律，然后才有条件地允许非洲本土的法律和司法制度作为补充适用，西方法在非洲的全面移植改变了非洲的法律状态，使原本与传统习惯相融合而作为本土法存在的伊斯兰教法，再次受到西方法的冲击，多种法源再次杂糅，实现了非洲法律文化的第二次重大变迁。正如著名的非洲法专家阿洛特所言，"欧洲殖民国家的入侵，引起了非洲法律编排上一场本质的革命，至今仍对非洲法律有影响"。② 20 世纪 50 年代以来，撒哈拉

---

① 夏新华：《非洲法律文化之变迁》，《比较法研究》1999 年第 2 期。

② A. Kodwo Mensah-Brown, *Introduction to Law in Contemporary Africa* (Conch Magazine Limited, 1976), p. 11.

以南非洲各国纷纷独立，它们开始按照传统与现代相结合的方式，探索符合各国特色的法制现代化道路，开启了非洲法律文化的第三次重大变迁。其间，社会主义思潮、美国宪政主义等成为各国法制改革的指导思想，这为非洲原已复杂多样的法源再次增添了新的内容，混合特征尤为明显。所以，外来的大陆法与英美法，加上残存且具有生命力的本土习惯法，以及仍可适用的伊斯兰教法，非洲法在整体上至少存在四种性质不同且相互杂糅的法源。因此，在法源的构成上，非洲大陆的法律体系能够构成一个全新的"非洲混合法系"。

第二，从混合法系的基本概念上看，广义与狭义概念的应用是构建"非洲混合法系"的理论基础。广义的混合法系是指由两个或两个以上法律传统或法系构成的法律体系。狭义上的混合法系则是指由民法法系和普通法法系混合构成的法律体系。从狭义的混合法系概念来考察非洲大陆的法律体系，我们可以发现，博茨瓦纳、莱索托、毛里求斯、纳米比亚、斯威士兰、津巴布韦和南非等非洲国家的法律体系均体现出显著的民法法系与普通法系混合的特征。而从广义的混合法系理论出发，我们又可发现，布隆迪、布基纳法索、埃塞俄比亚、马里等国的法律体系体现的是民法法系与习惯法的混合；阿尔及利亚、埃及、叙利亚、突尼斯等国的法律体系体现的是民法法系与伊斯兰教法系的混合；吉布提、厄立特里亚、索马里等国的法律体系则体现了民法法系、普通法系、伊斯兰教法系或习惯法的混合。[①] 此外，乍得、加蓬、尼日尔、卢旺达、多哥、摩洛哥、毛里塔尼亚、塞内加尔、肯尼亚、尼日利亚、乌干达、苏丹等国也展现出多法系融合的复杂特征。[②] 以上这些国家是混合法系理论在非洲各国法律体系中的具体展现，也使构建理论上的"非洲混合法系"变得可能。

第三，从非洲法律文化发展的整体性与多样性来看，整体一致性与多样性并存是构建"非洲混合法系"的现实依据。法律的多样性在非洲显得尤为突出，以致有学者称"非洲几乎是全人类独一无二的世界法律万花筒"。[③]

① 〔英〕埃辛·奥赫绪、〔意〕戴维·奈尔肯编《比较法新论》，马剑银、鲁楠等译，清华大学出版社，2012，第206页。

② Esin rüc, *supra* note 9, at 34.

③ Gorden R. Woodman, "Legal Pluralism and the Search for Justice," *Journal of African Law* 40 (1996)：152–167.

非洲法律的多样性体现在三方面：一是单个国家内部法律的多样性；二是非洲国家之间法律的多样性；三是非洲国家相对于其他大陆国家之间法律的多样性。① 因此，笔者认为，对非洲法律文化的考察，必须坚持整体性与多样性的统一，在研究视野上要把非洲法律文化的外部总体特征与其内部个性差异结合起来，首先从宏观上考察，把握其总体特征，然后再研究其多样性。同样，对于非洲法系的认定与归属问题，我们也应当遵循这个方法。

首先，从国家法律文化的多样性来考察。非洲大陆上许多国家都曾受到两种或两种以上法律传统的影响，导致这些国家现有的法律体系展现出鲜明的狭义或广义上的混合性特征，使之成为"混合法律体系"的典型代表。例如，北非的埃及和突尼斯等国，作为传统伊斯兰国家，法律的伊斯兰化是其最基本的特征，这些国家的宪法均明确规定沙里亚是立法的主要渊源。但是近代以来，西方法律伴随着殖民活动在北非各国开始传播，用西方先进的法制文明改革本国保守的伊斯兰法律成为它们的历史使命。因此，以 1948 年《埃及民法典》和 1956 年《突尼斯个人身份法》为代表，大陆法系与伊斯兰教法系在埃及等国融合。类似的情况还发生在大陆法系与英美法系相互混合的博茨瓦纳、毛里求斯等国，以及大陆法系、英美法系与习惯法系复杂融合的肯尼亚、尼日利亚、乌干达等国。

其次，从区域法律文化的多样性来考察。非洲大陆内部主要包含三大法律版图：一是北非地区，该区域在本土习惯法、伊斯兰教法以及大陆法的相互影响下呈现出典型的混合法特征；二是撒哈拉以南非洲，该区域也在本土习惯法、部分宗教法（除伊斯兰教法外，还有部分基督教法、印度教法）和西方法的融合下显现出法系混合性的特点；三是南部非洲地区，该区域以南非为代表，其法律体系先后受到罗马法、荷兰法以及英国法的影响，法律体系呈"三明治"式的层级结构，法系的混合亦尤为明显。因此，在差异性上，非洲法的区域个性也呈现出法律文化的混合性特征。

最后，从非洲大陆法律文化的整体性与多样性来考察。我们可以发现，部分非洲国家在长期的历史发展中出现了多种法律传统相互杂糅的现象，成为典型的"混合法律体系"国家；以这些混合法律体系国家为基

---

①   Gbenga Bamodu, "Transnational Law, Unification and Harmonization of International Commercial Laws in Africa," *Journal of African Law* 38 (1994): 125 – 148.

础，在不同地区又形成了若干具有共同特征的"混合法域"；而南部非洲、北部非洲等若干混合法域则在整体上构成一个特色鲜明的"非洲混合法系"。反言之，非洲法在整体上是一个典型的"混合法系"，其下又包含了若干次级的"混合法域"，而混合法域又是由多个具有"混合法律体系"特征的国家组成。简言之，若干个非洲"混合法律体系"国家构成非洲的"混合法域"，而若干个混合法域则共同构成一个整体的"非洲混合法系"。

虽然洪永红教授与贺鉴教授在其文章中均提及"非洲混合法系"的概念，但笔者认为，他们的观点概括性不强，认定标准也存在差别，以至于结论各异，乃至互相矛盾。洪永红教授认为的非洲混合法系指那些既接受了大陆法又接受了普通法的非洲国家的说法，仅仅指的是狭义上的混合法系，更重要的是，他的"非洲混合法系"并不是一种法系的划分，而是非洲的一种法源。而贺鉴教授的非洲混合法系既包括北非地区融合了伊斯兰教法与大陆法的混合法系，又包括撒哈拉以南非洲地区融合了习惯法、伊斯兰教法与西方法的混合法系，还包括南部非洲地区融合了原始习惯法与近代西方法的混合法系的分类方法显得过于冗杂，虽然该分类方法能够展现出非洲法的多样性，但是以北非、撒哈拉以南非洲和南部非洲来概括非洲混合法系的地域分布，事实上已经包含整个非洲大陆，这样一来，就与其非洲大陆法系、非洲普通法系和非洲混合法系的三分法有重叠之嫌。

"非洲混合法系"理论的提出具有十分重要的学术价值，它能够更好地缓和有关非洲法系是否独立存在的争议，也能够摆脱非洲法系如何划分的困境，还能够为学界更进一步探析法系划分理论提供有效的研究思路。

其一，"非洲混合法系"的提出可以有效解决非洲的法系划分问题，避免对非洲法系是否独立存在的无休止争论。引发该争议的主要原因，在于学界对法系的考察往往基于一种既遂的、静止的、孤立的视角，而且难以跳出以大陆法系和英美法系为核心的"欧洲中心主义"的思维局限，同时也过于强调私法在法系划分中的地位，因此在面对法律形式复杂多样、法律文化融合并存的非洲大陆时，这种法系认定标准的弊端暴露无遗，导致了对非洲法系存在与否的长期争论。而非洲混合法系理论的提出很好地弥补了既有法系认定方式过于孤立和单调的缺陷，因为非洲混合法系理论是以一种预测性、前瞻性的眼光对非洲法系的时间与空间进行考察，既把握了非洲法作为一种法律融合的历史过程所展现出的整体性，又注意到了非洲法在各区域发展的多样性，并将二者统一于非洲法律文化发展的混合性之中。

其二，"非洲混合法系"的提出能够为法系划分提供典型个案，促进混合法系理论的新发展。"非洲混合法系"理论具有良好的开放性，可以不断随着社会变迁和法律发展而进行理论上的修正，既能够宏观概述法律文化的历史发展，又能兼顾法系内部微观的部门法律，从而避免"主题关系相对性与时间相对性"和"旧有法系划分与现实脱节"的缺陷。相比传统法系划分理论，混合法系之"创新"在于它克服了"西方中心论"，打破了传统法系划分的"静态"视角，弥补了传统理论过分强调不同法系的"分野"而忽视其"趋同"的缺陷，注意到法系趋同的特殊现象，并且重拾法系划分的"时代特性"，关注各国法律在全球化背景下逐步融合的时代特征。综上，以非洲混合法系作为摆脱法系划分困境的典型个案，能够完整地展现多种法律文化在该地区的"博弈"，而这种全新的理论研究路径不但可以拓宽学术视野，而且还能"重构"法系理论、解决法系划分争议；在研究实践中，既能把握地区法律文化的共性，又能展现国别法律体系的个性，同时还兼顾了法律文化的多元化特性。同样，这种良性可行的研究范式，还可以推广至那些颇具特色的区域性法律文化的研究中，如伊斯兰教法与世俗制度相结合的中东法律，东方传统理念与西方法律文化相融合的土耳其法律，传统儒家法律文化与现代西方法制相暗合的东亚地区法律，甚至是"两岸三地四法域"具有典型混合特色的中国法，它们都将成为打破研究范式局限的受益者。

其三，"非洲混合法系"的提出可以突破传统"中西二元"的思维局限，以更加开阔的视野重构非洲法研究的三维空间。长期以来，非洲法研究的话语权被西方学界把持，过于强势的西方研究体系更是被认定为一种普适性的规则，成为衡量学术研究成果的尺度，由此而生的"中西二元"、"中西对比"、"不中即西"等二元思维模式严重束缚了非洲法研究。[①] 然而，通过前文论述可以发现，非洲的法律发展和法系划分问题"既非东方，亦

---

① "中西二元"思维局限对当前非洲研究造成的消极影响，正如非洲文化研究专家刘鸿武教授所言，我们所说的"中外文明"已经变成"中西文明"，所谓进行"中外文明比较研究"，其实是进行"中西文明比较研究"。在很长一段时间内，我们对世界的认知，总体上跳不出这种"中西对比"、"不中即西"的二元思维结构与对比框架的束缚。参见刘鸿武《在国际学术平台与思想高地上建构国家话语权——再论构建有中国特色之中国非洲学的特殊时代意义》，《西亚非洲》2010 年第 5 期。

非西方",既不能用传统的东方专制文明来概括非洲的本土法律文化,亦不能简单地套用西方法制文明来考察近代非洲的法律变迁,若不摆脱"中西二元"的思维局限,对非洲法的研究则难以深入。因此,"非洲混合法系"理论的提出恰到好处地克服了这种二元思维惯性,它以更加广阔的视野关注除西方两大法系之外其他影响非洲法系划分的法律传统和外部因素,而本土习惯法、外来伊斯兰教法等正是"中西二元"思维中所忽略的重要内容。因此,坚持以"非洲混合法系"理论来解决非洲的法系划分问题,实则提供了一种"中国、西方、非洲"三维的非洲法研究限度——以中国学者的声音,利用西方的学术成果,研究非洲的法律问题,实现正如有的学者所说的"非洲情怀、中国特色、全球视野"① 的有机结合与互为补充,夯实理论根基,紧握时代脉搏,为构建中国特色的"非洲法学"提供可行的路径,为"中非合作论坛·法律论坛"等官方活动提供坚实、有效的理论智库,进一步凸显中国非洲法研究的重大战略意义,值得学界乃至政界高度关注。

（原文载《比较法研究》2014 年第 6 期,收入本书时有改动）

---

① 刘鸿武:《在国际学术平台与思想高地上建构国家话语权——再论构建有中国特色之中国非洲学的特殊时代意义》,《西亚非洲》2010 年第 5 期。

非洲各国法律演变过程中的外来法与本土法

—— 固有法、伊斯兰教法和西方法的双重或三重变奏

徐国栋[*]

前　言

非洲是世界第二大洲，有 60 多个国家和地区，它们构成 60 多个西塞罗意义上的"法的共同体"，世界上几乎所有的法系都在这里投射下自己的影子。在这里，罗马法系与英美法系争雄，而在罗马法系内部，法国法、葡萄牙法、意大利法、西班牙法、德国法、荷兰法又彼此斗艳。在穆斯林看来，上面种种的法都属于一个同质的群体，与自己的伊斯兰教法对立。然而伊斯兰教法亦非铁板一块，在非洲，伊斯兰教法的各个学派，诸如马立克学派、沙斐仪学派、哈乃斐学派、伊巴德学派等，一应俱全。当然，与西方法有对立感的还有印度法的属民，这种法在印度本土已经消亡，却在非洲存活下来。对于土著非洲人来说，上面的形形色色的法都是与自己从属的非洲固有法对立的外来法……非洲，就像中国的云南一样丰富：云南是植物；非洲是法律，除了非洲，我们不能在世界上的任何地方找到如此五彩缤纷的法律奇观。因此，对于一个法的观察者，非洲是一个有非凡魅力的考察对象。

但非洲法并未得到足够的研究，原因很简单：非洲是目前世界上最落后的大洲。尽管人们说，非洲曾是世界上最先进的大洲，人类很可能就发祥在这里，这里最先出现奴隶制社会形态和国家组织。北非的埃及是世界四大文明古国之一，公元前 4000 多年就进入了国家状态；尽管人们说，在

---

* 徐国栋，厦门大学法学院罗马法研究所教授、博士生导师。

撒哈拉以南非洲，在公元 1000 年前后，这里的一些地方诞生了灿烂的文明，例如早期的加纳王国、马里王国和苏丹西部的桑海帝国，就曾有极其繁荣的社会，黑皮肤的苏丹各族人民与白皮肤的阿拉伯人之间的贸易接触是造成这一进步的原因之一，① 但后来非洲落伍了，这跟殖民主义的危害有关。事实上，在世界各大洲中，非洲受殖民主义者侵略和统治的时间最长，所受苦难最深。当然，我们还有机会看到殖民主义造成的文化碰撞给非洲法提供的机会。

非洲目前的落后也与其名称所意味的气候条件有关。Africa 来自拉丁语 Africa 或希腊语 Aphrike，意思是都是"阳光灿烂之地"、"无寒之地"，② 无寒带来了比较丰富的食物，使人们在推动社会生产力的发展方面产生了某种惰性，造成了非洲原始社会的漫长。③

由于非洲的落后，非洲的包括法律文明在内的文明，成了一种弱势文明，唤不起东方功利主义者④的研究兴趣，致使非洲法研究在我国学术研究中长期是一个空白⑤，与我国事实上的第三世界领袖地位、非洲国家与我国的贸易额以及非洲国家在联合国的地位极不相称。

从地理上说，非洲是一个整体，然而，正如前文所述，不区分南北，无法一般地谈论任何非洲问题。撒哈拉以南非洲，包括 46 个国家；撒哈拉以北非洲，包括 7 个伊斯兰国家。两个非洲在政治上和经济上很少有共同之处。⑥ 北非通常被作为阿拉伯世界的一部分考虑，与中东问题联系在一

---

① 〔美〕维农·麦凯：《世界政治中的非洲》，北京编译社译，世界知识出版社，1965，第 3 页。

② 〔美〕戴维·拉姆：《非洲人》，张理初、沈志彦译，上海译文出版社，1998，第 13 页。

③ 何芳川、宁骚主编《非洲通史·古代卷》，华东师范大学出版社，1995，第 9 页。

④ 事实上，西方学者的功利主义要少一些。20 世纪 70 年代中期，可能出于毛主席的世界主义观念，中央和地方的一些出版社联手推出过一套系列的将作为本研究的重要资料的非洲国别史翻译作品，这些字大如蚕豆的书对于领导人出访非洲前准备背景知识和老百姓放眼世界，起了重大作用。它们至今也是研究非洲法的重要资料。我在阅读它们时，经常感念这些书的非功利主义的作者和出版者为我们提供的恩惠，他们在某个非洲的小国生活若干年，回来后写一本关于这个国家的历史或地理的小书，牛津大学出版社或其他同一级别的出版社竟然也不怕赔钱把它出了。想到这些，我觉得自己也可以勇敢地面对"研究非洲法有什么用？"这样的功利主义问题了。

⑤ 所幸的是，国内的非洲法研究有了飞跃性的进步，下面将引述的洪永红、夏新华等著的《非洲法导论》就是明证。

⑥ 〔美〕戴维·拉姆：《非洲人》，张理初、沈志彦译，上海译文出版社，1998，第 3 页。

起。而撒哈拉以南非洲的问题似乎才是真正的非洲问题。无怪乎一些研究非洲法的著作，仅以撒哈拉以南非洲国家的法为研究对象。①

两个非洲的现象也表现在宗教问题上。非洲的宗教主要有三种，第一种是非洲土生的原始宗教，它至今对当地人民的生活仍有很大影响②；第二种和第三种是更加组织化的外来宗教，即伊斯兰教和基督教。第一种在撒哈拉以南的非洲影响更大，它与非洲固有法密切相连；第二种和第三种在北非影响更大，它与外来法——伊斯兰教法和西方法相连。

撒哈拉以南非洲国家中，索马里、马里、塞内加尔、尼日尔、乌干达、几内亚、乍得、布基纳法索、喀麦隆、冈比亚、吉布提、几内亚比绍、科摩罗、加蓬、塞拉利昂、贝宁、尼日利亚17个国家属于伊斯兰会议组织成员国。尼日利亚由于其穆斯林人口很多后来加入了这个组织。在这些国家中，穆斯林人口比例从15%到99%不等。最少的是喀麦隆；最多的是索马里、科摩罗，两者奉伊斯兰教为国教。③ 在这些国家中，主要信奉伊斯兰教中的逊尼派，也有信奉什叶派的。逊尼派中，有信奉马立克学派教法的，也有信奉沙斐仪学派教法的。在其他非伊斯兰会议组织成员国的非洲国家中，也有比例从1%到35%不等的穆斯林人口，其中最少的为莱索托，最多的为埃塞俄比亚。④

同时，非洲的基督教会发展得也十分快，到2000年，非洲的基督教徒人数之多，可能成为世界之冠。他们现在的总人数接近两亿人或占全非人口的44%，而非洲穆斯林只有一亿人，剩下的人是泛灵论者或传统信仰的信徒。在基督教中，最大的教派是天主教，它在非洲有7500万多信徒和12名枢机主教；新教徒估计有5000万人。⑤

这三种宗教代表了三种法律文化。原始宗教是非洲本土文明的产物，它与非洲的习惯法难解难分。伊斯兰教和基督教都是外来文明，它们负载的法构成非洲的继受法。尽管如此，这两种宗教分属于两种冲突已久的文明，异质性很强。从根本上说，基督教文明很早就实现了此岸与彼岸的分

---

① 这方面的例子有意大利学者 Rodolfo Sacco 的著作 *Il Diritto Africano*，UTET，Torino，1995.

② 〔英〕帕林德：《非洲传统宗教》，张治强译，商务印书馆，1999，第7页。

③ 金宜久主编《当代伊斯兰教》，东方出版社，1995，第73页。

④ 金宜久主编《当代伊斯兰教》，东方出版社，1995，第73页。

⑤ 〔美〕戴维·拉姆：《非洲人》，张理初、沈志彦译，上海译文出版社，1998，第186～187页。

离，因此，它的法律是世俗的；而伊斯兰教文明没有明确的两个世界的概念，毋宁说它更倾向于彼岸生活，偏偏它先于基督教文明大规模地到达非洲，满足了神欲极强的非洲人的精神需要。在许多非洲国家，伊斯兰教法不再是外来法，而成为固有文明的一部分。因此，在这些国家，人身关系受伊斯兰教法支配，并不奇怪。强调现世性的基督教文明产生了民法，由于精神世界的差异，它在非洲被缩减成财产法，作为一种权宜之计或外来压力的结果，它只支配非洲人之间的财产关系。

事实上，外来文明的输入总是与武力侵略相伴随。伊斯兰教是由阿拉伯人的骑兵在 7 世纪带到北非的，由于时过境迁，它所带来的暴力渐渐被人们遗忘。而且，它的从北非向撒哈拉以南非洲的传播，采用的就是伴随贸易的和平方式。撇开基督教的科普特教派在公元前后在埃及和埃塞俄比亚的传播不谈，基督教文明在非洲的传播与最丑陋的民族利己主义的暴力联系在一起，并且发生在晚近的 15 世纪。它所包含的法律文明，对非洲人意味着侵略，至少是文化侵略，它始终被视为外来法甚至被伊斯兰化亦非怪事。

基督教文明的法律来到撒哈拉以南非洲，是西方列强殖民主义扩张的成果。被工业革命的乳汁催肥了的欧洲国家，突然感到了自己的强大，并发现在离自己这么近的地方，还有一块如此弱势的土地可供自己扩展，于是，它们像听到发令枪响的短跑运动员，一齐扑向了这块灾难的土地。为了利益均沾，它们还公然开会讨论对非洲的瓜分。所有的欧洲国家，除瑞士外，都参加过瓜分非洲的柏林会议（1884 年 11 月 15 日至 1885 年 2 月 26 日），1876 年的布鲁塞尔会议也是关于瓜分非洲的。实际采取殖民行动的欧洲国家有法国、英国、葡萄牙、西班牙、比利时、意大利、荷兰、德国。除了德国外，上述殖民国家都在非洲法律上留下了自己的痕迹。事实上，法国、西班牙、葡萄牙、意大利、比利时都在殖民地实施自己的法典。[①] 英国也把自己的判例法带到了自己在非洲的殖民地。由于上述殖民宗主国分属大陆法和普通法两个法系，这就造成了法典法的非洲和普通法的非洲两个非洲现象。

———————

① 〔美〕维农·麦凯：《世界政治中的非洲》，北京编译社译，世界知识出版社，1965，第 522～523 页。

撇开受英国法影响的非洲国家不谈，如果要细论采用法典法的殖民宗主国在其非洲殖民地留下的不同的法律遗产，那就不能使用两个非洲的表达，而必须使用四个非洲的表达：《法国民法典》的非洲（包括比利时殖民地，因为比利时民法典是《法国民法典》的翻版）、葡萄牙民法典的非洲、意大利民法典的非洲和荷兰法的非洲。当然，这四者都从属于一个共同的传统：罗马法传统。因此，也可把它们统称为罗马法的非洲。即使考虑受英国法影响的非洲，我们也可观察到法典作为穷人的药方之性质的普遍性，英国殖民者不得不把自己的判例法成文化后，再适用于非洲。

由于宗教与法律的密切联系，上述三种宗教在非洲的存在和传播，使非洲史可以从法律的角度分为三个阶段。在 639 年 12 月伊斯兰教徒入侵埃及之前，非洲处于固有法阶段，撒哈拉以南非洲尤其如此。在这一入侵发生后，伊斯兰教法作为一种外来法进入南北非洲并深刻地影响了人们的生活，最终成为非洲的固有法并与新的外来法遭遇。1415 年，葡萄牙人占领了摩洛哥的休达，这是一个重大的事件，它标志着西方法对非洲的渗透，它最终成为非洲最具立法意义的法。事实上，西方法是非洲第二波外来法，与固有法和伊斯兰教法对抗和融合。因此，谈论非洲的本土法与外来法这个题目，必须采取相对的立场，因为"本土法"和"外来法"都是相对的概念。真正意义上的本土法是所谓"祖先法"，它是与非洲的原始宗教相连的习惯法，与之相对，伊斯兰教法是外来法。伊斯兰教法在非洲存在很久以后，相较于晚些进入非洲的欧洲法，它又成为本土法并与后者对立。

非洲的祖先法是一种典型的习惯法，它表现为一种权力扩散社会的典型特征。根据祖先法，土地最初属于部落或家庭，被认为是不可转让的，除非取得了所有家族成员的同意。祖先法鼓励表兄弟姐妹之间结婚，以保证财产不流出家族之外。在祖先法中，妇女的地位低于男子。

对妇女实行割礼①（Inifbulazione）。由于在家族或部落之上缺乏一种镇压不法行为的公权力，因此自力救济流行。金钱赔偿可以取代报复。在合同方面，如果把合同理解为交换财货以满足订约人需要的一种形式，则非洲传统社会的团体性保障了其成员的一切必须求诸合同的需要，在这个意

---

① 这种割礼切除妇女的阴蒂并以特殊的方式缝合，使其在性交中感受不到乐趣而是痛苦。

义上，合同无存在的余地。巫术盛行。人们相信，如果未为死者举行葬礼，其亡灵就会因为没有完全脱离尘世而变为游魂害人，因为死者的灵魂借助于活人为他举行的葬礼找到通往阴间的道路。[①] 争议的解决委诸神意证据、神明裁判、宣誓等。人们根据这些法律实行祖先崇拜。但祖先和真正的神有区别，他们虽然暂时升入超物质的世界，但始终保持着人类固有的特性，这使他无法具备神的条件，也无权进入任何神的世界，而只能在自己的家族或部落内保持其本来的身份。所以，死者的灵魂只能对他们的后裔发生作用，保佑他们团结一致和维护团体纪律，以此报答他们的祭祀。如果死者被激怒，则会进行残忍的报复。[②]

当然，神是一种更高的存在，在非洲人的心目中，超验存在由低到高的序列为：祖先→精灵或次要神→最高神。

上述祖先法的特征使人可以相信，在适用祖先法的时代，非洲正处在从部族社会转向民族国家的发展过程[③]，而这样的发展过程被殖民主义者人为地中断了——至少在撒哈拉以南的多数非洲国家中是如此——这段历史为现代非洲打上了部族主义的烙印。所谓部族主义，就是试图最大限度地维护自身利益不被侵犯，同时为本部族谋取更多利益而不惜牺牲其他部族的利益或国家整体利益。其实质是部族自我中心主义或曰部族利己主义。[④] 它是许多非洲人缺乏国家意识之现象的根源，而现代法乃以国家观念为基础。也许，部族主义对于南部非洲国家来说，是实现法律现代化的最大障碍。

伊斯兰教法则是有国家状态的法，尽管它是调整彼岸关系的，或者说，它是通过调整彼岸关系来调整此岸关系的，因为"伊斯兰教法总是毫无例外地以神人关系为基础，通过这一中介来体现和调整人与人之间的关系"。[⑤]《古兰经》的基本目的不在于规范人与人之间而在于规范人与他的创造者之间的相互关系。[⑥] 但由于它隐含的国家前提，伊斯兰教法对非洲祖先法的取代是一个进步；由于它轻此岸生活重彼岸生活的特点，它又与

① 〔法〕博·奥拉：《象牙海岸》，新军译，上海人民出版社，1974，第101～102页。
② 〔法〕博·奥拉：《象牙海岸》，新军译，上海人民出版社，1974，第103页。
③ 徐济明、谈世中主编《当代非洲政治变革》，经济科学出版社，1998，第203页。
④ 徐济明、谈世中主编《当代非洲政治变革》，经济科学出版社，1998，第213页。
⑤ 吴云贵：《伊斯兰教法概略》，中国社会科学出版社，1993，第1页。
⑥ 〔英〕库尔森：《伊斯兰教法律史》，吴云贵译，中国社会科学出版社，1986，第4页。

这种祖先法具有很强的亲和性，因此，它春风化雨般地影响了非洲人的生活，这并不奇怪。

毫无疑问，西方法经过了政教分离的洗礼，发展为调整此岸关系的世俗法。西方法被引入非洲，将强迫非洲人注重世俗生活和物质利益，确立所谓资本主义精神。西方法对非洲人的精神世界是一个根本的改造，因为两者的差别太大，再加上其他因素，非洲法必然遭排斥。

非洲法的历史，就是上述三种法相互排斥、相互融合的历史，因此，把非洲法史描述成这三种因素的变奏，是恰当的。不过，对于北非来说，由于进入有文字记载历史的时期比较长，祖先法已极为淡化甚至湮没无闻，因此只存在伊斯兰教法与西方法的两重变奏。在撒哈拉以南非洲国家中，三种法的交互作用现象更明显地存在。

本文是我和薛军即将分阶段完成的专著《世界民法典编纂史》的一部分，为此，我将对非洲诸国的法制情况尤其是民法典的编纂情况做一个国别考察。我将按照法律文化圈来论述各非洲国家这方面的情况。

本文涉及 53 个国家，为了层次分明地进行阐述，必须对它们进行分类。这是一项困难的工作，因为很难确定一个统一的分类标准。我们可以首先把非洲分为撒哈拉以北非洲和撒哈拉以南非洲。北非国家则包括马格里布国家（摩洛哥、阿尔及利亚、利比亚和突尼斯）、埃及、苏丹、西撒哈拉 7 国，它们大致有共同的经历：在上古时期，属于迦太基帝国的势力范围；后来先后被罗马人、汪达尔人、阿拉伯人和奥斯曼土耳其人征服，由于后两者的关系，它们都信仰伊斯兰教；进入近代以来，又遭到英国、法国、意大利、西班牙等宗主国的奴役。这一片非洲土地开发得很早，已经难得找到固有法了，伊斯兰教法就是这里的固有法，它与西方列强带来的西方法为互动关系。撒哈拉以南非洲国家有 46 个，也必须以一定的标准把它们归类。由于除了埃塞俄比亚和利比里亚外，其余国家都曾经是这个或那个西方强国的殖民地，而且各宗主国无一例外地都把自己的法律适用于它们，因此，最为便利的是按宗主国对它们进行分类。根据这一标准，可以把它们分为前法国殖民地国家、前比利时殖民地国家、前意大利殖民地国家、前葡萄牙殖民地国家、前西班牙殖民地国家、前英国殖民地国家。撒哈拉以南非洲国家，大都很顺利地划归上述类别。但南非及受南非法影响的国家自成一类。严格说来，南非既不是荷兰的殖民地，也不是英国的殖民地，而是荷兰和英国共有的殖民地，它的法律辐射了一块小小的区域，自成一个独立的法族，值得单独作为一类。

最后是从未成为殖民地的埃塞俄比亚和利比里亚。

当然，由于法国是非洲的殖民"大户"，与它有关的国家太多，我按照法国在这些殖民地的行政史，将其分为法属西非国家、法属赤道非洲国家和其他前法国殖民地国家。

国别考察

一　北非国家

（一）埃及

埃及是世界四大文明古国之一。公元前 4000 年左右，形成了上下埃及，埃及进入法老时代，有了自己的法律。亚历山大的远征，使埃及文明与希腊文明接触和融合，亚历山大的部将托勒密成为埃及国王。托勒密王朝时期，希腊人占据上层统治职位，土著埃及人占据下层统治职位，并形成了若干希腊式的城邦。在这些城邦中，市民选举自己的市长和法官，有权制定自己的法律和修改城市法制。[1] 不难看出，在埃及的文明史中，的确存在希腊法的因素。公元前 30 年，埃及在帝政取代共和的血雨腥风中成为屋大维的罗马的一部分，由元首奥古斯都（Praefecti Augustalis）管理，埃及的收入归元首私人所有。因此，罗马法也曾适用于埃及。考虑到这一历史，就不难理解 19 世纪 80 年代初英国吞并埃及后输入英印模式的尝试何以失败。[2] 西罗马帝国的覆亡，使埃及也成了汪达尔人的征服地。优士丁尼的中兴，使埃及又回到东方的罗马人——拜占庭人的统治下，一直到 639 年阿拉伯人征服这个国家，使之改宗伊斯兰教。

埃及目前是一个伊斯兰教国家。但在它接受这一宗教前，其人民信仰具有一神教倾向的多神教。被尊崇的最高的国家神是太阳神瑞，它被认为

---

[1]　何芳川、宁骚主编《非洲通史·古代卷》，华东师范大学出版社，1995，第 62 页及以次；第 124 页。

[2]　Francesco Castro, *Saria e diritto romano nella codificazione dei paesi Arabi* (Roma: Isiti-tutoperl'oriente C. A. Nallino, 1991), p. 114.

掌管人生前的一切，国王是其儿子。4 世纪，基督教成为罗马帝国的国教，作为罗马帝国一部分的埃及也受基督教支配，在这里形成了科普特教派。① 直到 639 年 12 月阿拉伯人率兵入侵拜占庭人占领下的埃及后，该国才成为伊斯兰教国家。② 这种宗教上的变革深入地影响了埃及的法，使其由一个与西方文明同质的国家变成一个与西方文明异质的国家，后来产生向西方学习的需要。

1517 年，奥斯曼土耳其人征服埃及，把它当作深入北非其他地区的跳板，③ 统治这里 300 多年。到 18 世纪，奥斯曼帝国衰落，尤其在俄土战争后，埃及趁机谋求独立。因此，埃及在 1914 年前，形式上是奥斯曼帝国的一部分，但从 1874 年起，享受特别的自治，取得司法独立，不适用奥斯曼帝国民法典。④ 1798 年 5 月，拿破仑远征埃及，理由是帮助土耳其人镇压叛乱。7 月占领开罗，从此埃及受到法国文明的强烈影响。⑤ 1882 年，英国占领埃及，将其变成自己的殖民地。19 世纪 80 年代，穆罕默德·阿里进行改革，实行对外开放的政策。但英国法在这里的影响很小，相反，法国法的影响很大。从 1875 年起，埃及直接采纳法国的刑法典、商法典和海商法典。

尽管埃及不适用力图西化的奥斯曼民法典，但这并不意味着埃及排斥西方的影响，毋宁说埃及愿意以自己认为正确的方式吸纳这样的影响。因此，在民法典的制定上，埃及没有照搬法国的法典，而是走吸收外援自己起草民法典之路。1875 年，埃及制定了适用于埃及人与外国人的混合民法典。编订草案的工作被委托给法国律师曼努里（Manoury），他在两年内完成了民法典、商法典、民事诉讼法典、商事诉讼法典、刑法典和刑事诉讼法典草案，速度够快的。我手头的埃及混合民法典凡 774 条，包括一个序编和四个正编。第一编，财产，第一章，财产的各种类型；第二章，所有权；第三章，用益权；第四章，役权；第五章，取得所有权和物权的方式；第二编，债；第三编，各种合同；第四编，债权人的权利。可以看

---

① 罗竹风主编《中国大百科全书·宗教》，中国大百科全书出版社，1988，第 7 页。
② 金宜久：《伊斯兰教史》，中国社会科学出版社，1990，第 306 页。
③ 金宜久：《伊斯兰教史》，中国社会科学出版社，1990，第 287 页。
④ Francesco Castro, op. cit., p. 43.
⑤ 金宜久：《伊斯兰教史》，中国社会科学出版社，1990，第 474 页。

出，这部民法典是纯粹的财产关系法，无任何关于人格关系和身份关系的规定。但即使作为财产法，它也很有特点，例如把合同与债并列的编制方法，在当时就是一种创新，这种创新在后世有许多模仿者，最近的俄罗斯联邦民法典和荷兰民法典就在这一行列中。第四编专门规定债权人的权利，十分少见，使人怀疑当时的埃及是否像现在的中国一样，存在债权人怕债务人之问题。但细查该编之内容，发现它根据债权人权利的强弱对之进行分类，然后以这种分类为轴心就各种担保物权做出规定，像是破产法中的预备规定。这种对担保物权的处理，在民法典编纂史上具有创新性。

同年，埃及还颁布了混合商法典，包括一般规定、各种商事合同、破产三编。果然，关于破产的第三编的内容与民法典第四编的内容紧密衔接。

混合民法典和混合商法典是 1740 年奥斯曼帝国在与威尼斯、奥地利和俄国的战争中失败，西方列强强迫它签订不平等条约，享有治外法权的产物。[①] 像在日本和中国的经历一样，这种法权也推动被课加它的国家为取消它而制定西方化的法律。但在这一过程完成之前，不妨实行法律上的双轨制，换言之，对外国人彼此之间的民事关系，如果他们同属一个国家，则适用他们的本国法；如果他们属于不同的国家，则可以适用一种第三国的法；对埃及人与外国人之间的民事关系，按照殖民主义的逻辑，当然不能适用埃及的固有法，那么，就适用一种兼有埃及因素和西方因素的法律。混合民法典和混合商法典，就扮演了上述"第三国的法"和"兼有两种因素的法律"的角色。由于混合法院具有吸收西方法律的性质，它又被称为"改革法院"。

1883 年 10 月 28 日，埃及颁布了一部国民民法典，适用于埃及人彼此之间的民事关系。起草委员中有一些欧洲人，如瓦谢尔（Vacher de Montguyn）、娄（Low）、意大利人乔万尼·莫里昂多（Giovanni Moriondo）——后来他被委托修改民法典和民事诉讼法典，以及埃及人布特罗斯·加利·穆罕默德·卡德里·巴夏（1821～1888）。他们的工作成果主要受《法国民法典》影响，该法典的 2/3 的内容，即 2283 条中的 1450 条强，被继受进国民民法典，换言之，《法国民法典》的 1/3 的条文，

---

① 吴云贵：《伊斯兰教法概略》，中国社会科学出版社，1993，第 216 页。

包括关于个人身份的第一编、第三编的第一章和第二章（分别关于继承、生前赠与与遗嘱），被排除在埃及的国民民法典之外。这里就开启了伊斯兰国家后来排斥西方的人身关系法而继受其财产关系法的进程。

国民民法典共计641条，比混合民法典少了133条，条文的减少至少部分地归因于国民民法典无混合民法典的序编，这是关于法的一般的规定。在其他部分的大的结构上，它与混合民法典别无二致，分为四编。第一编为财产，包括6节；第二编为债；第三编为各种合同，包括9节，比混合民法典的相应部分多两节；第四编为债权人的权利，分为3节。总的来说，这部民法典奴隶般地模仿《法国民法典》，有时把《法国民法典》的几个条文压缩为一条，以至于改变了其原意。此外，有些地方受到意大利法和比利时法的影响。当然，它还保留了伊斯兰法的一些痕迹，例如在役权、赎回、消灭时效等问题上。

同年，埃及还颁布了至今有效的国民商法典，它凡419条，分为三编。第一编，一般规定，规定商和商行为；第二编，商事合同；第三编，破产。国民商法典只继受了法国商法典的第一编和第三编。法国商法典的第二编，在埃及被单立为1883年的海商法典；法国商法典的第四编，进入埃及的诉讼法典。①

上面说到的，是埃及就财产关系进行立法的情况。在人身关系方面，1875年，埃及产生了一部由上述法学家和政治家布特罗斯·加利·穆罕默德·卡德里·巴夏起草的穆斯林个人身份法典草案，它从未被正式颁布，但对司法实务具有不小的影响，因此具有半官方色彩，其功能在于帮助法官了解伊斯兰法的内容。尽管我并不了解该草案的具体内容，但我能够理解这种立法模式的意义：该草案在伊斯兰世界开辟了编纂个人身份法典的道路，后来，把财产关系和人身关系分别立法，成为伊斯兰世界制定民法典的模式。但是，尽管埃及开风气之先，到目前自己却还没有一部家庭法方面的有机的法律文本。②

19世纪80年代初，英国吞并埃及，试图把英国法实施于此地，但未成功。1923年，英国名义上承认埃及独立，埃及王国成立。

---

① Francesco Castro, op. cit., pp. 108 – 112.

② Francesco Castro, op. cit., p. 114.

1946 年，随着二战结束，殖民主义终结，产生了制定一部统一的民法典的要求，因此，埃及制定了与商法典并列的新民法典，它以先前的混合民法典和国民民法典为蓝本，吸收了这两部法典的 3/4 的条文。它一改过去的全盘西化的倾向，试图把伊斯兰教法的某些原则与欧洲的法律原则糅合在一起，正如其作者所说，"本法所定之条款是现行埃及法律、借自其他当代法典的成分和最后但不是最少的沙里亚──通往真理的道路之意──本身的法律原则三方面的汇总"。① 此为 1948 年埃及民法典。其作者为阿卜德·阿尔·拉扎克·阿尔·桑胡里（1895～1971），他在美国人伍尔顿（F. P. Wulton）的影响下学习过普通法。成年后在司法界工作，也当过教师。1921 年留学法国，在里昂大学法律系学习，是法国著名罗马法和民法学家爱德华·兰贝赫的学生，他在里昂受到比较法的熏陶。1925 年他在巴黎获博士学位，后来在巴格达教书，致使一些学者认为他是伊拉克人。1936 年 2 月，他被埃及召集为法典委员会的成员并成为其灵魂。1940 年法典草案付印后，也是他承担其主要的修改工作。该草案于 1948 年 7 月成为法律，同时旧民法被废除。②

桑胡里留学法国的经历决定了这一法典不可避免地要受到法国法的影响，但埃及民法典也参考了其他国家如瑞士、联邦德国、意大利和日本等国的某些法律原则。埃及民法典具有鲜明的伊斯兰教法的特色，例如，在关于法律渊源的规定中，它把沙里亚作为法律的渊源之一，允许在法律无规定的情况下适用沙里亚法。我们必须记住的是，该法典颁布当时，世俗法院与沙里亚法院并存。③ 但从 1956 年起，该法典的适用环境发生变化：沙里亚法院被废除，原先适用于沙里亚法院的沙里亚法现在适用于普通的民事法院。④

诚然，在埃及民法典的制定中，吸收了许多西方因素，但西方并非铁板一块，埃及民法典在考虑吸收怎样的西方因素时，总是注意吸收那些尽可能与伊斯兰教法保持一致的部分。此外，还直接从沙里亚法中吸收了一

---

① 〔英〕库尔森：《伊斯兰教法律史》，吴云贵译，中国社会科学出版社，1986，第 126 页。
② Francesco Castro, op. cit., p. 198.
③ 吴云贵：《伊斯兰教法概略》，中国社会科学出版社，1993，第 221 页。
④ 《世界各国宪政制度和民商法要览·非洲分册》，上海社会科学院法学研究所编译室编译，法律出版社，1987，第 28 页。

部分法律原则和规定，对前两部民法典中已有的沙里亚法规定，则予以保留或做一定的改动，以适应时代的发展。①

由于上述工作，相较于先前的两部民法典，埃及新民法典的条文数目增加，达到1149条。更重要的是，它的结构发生了很大的改变。这部民法典，不再是单纯的财产法典，它的序编是关于法的一般的规定。在这部分中，关于法律在空间上的冲突的规定，巧妙地纳入了冲突规则的内容。此外，这部分还规定了自然人和法人的民事主体，属于人格法的规定。显然，这个序编是不折不扣的总则，在这一问题上，埃及民法典已背离并超越了其法国蓝本。第一编是债与合同，把债置于物之前，我们在这里可以看到德国学说的影响；第二编是物，规定了所有权和他物权。关于所有权取得方式的规定，涉及继承法。尽管人们认为埃及民法典不规定家庭法和继承法，只规定财产法和债法，② 但这一说明并不确切，因为埃及民法典至少规定了人格法。此外，埃及民法典还有一些创新，例如创造了无因得利的概念，把传统民法中的无因管理和不当得利融为一体。我手头没有现行的埃及民法典，兹以继受这一民法典的1973年索马里民法典的有关规定为例说明之。按照这种体例，无因得利行为包括受非债清偿和受事务管理两种情况。所谓的无因得利，是指任何有识别能力的人，无正当原因使自己得利并造成了他人之损害的情况，为此，他要在得利的范围内就赔偿后者因财产的减少引起的损害承担责任。即使利的客体灭失，这样的债依然维持。③

就专门的人身关系立法而言，1920年，埃及颁布了关于婚姻、家庭关系的第25号法令，规定了男18岁、女16岁的适婚年龄，限制童婚，并限制男子娶二房妻子；1943年，埃及颁布了继承法，对伊斯兰教的继承原则加以修改和补充，以克服法定继承的僵化性；1946年，埃及颁布了遗嘱处分法，以义务遗嘱实行代位继承，以维护失去父母的孤孙女的权利。另外，还颁布了瓦克夫条例来调整公益或私益信托关系。④

---

① 吴云贵：《伊斯兰教法概略》，中国社会科学出版社，1993，第222页。
② 《世界各国宪政制度和民商法要览·非洲分册》，上海社会科学院法学研究所编译室编译，法律出版社，1987，第28页。
③ Cfr. Codice Civile Somalo, articolo 176.
④ 吴云贵：《伊斯兰教法概略》，中国社会科学出版社，1993，附录中的年表，第309～310页；金宜久：《伊斯兰教史》，中国社会科学出版社，1990，第482页。

从上述简要的埃及近代法律史中，我们可以看到，埃及对外来法先是奴隶般地继受、单源地继受，把外来法与固有法分裂开来、隔离开来；经过一段时间的磨合，外来法逐渐变成埃及文明本身的内容，埃及人开始以批判的眼光重新继受外来法或整理已继受的外来法，多源地继受外来法，并实现对外来法与本土法的整合。现行的埃及民法典一方面愿意尊重穆斯林的传统；另一方面，对于妨碍发展的这样的传统，也大胆地对之进行改革。例如，民法典中对射幸契约和保险合同的规定、对利息的允许，就是如此。埃及民法典在这三方面取得了超越传统的伊斯兰教法的进步。由于这种兼收并蓄的做法，埃及民法典在某种程度上青出于蓝而胜于蓝，因为其母法并未经过根本的重整，所以至少在形式上不如埃及民法典完善。正由于这样的成就，埃及民法典在伊斯兰世界中有巨大的影响，成为主要的阿拉伯国家民法典的蓝本，其影响范围包括利比亚、阿尔及利亚、叙利亚、伊拉克、约旦、索马里等国家。阿拉伯半岛上的国家，除沙特阿拉伯外，都继受了这部民法典，这标志着埃及法系的独立存在。[1] 有人说，埃及虽然永远不能领导一个统一的非洲，但它已经采取许多步骤来表示它既是一个非洲国家也是一个中东国家。[2] 在埃及民法典横跨西亚和非洲发生影响的意义上，这一论断也是对的。

但 20 世纪 80 年代出现的伊斯兰复兴运动又使传统与现实发生冲突。1980 年的埃及宪法规定伊斯兰教法是立法的主要来源，由此引发了 1948 年民法典与伊斯兰传统不合的有关规定的合宪性问题。1985 年，埃及最高宪法法院以法无溯及力为借口，拒绝了传统主义者宣告承认利息的民法典第 226 条、第 227 条和第 228 条违宪的要求。[3]

（二）苏丹

苏丹分为南北两个部分，北部苏丹的居民为高加索人种，其中有著名的努米底亚人，他们曾是罗马帝国的畏敌。北部苏丹受青白尼罗河的影

---

① Francesco Castro, op. cit., p. 207.

② 〔美〕维农·麦凯：《世界政治中的非洲》，北京编译社译，世界知识出版社，1965，第 103 页。

③ 侯萨姆：《以金钱为标的的债务利息》，《第二届"罗马法·中国法与民法法典化"国际研讨会论文集》，1999，第 355 页。

响，在历史上与埃及有密切的联系，在文化上高度伊斯兰化；南部苏丹的居民为黑人，信仰传统宗教或基督教，在历史文化上与埃塞俄比亚、乌干达和扎伊尔有更密切的联系。① 南北苏丹的差异，对这个国家的法律产生了深刻的影响。

1820～1874 年，苏丹由奥斯曼－埃及人征服。从 1881 年到 1889 年，一场名为"马赫迪"（Mahdista）的当地宗教运动成功地建立了伊斯兰国，但它被视为一场起义，招致 1898～1956 年英国与埃及对这一国家的共治，直到 1956 年苏丹独立。1969 年，苏丹选择了社会主义道路。1989 年后，又与伊斯兰原教旨主义运动联盟。

在苏丹作为殖民地时期，殖民当局恢复了农村的部落制度，给予部落酋长一定的行政和司法权力，同时以英国法影响苏丹，这意味着实行间接统治，在这个国家搞法和法院的双轨制，即土著法和法院与英国法和法院的双轨制。就土著的习惯法而言，它又分为两个层次，一是适用于穆斯林的属人法，即沙里亚法，在苏丹，人们信仰教法学派中的哈乃斐派；二是适用于非穆斯林的属地法，它无成文的规范，只是授权法官根据"衡平、正义和正确的观念"解决争议。我对苏丹这方面的法律知道得很少，只对所有制的情况有所知。由于经济发展水平不同，苏丹各地的土地所有制难以一言以蔽之，牧区有部落所有制，定居区的许多地方实行村落所有制，有的地方实行土地私人所有制。1925 年颁布的所有制法规定，凡未登记在私人名下的土地，都归政府所有；私人或部落使用的土地，所有权归政府，使用权不变。②

就适用于苏丹的英国法而言，我知道英印模式曾在苏丹传播，这意味着适用英国为印度制定的成文法，包括印度合同法和刑法典两部重要的法律。就前者而言，它是英国殖民当局于 1872 年为了克服印度不具有适用普通法的昂贵条件的缺陷为这个国家颁布的一部法律，凡 266 条，包括 11 章，每个条文后附以例解以便于适用。它或许是英美法中最早的法典性的

---

① 穆·马·西亚德、穆·阿·苏奥迪：《苏丹》，西北大学伊斯兰教研究所翻译组译，陕西人民出版社，1978，第 77 页及以次。
② 穆·马·西亚德、穆·阿·苏奥迪：《苏丹》，西北大学伊斯兰教研究所翻译组译，陕西人民出版社，1978，第 172 页。

立法，为后来英国为自己制定的货物买卖法（1893）开辟了道路。[1] 英国人一旦制定了这部法律，就不愿再花力气为每个殖民地制定新的法律，而是广泛地把它推广到其他殖民地，这其中也包括苏丹。除了上述成文法外，殖民当局也使用判例法。从1898年开始，苏丹的判例法都会定期公布。

上述法律渊源、体制决定了苏丹的法院体制也是三元的。沙里亚法院解决穆斯林之间的争议；习惯法法院解决地方种族共同体成员之间的争议；民事法院即适用英国普通法的法院，解决其他案件。三种法院统一于最高法院，这种独立后仍存在的法院体制大概是从殖民时期继承下来的。[2]

1899年和1975年，苏丹两次制定刑法典。70年代转受埃及的影响，于1971年采用了埃及模式的民法典，两年后又将其废除，回归英印模式。1973年颁布了刑法典。之后发生了沙里亚法的复兴。1983年制定了新的刑法典和刑事诉讼法典。1984年制定了民事交易法典，它受约旦民法典的影响，把民法的模式与沙里亚法的规则嫁接。后来还颁布了新的民事诉讼法典和穆斯林家庭法。[3]

（三）马格里布国家

"马格里布"为阿拉伯语，意为"阿拉伯西方"。682年，阿拉伯人到达北非摩洛哥海岸，为大西洋所阻不能前进，遂以为此处是最西的土地，故名之。以后马格里布作为专有地理名词，指摩洛哥、阿尔及利亚、利比亚和突尼斯，成为对这四个国家的总称。这四个国家具有历史上的联系，7世纪后迁入这些地区的阿拉伯人，曾和当地的柏柏尔人——由"野蛮人"一词转化而来——共同组成马格里布。但从14世纪起，这一联盟因土耳其人的入侵逐渐分裂。[4] 这一历史上存在的联盟使人们对在现代把这四个国家重新统一起来怀抱希望，因此有马格里布统一运动，四国间有丹吉尔会议和突尼斯会议协调彼此的行动。[5] 事实上，人们有过建立由摩洛哥、突

---

[1] 宋光伟、杨波译：《印度契约法》，北京政法学院民法教研室印行，1981年4月。

[2] Rodolfo Sacco, *Il Diritto Africano*, UTET, Torino, 1995, p. 360.

[3] Francesco Castro, op. cit., p. 263.

[4] 《辞海（缩印本）》，上海辞书出版社，1979，第1136页。

[5] 〔苏联〕尼·阿·伊万诺夫：《今日突尼斯》，任都等译，世界知识出版社，1960，第105页。

尼斯和阿尔及利亚组成的马格里布联邦的想法，[①] 不过，这个马格里布联邦中少了利比亚。

1. 突尼斯

突尼斯的原始居民是柏柏尔人。公元前 12 世纪，腓尼基人来到突尼斯，在这里建立起城市，其中最著名的是航海帝国迦太基，它成为罗马人在地中海的强有力的商业竞争对手，由于这种地位被罗马人以莫须有的罪名毁灭。从此，突尼斯成为罗马的一个行省。罗马人的统治持续了约 600 年，在突尼斯的文化上留下了深刻的印迹，至少可以这么说，罗马法曾经适用于这个国家；基督教曾经是其普通宗教。在日耳曼人入侵罗马帝国的浪潮中，汪达尔人入侵了作为罗马帝国一部分的突尼斯，但它的统治只持续了 95 年。到 534 年，在优士丁尼光复罗马帝国的活动中，突尼斯又回到了东方的罗马人——拜占庭人的统治下。100 多年后，也就是 698 年，阿拉伯人占领了突尼斯。8 世纪中叶，突尼斯人接受了伊斯兰教，抵抗十字军的侵略并取得胜利。16 世纪，突尼斯成为西班牙与奥斯曼帝国争夺的对象。1534 年，奥斯曼土耳其人占领了突尼斯，当时的突尼斯国王向西班牙人求助，得到其保护，西班牙人由此在这个国家取得了一些民事和宗教特权。1574 年，土耳其人东山再起，把突尼斯变成奥斯曼帝国的一个省。1883 年，突尼斯成为法国的保护国，这种状态一直持续到 1956 年其独立。[②]

在法国人的征服之前，突尼斯就迫于外来的压力，同奥斯曼帝国一样进行了改革。突尼斯名义上是奥斯曼帝国的一部分，但它实际上是自治的，由于这种地位，它是伊斯兰法律世界中的“马格里布模式”的创立者。马格里布模式的特点是制定部分性的法典，例如，专门就债与合同的主题制定一部法典，因此可以把这种现象称为私法的部分法典化。

在改革的浪潮中，1861 年，颁布了突尼斯法典，它又被称作刑法典，但其内容包括了个人身份法的规范、刑法的规范、关于土地所有权和诉讼法的规范。在成为法国的保护国之前，突尼斯也成立了法典编纂委员会。1896 年 9 月 6 日，突尼斯任命了负责立法的法典编纂委员会，其中有在突

---

① 〔美〕维农·麦凯：《世界政治中的非洲》，北京编译社译，世界知识出版社，1965，第 115 页。

② 〔苏联〕尼·阿·伊万诺夫：《今日突尼斯》，任都等译，世界知识出版社，1960，第 2 ～ 11 页。

尼斯出生的意大利法学家戴维·桑迪兰纳（Davide Santilanna，1855～1931）。1897 年，委员会提出了 2479 条的突尼斯民商法典先期草案，上述意大利法学家同时还提出了立法理由书。它是对罗马法的移植，但混合了许多伊斯兰法的内容。意大利法学家指出了每一个条文的来源。这一草案虽受到法国人的批评，因为它与《法国民法典》的模式相去甚远，但它生效了 90 年。在法国人统治期间，法国进行了多项立法，但不干预个人身份法的内容。1926 年颁布了民法典，它可能是民法与商法分离的结果。

突尼斯于 1956 年独立后，大刀阔斧地进行了改革。一方面，实现国家的世俗化，改革了土地制度。在作为保护国的时期，突尼斯有四种主要的土地占有形式。第一种是私有土地。第二种是村社土地，它在实行粗放畜牧业和农业的地区。这种土地属于公有，每年重分一次。第三种是寺院土地，它的收入用来维持清真寺、宗教学校和各种慈善事业。这种土地不得转移、不能出卖、赠送或出租 3 年以上。它短期地租给农民，租期通常为 1 年。第四种土地在 1956～1957 年被国有化，成为国有土地，[①] 这有点像凯末尔在土耳其进行的改革。在独立前，也曾实行宗教法庭和世俗法庭的二元制。独立后，废除了宗教法庭和伊斯兰教法典，并建立了统一的世俗法院系统。

另一方面，为了结束法的多元局面进行法典编纂。1959 年制定了商法典，凡 746 条，分为五编。1962 年制定了海商法典，凡 365 条，分为六编。1965 年，制定了物权法典，凡 405 条，分为两编：第一编，物权之一般；第二编，不动产登记和登记程序。

1907 年制定了债与合同法典，其编制如下，第一编，债的一般，第一题，债的发生根据；第二题，产生于协议和其他意思表示的债；第三题，债的负担，包括条件、期限、选择之债、连带之债等内容，把这四项限制因素纳入"债的负担"的范畴，在体例上是一项创新；第四题，债的转移；第五题，债的效力；第六题，债的无效和撤销；第七题，债的消灭；第八题，债的证明和债的免除的证明。第二编，具体合同和准合同，第一题，买卖；第二题，互易；第三题，租赁；第四题，永佃权；第五题，寄

---

① 〔苏联〕尼·阿·伊万诺夫：《今日突尼斯》，任都等译，世界知识出版社，1960，第 37～38 页。

托；第六题，借贷；第七题，委任；第八题，委任合同；第九题，协会；第十题，射幸合同，这是与伊斯兰教法的原则相对立的规定；第十一题，和解；第十二题，保证；第十三题，抵押；第十四题，各种类型的债权人。显然，这是一部包括债的总则和债的分则两个部分在内的完整的债法典，为了改革牺牲了伊斯兰教法的原则，尽管这种部分法典的模式影响深远（中国的统一合同法何尝不是一部部分性的法典!?），可惜的是，这部债法典中关于具体合同的规定不够丰富。

1957 年，突尼斯颁布了个人身份法。它根据伊斯兰教法典编纂，并适用于全体穆斯林公民，以代替传统的伊斯兰教法的核心部分——关于婚姻和家庭关系的规定。有人说它是公民权法典，代替了伊斯兰教法法典。它以巨额罚金和坐牢的方式绝对禁止多妻制。按照《古兰经》的规定，以能公平对待和经济上能供养为条件，一个男人可以娶四位妻子。对这一规定，突尼斯法学家的解释是，在现实生活中，真正公平地对待诸妻子根本不可能，因此，《古兰经》提出多妻的两项条件的用意不是允许多妻，更不是提倡多妻，而是禁止多妻！这真是创造性的、大胆的解释。正是基于这一解释，当时主持私法改革的突尼斯总统布尔吉巴就授意在个人身份法中做出了禁止多妻的规定。① 个人身份法还实行婚姻登记和法定最低婚龄制度；成年女子有了婚姻自由，夫妻平等得到承认；男子单方提出的离婚声明不再具有离婚效力，因为其第 30 条规定，"不经法院许可的离婚无法律效力"。②

1960 年，突尼斯颁布了民商程序法典。如前所述，为了保障新法的实施，建立了民法法院和完整的现代司法制度，废除了由教法官卡迪主持的传统伊斯兰教法院。③

2. 摩洛哥

摩洛哥最早的居民是柏柏尔人。公元前 12 世纪，腓尼基人在这里殖民，建立了繁荣的商业中心。公元前 4 世纪，柏柏尔人在这里建立了毛里

---

① 洪永红、夏新华等：《非洲法导论》，湖南人民出版社，2000，第 141 页。
② Francesco Castro, op. cit. , pp. 137 - 139, 141, 267 - 272；〔苏〕尼·阿·伊万诺夫：《今日突尼斯》，任都等译，世界知识出版社，1960，第 87 页。
③ 吴云贵：《伊斯兰教法概略》，中国社会科学出版社，1993，第 311 页；金宜久：《伊斯兰教史》，中国社会科学出版社，1990，第 538 ~ 539 页。

塔尼亚国家，它与"后三头"时期的罗马共和国发生了密切的联系，最后以成为罗马帝国的行省告终。在罗马帝国摇摇欲坠之时，汪达尔人也侵入罗马帝国的这一部分，之后拜占庭取代了汪达尔，但它的统治是虚弱的。7世纪，阿拉伯人征服摩洛哥，使之成为一个伊斯兰教国家，聪明的阿拉伯人在推广伊斯兰教时采用了免税的手段。788年，摩洛哥建立了本地人的伊德里斯王朝，它后来变得强大，征服了与自己隔直布罗陀海峡相望的西班牙，建立了横跨欧非两洲的帝国。之后发生多次王朝更替。当所有的马格里布国家都被东方的奥斯曼帝国征服之时，摩洛哥始终是例外。但它面临西方的西班牙和葡萄牙的征服。后者于1415年和1417年分别占领了摩洛哥的休达和丹吉尔（Tanger）。葡萄牙人对休达的占领，是一个重大的历史事件，它标志着欧洲人对非洲进行殖民的开端。1578年，葡萄牙国王塞巴斯蒂安一世率军亲征摩洛哥，全军覆没。摩洛哥还抵御过西班牙和英国的入侵。19世纪末，摩洛哥仍处于列强的环伺中，摩洛哥君主为了救亡图存，进行了变法改革。1912年3月的《非斯条约》使摩洛哥沦为法国的保护国，国家的主权受到全面限制，法国总督有权进行必要的司法改革。同年11月的《马德里条约》把摩洛哥的部分土地划给了西班牙。1932年，丹吉尔被确定为国际共管区。1956年3月2日，法国承认摩洛哥独立；同年4月7日，西班牙也被迫承认摩洛哥独立，并同意摩洛哥领土完整的原则。[①]

在独立前，法国于1930年5月16日颁布了"柏柏尔人的敕令"，规定在柏柏尔人中，所有犯法行为，原来按伊斯兰法律归卡迪管辖的，今后仍归酋长管辖。所有民事、商业诉讼以及关于动产和不动产的诉讼，应归专门的司法机关。[②] 可见，在法国人统治下的摩洛哥，有宗教法院和世俗法院之分，西方性的法律与传统上由宗教管辖的事物无涉。更必须考虑到的是，独立前的摩洛哥包括三个法域：法属摩洛哥，在1891年就有了自己的商法典；西属摩洛哥，这里很可能适用过西班牙法；国际共管的丹吉尔，该地区有自己的商法典、刑法典和债法典。独立后的1965年，法院实现了世俗化和一元化，并且三个法域已经统一为一个法域。

---

① 郭小凌、杨宁一主编《北非各国》，北京语言文化大学出版社，1998，第126页及以次。
② 郭小凌、杨宁一主编《北非各国》，北京语言文化大学出版社，1998，第139页。

摩洛哥在 1912 年成为法国的保护国前就继受了马格里布模式。1912 年，摩洛哥颁布了陆商法典；同年颁布了债与合同法典和海商法典。[①] 1919 年，又颁布了凡 391 条的海商法典。1960 年颁布了新的商法典。[②] 这些法律完成了由信仰法到国民法的转变，因此是进步的。尽管如此，1957～1958 年，摩洛哥仍颁布了穆斯林个人身份法典。该法典由 6 编组成：第 1～2 编，关于穆斯林婚姻及其解除的规定；第 3 编，关于收养的法律；第 4 编，有关法律上的无行为能力；第 5 编，有关遗嘱；第 6 编，有关死后继承。[③]

3. 利比亚

古希腊人把白种人居住的非洲北部称为"利比亚"，以区别于"撒哈拉"，即黑种人的地区。[④] 这里的白人原住民是柏柏尔人。在古代利比亚，未建立过独立和统一的国家，这一地区往往是入侵者角逐的舞台。最先是腓尼基人来到这个地方，迦太基最终成为这里的主人。希腊人、埃及人、罗马人、汪达尔人都是这个地方的匆匆过客。7 世纪，阿拉伯人征服此地并把它伊斯兰化。1551 年，奥斯曼土耳其人攻占的黎波里，维持了 300 多年的统治。1912 年 12 月，意大利人取土耳其人而代之，利比亚根据《乌希条约》被土耳其割让给意大利。但直到 1932 年，意大利人才镇压当地人的反抗，取得对这一地方的实际控制权。1947 年，根据《巴黎条约》，意大利放弃了对利比亚的统治权。英国和法国统治利比亚直到其于 1951 年独立。[⑤]

由于奥斯曼土耳其对利比亚 300 多年的统治，在所有的马格里布国家中，只有利比亚适用过奥斯曼民法典。这部民法典对北非和西亚国家的民法影响很大，值得专门介绍。

1869～1876 年编纂的奥斯曼民法典严格来说应叫作"玛雅拉"，为伊斯兰教的哈乃斐学派关于债与合同的伊斯兰教法之意，它是奥斯曼帝国在

---

① 《世界各国宪政制度和民商法要览·非洲分册》，上海社会科学院法学研究所编译室编译，法律出版社，1987，第 298～301 页；Francesco Castr, op. cit. , pp. 139 – 140, 277。

② 吴云贵：《伊斯兰教法概略》，中国社会科学出版社，1993，第 311 页。

③ 洪永红、夏新华等：《非洲法导论》，湖南人民出版社，2000，第 140 页。

④ 〔法〕夏尔·安德烈·朱利安：《北非史》上册，《北非史》翻译组译，上海人民出版社，1973，第 1 页。

⑤ 郭小凌、杨宁一主编《北非各国》，北京语言文化大学出版社，1998，第 85 页及以次。

西方列强的压力下进行法律现代化之活动与维护伊斯兰传统之愿望的综合产物。就前者而言，奥斯曼帝国编纂了法国模式的商法典，主要的摹本是法国的陆商法典和海商法典；就后者而言，奥斯曼帝国编纂了"玛雅拉"，以把沙里亚法典化。统治者认为，在商法方面，是可以西化的；但在伊斯兰精神集中所处的民法领域，则必须坚决维护传统。"玛雅拉"主要是选择取舍历史上哈乃斐教法学派内部的各种不同的法律意见编制而成的一部民事《基本法》。它包括一个序言和十六编。第一编，买卖；第二编，租赁；第三编，保证；第四编，债务移转；第五编，质；第六编，受托管理；第七编，赠与；第八编，取得和损害；第九篇，禁治产和强制、赎回；第十编，合伙（共有）；第十一编，委任；第十二编，和解和免除；第十三编，供认；第十四编，起诉；第十五编，证据和作誓；第十六编，审判。共计1851条。显然，其主要内容包括债务、商业契约、民事侵权行为、证据与审判程序等。① 它是历史上以国家名义对神圣沙里亚的首次编纂。尽管经过编纂，在已接受欧洲司法传统的民法法院看来，这部法典实质上仍与中世纪权威教法学家编著的伊斯兰教法律课本区别不大。编纂"玛雅拉"的指导思想是统一法律的实施，以适应法制改革的新潮流，这需要改变传统沙里亚法典的表达形式。

奥斯曼民法典对几乎所有的伊斯兰国家都产生了巨大影响。由于利比亚曾是奥斯曼帝国的一部分，它适用上述"奥斯曼民法典"或"玛雅拉"。但在成为意大利的殖民地后，利比亚适用意大利殖民地法与当地的宗教法。利比亚法还受到突尼斯法的影响。此外，这里有过私人对伊斯兰法进行编纂的尝试。

1951年独立后，利比亚制定了自己的法律，尤其是编纂法典，它往往以意大利人、英国人和埃及人作为法典的起草顾问。1953年11月28日，利比亚制定了民法典。意大利30年的统治对利比亚民事立法的影响不如埃及大，② 因为该民法典的第一个起草委员会由埃及民法典的作者桑胡里主持，由利比亚、英国、意大利和黎巴嫩的专家组成，第一起草委员会后来

① 关于玛雅拉的结构，主要参见高鸿钧《伊斯兰教法：传统与现代化》，社会科学文献出版社，1996，第129页。

② 《世界各国宪政制度和民商法要览·非洲分册》，上海社会科学院法学研究所编译室编译，法律出版社，1987，第220、224～225页。

由利比亚和埃及人组成的第二个起草委员会取代。他们起草的民法典凡
1151 条，分为两部分，各部分之下又分为编。1953 年制定了商法典，凡
913 条，共 6 编，基本全部照抄意大利模式，只有 23 条是起草委员会的作
品。第一编，商人；第二编，商事公司；第三编，银行运作；第四编，信
用；第五编，商业公司；第六编，预防性和解和破产。1953 年制定了海商
法典，凡 385 条，分为 9 章，完全继受了黎巴嫩海商法典。① 可以看出，
独立后利比亚的立法机关比较注意学习邻国的经验，注意把现代化的愿望
与对伊斯兰传统的尊重结合起来。

1969 年，利比亚宣布伊斯兰教为国教。1972 年，颁布了第 74 号法令，
禁止自然人在彼此的民事交易中支付利息；同年，还颁布了第 148 号法令，
重申伊斯兰刑法的效力，宣布对偷窃者处以断手之刑。② 可见，1969 年后
的利比亚，把维护伊斯兰传统看得比现代化更重要。

4. 阿尔及利亚

努米底亚人为阿尔及利亚的原住民，又名柏柏尔人。腓尼基人的到来
开始了这个国家的历史。公元前 4 世纪建立的努米底亚王国是阿尔及利亚
历史上最早的国家。其国王朱古达与罗马进行了 7 年的战争，以武力和贿
赂屡败敌手，发出过蔑视罗马人的"如果能够替它找到一位买主的话，整
个罗马城也可以买得到"的感叹，③ 最后被拷打致死于罗马卡皮托尔山上
的监狱，阿尔及利亚由此成为罗马阿非利加行省的一部分，适用罗马法。
汪达尔人和优士丁尼出于不同的目的光顾过这个国家，最后还是阿拉伯人
做了长久的主人，他们带来了伊斯兰教。摩洛哥人也征服过阿尔及利亚，
建立了一个包括整个马格里布在内的大帝国。1587 年，阿尔及利亚成为奥
斯曼土耳其帝国的一个省，但土耳其人的统治有名无实。④

1681 年 10 月 28 日，阿尔及利亚遭到路易十四时代法国海军的炮击，
当然，法国人的说法是打击这里的海盗和进行从船上以臼炮对岸上的目标
进行轰击试验。⑤ 1830 年 6 月 14 日，法国占领了阿尔及利亚。1834 年 7 月

---

① Francesco Castro, op. cit., pp. 153, 243 - 244.
② 吴云贵：《伊斯兰教法概略》，中国社会科学出版社，1993，第 311 页。
③ 〔古罗马〕阿庇安：《罗马史》上册，谢德风译，商务印书馆，1979，第 304 页。
④ 郭小凌、杨宁一主编《北非各国》，北京语言文化大学出版社，1998，第 99 页及以次。
⑤ 〔法〕伏尔泰：《路易十四时代》，吴模信等译，商务印书馆，1982，第 174 页。

22 日，法国颁布条例，实现了阿尔及利亚与法国的合并，但这并不意味着在阿尔及利亚领土上适用法国法，因为阿尔及利亚人有自己的法。

从法律史的角度看，阿尔及利亚在法国占领前实行伊斯兰教法的马立克学派。被法国占领后，这一法律与法国殖民者引进的法律并存，但法国法实际上处于特权地位。① 这一时期，尝试过编纂伊斯法法典，莫兰（Morand）提出了受到法国学说影响的草案。法国殖民者认为自己有传播优秀的法国文明的使命，希望把自己的法律逐渐推广到殖民地，但法国法在海外的适用，以殖民地人口取得法国的民事身份为条件，并有一定的范围限制，因为立法同化的原则只对关系到人的身份和能力的法律和法令，关于婚姻中的人身关系和财产关系及其效力的规则、继承法以及民事身份的规则维持。其他方面的规则不可适用于阿尔及利亚。具体而言，土地和不动产制度，法国国籍制度就是如此。② 尽管法国人对阿尔及利亚的穆斯林开放了适用法国法的可能，但后者认为，接受法国公民资格会使他们承担屈从于异教徒法律的义务，从而放弃他们的个人法权，因此，他们很少要求成为法国公民；有些则要求保留个人法权，以此为条件成为法国公民。③

1954 年，阿尔及利亚开始争取独立的武装斗争，在非洲国家中开辟了"枪杆子里面出独立"的道路，这是朱古达的子孙与罗马人的子孙的继续对抗！这样的选择鼓舞了包括曼德拉在内的许多在自己的国家谋求独立的非洲政治家，这位勇敢和可敬的南非人曾到阿尔及利亚取武装斗争之经，并接受爆破训练。后来他在南非领导的"民族之矛"的武装斗争运动不能说与阿尔及利亚的经验没有关系。

阿尔及利亚的武装斗争选择导致它于 1962 年 7 月 4 日获得独立。④ 独立后，阿尔及利亚选择了社会主义道路，因为"对社会主义的向往是不发

---

① 《世界各国宪政制度和民商法要览·非洲分册》，上海社会科学院法学研究所编译室编译，法律出版社，1987，第 9 页。

② Cfr-G. – H. Camerlynck, *Code Civil de L'Union Francaise*, *applicable aux citoyens de statut civil francaise*（Librairie Gaierale de Droit &de Jurisprudence，Paris），p. 13.

③ 〔法〕加布里埃尔·埃斯凯：《阿尔及利亚史》，上海师范大学翻译组译，上海人民出版社，1974，第 70 页。

④ 《世界各国宪政制度和民商法要览·非洲分册》，上海社会科学院法学研究所编译室编译，法律出版社，1987，第 1 页。

达国家人民的根本目标"，而不发达是由殖民帝国主义造成的。事隔 13 年后的阿尔及利亚民法典仍然有一些条文有"社会主义"字样，如第 49 条和第 52 条中规定了"社会主义企业"。尽管如此，在法律问题上，阿尔及利亚并未同过去一刀两断，而是留任了一批法国人作为司法人员，与此同时，进行了大规模的法典编纂工作，力图制定自己的法律。①

1975 年，阿尔及利亚颁布了采纳埃及模式的民法典，凡 1003 条，它力求实现现代法与伊斯兰教法的调和，其第 1 条第 2 款规定："在法无明文规定时，法官得根据伊斯兰教法的规则做出判决；如无此种规则，得根据习惯做出判决"。它不承认利息，限制射幸合同。这部民法典只调整财产关系和人格关系，身份关系由 1984 年颁布的家庭法典调整。② 1966 年，阿尔及利亚制定了主要以突尼斯商法典为蓝本的商法典。同年制定了民事诉讼法典。1976 年制定了海商法典。

阿尔及利亚民法典的编制为：

第一编，一般规定，第一题，法律的适用及其效力，像埃及民法典一样，这一题涉及法律在时间上和空间上的冲突，把关于国际私法的规则容纳入其中；第二题，关于民事主体，规定了自然人和法人，这反映了伊斯兰国家的民法典向其蓝本的回归——民法典不单纯为财产法典，而是有了关于人格法的规定。

第二编，债与合同，第一题，债的发生根据，有法律、合同、损害行为、准合同（包括不当得利、不应给付之款、无因管理）四种；第二题，债的效力，包括实际履行、等值履行、债权的担保等内容；第三题，债的负担，包括条件与期限、多数标的、复合标的等形式；第四题，债的移转，包括债权转让、债务移转两个方面；第五题，债的消灭；第六题，债的证明，包括书面证据、证人证言、推定、自认、宣誓等；第七题，转移所有权的合同，包括买卖合同、互易合同、合伙合同、消费借贷合同、和解等；第八题，有关标的物使用权的合同，包括租赁、使用借贷等；第九题，提供服务的合同，包括承揽合同、委托、保管、有争议财产的保管等；第十题，射幸契约，包括赌博和打赌、终身年金、保险合同等；第十

---

① 《本·贝拉言论集（1962 年 9 月 ~ 1965 年 2 月）》，世界知识出版社，1965，第 4、312、366 页。

② Francesco Castrop, op. cit. , pp. 151, 279 – 284.

一题，保证。

第三编，主物权，第一题，所有权；第二题，所有权的派生权利，包括用益权、使用权与居住权、地役权等。

第四编，从物权或担保物权，第一题，抵押权；第二题，司法裁判上的抵押权，这是一种通过法院的诉讼活动设立的抵押权；第三题，质押；第四题，优先权，包括一般规定和各种优先权两章。①

在这一法典中，不乏精彩的规定。例如，西塞罗在其《论义务》中讨论过人们应承担透露有利于自己、不利于交易相对人的情报之义务问题。为了进行说明，西塞罗讨论了三个关于诈欺的案例。

案例一，有一个好人出卖他的有缺陷的房子，这些缺陷为他所知，但不为其他人所知。例如，这所房子不宜于健康，而他人相信这所房子宜于健康。人们都不知道在每个房间里都有老鼠和蛇出没，也不知道这所房子是用不好的建筑材料建造起来的，有倒塌的危险，所有这些除了房主，谁也不知道。如果买主没有向卖主披露任何这些缺陷，而是以比这所房子所值的高得多的价格出售了此房，他是否违反了诚实的正义？② 这个案例也涉及知而不言。

案例二，有一个诚实的人从亚历山大运一船粮食去罗得岛，当时罗得岛人正处在极大的饥荒之中。这个粮商知道，在亚历山大，许多商人已装运粮食上船向罗得岛进发，甚至在旅途中，他还见到这些商船正满帆向罗得岛航行。现在问，他是应把真相告诉罗得岛人，还是应保持沉默，把他的粮食以一个尽可能高的价钱售出？③ 这个案例涉及知而不言是否构成欺诈。

案例三，昆图斯·谢沃拉是普布利乌斯·谢沃拉的儿子，他想买一块土地，请求出卖人很快对他说一个死价；后者这样做了。谢沃拉说，他对土地的估价比出卖人所做的估价高，因此在出卖人的开价上加了 10 万赛斯退斯。所有的人都说，这是一个诚实人的行为。但又补充说，这不是一个智者的行为。④ 这个案例涉及买受人基于诚实多付价金给卖主。

① 关于阿尔及利亚民法典的编制，参看尹田的这个法典的中译本，未刊稿。
② Cfr. Cicerone, DeiDoveri, *A cura di Dario Arfelli*, *Oscar Mondadori*（Bologna, 1994），p. 247.
③ Cfr. Cicerone, DeiDoveri, op. cit. , p. 243.
④ Cfr. Cicerone, DeiDoveri, op. cit. , p. 253.

西塞罗举的第一个案例可谓老生常谈，涉及出卖人的标的物瑕疵告知义务。这是一个各国法律都做了肯定性的规定的问题，不值深论。但第二个和第三个案例涉及当事人是否对交易相对人负有披露利好消息的义务，以及不履行此种义务是否构成诈欺之问题，如果对这些问题做出肯定的回答，则会造成民法规范超出经济人假说的结果，因此，尽管西塞罗在公元前后就肯定了这样的义务，但《法国民法典》和德国民法典乃至所有的西方国家的民法典都对这一问题保持沉默，阿尔及利亚民法典是我见到的首次肯定西塞罗所确立的这一义务的民法典，其第 86 条第 2 款规定："一方当事人对事实或事物形态故意沉默，如另一方知道真实情况即不会订立合同时，该种沉默构成诈欺。"这一条款显然拓宽了诈欺的范围，使诈欺不仅包括积极的欺骗，而且包括消极的知而不言，因而对当事人提出了更高的人性要求。作为这样广泛的诈欺的法律效果，第 86 条第 1 款规定："一方当事人或其代理人实施欺诈行为时，如另一方当事人不受欺诈即不会订立合同，则该合同得撤销。"尽管诈欺的外延很广，但其后果却是意思自治性的。我认为，阿尔及利亚民法典第 86 条的规定，是对西方法律史上长期存在的一个立法漏洞的补正，因而是一个积极的贡献，它是伊斯兰宗教精神与世俗事务相结合的成果，它在立法中的确立，有助于人们建设一个更加美好的世界。

尽管人们说阿尔及利亚民法典是埃及模式的继受者，但这部民法典分别规定了无因管理和不当得利，未使用无因得利的范畴，在这一问题上背离了其蓝本。

（四）西撒哈拉

7 世纪，阿拉伯人进入这一地区。15 世纪，葡萄牙、西班牙人相继侵入。19 世纪末，包括伊夫尼、塔尔法亚、瓦迪扎哈布和萨基亚哈姆腊等地区在内的西撒哈拉沦为西班牙的殖民地。1958 年，它变为西班牙的一个海外省。1956 年摩洛哥独立时，要求收回西班牙保护区，后者于 1958 年交出了伊夫尼等地。70 年代，西撒哈拉内部爆发了独立运动。邻国摩洛哥、毛里塔尼亚和阿尔及利亚都反对西班牙在这个国家的殖民统治。1975 年，国际法院应摩洛哥请求发表的咨询意见指出，撒哈拉并非像西班牙所说的那样是无主土地，其居民一部分与摩洛哥有宗教、法律联系；另一部分与毛里塔尼亚有这样的联系。1975 年的马德里会议同意摩洛哥收复萨基亚哈姆腊地区，并将瓦迪扎哈布地区并入毛里塔尼亚。1976 年，西班牙人撤离西撒哈拉。此时，邻国纷纷插手西撒哈拉事务，阿尔及利亚支持萨基亚哈姆腊地区自治；而当地的解放组织宣布成立阿拉伯撒哈拉民主共和国。有关方面对该地区的争夺导致了武装冲突，致使西撒哈拉的地位至今未定，但摩洛哥实际控制了西撒哈拉 80% 的领土。[①]

在西班牙撤出之前，这里适用西班牙法。具体而言，在民法领域，西班牙民法典应该在这里产生过效力。当然，在摩洛哥控制的地区，适用摩洛哥法律。

二 撒哈拉以南非洲国家

（一） 前法国殖民地国家

相较于葡萄牙和西班牙，法国是晚起的但后来居上的宗主国，其殖民地集中在非洲。1635 年，法国开始向海外殖民，但到 1665 年为止，其殖民地的经营业绩一直不佳。1664 年，在科尔培尔（今译作"柯尔贝尔"）的重商主义政策推动下，路易十四仿效其他殖民国家，创立了东印度公司和西印度公司，并加强了海军，从而使法国的殖民事业得到迅速发展。[②]由于法国此时在海外殖民方面已经落后于其伊比利亚邻居，为了迎头赶上，黎塞留创立了法国海军，科尔培尔将之发展，以便为扩张服务。1685年，路易十四公布了科尔培尔去世前已起草好的《黑人法典》，其中规定了一切有关奴隶生活的事项：食物、劳动、惩罚。在这部法典中，奴隶被称为"家具"、"人畜"。[③] 1852 年拿破仑第二帝国建立后，法国进一步扩大了对外殖民，尤其对邻近的非洲国家，很快成为非洲最大的欧洲宗主国。到 1870 年，法国已经成为仅次于英国的世界第二大殖民帝国。[④] 1889

---

① 李绍明主编《最新实用世界地图册》，中国地图出版社，1996，第 76 页；马武业主编《各国概况·非洲部分》，世界知识出版社，1990，第 392~393 页；郭小凌、杨宁一主编《北非各国》，北京语言文化大学出版社，1998，第 147~148 页。

② 〔法〕伏尔泰：《路易十四时代》，吴模信等译，商务印书馆，1982，第 421、434 页。

③ 〔法〕G. G. 贝莉埃：《塞内加尔》，伍协力等译，上海人民出版社，1976，第 81 页。

④ 沈炼之主编《法国通史简编》，人民出版社，1990，第 350 页。

年，法国创办了殖民学校。1892 年，议会中形成了专门的殖民党团。1894
年，设立了殖民部。

与英国不同，法国对殖民地实行直接统治（比利时亦是如此），认为
通过向殖民地输出法兰西文明，宗主国和殖民地最终会结合为一个整体，
殖民地的居民最终也会成为法国公民。因此，法国对殖民地实行同化政
策。1794 年，法国政府颁布法令废除了奴隶制，宣布所有居住在法国殖民
地的人，不论肤色如何，都是法国公民，享有宪法规定的权利。这一理想
主义的法案是由法国政治家维克托·舍尔歇（Victor Schoelcher）提出的。
1848 年的法兰西宪法第 109 条也规定，殖民地和法国本土一样，也是法国
的领土，在私法和公法上享有与本土同样的地位。

一战后，法国的直接统治政策有所变化，开始转变为间接统治，不再
全力推行同化政策，而是与接受了法国文明的上层土著人士合作。为此，
恢复了传统的酋长制度，重建了由酋长主持审判的土著法院，法国殖民官
吏对其活动一般不加干涉。[1]

为了便于管理，法国把自己在撒哈拉以南非洲殖民地划分为法属西非
（1895）和法属赤道非洲（1910）两个大行政区。前者包括塞内加尔、几
内亚、法属苏丹（现称马里）、科特迪瓦、贝宁、尼日尔、布基纳法索和
毛里塔尼亚；后者包括中央刚果、加蓬、中非和乍得。[2] 这些国家彼此具
有历史的联系，因此被本文作为对法属非洲殖民地进行二分的标准。

二战后，法国进行宪制改革，宗主国与殖民地的关系也被重新调整。
上述 12 个属地被认为是根据 1946 年宪法建立的"不可分割"的法兰西共
和国的主要组成部分。1946 年宪法第 80 条规定，"所有的海外领地的被保
护民都拥有公民资格或与本土或海外领地的法国国民相同的资格"。1947
年 9 月 20 日的法律规定："所有的法国国籍的被保护民，不分来源、种族、
语言或宗教，都享有法国公民身份所意味的权利并承担同样的义务"。因
此，法国公民身份被授予海外省和领地的所有被保护民，在毫不废除他们
的当地身份的情况下适用《法国民法典》的规定。宪法第 82 条规定："不
拥有法国民事身份的公民保留他们的个人身份，只要他们不放弃之。"而

---

[1]　徐济明、谈世中主编《当代非洲政治变革》，经济科学出版社，1998，第 8 页。
[2]　徐济明、谈世中主编《当代非洲政治变革》，经济科学出版社，1998，第 6 页。

这种人成为当地身份的法国公民，原则上不受制于民法典的规则。

10 年后，即 1956 年，法国颁布"海外领地基本法"，规定各海外领地是"半自治共和国"，由非洲人与法国派出的专员实行共治；非洲人的选举权被扩大了，允许臣民也同公民一起参加选举；海外领地向法国议会选派代表。由此，殖民地变成海外领地，每个领地成立了经选举产生的领地议会，吸收非洲人进入法国政府任职，当时的法国政府和议会中确实出现了一些黑皮肤的部长和议员，这是其他宗主国从来没有做到的。这种现象，表现了法国人的理想主义精神和实现博爱的决心。这种精神成为法国传统或法兰西精神的一部分，它的良好结果是一些上层非洲人把法国当作自己的家园。这种传统的继续使我们今天也可以在巴黎的各种公共机构中看到不少黑皮肤的职员。在作为法国民族精神产物的"自由、平等、博爱"口号中，尽管只有"自由"具有真实性，却非常雅致，充满了诗的气息；而作为英国人精神之产物的"生命、自由、财产"口号，尽管粗俗，但由于其真实性，奠定了西方法律传统的基石。然而，具有浪漫气质的人总是会倾向于法国口号。

但领地议会不能通过法令和决议，只能向本土的议会提出建议。这一法律为上述 12 个地区分别实行自治铺平了道路。1958 年 9 月，根据夏尔·戴高乐的第五共和国的新宪法举行的一次公民投票，为各法属殖民地提供了在独立或在法非共同体内实行内部自治这两者间进行选择的机会。11 个属地选择做共同体的成员，它们在法兰西共同体内部享有自治国家的地位，[①] 只有几内亚选择了独立。但之后就开始了独立浪潮，一直到所有法属非洲殖民地都取得独立为止。在未独立的法国属地，实行了授予法国公民资格、扩大选举权范围以及在当地和法国增加非洲代表的人数等改良措施。[②]

由于法国在其殖民地适用《法国民法典》的政策，非洲成了继受《法国民法典》的国家数最多的洲。关于受《法国民法典》影响的非洲国家，周枏先生曾谈到埃及、突尼斯、摩洛哥、阿尔及利亚、刚果、扎伊尔、坦

① 徐济明、谈世中主编《当代非洲政治变革》，经济科学出版社，1998，第 11~12 页。
② 〔美〕维农·麦凯：《世界政治中的非洲》，北京编译社译，世界知识出版社，1965，第 9 页。

桑尼亚、多哥，① 这远非全面，实际上，《法国民法典》影响了所有曾作为法国殖民地的非洲国家，换言之，是 19 个国家。

应该说，在法兰西共同体成立后，《法国民法典》之适用于非洲，并非以其原来的形式，而是以法兰西共同体民法典（Code Civil de L'Union Francaise）的形式，但这一法典只适用于具有法国民事身份的人。② 具有法国民事身份的人，根据 1946 年宪法之前的体制，分为三类：第一类是原来的法国国民，即定居在海外的法国人及其子女；第二类是获得或被授予了法国海外国民资格的人，他们原来是外国人，后来通过归化或通过出生地主义被授予海外法国人资格；第三类是法国民事身份的公民和当地身份的法国公民。在海外省或领地的原籍本地的被保护民同样是法国国民。但具有国籍并不必然意味着享有法国民事身份并适用民法典的有关规定。例如，1944 年 3 月 7 日颁布的由 1944 年 11 月 23 日的条例修正的条例，授予阿尔及利亚一定范围内的穆斯林以公民身份，但在各种问题上，保留适用穆斯林的个人身份。③ 所有其他的被保护民都是非公民，对他们不适用民法典的规定，他们受制于习惯法的规则或成文的个人身份法。因此，尽管从理论上看，法国殖民当局的最终目标是让所有的殖民地人口都成为法国公民并以此为依据获得适用法国法的资格，但由于获得法国公民身份必须具备严格的条件，如向殖民政府提出申请、法语达到一定的水平、服完兵役、放弃传统的个人身份、服从法国法律等，因此，真正成为法国公民的土著居民只是极少数。大规模授予公民权的情况只发生在塞内加尔，该国有四个全权市的全部人口都成为法国公民。④ 因此，法国民法尽管在理论上适用于所有的非洲殖民地，但实际上，适用法国民法的土著人口很少。

1. 前法属西非国家

法属西非国家包括塞内加尔、几内亚、法属苏丹（现称马里）、科特迪瓦、贝宁、尼日尔、布基纳法索和毛里塔尼亚八国。1881 年，法国组建了上塞内加尔司令部，它成为后来法属西非的基础。1895 年，法国为便于管理殖民地设立了法属西非大行政区，首府设在塞内加尔的达喀尔。在这

---

① 周枏：《罗马法原论》上册，商务印书馆，1994，第 11 页。

② G. - H. Camerlynck, op. cit., p. 13.

③ G. - H. Camerlynck, op. cit., p. 10.

④ 徐济明、谈世中主编《当代非洲政治变革》，经济科学出版社，1998，第 5 页。

里派驻高级专员代表宗主国，由其任命各区总督和地方行政长官，推行法国市政法令，同时允许一部分酋长自治。[1] 大行政区还拥有统一立法的职能，例如，1933 年该大行政区就编订了法属西非习惯法典。

（1）塞内加尔

在罗马与迦太基争夺地中海霸权的时代，迦太基航海家汉诺（Hanno）就到过现在的塞内加尔，把它称为"晒焦了的土地"，塞内加尔的国名由此而来。迦太基覆亡后，罗马人统治了非洲，但他们的统治在 8 世纪被阿拉伯人的统治取代，这个信仰伊斯兰教的民族所到之处，留下的只有信徒或尸体，就这样，伊斯兰教进入非洲人的生活。后来，现在的塞内加尔成为古时黑人帝国加纳帝国的一部分，马里帝国和桑海帝国也相继在这里出现。1402 年，法国人让·德·贝当古（Jean de Béthencourt）开始在这个地区殖民，后来他把自己的土地卖给了西班牙人，西班牙人又把它卖给了葡萄牙人。1697 年，法国人终于把塞内加尔变成自己的殖民地。

在法国人到来前，塞内加尔就有自己的习惯法，按这样的习惯法，濒死之人，要让巫师来收他的灵魂，灵魂根据他的表现，投生为贵贱不等的人或兽。死者的兄弟和侄子可占有其妻妾。[2] 伊斯兰化后，86% 的塞内加尔人成为穆斯林，伊斯兰教法开始与上述土著习惯法并存。

进入殖民时代后，法国民法从 1830 年起适用于塞内加尔，但仍是一纸空文。在这个国家，拿破仑法典曾为《古兰经》挫败，法兰西的法律被伊斯兰教法官的裁判取消。[3] 关于《法国民法典》在这个国家的适用效果，负责执行民法的官员哀叹道："在回归线以北是真理，在回归线以南将会是荒谬。"当时，大多数婚姻仍按习惯的仪式或伊斯兰教的仪式举行。不论哪一种方式，未婚夫都应准备一定的实物或现款作为嫁资交给女方父母。遵照当地习惯的婚姻，双方并非终身结合，男方暂时或长期离家时，女方经一个时期的耐心等待，就可以再嫁。不论哪一方，只要使对方不满，就可以决裂，无需任何手续。而且，伊斯兰教的婚姻允许多妻制。法国殖民者认为这些习惯法和宗教法是野蛮的，因此竭力在这里推行法国式的宗教婚姻。天主教的婚姻是自愿结合，这是尊严的天主教徒生活的基

---

① 楼均信主编《法兰西第三共和国史》，人民出版社，1996，第 200 页。
② 〔法〕G. G. 贝莉埃：《塞内加尔》，伍协力等译，上海人民出版社，1976，第 215 页。
③ 〔法〕G. G. 贝莉埃：《塞内加尔》，伍协力等译，上海人民出版社，1976，第 204 页。

础。民法的实施，对于改良风俗极有裨益，因为多神教的习惯和伊斯兰教的放任都不符合法国法律的要求。因此，科贝神父治理教区的目标之一就是让殖民政府取缔"依照当地习惯的婚姻"，代之以法国式的真正的婚姻，即根据法国民法结合的婚姻。①

如果说在法属殖民地获得法国公民权着实是一件难事，那么在这方面，塞内加尔是一个幸运的国家。在法国殖民早期，出生在达喀尔、吕菲斯克、圣路易和戈雷的土著就被接纳为法国公民，对他们适用法国法。1916 年后，对他们的后裔也是如此。其他土著人只有放弃土著法律规定的权利、年满 18 岁、恪守一夫一妻制、受过法语教育、服过兵役、受法国人雇佣至少达 10 年之久，才能取得法国公民身份②，从而适用法国法。

塞内加尔于 1960 年独立，独立后的塞内加尔面临以新规则取代《法国民法典》中关于债的规则的任务。1961 年 4 月 12 日，成立了法典编纂委员会。1962 年，起草了债法典草案。1963 年 6 月 10 日通过了第 62 号法律，它是民商债务法典的总则，也被称为债法典，完全是《法国民法典》有关契约与不法行为法规则独创性的现代化的版本，于 1967 年 1 月 1 日生效。1966 年的第 70 号法律颁布了该法典的第二部分，它是关于具体合同的规定，于 1984 年进行了修改。1965 年的第 51 号法律颁布了该法典的第三部分，它是关于合同的管理。1976 年的第 60 号法律颁布了关于债的担保的部分。1985 年的第 40 号法律颁布了第四部分，是关于合伙的。这一法律还将继续丰富自己，以最终取代法国留下的民商法规范。③ 1981 年，塞内加尔制定了家庭、婚姻和夫妻财产制度法典，我在国际统一私法协会见到了这部法典的文本。

（2）几内亚

在 1891 年沦为法国殖民地之前，几内亚先后是非洲的大帝国加纳帝国和马里帝国的一部分。此时的几内亚已接受伊斯兰教，几乎所有的居民都是其信徒。④ 1818 年，法国人进入几内亚。在法律上，1924 年的土著管理

---

① 〔法〕G. G. 贝莉埃：《塞内加尔》，伍协力等译，上海人民出版社，1976，第 174～175 页。
② 〔法〕J. D. 费奇：《西非简史》，于珺译，上海人民出版社，1977，第 348 页。
③ Rodolfo Sacco, op. cit. , p. 342；〔德〕茨威格特、海因·克茨：《比较法总论》，潘汉典等译，贵州人民出版社，1992，第 208 页。
④ 约阿西姆·福斯：《几内亚》，《几内亚》翻译小组译，上海译文出版社，1978，第 48 页及以次。

制度和土著人的司法将强制推行行政划一的权力转交给殖民当局的官员。酋长区作为完成这一任务的辅助手段被确立下来，根据当时的法律，非洲人的法律地位不是公民，而是臣民。因此，他们只能在土著法院中主张自己的权利。1948 年以来，民事案件中有"习惯裁判权"，其主审官和陪审官都是非洲人。① 众多的只审理民事案件的土著法法院，被人们称为"不公正、盗窃，尤其是制造分裂的工具"。② 与土著法院平行存在的是适用法国民法的法院，但到这里伸张正义需以获得法国公民权为条件。从 1937 年起，几内亚人虽然有可能获得法国公民权，但 1937 年 7 月 23 日制定的与此有关的法令的条件过苛，广大土著无法满足。尽管法国人雄心勃勃地试图在这个国家输出法兰西文明，但法国人对土著人控制的有限性可以从如下事实得到证明，即二战前法国人连奴隶制都无法根本铲除，家庭奴隶制继续存在。③

1958 年 10 月 2 日，几内亚通过全民公决选择了独立，成为第一个独立的法属非洲殖民地。独立后走过一段社会主义道路，政府将通信、能源、银行、保险等行业的企业集体化和国有化，建立国有企业，限制私人财产，私人商业被禁止。1984 年后，几内亚开始回归市场经济。

独立后，由于率先独立导致的与法国的紧张关系，1958 年宪法对是否继续适用法国人留下的法律未置可否，事实上，这种法律继续得到适用。尽管如此，几内亚仍在其他方面进行了深入的改革：废除了酋长，以选举的官员取而代之，早在 1957 年，领地大会就提出了废除酋长的权力的主张，现在这种主张得以实现；1959 年，废除了土著法院，消除了法院的二元体系，从此所有的法院适用同样的法律；1961年，颁布了人和赠与法典；④ 1962 年 4 月，颁布了结婚法和离婚法；1965 年颁布了刑法；1988 年颁布了新的劳动法典，部分的商事和公司法

---

① 约阿西姆·福斯《几内亚》，《几内亚》翻译小组译，上海译文出版社，1978，第 98 页。
② 约阿西姆·福斯《几内亚》，《几内亚》翻译小组译，上海译文出版社，1978，第 189 页。
③ 约阿西姆·福斯《几内亚》，《几内亚》翻译小组译，上海译文出版社，1978，第 48 页及以次。
④ 《世界各国宪政制度和民商法要览·非洲分册》，上海社会科学院法学研究所编译室编译，法律出版社，1987，第 122 页。

也得到了颁布。①

(3) 科特迪瓦

科特迪瓦国名原译为"象牙海岸"。在成为法国的殖民地之前，当地不存在土著人的王国，但存在一个个家族类型的集体。他们在法国人到来前就已经伊斯兰化，实行严格的等级制度。从 14 世纪开始，欧洲人在这里建立了堆栈，葡萄牙、荷兰和法国的帆船在这里抛锚，与当地人进行交易。科特迪瓦于 1893 年沦为法国的殖民地，1904 年成为法属西非联邦的一部分，1946 年成为法国的海外领地，1960 年宣布独立。② 在法国人统治时期，在法院问题上实行二元体制，即习惯法法院和适用法国法的法院。

独立后的宪法提出的政治原则之一是"保证从传统部落社会过渡到民族社会"。把习惯法看作一种消极的力量。过去，传统本身就具有法律效力，它为个人和集体规定了行为准则。③ 在科特迪瓦，传统社会成员一生可分为四个阶段：童年、青年、成年和老年。人们在每个阶段都有每个阶段的权利，同时对社会承担不同的义务。权利和义务由非成文的但被严格遵守的习惯法明确规定。④ 伊斯兰教的传入削弱了非洲人传统的祖先神的特权，它是一种超部落的宗教，对于把科特迪瓦的多个部族凝结为一个国家起了积极作用，因此被评价为是"一种最好的社会性宗教"⑤

科特迪瓦是对殖民主义少有批判的非洲国家，因此，在独立时存在的宗主国的法律，只要不与宪法原则冲突，统统继续有效。1963 年，颁布了一部土地法典；1964 年 10 月 7 日颁布了一部主要以法国法为蓝本的民法典，它实际上包括八部法律，分别关系到姓名、民事身份、结婚、离婚、裁判上的别居、父母的地位、亲子关系、收养、继承、赠与和死因赠与。⑥

(4) 贝宁

贝宁原名达荷美，因为这个国家处在古代的达荷美帝国的地盘上，也

---

① 约阿西姆·福斯《几内亚》，《几内亚》翻译小组译，上海译文出版社，1978，第 196 页；Rodolfo Sacco, op. cit. , p. 286。

② 〔法〕博·奥拉：《象牙海岸》，新军译，上海人民出版社，1974，第 14 页及以次。

③ 〔法〕博·奥拉：《象牙海岸》，新军译，上海人民出版社，1974，第 90 页。

④ 〔法〕博·奥拉：《象牙海岸》，新军译，上海人民出版社，1974，第 94 页。

⑤ 〔法〕博·奥拉：《象牙海岸》，新军译，上海人民出版社，1974，第 105 页。

⑥ 《世界各国宪政制度和民商法要览·非洲分册》，上海社会科学院法学研究所编译室编译，法律出版社，1987，第 411 ~ 413 页；Rodolfo Sacco, op. cit. , p. 265。

曾被称为"奴隶海岸",表明这里的"乌木"——这是非洲的各种奴隶贩子对自己"货物"的称呼——就像日本的731部队把准备用来作活体解剖的人称为"马鲁大"(材料)一样——贸易曾非常繁荣。在欧洲人到达之前,这里已有一些王国,人民信仰多神教,后来伊斯兰教传入这个国家。最早到达这里的欧洲人还是葡萄牙人,他们于1482年1月在这里建立了一个要塞。从1530年起,奴隶贸易日益兴盛,多哥和达荷美被认为是进行这种贸易的合适地方。继荷兰人、英国人、西班牙人之后,1899年法国人来到这里并把它变成自己的殖民地。

从习惯法的角度看,贝宁当地的传统中有敬老的成分,撒哈拉以南非洲的各族居民中都有老人会,它们按照不同的仪式进行活动,人们在审议本地的有关问题时,总是尊重他们表达的各种意见。[①]

在殖民时期的达荷美,法国人的法院体系与土著人的法院体系并存,法国人的法院不仅有权裁判法国公民,而且有权裁判出生于欧洲的或已经同化的外国人的案件。后来土著司法渐渐地与法国司法合流,到1964年,完全取消了上述法院的二元体系。

1933年,即还在法国殖民时期,由一名行政督察、一名司法官员和一些熟谙各地人情风俗的社会名流组成的委员会汇编了一部习惯法典,这项工作的目的,是把一些主要的习惯法收集起来,交给土著司法机关的领导人实施。

1941年2月11日的法令颁布了法属西非的土著刑事法典,这标志着人们不再按原有的惯例,而是根据一部既吸收了惯例又考虑到欧洲人到来后带来的变化的专门的刑事法典来行使司法权。

贝宁于1960年独立,同年颁布的宪法保留了殖民时期的法律的效力。适用法国人留下的民法典和商法典。[②]

在法国人看来,贝宁是西非的一个模范国家,曾帮助苏丹、上沃尔特、尼日尔和毛里塔尼亚等其他法属西非国家甚多,法律上的帮助仅是诸

---

① 〔法〕罗贝尔·科纳万:《达荷美史》下册,上海师范大学翻译组译,上海人民出版社,1976,第704页。

② 〔法〕罗贝尔·科纳万:《达荷美史》下册,上海师范大学翻译组译,上海人民出版社,1976,第711页及以次;《世界各国宪政制度和民商法要览·非洲分册》,上海社会科学院法学研究所编译室编译,法律出版社,1987,第60页。

多帮助中的一种。

(5) 马里

马里原名法属苏丹，独立后采用了现在的名称，这是一个古代的强盛帝国的名字。事实上，古代的马里帝国就建立在现在马里的土地上。

从 11 世纪起，现在的马里建立了马里君侯国，其国王信仰伊斯兰教。这对马里社会有重要影响，因为"非洲人生活的主要因素，如宗教观、礼规或社会制度，都是建立在没有时代概念的神学之上的，只是随着伊斯兰教这一历史宗教的出现，时代的概念才得到传播"。① 从法律的角度看，伊斯兰教的传入同时意味着一种法的传入，在伊斯兰教法的诸多学派中，马里人采用了马立克派的教法。由于朝圣的关系，马里与北非建立了密切的文化联系。1481 年，在非洲诸帝国的彼此征战中，马里君主请求葡萄牙人帮助他对抗桑海人，由此建立了与葡萄牙的联系。1591 年，摩洛哥人入侵马里。17 世纪中叶，马里帝国终结。1895 年，法国人在这里建立了殖民政权。② 1959 年与塞内加尔、上沃尔特、达荷美组成后来破裂的马里联邦。1960 年 8 月 20 日独立。

从习惯法的角度看，马里传统的社会制度建立在大家族的基础上。大家族共同耕种村子的奠基人的后代传给他们的土地，收获谷物、买卖或交换货物，负担家庭成员的债务，裁判他们自己队伍中的成员的过失。继承权也根据氏族关系确定，遗产在传给下一代年龄最大的男子之前，先要经过平辈的所有男性成员之手。氏族同样有义务以买卖或交换的方式为其男性成员物色妻子。年龄最大的人是氏族的首领。年龄大的人是年龄小的人的上级，同时有责任照顾后者。家庭同盟、结婚或攻守同盟是把各氏族联系起来的主要方式。③

在家庭关系方面，家长包办婚姻，主要考虑家族的政治经济利益，不考虑当事人的感情。姑表兄弟姐妹之间可优先结婚。两个氏族可交换或购买彼此的女性，如财力许可，男子可购买多个妻子。另外，氏族之间还可

---

① 〔德〕恩诺·博伊歇尔特：《马里》，上海外国语学院翻译小组译，上海人民出版社，1976，第 28 页。

② 〔德〕恩诺·博伊歇尔特：《马里》，上海外国语学院翻译小组译，上海人民出版社，1976，第 35 页及以次。

③ 〔德〕恩诺·博伊歇尔特：《马里》，上海外国语学院翻译小组译，上海人民出版社，1976，第 77 页。

结成彼此救援的关系，其成员不可争斗，也不可结婚。①

殖民时期，《法国民法典》曾适用于这个国家。独立后，马里进行了深入的法律改革。1962 年制定了民法，② 这可能是一部婚姻与监护法，其目的在于在全国统一这一法的部门，并改善妇女的地位。1975 年的一个条例在监护方面补充了上述法律。在马里，除了上面提到的调整核心家庭关系的法典外，还有调整大家庭关系的"亲属法典"（Code de la Pareme），它涉及所有以血亲、姻亲和收养联系起来的亲属。1986 年，马里制定了有利于土地私有制的土地法典，同年制定了新的商法典；1977 年制定了著作权法。1987 年，就民事身份问题重新进行了立法。只有继承法仍在制定中，这一领域仍由习惯法调整。③ 在诉讼法方面，1961 年制定了民事、商事和社会诉讼法典，使三种诉讼受一部诉讼法管辖，完全脱离了法国模式。④

（6）毛里塔尼亚

毛里塔尼亚处于撒哈拉以南非洲与撒哈拉以北非洲之间的过渡地带，因此，有白人（柏柏尔人和摩尔人）和黑人两种原生居民。摩尔人是柏柏尔人与阿拉伯人的混血儿，其存在是阿拉伯人向这一地区渗透的证据。由于自然条件恶劣，这里的人们除了游牧和经商外，还武装骑劫，这就使保险和分保制度特别发达，并导致一部法典的订立，以约束各种抢劫行为。有人相信，撒哈拉民族已经把蓄意持械偷窃行为合法化了。⑤

19 世纪欧洲人进入这个地区之前，毛里塔尼亚人民已接受伊斯兰教；由家族组成的部落是基本的社会组织形式。法国人从 1901 年开始正式进入毛里塔尼亚，两年后把这里变成自己的保护国。它在 1920 年成为法属西非的一个自治殖民地。1960 年独立。

当然，殖民地时期，《法国民法典》曾适用于这个国家。

---

① 〔德〕恩诺·博伊歇尔特：《马里》，上海外国语学院翻译小组译，上海人民出版社，1976，第 76 页及以次。

② 《世界各国宪政制度和民商法要览·非洲分册》，上海社会科学院法学研究所编译室编译，法律出版社，1987，第 270 页。

③ Rodolfo Sacco, op. cit., p. 306.

④ 参见洪永红、夏新华等《非洲法导论》，湖南人民出版社，2000，第 199 页。

⑤ 〔法〕热纳维埃夫·德西雷·维耶曼：《毛里塔尼亚》，上海外国语学院德法语系法语组译，上海人民出版社，1977，第 67 页。

独立后，法国人留下来的民法典①—直适用到 1989 年，是年制定了债与合同法典，从而废除了仍在适用的《法国民法典》。这表明毛里塔尼亚无论在形式还是实质上，都采用了马格里布模式。事实上，毛里塔尼亚也注意到了马格里布国家的经验，尤其是摩洛哥的经验，而且在 1989 年加入了阿拉伯马格里布联盟。毛里塔尼亚继续适用法国商法典。另外，还制定了民事诉讼法典、商事诉讼法典、行政诉讼法典、刑法典和刑事诉讼法典。1986 年，起草了家庭法草案，但该草案未能成为法律。②

（7）尼日尔

原始时期，现在的尼日尔存在许多土著部落。中古时期，这里存在过一些帝国，如加奥帝国和桑海族的诸王国。1906 年，法国在这里建立了所谓的尼日尔军区。1922 年，这个国家成为法属殖民地，③ 同时开始适用《法国民法典》。

1960 年，尼日尔独立，独立后继续适用法国人留下来的民法典，④ 正在制定新的商法典取代法国人留下来的民法典。尽管如此，深受伊斯兰文化影响的习惯法在人们的法律生活中占有重要地位，马立克派的教法理论是裁判人们行为的依据。由于习惯法与成文法的深刻冲突，《法国民法典》的可适用性被一些人否认。⑤

（8）布基纳法索

原名上沃尔特。这里曾是莫西帝国的土地，全国分为五个省，适用习惯法。1886 年，葡萄牙人到达此地，法国人继之，并把《法国民法典》带到这个国家。1919 年，法国人建立了上沃尔特领地。1947 年，上沃尔特成为法国的海外领地。1946 年，关于公民权和民法部分保留权的拉米纳·盖耶法令对上沃尔特也生效，允许布基纳法索适用部族习惯法、《古兰经》

① 《世界各国宪政制度和民商法要览·非洲分册》，上海社会科学院法学研究所编译室编译，法律出版社，1987，第 287 页。

② Francesco Castro, op. cit., p. 287; Rodolfo Sacco, op. cit., p. 308.

③ 〔法〕埃德蒙·塞雷·德里维埃：《尼日尔史》，上海师范大学翻译组译，上海人民出版社，1977，第 407 页及以次。

④ 《世界各国宪政制度和民商法要览·非洲分册》，上海社会科学院法学研究所编译室编译，法律出版社，1987，第 316 页。

⑤ Rodolfo Sacco, op. cit., p. 322.

和民法。①

曾适用于上沃尔特的习惯法完全是团体主义的，它的基本单位是氏族，这是非洲人真正的故土。人们首先是他们氏族的一个环节。他们不论做何事，都必须得到其同血缘亲属的同意。个人责任永远受到排斥。② 在家族法的环境下，尽管父亲是家庭的首脑，但继承权多半归母系亲属，偶尔也由父系亲属继承遗产，死者的长子绝不是继承人。继承人是死者长兄的儿子，或者按母系，是大舅。他决定外甥女的婚姻。按照村庄法，酋长对每个家庭执行分配土地的权利。外来人即迁入者分不到土地。他们可以耕种土地，但不能在上面植树，因为植树表示了财产的合法权,③ 违反上述法律要受到祖先灵魂的惩罚。这样的习惯法，直到 20 世纪 70 年代仍有与成文法竞争的充足的实力。80 年代，上沃尔特才用激进的方式把土地法和家庭法编成法典。

1960 年，上沃尔特独立于法国。独立后，1960 年和 1977 年宪法都承认殖民时期立法的效力，因此适用《法国民法典》。1989 年通过了人与家庭法典，在此之前，在婚姻家庭问题上，实行土著法与现代法的二元体制，这一法典的颁布实现了这一领域法的一元化。④

2. 前法属赤道非洲国家

法属赤道非洲国家包括中央刚果、加蓬、中非和乍得四国，它们是 19 世纪非洲最落后的几个地区。加蓬和中非尚未形成国家，处在氏族部落制阶段；而在刚果和乍得，有古老的王国存在。发展不平衡，生产力发展水平低下，是这两个国家的共同特征。柏林会议后，确定这个地区为法国的势力范围，法国通过外交、武力和绥靖手段获得了这一地区，这一殖民"成就"与法籍意大利人布拉柴上尉的探险活动密切相连，因此他的名字被用来命名刚果的首都。1882 年 12 月 17 日，法国政府颁布法令，设立法属刚果殖民地，下辖加蓬和刚果。1905 年，法国把法属刚果的辖区改为加

---

① 〔德〕威廉·菲舍尔：《上沃尔特》，《上沃尔特》翻译小组译，上海人民出版社，1977，第 96 页。

② 〔德〕威廉·菲舍尔：《上沃尔特》，《上沃尔特》翻译小组译，上海人民出版社，1977，第 62 页。

③ 〔德〕威廉·菲舍尔：《上沃尔特》，《上沃尔特》翻译小组译，上海人民出版社，1977，第 66 页。

④ Rodolfo Sacco, op. cit., pp. 236 – 237.

蓬、中央刚果、中非和乍得。法国于 1910 年建立了法属赤道非洲。次年转让给德国，以换取德国承认法国对摩洛哥的保护权。一战后，法国重新取得了这一地区，在布拉柴维尔设立大总督，统辖三个地区，实行直接统治。①

（1）刚果

14 世纪，这里就存在一个刚果王国，其国王马尼刚果统治包括八个省的全国。17 世纪，刚果王国达到鼎盛，疆域广阔，实行中央集权制，国王是全国的最高统治者，兼领最高司法权，死刑案件往往由他裁决。但他无土地所有权，无权转让王国的土地。② 葡萄牙人进入非洲后不久，就发现了这个王国。1483 年，葡萄牙探险家把从非洲拐走带到葡萄牙居住的四名非洲人送到刚果，得到国王的信任，从而改信基督教，并尽力使自己的国家西方化。葡萄牙人在这里做了一定的使这个国家现代化的工作，并试图引入自己的法律。但葡萄牙人更关心的是抓当地人做奴隶，这种丑行使改宗的国王深为失望。③ 19 世纪 80 年代，法国进入刚果并把这里变成自己的殖民地。

在习惯法的层面上，在这个国家，一方面，部分土地完全私有，它们是贵族的封地、私有庄园和国王的赏地；另一方面，其他土地的所有权总是属于部族，每个成员都有权使用本族土地从事各种必要的活动。头人享有这种集体的所有权，在其管辖范围内，他可按惯例行使行政权、司法权甚至宗教权。他还可以收税。④ 在不同的土地上，分别实行家长奴隶制和大奴隶制。存在商品货币关系，以贝壳或棕榈布作为货币，但主要是实物交换。

在法国人统治时期，《法国民法典》适用于刚果。1960 年，刚果独立于法国。独立后，刚果选择了保留殖民时期的法律之效力的政策，法国人

---

① 艾周昌、郑家馨主编《非洲通史·近代卷》，华东师范大学出版社，1995，第 816 页。
② 艾周昌、郑家馨主编《非洲通史·近代卷》，华东师范大学出版社，1995，第 126~127 页。
③ 〔美〕理查德·吉布逊：《非洲解放运动当代反对白人少数统治的斗争》，复旦大学国际政治系编译组译，上海人民出版社，1975，第 264 页。
④ 〔刚果（布）〕P. 韦内提埃：《刚果（布）地理》，中国科学院地理研究所法文翻译组译，商务印书馆，1976，第 74 页。

留下的民法典继续有效。① 刚果还有自己的商法典。1984 年制定的家庭法典，也调整人的能力、继承、赠与和民事身份。② 另外，还制定了土地与财产法，在这一法律中，传统的公有地得到承认。③

（2）加蓬

葡萄牙人最先占领了这个地方，给它起了现在这个名字，葡萄牙文的意思是"角"，与好望角的"角"是一个意思，它后来由荷兰人、英国人占领，最后的占领者是法国人，他们把这里变成自己的殖民地，用来安置被解放的奴隶，其首都名为"利伯维尔"，法语的意思是"自由"。在这个国家建立的时期，西欧国家经过反省，开始自我禁止奴隶贸易和奴隶制。1790 年，法国立法议会通过了解放奴隶的立法，④ 1814 年的宣言、1817 年的条例、1818 年和 1826 年的法令都禁止买卖奴隶，但收效甚微。1848 年，临时政府彻底废除了法国殖民地的奴隶制。⑤ 1839 年，教皇格里高利十六世发布谕旨，禁止天主教徒贩奴。1848 年的共和国宪法第 6 条规定了取消奴隶制的实施办法，丧失奴隶的移民获得了一笔补偿费，对违法者规定了严厉的惩罚。可以看出，如同罗马法对奴隶地位的改善归因于基督教一样，近代奴隶制的废除也可归因于同样的因素。正由于基督教对其国民获得自由做出的杰出贡献，在宗教上，加蓬很有特色，基督教徒占总人口的85%，只有 0.8% 的人口信仰伊斯兰教，其他人口信仰传统宗教，这种状况也与这个国家是法国为安置被解放的奴隶而设置的历史有关。

在法国人统治时期，有过习惯法法官。当然，《法国民法典》也适用于加蓬。可以想象，当时的法律和法院都是二元的。

1961 年，加蓬独立。独立后，加蓬与科特迪瓦一起，是法国最忠实的盟国之一。

独立后，在法律上，加蓬呈现出可追溯到殖民时期的现代成文法与独立后通过的法律并存的局面；同时，传统法依然存在。在家庭和继承问题上，加蓬以法典编纂实现全国的法律统一，废除了习惯法，但这种废除并

---

① 《世界各国宪政制度和民商法要览·非洲分册》，上海社会科学院法学研究所编译室编译，法律出版社，1987，第 110 页。

② Rodolfo Sacco, op. cit., p. 261.

③ 参见洪永红、夏新华等《非洲法导论》，湖南人民出版社，2000，第 202 页。

④ 参见〔法〕G. G. 贝莉埃《塞内加尔》，伍协力等译，上海人民出版社，1976，第 115 页。

⑤ 参见〔法〕G. G. 贝莉埃《塞内加尔》，伍协力等译，上海人民出版社，1976，第 169 页。

非总是成功的，在有的时候，习惯法顽强地保持着生命力，在乡村地区，出现了一种既非传统法又非国家制定的现代法的"民众法"（Diritto popolare）。在民法上，新的加蓬民法典已经起草完毕，1972 年的第 15 号法律就是这一部民法典的第一部分（第 1~644 条），它对自然人、结婚、离婚、别居和亲子关系做了规定；1974 年的第 8 号法律又对这一部分做了修改，1989 年的第 18 号法律也对这一部分做了修改，它本身也包括了民法典的第二部分（第 645~908 条），这一部分是关于继承和赠与的。① 由于加蓬民法典从未以一部全面综合的法典的面貌出现，再加上它与《法国民法典》的渊源关系，因此它规定，本法典"未作规定的，可以援用《法国民法典》的准则"。②

（3）中非

中非原名乌班吉－沙里，1910 年成为法属赤道非洲的一部分。1960 年 9 月 20 日独立。独立后保留了殖民地时期的法律的效力。1976 年 12 月改名为中非帝国。

从习惯法的角度看，中非社会部分地建立在紧密的亲族关系上，而亲族关系又是一切家族和氏族——几个家族的联合——的基础；部分地建立在某一特定地区内年龄相仿的同辈人团体的成员休戚相关的感情上。这些根深蒂固的社会结构的权力使建立一个有组织的政权、一个立法系统或一种警察机构变得无意义。首领们对全部部族土地享有所有权。这个国家分为许多部族，它们都反对国家的概念，形成所谓部族主义，因此，国家几世纪以来一直生活在有秩序的无政府状态中。只是在战争期间，各氏族才推举共同的军事首领。唯一有组织的社会单位是氏族，土地永远是氏族的财产，不能属于个人。货物也不能由个人所有，而是由氏族的首长藏在秘密的地方，根据每个成员的需要进行分配。私人财产从未成为中非习惯法的一部分。③ 为了进行氏族之间的交易，个人有义务提供交易物。私人只许和别的氏族交易产品。投机者被处分。氏族首脑解决成员们的婚姻、继承、个人权利等问题。为了加速发展，许多人鼓吹消灭所有的旧习俗——

① Rodolfo Sacco, op. cit., p. 272.
② 洪永红、夏新华等：《非洲法导论》，湖南人民出版社，2000，第 196 页。
③ 〔法〕皮埃尔·卡尔克：《中非共和国》，山东大学翻译组译，山东人民出版社，1976，第 142 页。

例如家族和氏族的团结，因为这些习俗虽然为许多中非人提供了保护，但不能使中非人产生欧洲人那种谋求繁荣的欲望。①

法国人在这里留下了自己的民法典。但从 1989 年开始，中非起草自己的民法典，并有起草家庭法典的计划。②

（4）乍得

我对乍得的历史知之甚少，只知这个国家于 1960 年独立于法国。从 1965 年开始，中非陷入动乱，发生了多次军事政变。在这个国家，穆斯林占总人口的 50%，主要集中在这个国家的北部和中部，从这一数字可以想象伊斯兰教法的力量。中非的官方语言有法语和阿拉伯语两种的事实提醒人们注意它有两种极为不同的文化来源。由于战乱连绵，乍得未花很多时间去制定新的法律，造成了对殖民地法的沿用和习惯法势力保持强大，这后一种法律主要是马立克学派的伊斯兰法。在法国人统治时期，这里就设立了习惯法法官，1967 年的改革废除了这一制度，但未触动酋长以民事方法协调争议的权力。酋长和警察分局解决了 75% 的争议。③ 在这个国家，《法国民法典》与个人身份法并存。④

3. 其他前法国殖民地国家

（1）马达加斯加

从地理上看，马达加斯加是世界上最大的岛屿之一，它既不属于亚洲，也不属于非洲，而自成一个小小的大陆。其原住民马尔加什人与非洲其他国家的人种很为不同，与亚洲的印度尼西亚人有密切的关系。公元前 2~3 世纪，马尔加什人建立了自己的君主国。在欧洲人到来前，统一的马尔加什国家已经形成，它实行君主立宪制。1868 年，腊纳瓦洛二世颁布了一部 101 条的法典。⑤ 有家内奴隶制，进行了以释放奴隶为主要内容的改

---

① 〔法〕皮埃尔·卡尔克：《中非共和国》，山东大学翻译组译，山东人民出版社，1976，第 47 页及以次。

② Rodolfo Sacco, op. cit., p. 251.

③ Rodolfo Sacco, op. cit., p. 252s.

④ 《世界各国宪政制度和民商法要览·非洲分册》，上海社会科学院法学研究所编译室编译，法律出版社，1987，第 458~459 页。

⑤ 〔马尔加什〕赖·腊伯马南扎腊：《马尔加什民族史》，林穗芳译，三联书店，1972，第 75 页及以次。

革。1896 年，法国开始在岛上殖民并征服了马达加斯加。① 1960 年，马达加斯加独立。

在法国人统治时期，1904 年的公民权法典限制了土著居民的自由。1913 年开始个别地授予马尔加什人法国公民权。

独立后，颁布的法律有 1964 年的民法汇编第 1 卷，其中包括总则和家庭法。②

（2）吉布提

吉布提从前为法属索马里的一部分，原为法国设在东非海岸的一个加煤站。1884 年，奥博克驻军司令与邻近的苏丹订立条约，先把他们置于法国的保护下，后把他们的地方变成法国的属地，由此产生了这个大部分居民信仰伊斯兰教的国家。③ 1977 年独立后改称吉布提共和国。

按照吉布提的习惯法，对侵害实行复仇制，也可通过部落之间的安排以牲畜代偿。家族内部的纠纷由家长解决。复杂一些的案件由酋长和显贵处理，他们都是习惯法专家。法国人对不合西方做法的习惯法进行了干预，进行了针对土著的宗教司法制度的改革，规定和扩大了伊斯兰教法庭的管辖权，同时使当地人日益熟悉西方的法律概念和实务。1904 年，法国在这里建立了自己的司法制度。法国法起初只适用于欧洲人或已同化者的案件；1946 年后，所有的居民都成为法国刑法的适用对象。这样的法院与沙里亚法院并存。④

吉布提有自己的民法典、商法典、商业公司法。⑤

（3）科摩罗

科摩罗是一个由岛屿构成的国家，940 年左右，伊斯兰教传入，几乎全部居民都成了穆斯林。1886 年，法国宣布这个国家是自己的保护地。1946 年，随着法兰西第四共和国的建立，科摩罗在法国国民议会中被给予

---

① 〔马达加斯加〕G. 巴斯蒂昂：《马达加斯加》，河北师范大学地理系译，商务印书馆，1978，第 58 页。

② 《世界各国宪政制度和民商法要览·非洲分册》，上海社会科学院法学研究所编译室编译，法律出版社，1987，第 247 页。

③ 〔法〕弗·汤普森、理查德·艾德洛夫：《法属索马里》，卞亦实译，上海人民出版社，1975，第 10 页及以次。

④ 〔法〕弗·汤普森、理查德·艾德洛夫：《法属索马里》，卞亦实译，上海人民出版社，1975，第 101 页及以次。

⑤ Francesco Castro, op. cit. , p. 305.

一个席位。1975 年，科摩罗独立。但法国民法适用于科摩罗，[①] 也适用伊斯兰教的沙斐仪教法学派的法。[②]

（4）多哥

多哥最初为德国殖民地，一战后，德国被剥夺了殖民地，多哥被交给法国托管，二战后，多哥成为法国的保护国。法国人在这里维持了地方习惯法的效力。对于归化者，可以适用《法国民法典》。1960 年，多哥独立于法国。独立后，多哥选择了不与过去一刀两断的道路，保留了法国人留下的法律的效力。但为了现代化，改变也在逐渐进行。1978 年的第 35 号法律结束了法院的二元体系，即现代法院和习惯法院并存的体制，现在普通法官有权在起咨询作用的陪审员的参与下审理习惯法领域的案件。1982年的民事诉讼法典、1983 年的刑事诉讼法典取代了保护国时期的法典，《法国商法典》仍保留其效力，《法国民法典》也是如此，[③] 但在 1980 年，多哥编纂了家庭法典，这是对《法国民法典》相关部分的取代。制定家庭法典的目的，是把非洲传统与现代化结合起来。当事人可选择在民事身份登记官面前结婚，也可选择在被赋予民事身份登记官职能的酋长面前结婚。根据这一法典，一夫一妻制是正常的体制，但人们也可选择多妻制，而所谓多妻制，最多只许娶两个妻子。在这部法典中，妇女的地位得到了改善。但尽管有这样的法典，多数人仍然按照传统的方式结婚。

（5）喀麦隆

16 世纪初期，葡萄牙人达·伽马首先访问了喀麦隆并赋予它现在这个名字。后来，葡萄牙人把喀麦隆作为奴隶贸易站。英国人、法国人也在这里做过生意。1884 年 7 月 12 日，德国人到达喀麦隆，与酋长们订立了条约，把这里变成了德国殖民地。一战后，由于德国战败，《凡尔赛和约》把喀麦隆瓜分给法国和英国，前者拥有东喀麦隆；后者拥有西喀麦隆。由于殖民政策的不同，法属喀麦隆得到了较大的发展；而英属喀麦隆发展缓慢。1960 年法属喀麦隆独立；次年，英属喀麦隆南部决定合并于已独立的喀麦隆共和国

---

① 〔美〕理查德·吉布逊：《非洲解放运动》，上海人民出版社，1975，第 425～427 页。
② 《世界各国宪政制度和民商法要览·非洲分册》，上海社会科学院法学研究所编译室编译，法律出版社，1987，第 190 页。
③ 《世界各国宪政制度和民商法要览·非洲分册》，上海社会科学院法学研究所编译室编译，法律出版社，1987，第 94 页。

（1972 年国名改为喀麦隆联邦共和国），而北部以全民公决的方式决定合并于尼日利亚。[①]

喀麦隆的主要民族信仰伊斯兰教。在欧洲商人到来前，喀麦隆沿海的班图部落大多是自给自足的社会。是德国人把所有权的观念乃至交换经济的观念带到这个国家，因此，后来在议定和支付新娘聘礼时，金钱开始代替牲畜和物品。合同关系的观念也是欧洲人带来的，它对村社生活起了很大的瓦解作用，它提出了另一种关系，而且往往是非常有诱惑力的关系，以取代村社内的传统关系；在后一种关系中，个人极少可能逃避对村落、氏族或家族所负的责任。[②] 西方关于财产与合同的概念，为喀麦隆进入交换经济提供了主要的基础。确实，在喀麦隆，土地曾属于村社，土地所有权的永久转让闻所未闻，欧洲人实行的种植园经济、对土地的购买，才把私人土地所有权的观念带到这里。

在法国人统治时期，在 1946 年宪法颁布前，法国殖民者在整个法属非洲区分服从土著习俗者和根据欧洲法律已同化者，前者为属民；后者为公民，享有与法裔公民同样的权利，其标准是说法语、接受法国法律（放弃多妻制）、从事各种文明的职业。他们免受土著居民管制法的制约。[③] 这两种身份表现在法庭和法律制度的二元制上。在喀麦隆，有一整套适用于公民的法国法典（民法典、商法典、刑法典和刑事预审法典），它们在欧洲法庭中得到适用。而服从土著习俗者只能在土著法庭解决自己的争议，[④] 直到 1921 年才取消这种法庭。

法国人坚信，一旦土人认识到他们能从官方法庭得到较公正的对待，传统的酋长司法权就会消失，同时，他们把某些类型的案件留给区级酋长法庭来审理，以图"通过实施一种比较人道的法律，使这些地区的土人在心目中产生对欧洲法官的信任，这样就可以在无须废除当地法律的情况

---

① 〔喀麦隆〕恩格瓦：《喀麦隆联邦共和国地理概貌》，安徽师范大学外国地理翻译组译，安徽人民出版社，1976，第 7～12 页。

② 〔美〕维克托·勒维纳：《喀麦隆》，上海外国语学院英语翻译组译，上海人民出版社，1973，第 83 页，第 106～107 页。

③ 〔美〕维克托·勒维纳：《喀麦隆》，上海外国语学院英语翻译组译，上海人民出版社，1973，第 205 页。

④ 〔美〕维克托·勒维纳：《喀麦隆》，上海外国语学院英语翻译组译，上海人民出版社，1973，第 194 页。

下，逐步引导土人去寻求一种对他们更有实际保障的司法制度"。①

土著法律制度由种族法庭实施，它们由欧洲行政官主持，由土著陪审员协助，后者从显贵和酋长中挑选。如果土著的习惯过严或过分残忍，行政官可做出他认为适当的处分。1927 年的司法改革，使各级酋长和显贵更多地参与司法工作，给予他们调解权。②

在喀麦隆，法国法的适用情况类似多哥。这个国家现已制定民法典。③

（二）前比利时殖民地国家

下面将要谈到的前比利时殖民地非洲国家在处于这种状态前，大都曾是德国殖民地。德国是最后获得殖民地并最先失去殖民地的欧洲大国。1878 年，它还没有一平方英尺的殖民地，过了 20 年，却在非洲的东部、西南部、中部和西部拥有大片领土，并占领了太平洋上的若干岛屿和群岛，其海外领土居世界第三位。它的大部分属地是在短短的一年内攫取来的。德国的殖民地曾包括多哥和喀麦隆（1884 年 7 月取得）、坦噶尼喀（现在坦桑尼亚的一部分）、卢旺达、布隆迪和纳米比亚等。这些殖民地从得到失，只经过了 35 年的时间。④ 一战后，国联以委任统治的名义对它们进行瓜分，英国、法国、比利时和南非被委任负责这些国家的行政管理。⑤

由于在非洲独立的 20 世纪 50～60 年代，德国已不再作为宗主国存在，为避免遗漏一段历史，有必要在此附带说明一下德国对其殖民地的统治形式。德国殖民当局对德属非洲根据情况采取不同的统治形式。首先是直接统治，它适用于沿海和部分内陆地区，又有一些变种。其一，由德国人直接掌握和控制各级政府，它适用于沿海城镇和邻近地区；其二，以德国人

---

① 〔美〕维克托·勒维纳：《喀麦隆》，上海外国语学院英语翻译组译，上海人民出版社，1973，第 196～197 页。

② 〔美〕维克托·勒维纳：《喀麦隆》，上海外国语学院英语翻译组译，上海人民出版社，1973，第 209 页及以次。

③ 《世界各国宪政制度和民商法要览·非洲分册》，上海社会科学院法学研究所编译室编译，法律出版社，1987，第 169 页。

④ 〔南非〕鲁思·弗斯特：《西南非洲》，山东大学翻译组译，山东人民出版社，1978，第 76～77 页。

⑤ 徐济明、谈世中主编《当代非洲政治变革》，经济科学出版社，1998，第 7 页。

出任的地区专员为首，下设若干名"阿基达"（中层官员，通常由阿拉伯人担任），在阿基达之下又设有若干名"琼贝"（村长，一般由非洲人担任）进行统治；在大部分内陆地区，部落酋长直接从属于殖民当局。这些酋长有些是原来就有的，有些是由德国人任命的。

同时，德国人对有些地区实行间接统治，在德属东非的东北部高原地区，如布隆迪、卢旺达和布科巴就是如此。在这些地方，传统的统治者和社会制度被保留下来，苏丹和酋长在一定范围内仍可行使某些权力，殖民当局向这些地区派一名驻节长官监督苏丹和酋长。① 无论实行何种统治，德国人都宣布德属非洲的土地全部归德皇所有。

在比利时殖民地中，只有现在的扎伊尔不是德国前殖民地。柏林会议后，比利时国王利奥波德于 1885 年建立了刚果自由邦作为他的私人产业，总部设在布鲁塞尔，由他任命总督，全国分为四个省，行政官员都由白人担任。② 他创立了租让制，因爆出大量丑闻，最后迫于国际舆论压力，不得不把他自己的私人殖民地卖给比利时政府。由比利时政府接手殖民地后，1910 年颁布的法令承认土著酋长对部落的管理权，但酋长要由政府任命，实际上是实行间接统治。1895 年，比利时还根据自己的民法典为殖民地颁布了一部民法典。

1. 扎伊尔

曾名比属刚果、刚果－金沙萨。在沦为殖民地前是一个独立的国家，其立法已达到高度的创造性。1885 年的柏林会议承认了独立的刚果国，由比利时国王利奥波德担任元首。1908 年，它被利奥波德国王以 5000 万法郎的价格转卖给比利时政府，作为比属刚果殖民地，终止了国王的寡头统治，实行父权式的统治，此后受比利时法的影响。殖民地时期，审判系统采用二元制，土著传统的管辖权与成文法的管辖权相对立。就前者而言，比利时于 1891 年把扎伊尔分成若干个酋长区，仍由本地酋长行使某些微小的职权。1933 年后，把这些酋长区合并为叫作"塞克特"的较大的单位。③

---

① 艾周昌、郑家馨主编《非洲通史·近代卷》，华东师范大学出版社，1995，第 832 页。
② 徐济明、谈世中主编《当代非洲政治变革》，经济科学出版社，1998，第 7 页。
③ 〔美〕弗兰克·E. 哈格特：《现代比利时》下册，南京大学外文系英文翻译组译，江苏人民出版社，1973，第 400 页。

1959 年 1 月，爆发了反对殖民主义的运动，它导致刚果于 1960 年独立。独立后，扎伊尔选择了把成文的现代法与习惯法整合起来的道路。这些现代法的历史可追溯到独立前，而习惯法则因地区而不同。1982 年的法院组织法第 116 条规定了以符合公共秩序为条件适用习惯法的法院，规定以治安法官取代过去行使审判权的酋长。尽管如此，扎伊尔还是把从前由习惯法调整的一些领域编成法典。1973 年，编成土地法典；1987 年 8 月 1 日，编成家庭法典。此外，还有以比利时民法典为蓝本的民法典。① 该法典本来的目的是调整比利时公民之间的关系或经注册的扎伊尔人之间的关系，它现在成为一部普遍适用的民法典。债与合同关系由扎伊尔民法典第三编调整（1888 年 7 月 30 日的法令）。1987 年的家庭法典综合了成文法和习惯法，取代了过去的民法典的第一编。1987 年还颁布了继承法典，而继承领域过去是由习惯调整的，现在则成文法化了。② 通过这些立法，扎伊尔超越了殖民时代留下来的二元制，即现代的成文法——以民法典第一编为代表——与习惯法的对立。

无论在哪个国家，立法的有效实施都取决于稳定的政治环境，而扎伊尔第一共和国（1960～1967）的历史，实际上就是一部以部族为依托的多党纷争的历史。在获得独立的最初几年内，扎伊尔成为部族角逐的舞台，导致"中央政府只在法律上享有主权，在政治上却无法行使主权"。③ 在这种背景下，民法典及相关法规统一适用的可能性深值怀疑。

2. 布隆迪

布隆迪曾是德国殖民地，1922 年成为比利时的托管地，比利时曾于 1895 年颁布比利时－布隆迪法典。布隆迪于 1962 年独立，独立后法律方面的情况与扎伊尔相同。

独立后，布隆迪并未明文宣布殖民地时期的法律失效，因此，在理论上，这些法律仍都有效，它们曾共同适用于刚果和卢旺达等比利时前殖民地。20 世纪 70 年代，布隆迪法学院的大部分课程还是由比利时教授讲授的，由此可见宗主国的影响。1980 年，布隆迪通过了人与家庭法典，试图

---

① 《世界各国宪政制度和民商法要览·非洲分册》，上海社会科学院法学研究所编译室编译，法律出版社，1987，第 439 页。

② Rodolfo Sacco, op. cit., p. 380.

③ 徐济明、谈世中主编《当代非洲政治变革》，经济科学出版社，1998，第 215 页。

以此减少习惯法的适用空间，统一国家的法律并使之现代化，并结束司法上的二元体制，即布隆迪人可选择适用比利时－布隆迪法典或习惯法的体制，这部法典把比利时民法典和《法国民法典》的模式与"布隆迪的良好习惯法传统"结合起来。根据人与家庭法典，实行一夫一妻制，事实上，这种体制早在 1948 年就以立法措施采用。1986 年，布隆迪还颁布了土地法典，承认了土地的私人所有权，也承认了国家对国有土地的权利。①

3. 卢旺达

在德国人来到这个地方前，有过卢旺达王国，在这个国家，实行牧业的图西人（Tutsi）统治着从事农业的胡图人，为这个国家后来发生的大规模种族屠杀埋下了伏笔。1899 年，德国人把卢旺达变成了自己的保护国。一战后，卢旺达成为比利时的托管国。1962 年独立。

在法律上，习惯法在卢旺达具有重要地位，迄今为止，立法者在全国范围内统一法的努力，尤其是把习惯法编成法典的努力只取得了有限的成果。例如，只就土地法编成了法典，而对其他的法律部门，例如继承法，则完全委诸习惯法。独立后的 1962 年宪法完全维持了比利时留下的法律的效力。在独立前，卢旺达存在习惯法法院和现代法法院，1962 年 8 月 2 日的法律把这两种法院的管辖权和权限统一起来。扎伊尔民法典的第二编和第三编在这个国家生效，它们分别关系到财产和债。扎伊尔民法典关于家庭的第一编未在卢旺达得到采用，在这一方面，卢旺达制定了自己的法典，即 1988 年 10 月 27 日的家庭法典，它于 1992 年 1 月 1 日生效，同时废除了 1895 年民法典的第一编。② 独立后的卢旺达颁布了自己的商法典，但它只是比利时商法典的一个摹本。③

卢旺达适用过比利时为殖民地颁布的民法典，显然，由于采用扎伊尔的法律以及自己制定家庭法典，比利时留下的民法典已被放弃。可以看出，卢旺达还在非洲开了直接采纳相同背景国家的外国法的先例。

---

① Rodolfo Sacco, op. cit., p. 237.

② Rodolfo Sacco, op. cit., p. 333s.

③ 洪永红、夏新华等：《非洲法导论》，湖南人民出版社，2000，第 199 页。

三 前意大利殖民地国家

意大利曾饱受侵略，但在 1860 年完成统一，制定了统一国家的民法典后，开始对外扩张。1877 年开始，意大利的军事开支增加，军队增兵，大型战列舰纷纷下水，意大利海军在欧洲处于领先地位，这些军舰怀着把意大利民法典带到海外去的愿望。从 1887 年 8 月克里斯皮入主内阁开始，政府大力推行殖民政策。1889 年征服阿比西尼亚，使之成为意大利的保护国；1890 年，以简单的国王法令，把红海海滨的领地建成厄立特里亚殖民地。1889 年，位于印度洋的奥比亚苏丹和米朱提亚苏丹接受意大利作为保护国的地位，形成了意属索马里。1911 年 9 月 29 日，意大利还发动了对土耳其的战争，通过《洛桑条约》把利比亚并入了意大利。1935 年，墨索里尼发动侵略埃塞俄比亚的战争，次年征服了该国，意大利国王同时兼埃塞俄比亚皇帝。① 此外，众所周知，意大利还征服了阿尔巴尼亚。在所有的殖民地，意大利都适用自己的民法典，先是 1865 年民法典，后是 1942 年民法典。

1. 索马里

这里曾经存在著名的香料之国蓬特国。公元初，索马里出现了第一批居民点和城市，臣属于阿克苏姆国，它是一个博得了罗马人之敬重的国家。7 世纪起，阿拉伯人渗入，其国家制度和其他文化也传入索马里，出现了苏丹国的国体形式。16 世纪和 17 世纪，葡萄牙人和土耳其人先后侵入。19 世纪，意大利崛起，开始走上殖民之路；法国和英国也开始在索马里进行争夺。因此，到 20 世纪初，索马里被分为法属索马里、意属索马里和英属索马里。1940 年，意大利对英国宣战并占领了英属索马里；次年底，英国人恢复旧地。二战后，意大利尽管战败，但联合国仍委托它代管索马里，为期 10 年。② 1960 年 7 月 1 日，索马里作为意大利代管的联合国托管地与英属索马里兰合并而成的国家取得独立。这个国家的特点和优点

---

① 〔意〕路易吉·萨尔瓦托雷利：《意大利简史》，沈珩、祝本雄译，商务印书馆，1998，第532 页，第542 页，第553 页，第565 页。

② 〔苏联〕伊·谢·谢尔盖耶娃：《索马里地理》，南京大学地理系非洲地理组译，江苏人民出版社，1977，第6 页及以次。

是只有单一的索马里民族，没有其他非洲国家那样复杂的部族问题。①

独立前，适用英国和意大利的殖民地法和沙里亚法，在教法上属于沙斐仪派。同时，习惯法也有不小的影响。独立后的索马里从 1970 年起开始走社会主义道路。1973 年 6 月 2 日的法律颁布了于 1973 年 7 月 1 日生效的索马里民法典，它采用了埃及模式。在这部民法典不涵盖的商事方面，仍然适用 1942 年意大利民法典的许多规则。索马里民法典的编制如下：序编是一般规定，包括法律及其适用，法律和法，法律在时间和空间上的冲突，自然人、法人、协会、基金会、物和财产的分类等问题。第一编为债与对人权，分为债的一般和具体合同；第二编是物权，包括自物权和他物权。

索马里于 1974 年颁布了个人身份法，它关系到结婚和离婚、子女和扶养、监护和保佐、遗产继承等问题。这部法典力图体现伊斯兰国家陌生的男女平等观念，但遇到了强大的阻力，致使穆罕默德·西亚德·巴雷为了推行这种观念，不惜于 1975 年以死刑对付对此持不同意见者。②

如果说索马里民法典是财产法和人格法，其个人身份法则是身份法。在财产法与人身法的二元分立体制上，索马里完全遵循了伊斯兰国家的传统。

此外，索马里还进行了商事立法，制定了民事诉讼和商事诉讼法典，在这方面，采用的是意大利模式。刑事诉讼法典是埃及模式的，③ 而旧的诉讼法是英国式的，民法典是罗马法式的，而经济法是社会主义式的。④由此可见，多元性也是索马里法的特点。

由于索马里独立前在诉讼制度上就采用了意大利模式，实行以地域管辖为基础的单一的法院系统，因此没有设立习惯法法院，尽管习惯法仍被秘密地遵循，但独立后的索马里省去了重新建立统一的法院体系的必要。

2. 厄立特里亚

厄立特里亚从 1890 年到 1941 年一直是意大利的殖民地，1941 年成为

---

① 〔苏联〕伊·谢·谢尔盖耶娃：《索马里地理》，南京大学地理系非洲地理组译，江苏人民出版社，1977，第 1 页。

② 〔美〕戴维·拉姆：《非洲人》，张理初、沈志彦译，上海译文出版社，1998，第 57 页。

③ Francesco Castro, op. cit., p. 303.

④ Rodolfo Sacco, op. cit., p. 349.

英国的托管地。1950年12月，联合国的一项决议结束了英国的统治，厄立特里亚根据一个赋予它很大自治权（包括选举自己的议会的权利）的协议与埃塞俄比亚结成联邦。根据该协议，厄立特里亚政府拥有"关于内部事务的立法、行政和司法权"，可维持境内警察，征收捐税供给境内行政和各项事业开支，以及制定自己的预算。但1962年，海尔·塞拉西皇帝单方面废除了这个联邦并把厄立特里亚吸收为埃塞俄比亚的第十四个省，为此三支争取从埃塞俄比亚独立的游击队（合计4万人）征战不已。① 1993年，厄立特里亚宣告独立。②

在作为意大利殖民地的时期，厄立特里亚适用由意大利国王维托里奥·埃马努埃莱三世颁布的作为殖民地法的民法典（1909年6月28日），它被译成阿木俄白语和阿美利卡语（America），但只有意大利文本有法律效力。这部法典在颁布后的15天内生效，凡2209条，第一编，人；第二编，财产、所有权及其改定（Modificazione）；第三编，取得和转让所有权的方式、关于物的其他法律。相较于凡2147条的1865年意大利民法典，这部法典的条文多了一些，但两者的篇章结构完全一致。

在作为埃塞俄比亚的一个省的时期，由于厄立特里亚享有自己的立法权，其法律体系独立于埃塞俄比亚的法律体制。但1959年9月，厄立特里亚立法会议一致投票通过取消自己的法律，采用埃塞俄比亚的刑法。③ 它是否采用了1960年5月5日颁布的《埃塞俄比亚民法典》？很可能采用了，因为在这部法典颁布的同一时间，厄立特里亚立法会议一致通过了把厄立特里亚政府改名为"厄立特里亚行政机构"的决议，④ 这意味着放弃自己相对独立的地位而趋向于取消联邦制。

厄立特里亚独立后，是仍适用《埃塞俄比亚民法典》还是恢复意大利殖民地时期的民法典，抑或是制定了新的民法典，我不得而知。

---

① 参见〔美〕戴维·拉姆《非洲人》，张理初、沈志彦译，上海译文出版社，1998，第263页注1。
② 徐济明、谈世中主编《当代非洲政治变革》，经济科学出版社，1998，第3页。
③ 〔英〕理查德·格林菲尔德：《埃塞俄比亚新政治史》中册，钟槐译，商务印书馆，1974，第607页。
④ 〔英〕理查德·格林菲尔德：《埃塞俄比亚新政治史》中册，钟槐译，商务印书馆，1974，第607页。

四 前西班牙殖民地国家

在美洲，西班牙是殖民大国；在非洲，却是殖民小国，只有赤道几内亚和西撒哈拉两个殖民地。事实上，西班牙曾对北非国家满怀野心，但在与土耳其人进行的长达 60 年的北非争霸战中失败，丧失了过去的霸权地位。另外，非洲是列强排在美洲之后的夺取对象，当列强于 19 世纪后半叶开始夺取非洲时，西班牙经过美西战争，已丧失海上霸权，沦为二等国家，丧失了殖民能力。

最早（15 世纪末）到达赤道几内亚的欧洲人还是葡萄牙人，1778 年起逐步沦为西班牙的殖民地，称西属几内亚。1959 年被划成西班牙的两个海外省。1968 年 12 月独立。

有以西班牙法为来源的颁布于 1889 年 7 月 27 日的民法典。①

五 前葡萄牙殖民地国家

葡萄牙人是最早来到非洲的欧洲殖民者。1415 年，葡萄牙人占领了摩洛哥的休达，这一事件标志着非洲殖民地化的开始。"葡萄牙人的发现"极大地扩大了欧洲人的地理知识，这种贡献没有任何其他民族可以比拟。但 16 世纪的葡萄牙人只企图建立一个商业帝国，而不是一个殖民帝国。换言之，葡萄牙并不想接受并统治大面积的外国领土，而只想控制足够的港口和航路，以便在东方贸易中占有最大的份额。② 这个民族的商人气质体现在它对一周的每一天的命名上，在葡萄牙语中，除了星期天是"主日"外，其余六天都是交易日。星期一是"第二集"，星期二是"第三集"，以此类推，星期六是安息日。星期天尽管是"主日"，还兼作"第一集"，葡萄牙人生意做到家了。第一是生意，第二是生意，第三还是生意。上帝被他们挤到了角落中，因此干起坏事来肆无忌惮。作为地道的商人，葡萄牙人关心的是利润而不是领土。殖民地对于葡萄牙来说，不过是倾倒自己

---

① 《世界各国宪政制度和民商法要览·非洲分册》，上海社会科学院法学研究所编译室编译，法律出版社，1987，第 88 页。

② 〔美〕理查德·吉布逊：《非洲解放运动》，上海人民出版社，1975，第 373 页。

100 多万大部分是无技术和半文盲的公民的垃圾场。① 直到柏林会议后，有鉴于欧洲各国纷纷在非洲抢占殖民地，葡萄牙人才致力于去实际控制自己多年只占据其交通中心的殖民地。

就葡萄牙人在非洲的所作所为，进而言之，就他们在所有殖民地的所作所为，西方作者自有公论。戴维·拉姆说："把葡萄牙的殖民历史说成是不光彩的，这还是为里斯本说了好话。葡萄牙代表着殖民主义的一切罪恶，而一点也体现不出它的好处。它是取而不给。"② 理查德·吉布逊说："葡萄牙即使同成就最小且掠夺严重的其他殖民国家对照来看，它也是最卑劣的"。③ 这就解释了为什么许多殖民地国家和地区对自己的宗主国恋恋不舍，甚至以当过殖民地自豪，而葡萄牙的殖民地对它毫无感情，正如我在澳门人身上观察到的那样。④

当然，葡萄牙人经营殖民地的失败还有其他原因。在相当近的时间内，葡萄牙自己还是欧洲最穷的国家。到 1970 年，还有 30% 的葡萄牙人是文盲。在它还不能开发自己的国土之时，难以指望它能指导和开发海外帝国。⑤ 因此，尽管葡萄牙的海外殖民地众多，但从 1415 年以来，在葡萄牙的历史上很难找到一个时期，其中葡萄牙的确从殖民地得过巨大的利益，并恰当地用于国内的发展，或者其中葡萄牙未遭受大量海外移民之苦。⑥

葡萄牙殖民者把海外领地分为占领区和殖民区。在殖民区，葡萄牙的移民定居下来，建立种植园，从外地运来奴隶。而在占领区则是单纯的掠夺对象，从中获得人力和物力资源。佛得角、圣多美和普林西比就是典型

---

① 〔美〕戴维·拉姆：《非洲人》，张理初、沈志彦译，上海译文出版社，1998，第 180 页。

② 〔美〕戴维·拉姆：《非洲人》，张理初、沈志彦译，上海译文出版社，1998，第 225 页。

③ 〔美〕理查德·吉布逊：《非洲解放运动》，上海人民出版社，1975，第 261 页。

④ 葡萄牙殖民者的缺德行为不胜枚举，兹举两例说明之。葡萄牙曾在当年的达荷美即现在的贝宁霸占了占地 11 英亩的圣约翰堡（建于 1580 年）达 300 多年。1961 年 8 月 1 日达荷美独立 1 周年之际，政府驱逐了驻该堡的葡萄牙专员。这个专员在被捍解出境前竟然纵火烧毁了其官邸，并企图烧毁其汽车。参见罗贝尔·科纳万《达荷美史》下册，上海师范大学翻译组译，上海人民出版社，1976，第 864 页注 1。另外一个例子，参见〔美〕戴维·拉姆《非洲人》，张理初、沈志彦译，上海译文出版社，1998，第 12 页。葡萄牙人在离开几内亚比绍前，竟然把这个国家几百年的行政档案付之一炬。

⑤ 〔美〕理查德·吉布逊：《非洲解放运动》，上海人民出版社，1975，第 272 页。

⑥ 〔法〕道格拉斯·惠勒、勒内·佩利西埃：《安哥拉》，史陵山译，商务印书馆，1973，第 36~37 页。

的殖民区；其他葡属殖民地为占领区。①

二战后，葡萄牙的殖民政策发生了变化。1951 年，它把所有的殖民地都变为其海外省。1961 年，在葡属殖民地解放运动高涨之际，葡萄牙的萨拉查政府宣布废除土著法，并不分肤色，把葡萄牙国家的所有恩泽施于所有的人，② 使莫桑比克、安哥拉和几内亚比绍的所有土著都成为十足的葡萄牙公民，他们可选举代表参加中央立法会议。因此，这一举动至少在形式上颇类似于安东尼鲁斯敕令。

1966 年 11 月 25 日，葡萄牙以 47344 号法律命令颁布了新民法典。次年，葡萄牙海外部（Ministeriodo Ultramar）发布命令，把这一民法典适用于葡萄牙的所有海外领土。于是，1968 年，在安哥拉出版了葡萄牙文的安哥拉民法典。③

葡萄牙似乎是不做任何更改地把自己的法律扩展适用于殖民地。按照1822 年的葡萄牙宪法，本土的法律当然地在殖民地实施。后来，对这种直接适用做了一定修改，即须经过一定的法定程序，本土的法律才延伸至殖民地适用，④ 在适用上，并不区分葡萄牙人或土著人。但在有些殖民地，葡萄牙把殖民地的人口分为土著人和非土著人，适用不同的法律。⑤

1. 安哥拉

安哥拉最早的居民是科伊人和桑人，他们在欧洲人到来前没有组成有国家的社会，因此不存在中央集权。后来班图人迁徙来此，成为这里的主流民族并建立了一些王国。在这些王国中，大多实行家长奴隶制，奴隶被当作家族成员看待，主人称之为"儿"、"女"，准许他们保有和继承财产。奴隶的来源主要是战俘、罪犯和债务破产者。土地归部落或村社集体所有，部落成员或村民耕种土地须向王国或酋长缴纳贡税。⑥ 1482 年，葡萄

---

① 〔美〕理查德·吉布逊：《非洲解放运动》，上海人民出版社，1975，第 276 页。

② 〔美〕理查德·吉布逊：《非洲解放运动》，上海人民出版社，1975，第 272～273 页。

③ *Codigo civil de Angola*，*Imprensa nacional de Angola*，1968，p. 3.

④ 参见《澳门民法典·说明》，中国人民大学出版社，1999，第 1 页。

⑤ 在澳门，在 1822 年以前，中国人和葡萄牙人构成两个不同的法律共同体。在该年确定澳门为葡萄牙的海外殖民地后，葡萄牙法律就不加区分地适用于澳门了。只是在民法问题上，排除了婚姻家庭法对中国人的适用。葡萄牙人在澳门的做法，应代表其在其他殖民地的一般做法。米也天：《澳门民商法》，中国政法大学出版社，1996，第 9、24 页。

⑥ 艾周昌、郑家馨主编《非洲通史·近代卷》，华东师范大学出版社，1995，第 99 页。

牙人开始与刚果王国接触，使其国王皈依基督教。到 1575 年，葡萄牙人就把自己的活动中心移到安哥拉，遭遇这里的"恩哥拉王朝"。恩哥拉是基姆本杜人的酋长，曾统治现在的安哥拉的一部分，葡萄牙人入侵后，他曾多次战胜他们，但于 1603 年死于葡萄牙人之手，安哥拉的名称源于其名字。① 在安哥拉，葡萄牙人把奴隶输送到美洲（尤其是其美洲殖民地巴西）的贸易越做越大，巴西种植园的奴隶主要来自安哥拉。1641 年，葡萄牙人夺取了罗安达，② 先是把这里作为奴隶贸易基地，后是把这里作为流放犯人的场所。

如上所述，安哥拉是葡萄牙人的占领区，是黑人奴隶、象牙和矿物的来源。当地人民不断反抗殖民者，葡萄牙对这个国家的有效控制，直到第一次世界大战期间才实现。到 1922 年以后，才有一个真正的行政机关。葡萄牙于 1929 年颁布的法律把安哥拉人分为土著人和非土著人（包括欧洲人和同化人），③ 两种人具有不同的身份。1966 年的葡萄牙新民法典在其颁布两年后适用于安哥拉。

安哥拉于 1975 年独立，葡萄牙新民法典在这里有很大影响。④

2. 莫桑比克

葡萄牙探险家达·伽马于 1498 年在莫桑比克登陆。在葡萄牙人到来前，在现在的莫桑比克，就已经兴起了一些"组织完备、生产上先进的班图城邦，例如津巴布韦那样的石头城"。这些土著人按自己的条件与葡萄牙人打交道达几个世纪之久，葡萄牙人只有通过诡计才能影响他们。到 19 世纪末，葡萄牙也未在莫桑比克留下多少痕迹，只是在 1884～1885 年关于瓜分非洲的柏林会议后，葡萄牙才去夺取和控制分配给它的土地。到 20 世纪初，才开始建立行政制度。20 年代，才把土著的各种反抗平息下来。⑤

从法律的角度看，按照莫桑比克的土著法，在村社的条件下，土地和

① 〔美〕理查德·吉布逊：《非洲解放运动》上海人民出版社，1975，第 276 页。
② 〔法〕道格拉斯·惠勒、勒内·佩利西埃：《安哥拉》，史陵山译，商务印书馆，1973，第 61 页及以次。
③ 〔法〕道格拉斯·惠勒、勒内·佩利西埃：《安哥拉》，史陵山译，商务印书馆，1973，第 211 页。
④ Rodolfo Sacco, op. cit., p. 225.
⑤ 〔莫桑比克〕爱德华多·蒙德拉纳：《为莫桑比克而斗争》，上海市"五七"干校六连翻译组译，上海人民出版社，1976，第 5 页。

所有农用地都归集体所有。莫桑比克由于自然条件未被欧洲人侵占的北部地区，实行村社土地所有制，仍处于母系氏族。但在商品关系深入渗透的地方，人们实行土地私有制。葡萄牙人统治这个国家后，当地人获得占有土地必须服从葡萄牙法律，以租借的方式取得土地权。如果当地人不愿受葡萄牙法律的支配，他们得到的土地权就要受到限制。①

19 世纪末，葡萄牙完成了对莫桑比克的征服后，葡萄牙人建立了两套截然不同的行政法规，一套适用于非洲人，另一套适用于欧洲人。欧洲人的地区以宗主国为模式，由委员会管理，委员会所管地区又分为若干教区。非洲人的地区则由哨所所长和他的下属官员管理，下面又分为若干酋长区，酋长的权力通常来自葡萄牙人的委任，而不是来自原来的部族结构。

1921 年的援助土著人法给有文化的非洲人下了如下定义：能讲葡萄牙语、摆脱了一切部族习惯，并经常有酬地被人雇佣的非洲人。② 满足了这些条件的莫桑比克人，可以获得葡萄牙公民身份，享受比较好的待遇。但由于这些条件很难达到，只有少数莫桑比克人得到这样的机会。

莫桑比克于 1975 年 6 月独立。独立后仍适用 1966 年葡萄牙民法典。③

3. 几内亚比绍

几内亚比绍于 1446 年被葡萄牙人发现，被当作一个贩卖奴隶的堡垒。④ 这里的 30% 的人口信仰伊斯兰教；其他人口信仰原始宗教。

1974 年独立，独立后继续实施葡萄牙法律，但伊斯兰教法的存在不容忽视。

4. 佛得角

1445 年被葡萄牙殖民者迪尼斯·费尔南德斯发现并命名，为"绿角"之意。1495 年沦为葡萄牙殖民地。1951 年成为葡萄牙的海外省。其行政管理直到 1879 年才与几内亚比绍分开。葡萄牙在佛得角实行种植园经济。⑤

佛得角于 1975 年独立，独立后的法律情况不明。可以设想葡萄牙法继

---

① 〔苏〕加·叶·加兰特：《莫桑比克》，南京大学地理系非洲地理组译，江苏人民出版社，1978，第 72 页。
② 〔莫桑比克〕爱德华多·蒙德拉纳：《为莫桑比克而斗争》，上海市"五七"干校六连翻译组译，上海人民出版社，1976，第 32 页。
③ Rodolfo Sacco, op. cit. , p. 316.
④ 〔美〕理查德·吉布逊：《非洲解放运动》，上海人民出版社，1975，第 342 页。
⑤ 参见马武业主编《各国概况·非洲部分》，世界知识出版社，1990，第 85～87 页。

续保持其影响。

5. 圣多美和普林西比

1471 年至 1472 年，这个地方由葡萄牙人若昂·德桑塔伦和佩罗·埃斯科巴尔发现，当时无人烟。1486 年，第一批白人殖民者来到岛上。葡萄牙人在这里实行种植园经济。圣多美为天主教圣徒的名字；普林西比的名称来自葡萄牙语，意为"太子岛"。葡萄牙人曾将奴隶和本国罪犯送到圣多美岛，这些人中很少有人生还，故该岛被称为"死亡岛"。① 曾是葡萄牙在海外最小的省，② 因是之故，葡萄牙本土的法律曾适用于此地。

1975 年独立，独立后的法律情况不明。可以设想葡萄牙法的影响继续存在。

六　前英国殖民地国家

英国是老牌殖民国，在亚非拉占有大量的殖民地，形成了日不落帝国，也积累了丰富的管理殖民地的经验。由于以少数人统治多数人的需要，英国根据殖民者卢加德的理论对其殖民地实行间接统治，即"利用本地的酋长们，借助于他们的智慧和统治的权力，通过他们进行工作"。间接统治的主要内容为：（1）土著领袖承认英国的宗主权；（2）作为交换，英国承认当地的土著政权；（3）保留土著政权的收税权；（4）承认土著法院，允许土著人实行当地的习惯法和伊斯兰教法，但白人之间以及白人与土著之间的纠纷适用另外的法律。③ 因此，间接统治意味着放弃快速同化非洲人的企图，承认当地习惯法的适用空间以及土著法院的存在空间，保持法和法院的二元体制。

众所周知，英国适用非法典法，而大多数非洲国家属于大陆法系国家的殖民地，宗主国把自己的法典带到殖民地，使非洲成为一个法典的大陆。英国殖民地的存在在某种程度上避免了非洲成为一个单调的"法典法大陆"的可能性。但由于实行英国的普通法需要复杂的配套环境和高度的人员素质，在达不到这种要求的非洲，作为权宜之计，英国不得不为了满

---

① 李绍明主编《最新实用世界地图册》，中国地图出版社，1996，第 96 页。
② 〔美〕理查德·吉布逊：《非洲解放运动》，上海人民出版社，1975，第 406 页。
③ 徐济明、谈世中主编《当代非洲政治变革》，经济科学出版社，1998，第 2、4 页。

足殖民地的需要把自己的普通法制定为法典，在非洲引进了以英国刑法为基础的刑法典和刑事诉讼法典（但塞拉利昂除外，它实施普通法而未制定法典），[1] 这样的结果是非洲基本上仍然是一个"法典的大陆"，不过是有两种法典而已。

1. 冈比亚

在欧洲人到达之前，冈比亚生产力的发展已达到相当的水平，奴隶制关系已有相当的规模。16 世纪，英国人开始在这个地区进行贸易。1765 年的议会法令导致了塞内冈比亚省的设立。冈比亚与英国从法国夺得的塞内加尔联合在一起，成为英王的殖民地。1783 年，塞内加尔与冈比亚分治，冈比亚成为英国殖民地，这一地位得到 1821 年议会法令的确认。[2]

冈比亚于 1965 年独立，由于曾是英国殖民地，其法律受到英国法的强烈影响。

2. 加纳

加纳原称黄金海岸。在欧洲人到来前这里存在一些邦国。1471 年，葡萄牙人在这里建立了第一个定居点。17 世纪，丹麦人在黄金海岸立足，稍后荷兰人、瑞典人、法国人和英国人相继到来。1850～1872 年，黄金海岸通过购买和交换，实现了英国化。1844 年 3 月，英国政府同沿海八个邦国的酋长签订条约，后者承认英国的行政权和司法权，但绑架、谋杀、抢劫及其他违法犯罪行为要受到女王的司法官员和各地区酋长的联合审讯。[3] 看来，英国在加纳也实行了间接治理政策。在当时的加纳，法分为本地的习惯法和继受的英国法。习惯法主要适用于财产、继承以及家庭关系。由两个私人法学家编成两部汇编，第一部完成于 1897～1904 年；第二部完成于 1973 年。

根据加纳的习惯法，一切土地都属于"祖先"，即为公社所有，其他人只享有土地的用益权。阿散蒂人根据用益权人的不同，把土地分为三类：（1）"凳子土地"（Stool land），即酋长土地，其收益归酋长家庭所有，用于满足酋长及其家庭的自身需要，或作为举行部族各种仪式的费用；（2）家庭土地，指在本族各个家庭中分配的土地，各家掌握土地的用

---

① 〔法〕勒内·达维德：《当代主要法律体系》，漆竹生译，上海译文出版社，1984，第 522 页。
② 艾周昌、郑家馨主编《非洲通史·近代卷》，华东师范大学出版社，1995，第 163、182 页。
③ 艾周昌、郑家馨主编《非洲通史·近代卷》，华东师范大学出版社，1995，第 30 页。

益权，继承这种土地，只有在无人继承时，这种土地才归公社；（3）公共土地，是未分配和开垦的土地，这类土地全部部族成员都可利用。1897年，英国殖民者颁布了土地法案，对上述习惯法进行了改造，把上述公共土地视为无主土地，由此侵害了加纳人的利益。①

由于习惯法与英国法并存，英国在加纳设立了土著法院，1944年的土著法院条例进一步规定了土著法院的级别（共分为四级）以及每一级的司法权力。②

加纳于1957年独立，是第一个独立的撒哈拉以南非洲国家，而且是以和平方式取得独立的，其领导人恩克鲁玛曾是非洲的精神领袖。独立后继续适用英国法。由于英国法浩如烟海，为了确定哪些英国法可适用于加纳，1971年加纳政府公布了一个可适用于加纳的英国法的清单。③ 1963年，加纳制定了一部"结婚、离婚和继承法案"。④ 1971年的遗嘱法是对1938年的英国继承法的模仿，公司法是对英国的公司条例的模仿。1969年的合同法对经典的对价原则进行了修正，添加了赋予第三方受益人权利的条款，这些创新要归因于牛津大学的著名法学家P. S. 阿迪亚教授，他后来成为加纳阿克拉检察总署的检察官。⑤ 与此同时，独立后的加纳仍保留习惯法的地位，1971年的酋长地位法第45条要求酋长法院考虑将习惯法的某些规则吸收进普通法。⑥

3. 肯尼亚

15～16世纪，肯尼亚是葡萄牙人的地盘；17～18世纪，它是阿拉伯人的地盘；19世纪末才进入英国的势力范围。英国对殖民地的间接统治政策在这里不得不改变，因为当地不存在传统的行政管理体系，于是，英国只好在这里实行直接统治。殖民当局设立了司法部等部门。1902年，英国殖民政府颁布了婚姻法；1906年，在专员之下又设立了立法议会和行政议会。1907年颁布的法院条令规定部落设行使司法权的长老会议。⑦ 土著管

---

① 洪永红、夏新华等：《非洲法导论》，湖南人民出版社，2000，第232～233页。
② 洪永红、夏新华等：《非洲法导论》，湖南人民出版社，2000，第235页。
③ Rodolfo Sacco, op. cit. , p. 278.
④ 洪永红、夏新华等：《非洲法导论》，湖南人民出版社，2000，第67～68页。
⑤ 洪永红、夏新华等：《非洲法导论》，湖南人民出版社，2000，第236～237页。
⑥ 洪永红、夏新华等：《非洲法导论》，湖南人民出版社，2000，第238页。
⑦ 艾周昌、郑家馨主编《非洲通史·近代卷》，华东师范大学出版社，1995，第936页。

理局条例规定要建立地方议会。① 政府曾经任命酋长进行统治，这是一种倒退，因为部族的长者从前需要获得部族成员的默许才能获得任命，现在不需要这种默许了，由英国人说了算。殖民时期，肯尼亚的法院实行二元制，对非洲人适用习惯法，对欧洲人当然适用另外的法律。但在合同关系领域，独立前适用印度合同法。

肯尼亚于 1963 年独立。独立前夕的 1962 年，对 1951 年非洲法院条例进行了修改，开始改变以往的法院的平行体制，统一了法院体系。② 独立后的宪法明确承认 1897 年 8 月 12 日在英国有效的普通法、衡平法和法律在肯尼亚有效。习惯法，只要不与正义感、道德和成文法的规定相抵触，可以适用于民事领域。伊斯兰教法被允许适用于穆斯林，但只限于人的身份、结婚、离婚和继承事宜。判例也是有效的法律。③ 制定了一部简短的合同法，同时规定适用英国与合同有关的法律。1967 年又制定了合同法修正法。④ 1979 年，肯尼亚议会通过了一项使一夫多妻制合法化的法案，并在法律上定为婚姻的准则。⑤

4. 毛里求斯

毛里求斯是马斯克林群岛中两个最大的岛屿之一，原是一个荒岛，大约 10 世纪前后被阿拉伯航海者发现，1505 年被葡萄牙人占领，称为"蝙蝠岛"。1598 年，荷兰人占领了该岛并根据莫里斯王子之名给它起了现在的名称。1638 年，毛里求斯成为荷兰的一个海外殖民地，由开普殖民地总督兼管。1710 年，法国人在荷兰人放弃毛里求斯后接管了它。1715 年，毛里求斯成为法国殖民地，拿破仑战争后被英国占领，1814 年被正式割让给英国，1968 年独立。⑥

尽管不同的欧洲国家都在这个岛国留下了自己的痕迹，但在法律上，

① 〔英〕理查德·格林菲尔德：《埃塞俄比亚新政治史》下册，钟槐译，商务印书馆，1974，第 679 页。
② 洪永红、夏新华等：《非洲法导论》，湖南人民出版社，2000，第 103 页。
③ Rodolfo Sacco, op. cit., p. 288.
④ 《世界各国宪政制度和民商法要览·非洲分册》，上海社会科学院法学研究所编译室编译，法律出版社，1987，第 202 页。
⑤ 〔美〕戴维·拉姆：《非洲人》，张理初、沈志彦译，上海译文出版社，1998，第 55 页。
⑥ 艾周昌、郑家馨主编《非洲通史》近代卷，华东师范大学出版社，1995，第 89～90 页。

法国的痕迹最深，它至今仍适用《法国民法典》的修订本，① 但英国法的影响也不容忽视，它存在于这个国家的工业产权法领域。在诉讼程序制度上，则糅合了法国法和英国法的因素。②

5. 塞舌尔

塞舌尔属于法属马斯克林群岛的一部分。从 1504 年开始，经历了葡萄牙、法国和英国的殖民统治，其国名就是为了纪念法国财政总监摩罗·德·塞舌尔而采用的。具有讽刺意味的是，最终还是英国人于 1794 年得到了这个非洲面积和人口都最少的国家。像毛里求斯一样，它于 1814 年被法国割让给英国，1976 年 6 月独立于英国。③

关于这个国家的法律，我处在不知的状态。

6. 尼日利亚

尼日利亚的北部和南部十分不同。在英国入侵前的 9 世纪，北部有一个卡内姆·波尔诺帝国，它受西苏丹的阿拉伯帝国的强烈影响。11 世纪，豪萨帝国在这里兴起，它也是受伊斯兰教影响的。葡萄牙人于 15 世纪来到这里。在南部，有一些重要的种族王国，葡萄牙人也是在 15 世纪来到这里，后来英国人取代了他们的地位。英国人于 19 世纪建立了北尼日利亚保护国和南尼日利亚保护国。此时，尼日利亚还有名噪一时的索科托哈里发帝国。在这个帝国中，虽然哈里发被认为是最高首领，但实权已掌握在各地的埃米尔手中。埃米尔任命各区的主要官员，并把首府之外的土地分封给他们。区以下设村。英国人征服这一帝国后，把两个尼日利亚联合为一块殖民地，英国殖民者卢加德利用索科托哈里发帝国留下的行政系统进行所谓间接统治。④ 这个国家先分后合的历史，预示了它后来的联邦制倾向。

在英国人统治时期，这个国家存在习惯法和英国法，习惯法包括伊斯兰教法。

1960 年独立，仍适用英国式的法。由于是一个联邦制国家，法律有联

---

① 《世界各国宪政制度和民商法要览·非洲分册》，上海社会科学院法学研究所编译室编译，法律出版社，1987，第 277~279 页。

② 参见洪永红、夏新华等《非洲法导论》，湖南人民出版社，2000，第 51 页。

③ 〔法〕奥古斯特·图森：《马斯克林群岛史》，翻译组译，上海人民出版社，1977，第 10 页及以次。

④ 徐济明、谈世中主编《当代非洲政治变革》，经济科学出版社，1998，第 3 页。

邦和州两个层次。[1]

7. 塞拉利昂

塞拉利昂原名塞拉勒窝内，意为"狮子的叫声"，最初是英国安置被解放黑奴的地方。随着废奴运动的展开，在英国的社区中出现了一些自由的黑人，为了贯彻人道主义，同时也为了避免种族混血，一位植物学家提出了安置英国的被解放奴隶到塞拉利昂的建议，得到社会的响应和资助。1787 年 5 月，被释黑人的第一支船队到达现在的塞拉利昂，它当时属于科亚王国的版图，通过与当地国王订约进行交换，移民们得到了一块居留地。以后又有被释奴隶来到这里。1807 年，英国宣布废止奴隶贸易，塞拉利昂成为英国的海军基地，用于国际性地查禁奴隶贸易，被截获的贩奴船上的奴隶就在这里获得解放。由于其奠基者受到宗主国文化的熏陶，与加蓬和利比里亚的情况相似，塞拉利昂的居民受欧美文化的影响较深，三者不同于其他非洲国家。[2]

在作为英国的保护国的时期，塞拉利昂实行酋长制，以此达到殖民者实行间接统治之目的。从 1901 年起到 30 年代，英国统治者制定了一系列法律限制酋长的权力，例如把过去向酋长交的诉讼费、罚款和其他杂费征收上来，让酋长领固定的薪俸。酋长区逐渐演化成基层行政单位。[3] 这一时代的法律有英国法和习惯法两种，后者调整婚姻和继承关系。伊斯兰教法被当作习惯法也得到一定的承认。这里采用的是教法学派中的马立克学派。

塞拉利昂于 1961 年独立，旋即成为英联邦内的一个主权国家。

独立后的塞拉利昂继续适用英国法。但在英国的前殖民地中，塞拉利昂是一个例外：它未采用以英国刑法为基础的刑法典和刑事诉讼法典，而是采用普通法，[4] 这可能要归因于塞拉利昂原住民的法律素养较高，具备适用普通法的昂贵条件。在法院体制上，于 1963 年通过了地方法院法，把

---

① Rodolfo Sacco, op. cit., p. 327.

② 艾周昌、郑家馨主编《非洲通史·近代卷》，华东师范大学出版社，1995，第 418 页及以次。

③ 克拉克主编《塞拉利昂图志》，《塞拉利昂图志》翻译组译，河北人民出版社，1977，第 41 页。

④〔法〕勒内·达维德：《当代主要法律体系》，漆竹生译，上海译文出版社，1984，第 522 页。

以前的土著行政法院改为地方法院并纳入全国统一的司法系统中。①

8. 坦桑尼亚

1964 年由坦噶尼喀和桑给巴尔两个独立的国家合并而成，是一个联邦制国家。坦噶尼喀曾是德国殖民地。德国曾设法把喀麦隆、坦噶尼喀和西南非洲连接为一个牢固的集团进而并吞中非，② 当然，德国也在这些地方适用过自己的法律。一战后，德国的地位被英国取代。

桑给巴尔的历史比较复杂。1502 年葡萄牙人到来前，桑给巴尔已有苏丹。1652 年，阿曼人把葡萄牙人逐出桑给巴尔，统治这个国家达一个世纪之久。之后，赛义德主宰了东非，1840 年，他把自己的都城迁往桑给巴尔。19 世纪末，英国人取得了这块殖民地，他们在桑给巴尔实行比较直接的统治，殖民当局的最高官员是英国驻桑给巴尔总领事。苏丹名义上为国家元首，但被排除在外交、军事、司法和财政等重大事宜的决策之外。③ 1946 年，英属桑给巴尔还颁布了瓦克夫有效条例。④ 作为一个伊斯兰国家，桑给巴尔的教法是伊巴德派和沙斐仪派。可以想象，这个国家的法律是伊斯兰教法和英国法的混合物。

桑给巴尔于 1963 年独立。独立后适用印度合同法，⑤ 而卡迪法院继续执行沙里亚法。坦噶尼喀的独立要早两年，独立后适用在 1920 年 7 月 22 日建立保护国之时有效的英国普通法和法律，只根据当地情况的要求做了有限的修改。在殖民时期以英印模式编纂的当地的许多法律和判例法，仍是法的渊源。先前由专门的法院适用的习惯法现在由所有的法院适用。伊斯兰教法也是如此。

如前所述，1964 年，坦噶尼喀与桑给巴尔合并，形成了联邦制的坦桑尼亚。它最早实现了习惯法院与普通法院的统一。由于联邦制的缘故，前坦噶尼喀的法院与前桑给巴尔的法院是分开的，但两者有共同的上诉法院和宪法法院。

---

① 洪永红、夏新华等：《非洲法导论》，湖南人民出版社，2000，第 105 页。
② 〔美〕维农·麦凯：《世界政治中的非洲》，北京编译社译，世界知识出版社，1965，第 5 页。
③ 艾周昌、郑家馨主编《非洲通史·近代卷》，华东师范大学出版社，1995，第 836 页。
④ 吴云贵：《伊斯兰教法概略》，中国社会科学出版社，1993，第 310 页。
⑤ 《世界各国宪政制度和民商法要览·非洲分册》，上海社会科学院法学研究所编译室编译，法律出版社，1987，第 356、363 页。

坦桑尼亚的土地实行公有制，个人只有使用权，这种安排与这个国家曾走过一段社会主义道路的经历有关。1971 年，坦桑尼亚使用为肯尼亚准备的草案，通过了家庭法改革法，以图实现这一法律部门的现代化和统一化，但这一法律不适用于桑给巴尔，[①] 因为这里的伊斯兰文化势力更强。

9. 乌干达

早期的乌干达人是农民和战士，他们先后建立了五个中央集权和繁荣昌盛的王国：巴干达、布尼奥罗、布索加、托罗和安科莱。从 19 世纪中叶起到独立止，巴干达人统治了乌干达。1862 年，英国探险家约翰·斯皮克（John Hanning Speke）访问乌干达时，为这个国家的繁荣和强盛所震撼。这里实行中央集权和土地氏族公有制，氏族的结构为国家社会所利用，全国分为十个省，形成了不成熟的封建社会。1894 年，乌干达成为英国的保护国，殖民地官员采用分而治之的政策，对巴干达人特别优待。[②] 殖民者卢加德正是在乌干达产生了间接统治的观念并首先在这里实行，为此设立了土著法院。它仅审理土著人的案件，无权过问外国人的纠纷，但它做出的死刑判决须经英王批准后才能生效。[③]

乌干达于 1961 年独立，独立后适用 1902 年 8 月 11 日在英格兰生效的英国法以及习惯法，但以它们涉及民事事项并不与成文法和自然正义相冲突为条件。判例也是法的渊源。伊斯兰教法在这里只有很小的影响。在婚姻问题上，乌干达存在四种婚姻——普通法定的婚姻、穆斯林的婚姻、印度教的婚姻和习惯法的婚姻，它们都受法律的承认和保护。[④]

10. 赞比亚

赞比亚原名北罗得西亚。早在公元 900 年，现在的赞比亚地方就出现了卢巴王国和隆达王国。1600 年，这两个王国因合并变得强大。葡萄牙人于 1485 年出现在这里，带来了玉米和木薯等本地以前没有的农作物。他们做了这些后，就干起了贩卖奴隶的老行当。1851 年，利文斯敦涉足了这个地方，预示着英国人将统治这个地区。最后是塞西尔·罗得斯为英国人赢

---

① Rodolfo Sacco, op. cit. p. 365.
② 〔美〕戴维·拉姆：《非洲人》，张理初、沈志彦译，上海译文出版社，1998，第 112 页；艾周昌、郑家馨主编《非洲通史·近代卷》，华东师范大学出版社，1995，第 192 页及以次。
③ 艾周昌、郑家馨主编《非洲通史·近代卷》，华东师范大学出版社，1995，第 835 页。
④ Rodolfo Sacco, op. cit., p. 376.

得了这块土地，就像他为英国赢得了贝专纳一样。①

在欧洲人到来前，赞比亚的部族和村社差不多都是自给自足的，它们从外面可能取得的物品，都是通过互易或战争取得的。在部族社会中，私有财产的观念从属于部族所有的观念。欧洲人的到来，使这些部族第一次同货币经济发生了联系。②

在赞比亚的传统社会中，巫术盛行，为了查明巫婆，通常使用毒药考验法，有嫌疑的人自己吃下毒药，或把毒药给家禽吃，如果家禽中毒而死，巫婆就被认为有罪并被处死。每个部族都有一套规定得很清楚的法律，犯法者要受到酋长法庭的审判。违法行为包括纵火、殴打、通奸和谋杀。通奸和谋杀被认为是极其严重的犯罪，处罚迅速而严厉，死刑的执行方式是用标枪刺死、用火烧死或用水淹死。对不那么严重的罪犯，广泛采用截肢等刑罚，偷窃者可能被切去一只手，通奸者被挖去眼睛。屡犯者很可能被逐出部族，或作为奴隶卖给阿拉伯人。有时原告可以把犯法者收为家奴。对小偷小摸者，头人可以罚他们赔偿实物。如果有人认为初级酋长的法庭判决不合理，那他有权向更高一级的统治者上诉。③

上面提到的处罚为奴的土著刑法成为近代奴隶制发展的温床。应该说，商业民族阿拉伯人在撒哈拉以南非洲充当了奴隶贩子的角色，欧洲的奴隶贩子不过是他们的徒弟。这种行当最初像收购垃圾者：把各土著部族处罚为奴隶的人买下来后贩卖到其他地方。后来由于这种行当极其盈利，奴隶贩子就不是被动地等待有人被判罪成为奴隶，而是积极地"猎获"奴隶。奴隶制曾盛行于古代希腊的某些城邦和罗马，由于非洲土著部落的刑事制度和阿拉伯人的商业行为与这种制度的契合，以及欧洲人尤其是葡萄牙人的参与，现在又成为一种把非洲与新发现而有待开发的美洲联系起来的生产方式。事实上，奴隶制从来不是人类的一种普遍的制度，在近代，它只存在于美国南部和巴西。它与其说是必然的，不如说是由某些民族的邪恶品性造成的。

赞比亚于1964年独立，独立后的赞比亚领导人卡翁达选择了社会主义道路，但赞比亚仍适用英国法。在家庭、继承、财产和民事责任领域，仍

---

① 〔英〕理查德·霍尔：《赞比亚》，史毅祖译，商务印书馆，1973，第42页及以次。
② 〔英〕理查德·霍尔：《赞比亚》，史毅祖译，商务印书馆，1973，第220页。
③ 〔英〕理查德·霍尔：《赞比亚》，史毅祖译，商务印书馆，1973，第222~223页。

部分地适用习惯法。①

11. 马拉维

马拉维原名尼亚萨兰，因境内的马拉维湖而得名。马拉维的原始居民为纳奇库番人。公元初年，班图人侵入了这个地区。18～19世纪，马拉维分布着塞纳族、尼扬札族和契瓦族三个部族集团，它们在内部实行奴隶制，同时把奴隶卖给欧洲人和阿拉伯人。1858～1866年，著名的传教士和旅行家利文斯顿进入这一地区旅行，从而把基督教和欧洲人的观念带到了这里。由于英国人持废奴主义观点，他们与奴隶贩子和葡萄牙人发生了冲突，于是，马拉维被宣布为英国的保护国，此事发生在1891年。英国人把马拉维划分为若干行政区，各行政区委托一个兼负行政和司法职责的收税员治理。②

从习惯法的角度看，马拉维没有个人的土地所有权，只有耕种权。在绝大多数部落中，耕种者死后耕种权沿母系传袭，通常是由几个女儿继承，男人只有与拥有耕种权的妇女结婚才能得到土地，于是男人经常到外地寻找挣钱的职业，妇女则耕种土地，由此造成了该国的侨工制度。这类土地被称为"非洲人租赁地"。公用地包括森林保留地、城镇中不属于私有的土地和用于公共建筑的土地。此外，还有小额的自由持有地，它们是在马拉维作为英国保护国初期因授予土地权利证书而产生的，主要由欧裔和亚裔人耕种。③

作为英国前殖民地，马拉维的法律当然受英国法影响，因此未编纂民法典。1933年通过的土著权力条例典型地体现了英国人的间接统治主义。根据该条例，由酋长担任土著首领，他有权制定一些规章，以维护其辖区内非洲人的和平、良好秩序和福利。同年颁布的土著法庭条例允许总督设立土著法庭，由酋长们在这样的法庭内主持审判。④ 显然，英国人无意消除马拉维的习惯法，它们很可能与英国人带来的一些法律平行适用。

---

① Rodolfo Sacco, op. cit., p. 386.
② 〔英〕约翰·派克、杰拉尔德·里明顿：《马拉维地理研究》，天津师范学院地理系教师译，商务印书馆，1978，第112～120页。
③ 〔英〕约翰·派克、杰拉尔德·里明顿：《马拉维地理研究》，天津师范学院地理系教师译，商务印书馆，1978，第160页。
④ 斯万齐·阿格钮、迈克尔·斯塔布斯主编《马拉维地图集》，开封师范学院地理系译，河南人民出版社，1977，第66页。

1964 年 7 月 6 日，马拉维独立于英国。独立后，继续适用英国法，但同时承认习惯法的效力。

七 南非以及受南非法影响的国家

1. 南非

南非的原住民为桑人和科伊人，他们类似于黄种人，后来黑种的班图人迁徙于此。这三个民族构成南非的土著民族，后来压迫这些土著人的白人属于更后来的移民。

南非裔荷兰人的历史可追溯到 1652 年 4 月一艘荷兰船的船长扬·范里贝克（Jan van Riebeeck）率领 153 名船员来到开普敦，为荷兰东印度公司设立一个基地作为该公司来往船只的停靠站，逐渐形成了一个殖民地。[①]当时的白人与土著人尚能和平相处。后来，一些德国人和法国人也来到这里，形成了一个叫作布尔人（荷兰语意为"农夫"）的群体。18 世纪末，由于荷兰国际地位的衰落和开普航线的重要战略地位，英国出兵占领了好望角并在这里殖民，由此引起了英国人和布尔人之间的冲突，布尔人在迁徙中建立了纳塔利亚共和国。到 19 世纪 50 年代，南非有两个英国人的殖民地（开普和纳塔尔）和布尔人的两个共和国：德兰士瓦南非共和国和奥兰治自由邦。后来，由于南非发现了黄金和金刚石矿藏，英布矛盾加剧，引起了两次布尔战争，布尔人最终败北，只得臣服于英国，南非成为英国的殖民地，由此形成南非白人有荷裔和英裔两个不同的利益集团的局面。1910 年，经英国议会批准，成立南非联邦，过去的四个政治实体成为这个联邦的四个省。[②]

在成为一个独立的国家后，南非实行臭名昭著的种族隔离政策，被国际社会抛弃，成为一个极为孤立的国家。但国际社会的封锁、禁运使南非经济全面发展，加之拥有丰富的资源，南非成为非洲最发达的国家。

从 1990 年开始的南非和平民主进程，以 1996 年的南非共和国宪法法案告终，造成了新南非民族和解和多党合作的局面。在部族主义和军事政

---

① 〔美〕戴维·拉姆：《非洲人》，张理初、沈志彦译，上海译文出版社，1998，第 430 页。

② 葛佶：《南非——富饶而多难的土地》，世界知识出版社，1994，第 11～57 页。

变盛行的非洲，这是从未发生过的事情，因此，南非的进步让关心非洲的人看到了希望，其政治发展模式必将对非洲其他国家产生积极影响：它通过谈判政治解决问题的方式为其他非洲国家处理本国的民族矛盾与冲突提供了榜样；南非多党联合执政的政治体制为非洲大陆探索适合非洲国情的民主政治模式打开了新思路；南非由一支破坏性的力量转变为建设性的力量也有利于非洲局势的稳定和地区冲突的和平解决。①

从法律的角度看，南非还是保存了"普通罗马法"的化石。在中国对欧洲法律史的认知中，如果有人说"普通法"曾是一种普遍流行于欧洲各国的法，不限于英国的同名的法，肯定会遭到怀疑。然而，事实是，在从罗马法被重新发现到法典编纂运动期间，欧洲确实流行过一种"普通法"，它以经博洛尼亚大学的法学家注释过的罗马法为基础，掺杂了教会法、中世纪商人法和各个地方的习惯法的因素，罗马法在这些因素中占据主导地位使它成为"普通的"；换言之，欧洲各国的法律基于这种普通性彼此大同小异。在欧洲完成法典编纂之后，这样的普通罗马法就转化为法典，不复存在于欧洲。然而，由于南非的荷兰裔移民很早就断绝了与其母国荷兰的联系，再加上南非没有编纂综合性的法典，这样的"普通法"在南非联邦存下来（严格说来，只存在于"角地"，即好望角附近的地区，它在1806年，换言之，在1809年荷兰颁布其第一部民法典之前，就已同自己的母国脱离），布尔人的国家以及西南非洲（从1919年南非得到对这个国家的托管权之后），成为富有魅力的考察对象。

在荷兰，普通罗马法是以"优雅法学"（Elegant Jurisprudence）学者之著作的形式存在的，南部非洲的罗马-荷兰法地区保持了普通法时代的荷兰的传统，法学家的著作被视为法的渊源。② 这方面的例子有格老修斯的《荷兰法导论》，它提供了统一的法律制度的大纲，把封建法、习惯法与罗马法和自然法结合起来。此书不仅关注自然法的抽象问题，而且也关注实务性的法律问题，由此，他建立了作为一种实务体制的罗马-荷兰法的基础，其实质被荷兰采纳其包括南非在内的殖民地的法。除了格老秀斯外，还有西蒙·范·雷乌安（Simon van Leeuan，1625 - 1682），他也是一

---

① 徐济明、谈世中主编《当代非洲政治变革》，经济科学出版社，1998，第122页。

② Franz Wieacher, *Storia del diritto privato moderno*, *Tra. It. Di Umberto Santarelli*, Vol. II (Giuffre, Milano, 1980), p. 228.

位是优雅法学的大师、一名莱顿的律师，是他创造了罗马－荷兰法的概念。由于他是律师，他比格老秀斯更为关注实务问题。他于 1664 年出版的《罗马－荷兰法》仍在南非作为权威教材使用。此外，约翰内斯·伏特（Johannes Voet，1647－1713）对《学说汇纂》的评注，不论在荷兰还是在南非，都有极大的权威。[①]

艾伦·沃森在其《民法法系的演变及形成》中形象地描述了南非法院对学说的依赖情况，然后得出结论："南非，尽管混合了普通法的许多因素，但仍然具有原始民法法系一个主要的残留特征，它的私法是非法典化的"。[②] 此语精当地揭示了南非法的非法典化的罗马法的模式特征。

英国人在 1806 年统治开普后，根据"被征服者的法律在征服者将其改变之前继续有效"的普通法原则，保留了上述罗马－荷兰法，但英国人同时把自己的法律也引入南非，例如法院的模式、陪审团制度、刑事诉讼法和证据法等。英国关于公司、航运、保险、票据的商业法律，经过很小的修改也被引入，因此，南非法成为一种混合法，过去的两层蛋糕（罗马法和荷兰法）加上了第三层——英国法。[③] 就这样，英国人造成了普通罗马法与英国普通法的混合——他们在苏格兰也有过这样的作为。这是罕见的罗马法对非罗马法的继受，值得注意的是，即使是这种继受，也不是通过立法活动而是通过法学家的渗透作用完成的。

勒内·达维德的名著《当代世界主要法系》把南非法分为好望角法和德兰士瓦法，前者适用于布尔人迁徙后英国人占领的地盘；后者适用于布尔人的地盘，因此，所谓好望角法，应该是更加英国化的南非法；所谓德兰士瓦法，应该是更加南非化的南非法。

由于相较于土著法，这样的南非法代表了一种更高的法律文明，又由于密切的地缘和历史联系，它们也为南非的一些邻国所采用，因此，受南非法影响的非洲国家可以构成一个小小的法族。

上面说到的只是在南非存在的西方法，另外，南非还存在土著人的习惯法，它盛行于农村地区，主要关系到婚姻、继承和监护等方面。新南非宪法

---

① See of Robinson, etc., *European Legal History* (Butterworth, London, 1994), p. 218.

② 〔美〕艾伦·沃森：《民法法系的演变及形成》，李静冰、姚新华译，中国政法大学出版社，1992，第 51 页。

③ 夏吉生：《当代各国政治体制·南非》，兰州大学出版社，1998，第 191 页。

第211条明确规定了法院有适用习惯法的义务。事实上，在南非民主化之前，就有专门适用固有法的酋长法院，在这样的法院中，受到委任的黑人酋长或其代理人可按照固有法在其管辖区域内审理黑人之间的民事诉讼案件和一定的刑事案件，采用非正规的诉讼程序。当然，当事人可在酋长法院与治安法院之间做出选择，即使他选择了酋长法院，也可向治安法院提出申诉。[①] 实行民主化后，二元制的法院或许已经不存在。

2. 津巴布韦

津巴布韦原名罗得西亚。整个罗得西亚地区曾经是葡萄牙的殖民地。1884～1885年柏林会议期间，英国探险家、传教士利文斯敦博士到这一地区旅行，看到了葡萄牙殖民者在这里的暴政："没有教过一个土人读书，没有发展过一个行业；凡属葡萄牙权力（说得确切点是阴谋）所到之处，我们就看到（奴隶）买卖极为得势，这可以说是违反基督的一切戒律，蔑视上天的一切报应。"这些报道促使塞西尔·罗得斯——一个英国牧师的儿子，在南非因开采金刚石而致富的白人——夺取葡萄牙人的这个地区。1891年，罗得斯的私人军队和英国的炮舰强迫葡萄牙在把这个有争议的地区割让给英国的条约上签了字，整个地区改名为罗得西亚，[②] 以纪念罗得斯。1898年，180名先驱者——英国血统的南非人从南非乘牛车来到这个地方，升起了英国国旗。罗得西亚在早期移民中的农民的经营下，成为仅次于南非的繁荣国家。但这里像南非一样，实行种族主义政策，黑人的地位并未得到很大改善。1964年，北罗得西亚和尼亚萨兰独立于英国。1970年，罗得西亚共和国即后来的津巴布韦独立。1980年，津巴布韦成为一个独立的由黑人统治的国家。[③]

在法律上，独立前实行二元制，有适用习惯法的部落法院和殖民地法院。独立后，这种二元制形式上得以消除，建立了统一的法院体系，适用统一的津巴布韦法。1980年宪法规定，津巴布韦法包括1891年6月10日在开普殖民地有效的法，它是英国普通法与南非类型的罗马－荷兰法的混合物，与南非法非常接近。南非的判例对津巴布韦有影响。此外，1981年

---

① 夏吉生：《当代各国政治体制·南非》，兰州大学出版社，1998，第207～208页。
② 〔美〕理查德·吉布逊：《非洲解放运动》，上海人民出版社，1975，第266～267页。
③ 〔美〕戴维·拉姆：《非洲人》，张理初、沈志彦译，上海译文出版社，1998，第441～445页。

的初级法院法允许在一定条件下适用习惯法。[①]

3. 纳米比亚

纳米比亚原名西南非洲。在欧洲人到来之前,这里的土著人的状态与南非相似。第一批来到这里的欧洲人是葡萄牙人。后来,荷兰人和英国人都涉足过这个地方。19 世纪末,德国皇帝威廉二世决心要为德国找到一块"阳光普照的地方",而当时非洲的各个地方都已"名花有主",只有西南非洲这一块地方由于英国人心有余而力不足,尚无欧洲主人,于是不来梅的冒险家商人阿道夫·吕德里茨(Adolf Luderitz)就向它伸出了手。他于 1882 年请求德国对他可能在西南非洲取得的一切加以保护,得到了德国的允诺和英国的谅解,于是,1884 年,这一地区以保护国的名义成为德国的第一块殖民地,[②]至今仍有 1/4 的人口讲德语。1915 年,德国统治者被击败,南非应英国政府的要求出兵占领了西南非洲,它被置于国联的委任统治下,由南非直接管理。二战后,南非否认联合国对国联的委任统治有任何继承关系。1946 年底,南非向联合国提出了合并这一地区的要求,被拒绝。联合国于 1966 年通过决议,取消了南非对西南非洲的托管权,决定让它在 1968 年独立,并把这一地区改名为纳米比亚,但南非对联合国的行动不予理睬。直到 1990 年南非实行和平民主化进程后,它才让纳米比亚独立。[③]

像南非一样,这里曾实行过臭名昭著的种族隔离制度。

从习惯法的角度看,纳米比亚的习惯法认为土地公有,酋长享有分配权,部落成员享有使用权,因此,酋长不能出售本部落的土地,他只能允许他人无限期地占用土地。[④]

独立后的纳米比亚宪法规定,独立之时在这个国家有效的法律,以不被地方颁布的法律废除或取代,或被最高法院宣布为违宪为限,保持效力,这样的法律包括地方习惯法、具有罗马－荷兰法因素的南非普通法。[⑤]

---

①　Rodolfo Sacco, op. cit. , p. 391s.

②　J. H. 韦林顿:《西南非洲及其人文问题》,《西南非洲及其人文问题》翻译组译,河南人民出版社,1975,第 2 页。

③　〔美〕理查德·吉布逊:《非洲解放运动》,上海人民出版社,1975,第 151~155 页。

④　J. H. 韦林顿:《西南非洲及其人文问题》,本书翻译组译,河南人民出版社,1975,第145 页。

⑤　Rodolfo Sacco, op. cit. , p. 320.

4. 博茨瓦纳

博茨瓦纳原名贝专纳。在 1885 年成为英国的保护地之前，这个地方有八个主要的部族集团，它们各有自己的领土和世袭的酋长，其中一个名叫巴茨瓦纳，贝专纳是对这个族名的误用。1876 年，巴曼瓦托部落的酋长卡马三世鉴于正在迁徙的布尔人的威胁，要求英国提供保护，英国人提供了一支小型部队并划定了这个国家与南非的德兰士瓦的界线。1885 年，在塞西尔·罗得斯的坚持下，英国政府与卡马三世等酋长订立协议使，贝专纳成为英国的保护国。

在作为保护国时期，英国的高级专员享有独一无二的立法权，内部事务的管理一般由各酋长负责，他们继续行使传统的行政和司法权，管理人民的经济生活，[①] 按习惯法处理民事问题。[②] 1933 年发表的皮姆报告阐述了间接统治的弊害，人们也对土著法庭的权力过大以及不立案卷从而导致无法向地方法官上诉不满，这些怨诉导致了行政改革。就成文法而言，适用好望角法律，[③] 这可能是一种更加英国化的南非法。

博茨瓦纳于 1966 年独立，同年颁布的宪法确定维持作为保护国时期的法律体制，因此，一方面，殖民地时期的法律依然有效；另一方面，也承认原来为少数白人居民制定的法律。现在的博茨瓦纳的法和法院都是二元制的，地方传统的司法体系得到完全承认，法律和国家法院只在国家利益或当事人要求的情况下才能干预前者的审判。[④]

5. 莱索托

莱索托原名巴苏陀亚，是一个处在南非包围中的国家。19 世纪，在南部非洲崛起了祖鲁王国，它实行对外征服政策。为了抗御祖鲁人的入侵，1818 年，苏陀族的莫舒舒酋长领导其族人在巴苏陀兰的山间设防驻守，这个要塞逐步发展为巴苏陀王国。为了抗御布尔人的扩张，莫舒舒于 1833 年主动邀请一些法国牧师来传教，使整个国家都皈依了基督教。在布尔人的入侵威胁下，莫舒舒请求英国保护，于 1848 年成为英国的保护地。1884

---

① 理查德·P. 史蒂文斯：《莱索托博茨瓦纳及斯威士兰》，山东大学翻译组译，山东人民出版社，1979，第 4 页。

② 《世界各国宪政制度和民商法要览·非洲分册》，上海社会科学院法学研究所编译室编译，法律出版社，1987，第 68 页。

③ 理查德·P. 史蒂文斯：《莱索托博茨瓦纳及斯威士兰》，山东大学翻译组译，山东人民出版社，1979，第 224 页。

④ Rodolfo Sacco, op. cit. , p. 229s.

年，成为英国的"高级专员领地"。1871～1883 年，与开普殖民地合并，但在开普适用的法律并非自动地适用于巴苏陀亚，只有经总督许可，开普的法律才能适用于这里。① 1884 年，成为英国的直辖殖民地。此时，殖民当局名义上废除了开普殖民地的法规，但新制定的法规实质上仿效了它们。英国对这个殖民地实行间接统治，赋予酋长们很大的权力，包括司法权，而酋长法庭所做的决定往往是"专横和贪婪的。"② 这样的法院在1938 年多达 1300 个。后来，英国人承认间接统治失败，进行了相应的行政改革，将酋长法院的数目减少到 100 个。与此相应，降低了习惯法的重要性，引进了南非的罗马－荷兰法。③

在莫舒舒统治时期，曾颁布禁止售酒（1854）、惩罚妖术（1855）、不许欧洲人永久居留（1854）等法律。④ 1903 年 7 月，莱索托议会以公认的巴苏陀亚的惯例为依据，通过了一部包括各种规章的法典（以后称《勒罗托利法典》），目的在于保护酋长们的地位。⑤

1966 年，莱索托独立，实行立宪君主制，国家由王和作为议会多数代表的首相分治。实行土地国有制，王是整个国家的土地的所有人，其他国民只对这些土地有使用权。由于 1/3 的劳动力在南非打工，留在家中耕作的都是妇女，妇女重要性的增加使她们在法律上的地位得到改善。这个国家通常适用南非法中的好望角法律。⑥

6. 斯威士兰

像莱索托一样，斯威士兰也是一个几乎被南非包围的小国，与莫桑比克之间短短的边界使它不至于完全被包围。15 世纪，斯威士兰现在的统治氏族恩科西－德拉米尼族从中非迁移于此，恩格瓦尼统治他们并吞并了附近的小氏族，形成了一个王国。1868 年，斯威士兰国王姆斯提瓦去世，布

---

① 理查德·P. 史蒂文斯：《莱索托博茨瓦纳及斯威士兰》，山东大学翻译组译，山东人民出版社，1979，第 44 页。
② 理查德·P. 史蒂文斯：《莱索托博茨瓦纳及斯威士兰》，山东大学翻译组译，山东人民出版社，1979，第 65 页。
③ 葛佶：《南非——富饶而多难的土地》，世界知识出版社，1994，第 66～67 页。
④ 理查德·P. 史蒂文斯：《莱索托博茨瓦纳及斯威士兰》，山东大学翻译组译，山东人民出版社，1979，第 43 页。
⑤ Rodolf Sacco, op. cit., p. 293.
⑥ 《世界各国宪政制度和民商法要览·非洲分册》，上海社会科学院法学研究所编译室编译，法律出版社，1987，第 207 页。

尔人的德兰士瓦共和国侵入了这个国家，并租借了大量土地，在这里建立了行政机构。1899 年英布战争爆发，1902 年布尔人战败，英国接受了对斯威士兰的控制，把这个领地的控制权交给由英国管辖的德兰士瓦殖民地的总督，引进了德兰士瓦的法律，建立了规模不大的行政机构；酋长们的权力被限于土著人之间的民事纠纷。[①] 1906 年德兰士瓦获得自治后，总督对这个地区的权力被移交给高级专员，斯威士兰成为英国的保护地。

1950 年制定了土著法庭文告，把建立土著法庭、颁布委任状、规定法庭的案卷样式、制定与诉讼有关的规则等职权都授予最高酋长，但事先须经高级专员同意。[②] 这种做法典型地反映了英国人的间接统治模式。

1968 年，斯威士兰独立，成为英联邦内的一个君主国，但国王的权力不大，主要权力在首相手上。在法律上，深受南非影响，凡是本地习惯法无规定的事项，都适用南非的德兰士瓦法律。

八　一直保持独立的非洲国家

在众多的非洲国家中，只有埃塞俄比亚和利比里亚一直保持独立，没有沦为殖民地，因此它们的法律没有受到宗主国的强制性的影响。

1. 埃塞俄比亚

埃塞俄比亚的名称来自希腊语中的"晒黑"和"脸"两词，意思是人民有着晒黑的脸的国家。这一名称说明在古希腊时期，埃塞俄比亚就已为外界所知。事实上，埃塞俄比亚有 3000 年以上的历史，除埃及外，埃塞俄比亚是非洲最古老的独立国家。2 世纪，这里兴起了伟大的文化中心阿克苏姆。由于其辉煌，同时代的罗马皇帝君士坦丁说，阿克苏姆的公民有资格和罗马公民享受同等待遇。扎格维王朝后是所罗门王朝，它统治到 1855 年。高山环境使埃塞俄比亚难以被征服，在所有的非洲土地都被瓜分完毕之后，埃塞俄比亚差不多是唯一的独立国家，这刺激了瓜分非洲的后来者意大利对它的兴趣。1919 年的《凡尔赛和约》似乎未考虑这个国家对"阳光下的土

---

① 理查德·P. 史蒂文斯：《莱索托博茨瓦纳及斯威士兰》，山东大学翻译组译，山东人民出版社，1979，第 321 页。
② 理查德·P. 史蒂文斯：《莱索托博茨瓦纳及斯威士兰》，山东大学翻译组译，山东人民出版社，1979，第 332 页。

地"的要求，而葱郁的埃塞俄比亚高原令人垂涎。于是，在 1635 年到 1941 年期间，意大利征服了这个国家。尽管受到过意大利的侵略，但它与利比里亚一起，仍被人们认为是两个未被欧洲殖民化的非洲国家。

埃塞俄比亚的土著宗教也非宗主国的强加，其居民信仰的基督教的科普特教派是土生土长的，而非从欧洲传入。事实上，科普特教会是基督教东派教会之一，属一性论派。"科普特"一词原是 7 世纪中叶阿拉伯人占领埃及时对埃及居民的称呼，以后专指信奉科普特礼仪的基督教信仰者。所谓一性论，是主张基督只有神性，其人性已被吸收于神性之中的观点，它在埃及等地受到拥护，但 451 年的卡尔西顿圣公会议却将之视为异端，该会议持基督"一位二性"的观点，导致信奉一性论地区的教会逐步独立，形成科普特教会，埃及是科普特教会的中心。埃塞俄比亚有这一教会的分支机构。① 科普特教派在埃及和埃塞俄比亚的存在，表明了这两个国家在接受伊斯兰教之前的宗教生活形态；另一方面，也表明了基督教最初在小亚细亚产生，后在亚洲和非洲传播的历史。

埃塞俄比亚也有 35% 的穆斯林人口，他们遵守哈乃斐教派的教法。628 年，穆罕默德本人写信给埃塞俄比亚国王宣传教义，此后，在沿海一带活动的阿拉伯商人把哈乃斐派伊斯兰教和什叶派伊斯兰教传播到这里。② 此外，还有一些人信仰万物有灵论。

早在公元 300 年，埃塞俄比亚人就有了自己的文字，用以记载自己的历史，保存自己的文明。这是作为撒哈拉以南非洲国家的埃塞俄比亚的最大特点和优点，因为其他撒哈拉以南非洲国家在殖民者到达之前，都没有自己的文字，因此无法储存和交换知识，使文明取得进步。埃塞俄比亚还创造了自己的法律文化，1 世纪的一位希腊水手记载，阿克苏姆的阿杜利斯港是"根据法律建立起来的港口"。在这个国家，确实曾有一部叫作"国王的法律"（Fatha Negast）的汇编。它是信奉基督教的埃塞俄比亚人主要传统法律的渊源，是 13 世纪的科普特教徒伊本·阿萨尔用阿拉伯文写成的规则集，受到拜占庭影响，内容既有教会法，也有民法和刑法。此书

---

① 罗竹风主编《中国大百科全书·宗教》，中国大百科全书出版社，1988，第 224 页。
② 金宜久：《伊斯兰教史》，中国社会科学出版社，1990，第 37、98 页。

宗教色彩浓厚，经常引用《圣经》中的话作为王权之证明。①

1493 年，葡萄牙派大使到埃塞俄比亚。1535 年，由于伊斯兰"圣战"者的入侵，埃塞俄比亚向葡萄牙人求援。1541 年，援兵到达，打败了穆斯林军队。1633 年，葡萄牙人被全部赶出埃塞俄比亚。1868 年，英国发动了侵略埃塞俄比亚的战争。1895 年，埃塞俄比亚又一次面临外来的挑战，即意大利的入侵，结果意大利军队在阿杜瓦战役中战败。直到 1935 年，墨索里尼的意大利才征服了埃塞俄比亚。先进的意大利军队与封建时代的埃塞俄比亚军队交战，前者使用了毒气，战争十分惨烈，这使埃塞俄比亚的政治人物充分明白了落后就要挨打的道理。1936 年 5 月 9 日，墨索里尼宣布，埃塞俄比亚的领土和人民已经并入"意大利王国的完全和完整的主权之中"，维托里奥·埃马努埃莱三世已为他"自己和继承人"取得埃塞俄比亚皇帝的称号。为了掩饰自己的暴行，意大利人在这里进行了以释放奴隶为主要内容的改革。意大利人把埃塞俄比亚分为六个省，统称为"意属东非"。这其中包括厄立特里亚和意属索马里。埃塞俄比亚皇帝海尔·塞拉西在这场事变后流亡英国，在落难的日子里，他有机会充分地观察欧洲的文明，探寻其力量的来源，也许当时他就下定了进行深入的法律改革的决心。1941 年，在英国和印度人的帮助下，埃塞俄比亚光复。②

1941 年 5 月 5 日，海尔·塞拉西回到亚的斯亚贝巴，宣布是日是埃塞俄比亚历史上一个新纪元的开始，因为要恢复和永远保存老一套是做不了的。③

而老一套的埃塞俄比亚令人绝望。在这个国家，土地分为世袭土地、御赐土地和世袭御赐土地三种。世袭土地通常为集体所有，但在理论上可以任意处置和继承；御赐土地由皇帝赐予受赐者向土地上的农民征收赋税之权，这种土地不能继承，可以收回；世袭御赐土地是一个家族或教堂占有的御赐土地，可以世袭，只是在换主人时要交点手续费。④

---

① 〔英〕理查德·格林菲尔德：《埃塞俄比亚新政治史》下册，钟槐译，商务印书馆，1974，第 675 页。

② 〔美〕戴维·拉姆：《非洲人》，张理初、沈志彦译，上海译文出版社，1998，第 259～260 页。

③ 〔英〕理查德·格林菲尔德：《埃塞俄比亚新政治史》中册，钟槐译，商务印书馆，1974，第 524～525 页。

④ 〔英〕理查德·格林菲尔德：《埃塞俄比亚新政治史》中册，钟槐译，商务印书馆，1974，第 640 页。

　　而且，按照埃塞俄比亚的传统，不遵守法律受到鼓励，只服从地方上的军事领袖或强有力的人物也受到鼓励。① 当然，追随皇帝永远是最正确的选择，因为他是最高行政和司法首脑，又兼任首席立法官和首席行政官的职务。他既是元首又是统治者。②

　　意大利的征服使埃塞俄比亚的知识分子深感进行现代化的迫切需要，这些人致力于把这个落后的非洲帝国锻造成一个欧洲国家，为了这一目标，他们宁愿成为革命的第一批先烈，与统治这个国家的保守分子进行斗争。③ 在这些改革派知识分子的行列中，也包括皇帝海尔·塞拉西。

　　1931 年，海尔·塞拉西把第一部宪法赐给人民。1955 年，颁布了第二部宪法。这些宪法是他的改革决心的表现。

　　海尔·塞拉西于 1960 年 5 月 5 日颁布了由比较法学家勒内·达维德起草的《埃塞俄比亚民法典》。该法典于同年 9 月 11 日生效。不了解埃塞俄比亚的痛史，就无法理解为何要由一位法国人为埃塞俄比亚制定对一个国家来说最重要的民法典。

　　这部民法典的编制如下：第一编是人，规定了自然人和法人；第二编是家庭与继承法；第三编是物法，规定了各种物权，包括对文学和艺术作品的所有权；第四编是债法；规定了债的各种发生根据和代理，给人以债的一般规定就是关于合同的一般规定的印象；第五编是合同分则，采用了把债法总论与债法各论分开规定的一般处理方式，根据各类合同标的的共同性就各种合同做了规定，关于行政合同的规定给人以深刻印象，它属于法国的传统。这一编还有关于和解与提交仲裁的规定和临时规定。④

　　这部洋洋洒洒的法典凡 3367 条，其规定使人想起法国的井井有条的社会，可能不符合埃塞俄比亚国情，从而被喻为比较法学家的快事、非洲人的噩梦。

　　除了民法典外，埃塞俄比亚还颁布了一部也是由法国人起草的商法

① 〔英〕理查德·格林菲尔德：《埃塞俄比亚新政治史》中册，钟槐译，商务印书馆，1974，第 534 页。

② 〔英〕理查德·格林菲尔德：《埃塞俄比亚新政治史》中册，钟槐译，商务印书馆，1974，第 576 页。

③ 〔英〕理查德·格林菲尔德：《埃塞俄比亚新政治史》中册，钟槐译，商务印书馆，1974，第 587 页。

④ 关于埃塞比亚民法典之编制的说明，参见薛军翻译的这部法典的中译本，未刊辑。

典。1973 年，统治了这个国家 44 年的海尔·塞拉西皇帝在一次军事政变中被推翻，接替他的政治领导人门格斯图向苏联靠拢。但到 1992 年，埃塞俄比亚就放弃了社会主义制度。

2. 利比里亚

利比里亚也是一个为安置释奴而建立的国家。为了减轻奴役黑人的罪过，美国国会于 1816 年根据伊莱亚斯·考德威尔的建议特许成立了一个称为"美国殖民协会"的白人慈善团体。该协会得到国会 10 万美元的资助，开始为愿意回非洲故土的释奴组织船队。6 年后，第一船释奴在西非海岸的梅苏拉多河河口附近登陆。他们用枪威胁并说服了当地的酋长，以价值 300 美元的各种五金器具、小玩意和饼干换取了约 5000 平方公里的土地。1822 年，这块土地上出现第一个移民居民点。1824 年后，有 45000 名释奴到了这个地方。他们以"自由"一词的词根把自己的国家称为"利比里亚"，把首都称为蒙罗维亚以纪念美国总统詹姆斯·门罗。1847 年，利比里亚独立，成为非洲第一个共和国。①

利比里亚的人口由释奴和土著黑人两部分组成，前者一到来就欺骗后者，尽管如此，这些释奴感到自己与当地人不同，遂自命为美裔利比里亚人，对当地地道的非洲人实行歧视政策，由此发生过战争，"冷内战"则持续了百多年。这种历史背景是法律的二元制的造就者，在"美裔利比里亚人"的国家法院之外，有土著人的习惯法法院。国家的立法于 1956 年被收集在《利比里亚法律汇典》中，以后每年不断增补，主要从英美法中吸收材料。像美国一样，地方对商法事项享有立法权。习惯法在各族群内部适用，但以不与成文法抵触为条件。对习惯法法院的判决不服的，可以向国家法院上诉。②

在农村，土地关系的基础是传统的村社土地所有制，村社的成员仅拥有占有和使用土地的权利，而支配土地的权利则属于部落酋长，后者利用土地支配权和份地分配权向村社社员勒索苛捐杂税，村社成员负有对酋长纳贡的义务。③

① 〔美〕戴维·拉姆：《非洲人》，张理初、沈志彦译，上海译文出版社，1998，第 162 页。
② Rodolfo Sacco, op. cit., p.296.
③ 〔苏联〕瓦·瓦·叶戈罗夫：《第二次世界大战后的利比亚》，上海人民出版社，1973，第 71 页。

结　语

通过以上的研究我们可以看到，非洲法律史基本上由两次外来法的侵入和传播构成，这一事实造成了非洲固有法与伊斯兰教法、西方法的交互作用。我们看到，尽管这种交互作用是给非洲人民带来了巨大痛苦的血腥侵略的结果，但作为其伴生物的文化碰撞却带来了进步。

首先，在伊斯兰教法侵入非洲前，在非洲以现在概念来看的60多个国家和地区中，只有少数（如埃塞俄比亚）进入了国家状态，其他都还处于部族社会。伊斯兰教法蕴含的国家观念促进了继受它的人民的国家观念的形成，把这些人民由较原始的状态推进到较高级的状态。

其次，西方法的侵入从根本上改变了非洲人的一些原始观念，这些观念有团体本位、拒斥雇佣劳动、自给自足等。

非洲人的传统观念是团体本位的。在他们看来，人是共同体即社会中的人，个人只有生活在共同体中，才能获得合法身份和社会地位，否则，他就会成为一个被遗弃的陌生人。[1] 因此，集体优先于个人，义务优先于权利。我们从下面的一个实例中可看到这种团体主义的可怕后果。在马拉维，人们有义务顾及远亲，一个为自己挣得小康家产的人，按照风俗，他首先要对侄儿侄女的教育和福利负责。一旦他发了一点小财回来，他就被一大批人当作施主，他们会提醒他负有种种义务。亲戚们会来到他这里，在他新建的房屋周围盖起自己的茅舍，他的新屋很快会成为一群新茅舍的中心。[2] 他就这样被人吃大户，一直到他变得与其亲友同样贫困为止。这样的团体主义当然不利于积累财富，只会造成普遍的贫困。我们知道，西方法是以个人为本位的，它包含的个人责任观念是对这种弊病的补救。事实上，非洲人也不愿被如此沉重的责任压倒，西方法的观念不过为他们提供了拒绝做早已不愿做之事的借口而已。

非洲人的原始观念排斥有规律的受雇劳动。在传统的非洲人看来，受约束替某个陌生人干活以赚得一份工资的观念是不可想象的，劳动不只是

---

[1]　徐济明、谈世中主编《当代非洲政治变革》，经济科学出版社，1998，第237页。

[2]　〔法〕勒内·达维德：《当代主要法律体系》，漆竹生译，上海译文出版社，1984，第521页。

一种谋生之道，而且是在同自然力量的一致中建立的一种生活方式，并且有履行宗教仪式的含义。因此，自给自足的非洲农民种庄稼的主要动机是为他自己和家庭糊口，这个需要一旦满足，他们宁愿闲着也不愿出售多余的作物来获得额外收入，这种情况导致土地利用率很低。① 这样的观念使企业化的工业和农业皆无法产生，构成社会生产发展的巨大障碍。非洲人的这种观念是通过西方殖民者的一些强制措施改变的。以南非为例，这个国家的采矿业需要大量的劳动力，但"酷爱自由"的黑人不愿到矿山当苦工，尽管他们偶尔也为某种目的来矿山临时干活，例如，为挣钱买一支枪或攒娶亲的彩礼，一旦这些目的达到，他们就辞工不干，导致企业的劳动力来源缺乏可靠性。因此，南非的白人矿主除了从邻国吸收劳工外，还利用行政手段迫使黑人不得不到矿山出卖劳动力。1894 年通过的《格伦格雷法》明文规定，每一成年黑人男子，除非在上一年的 12 个月内在自己居住地之外劳动满 3 个月，否则必须缴纳 10 个先令的劳动税。② 这样的强制措施逐步使非洲人有了与现代社会相适应的劳动观念。

现代撒哈拉以南非洲国家的商品货币观念也是由西方人带来的。我们知道，在部族社会的非洲国家中，实行土地部族公有制，部族成员对这样的土地只有使用权而无所有权。只是在欧洲人到来后，由于种植园的建立、土地的买卖，土著人才接触到所有权观念和交换经济的观念，打破了自给自足的社会结构。欧洲人还带来了合同关系的观念，它在很大程度上瓦解了传统的村社生活，提出了另一种关系来取代村社内的传统的身份关系，减少了个人对村落、氏族或家族所负的责任。

上述观念变革为建立现代资本主义经济制度所必需。正是依赖这样的观念，一些非洲国家，例如科特迪瓦，在独立后取得了可观的经济成就，这也许是对"暴力是一切进步的助产婆"命题的一个证明。

伊斯兰文明和基督教文明对非洲的两次法律入侵，造成了非洲法律文明与影响它的两种法律文明的同化，在当代的一体化社会中，这意味着沟通困难的减少和统一的可能。如果说，过去这样的同化意味着痛苦和强迫，现在，它却意味着低成本地进入一种更加先进的秩序。事实上，输出

---

① 〔英〕约翰·派克、杰拉尔德·里明顿：《马拉维地理研究》，天津师范学院地理系教师译，商务印书馆，1978，第 161 页。

② 葛佶：《南非——富饶而多难的土地》，世界知识出版社，1994，第 70～71 页。

伊斯兰教法的西亚和输出西方法的欧洲都有与非洲的与自己具有同质性的部分实现法的统一的欲望。

就西亚国家与非洲的伊斯兰国家在阿拉伯文化的旗帜下实现法的统一的尝试而言，1974 年 4 月 13 日，阿拉伯国家联盟委员会通过决议，设立了一个委员会负责制定统一的民法典草案和统一的民事诉讼法典草案，该委员会由成员国的专家组成。非洲国家中的突尼斯、苏丹、埃及、摩洛哥、毛里塔尼亚参加了该委员会。1980 年，该委员会接受了其他成员国的专家，其中非洲国家有阿尔及利亚、吉布提、索马里。该草案定名为"阿拉伯包括财产内容的行为的统一法典"，不包括家庭法规范，因为在这方面各国不能也不愿统一。

统一民法典草案凡 407 条。其编制为：序章，第一节，法的一般原则；第二节，一般规定（包括民法总则的内容）；第一部分，债与合同。第一编，债之一般；第一章，债的发生根据；第二章，债的效力；第三章，债的特征；第四章，债的终止。① 但后来，家庭法不能统一的想法被放弃了。1988 年，颁布了阿拉伯统一个人身份法典草案。1982 年，任命的第一起草委员会由来自突尼斯、阿尔及利亚、叙利亚、伊拉克、科威特、利比亚、摩洛哥的专家组成；1985 年，该委员会完成了工作。为了对这一工作进行修改，设立了第二个委员会，它增加了成员。委员们在讨论中，在意见冲突的场合采纳中庸的意见。该草案凡 286 条，分为 5 编。第一编，婚姻；第一章，赠与（Hitbah）；② 第二章，一般规定；第二编，婚姻的解除；第三编，能力和精神导师（Wilayah）；③ 第四编，最后意志的行为；第五编，遗产继承。④ 从这两个草案中，我们看到了非洲的阿拉伯国家与西亚的阿拉伯国家实现法的统一的曙光。

就受西方法入侵的非洲国家与其前宗主国实现法的统一的可能性而言，从本文中我们可以看到，法国在非洲有过 19 个殖民地，是非洲的超级殖民大户，在这里留下了一个法语非洲。这 19 个国家多数使用法语作为官方语言，使用法郎作为货币单位，继续适用法国人留下来的法律或制定了

---

① Francesco Castro, op. cit., p. 449.

② 这一术语通常根据阿拉伯语音译为"希白"。

③ 这一术语通常根据阿拉伯语音译为"维拉雅"。

④ Francesco Castro, op. cit., p. 454.

与这种法律很类似的法律，总之，在它们与其前宗主国之间，维持了许多的同一性，[①] 人们已经认识到这样的同一性是一种宝贵的资源，因而早就开始谈论建立法非共同体的可能性，这样的共同体当然要求在其内部实现法的某种程度的统一，上述同一性为这样的统一提供了便利。就英国前殖民地非洲国家而言，它们在独立后都留在英联邦内，并且其法律与英国法保持着千丝万缕的联系，不难想象这为双方交往提供的便利。其他前宗主国与其前殖民地的联系虽与法国和英国不可同日而语，但联系是存在的，索马里诉讼法对意大利模式的采用就是例证。欧洲正处在统一运动中，为此建立了欧盟。由于欧非的地缘和文化联系，在欧洲完成统一运动后，不排除欧非谋求统一的可能。欧洲法在非洲的广泛传播带来的法律对话的无障碍，为这种可能性提供了现实性。

我们还可以看到，非洲的 60 多个国家和地区中，有两个国家在法律上值得特别注意，它们是埃及和南非。前者虽然有自己古老的传统，但仍遭到伊斯兰教法和西方法的入侵，由于进入很早，伊斯兰教法已成为这个国家本身的传统，它又以这种身份与后来的入侵者西方法对立、融合，形成了独特的埃及法模式，由于其魅力被其他非洲国家以及西亚国家吸收；后者首先是作为法的侵入者出现的，把一种古老的欧洲普通法带到非洲并保存下来，由于利益关系，它自己后来又遭到英国法的入侵，在碰撞中实现了两者的融合，形成了独特的南非法模式并辐射到周边国家。这两个国家，一北一南，将是未来非洲法的带头人，它们的共同特点是消纳外来的侵入势力，将之转化为有利于自己的因素，形成独特的优越性。南非，由于其强大的经济实力和民主改革的成功，还将对撒哈拉以南非洲国家的政治和法律产生更大的影响。

（原文载何勤华主编《法的移植与法的本土化》，法律出版社，2001，收入本书时有改动）

[①] 〔美〕维农·麦凯：《世界政治中的非洲》，北京编译社译，世界知识出版社，1965，第132 页及以次。

二　部门法文化篇

大陆法系对南非宪法的影响

——以法、德两国宪法对南非宪法的影响为例

贺　鉴[*]

　　由于西方殖民主义统治的影响，到 20 世纪 60 年代大多数非洲国家获得独立时，欧洲法律制度已在非洲生根，即使有某种程度的修改，也仍是欧洲模式。[①] 实际上，几乎所有非洲国家独立后都保留了前宗主国强加给它们的法律制度，并在此基础上不断发展。因此，有学者认为，非洲国家的法系主要包括普通法系（Common Law System）和大陆法系（Continental Law System）。[②] 众所周知，普通法系法律原则一直以来都深刻地影响着非洲英联邦国家的司法实践。但作为最重要的非洲英联邦国家的南非，其法律体系却并不能归入普通法系，而表现为一种典型的混合法。南非新宪法（南非 1996 年宪法）第 39 条第 3 项规定："权利法案不否认由普通法、习惯法或法律所承认或授予的任何其他权利与自由的存在，只要它们与权利法案相一致。"[③] 这是对南非数百年来形成的混合法格局的高度肯定。[④] 与其他部门法一样，南非 1996 年宪法也是普通法系、大陆法系和南非习惯法冲突与融合的产物，是南非结合本国国情综合借鉴西方宪法的结果。关于大陆法系与普通法系对非洲的影响，已有学者进行了初步研究；[⑤] 关于大

---

[*]　贺鉴，中国海洋大学法政学院教授、博士生导师。

①　A. N. Allott, "The Future of African Law," in Hilda Kuper and Leo Kuper, *African Law: Adaptation and Development* (University of California Press, 1965), p. 220.

②　M'Baye, L'unification du droit en Afrique, 10 Revue Senegalaise de Droit 69, 1971.

③　有关南非新宪法的条文内容，参见夏吉生等《当代各国政治体制·南非》，兰州大学出版社，1998，第 218～238 页 "1996 年南非共和国宪法"。本文以下涉及的南非宪法条文如无特别说明，均引自该书。

④　夏新华：《冲突与调适：南非混合法形成的历史考察》，《河北法学》2002 年第 3 期。

⑤　洪永红、夏新华等：《非洲法导论》，湖南人民出版社，2000，第 167～252 页。

陆法系国家宪法，也有学者进行了比较系统的研究；[1] 迄今，尚无人就大陆法系对非洲国家宪法的影响做研究。本文旨在探讨大陆法系对南非宪法的影响。大陆法系的核心成员国是法国和德国，其法律制度往往被视为大陆法系的"母法"。大陆法系对南非宪法的影响主要表现为法、德两国宪法对它的影响。

一　大陆法系国家宪法形式和修正程序对南非宪法的影响

作为世界上最重要的两大法系，大陆法系和普通法系在宪法形式与修正程序方面有各自的特点。大陆法系国家的宪法基本上都是成文宪法，大都属于刚性宪法，其修正程序非常严格。普通法系国家宪法则不同，既有成文的（如美国），也有不成文的（如英国）。南非尽管是英联邦国家，但在宪法形式和修正程序方面却没有和英国宪法保持一致，而主要借鉴了大陆法系国家宪法。

（一）大陆法系国家宪法形式对南非宪法的影响

放眼当今世界，各国宪法不外乎成文宪法和不成文宪法两种形式。英国宪法是不成文宪法的典型代表，其渊源包括宪法性法律、宪法惯例和宪法判决三部分。其中，宪法性法律虽然具有成文形式，但其内容却很不全面，通常仅涉及国家制度的某一方面或某个问题，而且各宪法性法律都是在特定历史时期形成的，相互之间并无必然联系。更重要的是，宪法性法律只是英国宪法的一部分，大量的宪法原则和制度都是通过不成文的惯例和判决表现出来。所谓成文宪法不仅是指拥有成文的形式，更是指它结构完整，内容全面，从某种程度上说是一种宪法典。大陆法系国家的宪法不仅采用了成文形式，而且大都[2]结构完整，体系严谨，内容既涵盖包括国体、政体、国家结构形式等在内的根本制度，也包括公民基本权利和

---

① 叶秋华、王云霞：《大陆法系研究》，中国人民大学出版社，2008，第 119 ~ 144 页。
② 1875 年《法国第三共和国宪法》是极个别的例外，该宪法以三部宪法性法律构成，内容仅涉及国家根本制度，主要是政权机关的相互关系，未涉及公民基本权利和自由。即使如此，它也与英国的宪法性法律明显不同。

自由。[①]

在宪法形式上，南非现行宪法主要是受大陆法系影响。南非宪法有着悠久的历史，早在殖民地时期，四个殖民地德兰士瓦、奥兰治自由邦、开普和纳塔尔就有了各自的宪法。从 1910 年南非联邦建立到 1994 年种族隔离结束，南非实施过三部种族主义宪法；[②] 自 1994 年新南非诞生以来，实施过两部种族平等的民主宪法，即 1993 年临时宪法和 1996 年正式宪法。新宪法于 1996 年 5 月 8 日在制宪议会以 421 票赞成、2 票反对、10 票弃权的绝对多数获得通过。在送交宪法法院后，于 1996 年 9 月 5 日遭到驳回，原因是建立公正的公民监督机制、地方政府权力、劳资关系等 8 个方面的条款与"制宪原则"不符。制宪议会对宪法进行修改和通过后再次送交宪法法院，于 1996 年 12 月 4 日得到确认，南非总统于同年 12 月 10 日对宪法予以签署，制宪宣告完成。南非 1996 年宪法是对 1993 年临时宪法的进一步发展和完善，其主要特色包括：（1）确立统一的南非、种族平等和三权分立等基本原则；（2）制定"权利法案"，详尽、广泛和具体地规定了人民享有的各项基本权利，并建立各种机构保障其行使；（3）取消"权力分享"原则，实行"多数统治"；（4）设立"全国各省代表委员会"以取代参议院；（5）在中央集中领导下，仍然给予省和地方广泛的权力，直至各省有权制定省宪法；（6）实行"合作治理"，[③] 即中央、省和地方三级政府之间保持合作关系，互相协调，在法律的框架和机制内解决分歧。

（二）大陆法系国家宪法修正程序对南非宪法的影响

宪法修正或宪法修改（Amendment of Constitution）泛指在成文宪法施行过程中，发现有的规定与实际需要不相符合，因而根据有关宪法程序，由有关部门加以修改。根据修改程序的不同，宪法可分为"刚性"（Rigid）宪法与"柔性"（Flexible）宪法。前者是指修正程序比普通立法修改程序更为严格的宪法；后者是指普通立法机构就可以按照立法修改程序进行修宪的宪法。除了把某些宪法性的立法作为"宪法"的英国之外，

---

① 叶秋华、王云霞：《大陆法系研究》，中国人民大学出版社，2008，第 122 页。
② 即 1909 年南非宪法、1961 年南非宪法和 1983 年南非宪法。
③ Siri Gloppen, *South Africa: The Battle over the Constitution* (Dartmouth Publishing Company 1997), p. 225.

世界上几乎没有任何其他严格意义上的"柔性宪法"国家。英国实行不成文宪法制，它的宪法性法律与一般法律，在制定和修改方面是一样的。英国国会（主要指下议院）可以通过法律容易地改变宪法规则，就像它可以改变任何法律一样。大陆法系国家都采用成文宪法，而几乎所有的成文宪法国家都只有"刚性宪法"，其修正程序非常严格，与普通法律的修改完全不同，通常需要议会上下两院的特定多数通过，有时甚至需要提交全民公决。比如法国现行宪法第 89 条规定，修改宪法的倡议权属于总统和议会议员，通过宪法修正案的方式有两种：一是由议会两院以相同的文本表决通过，然后交公民投票；二是由总统将修正案交付两院联席会议讨论，联席会议以 3/5 多数通过，不需公民投票。而且宪法修改不得有损于领土完整，不得变更共和政体。又如 1949 年《联邦德国基本法》第 79 条第 1 款、第 2 款规定，基本法只能由一种明确的修改或补充它的条文的法律加以变动，修正案或补充性法律必须得到联邦议院和联邦参议院各 2/3 多数的通过。①

如前所述，南非现行宪法（南非 1996 年宪法）属成文宪法，从其关于宪法修改的规定可以看出，南非宪法也属于"刚性宪法"，其修正程序非常严格。南非宪法第 4 章第 44 条第 1 款第 1 项规定，修改宪法的权力在于国民大会；第 4 章第 44 条第 1 款第 2 项授予各省的国民议会"参与依照第 74 条修宪权力"；第 74 条对宪法修正程序做了详细的规定。

二 大陆法系国家宪法有关国家形式的规定对南非宪法的影响

国家形式包括国家管理形式和国家结构形式。国家形式决定着一国最高国家机关相互关系的原则、结构、组织和组成最高政权机关的方法。②从南非 1996 年宪法制度可看出，大陆法系国家宪法对南非有重大影响，南非新宪法在国家形式上结合本国国情在很大程度上借鉴了法、德两国宪法。

---

① 叶秋华、王云霞：《大陆法系研究》，中国人民大学出版社，2008，第 122 页。
② 洪永红、夏新华等：《非洲法导论》，湖南人民出版社，2000，第 284 页。

（一） 大陆法系国家宪法对南非国家管理形式的影响

国家管理形式，即国家政体或称国家政权组织形式。一般认为，国家管理形式基本上有君主立宪制和共和制两种；① 君主立宪制分为议会君主立宪制和二元君主立宪制两种，共和制分为总统制和议会制。根据 1996 年宪法的规定，南非实行共和制政体，采取带有内阁制特点的总统制，其国家管理形式受大陆法系国家宪法的影响，具体体现在以下两个方面。

1. 关于权力制衡机制的规定，南非宪法受大陆法系影响较大

大陆法系国家宪法一般比较强调权力分立。1789 年法国《人权宣言》以孟德斯鸠的权力分立学说为基础，明确宣布"任何社会，如果在其中不能使权力获得保障或者不能确立权力分立，即无宪法可言。"之后，在其绝大多数宪法中都明确将国家权力划分为立法、行政、司法三部分，由三个不同的机关行使，并强调司法机关不得干涉行政机关的活动。为了使司法权与行政权明确分开，大陆法系国家一般都设立专门的行政法院，由行政机关的侵害行为所引起的诉讼由行政法院而非普通法院审理。② 相对于法、德等大陆法系国家，英国并非典型的三权分立国家，立法、行政、司法三权之间的分立与制衡并不十分严格。因此，尽管英国是原南非宗主国，但有关权力制衡机制的规定，南非主要借鉴了法、德等西方国家宪法。南非 1996 年宪法规定了充分的权力制衡机制，根据三权分立原则，国民议会是最高立法机关，总统是最高行政首脑，新宪法也确立了司法独立和宪法法院的最终裁决地位。该法第八章规定了司法权力归法院，以及司法的独立性，各级法院只对宪法和法律负责。宪法法院是唯一有权裁定议会、省议院的立法、总统的行为是否符合宪法的机构，并有权判定议会或者总统是否履行了宪法赋予的责任。③

2. 关于不信任案的规定，南非主要借鉴了法国宪法，并加以发展

法国宪法第 50 条规定：当国民议会通过不信任案，或者表示不赞同政府的施政纲领或者总政策声明的时候，总理必须向共和国总统提出政府辞

---

① 但在非洲，不仅是不同国家采取不同的政体，而且同一个国家在不同时期也采取不同的政体。独立后非洲国家除了君主立宪制和共和制外，还有军人政权统治这一特殊形式。

② 叶秋华、王云霞：《大陆法系研究》，中国人民大学出版社，2008，第 123 页。

③ 夏新华：《论南非法制变革趋势》，《西亚非洲》2000 年第 1 期。

职。但只有获得国民议会全体议员过半数赞成，才算"不信任案"通过。与法国现行宪法相似，南非 1996 年宪法规定，国民议会可以过半数票通过动议，对总统和内阁提出不信任案。如果不信任案只针对内阁，不包括总统，总统就必须改组内阁；如果不信任案只针对总统，则总统和内阁其他成员及所有副部长都必须辞职。[①]

（二）大陆法系国家宪法对南非国家结构形式的影响

国家结构形式是指由国家的领土组织、行政区域划分以及国家整体与组成部分之间相互关系决定的构成国家的方法或原则的总称，主要分为单一制和复合制两种。复合制包括联邦、邦联、君合国、政合国等，其中又以联邦为主。[②] 在国家结构形式上，南非根据本国国情综合借鉴了法、美、德、英四国的宪法，采用了"在单一制下带有某种联邦制色彩"[③] 的国家结构形式。大陆法系国家宪法对南非国家结构形式的影响主要体现在以下几个方面。

1. 借鉴法国宪法，南非采用单一制的国家结构形式

单一制国家是指由一定行政区域组成的具有单一主权的国家。单一制国家的特点是有统一的宪法、统一的中央政府、统一的立法机关；在国际上作为国际法的主体存在；在国内虽可分为若干行政区域进行管辖，但必须均受统于中央政府。借鉴法国宪法，南非 1996 年宪法规定，南非是一个统一的主权国家，全体南非人民具有共同的南非公民资格；宪法是南非的最高法律，对全国各级政府和国家机关都具有约束力，各项地方性法律（包括省宪法）都不得与宪法相抵触；南非共分为 9 省，即东开普省、自由邦省、豪登省、夸祖鲁 - 纳塔尔省、姆普马兰加省、北开普省、北方省、西北省、西开普省，各省之下还有很多市，实行中央、省、地方三级政权体制。

2. 借鉴德国宪法，南非采用了"带有某种联邦制色彩"的单一制

联邦制国家是由几个邦或州联合组成的一个具有统一主权的国家。联邦制国家设有统一的最高立法机关和行政机关，有统一的宪法、法律和国

---

① 何勤华、洪永红主编《非洲法律发达史》，法律出版社，2006，第 438 页。
② 赵树民：《比较宪法学新论》，中国社会科学出版社，2000，第 115 页。
③ 夏吉生：《南非临时宪法的特点和作用及新宪法的制定》，《西亚非洲》1996 年第 5 期。

籍；最高立法机关由两院组成。组成联邦的各成员单位按联邦宪法的规定，设有自己的立法机关和行政机关，有自己的宪法和法律，在自己的管辖区域内行使权力。根据 1996 年宪法的有关规定，南非一方面坚持了统一的南非与中央集中领导；另一方面又赋予省和地方以广泛的权力，实行"合作治理"。南非 1996 年宪法给予各省制定地方性法律乃至省宪法的权力，规定大城市城镇乡村的地方政府应依法拥有不同权力；对传统酋长的地位和作用，也规定予以承认和保护。①

三　大陆法系国家宪法有关法院体系的规定对南非宪法的影响

南非宪法在对法院体系的规定上也在很大程度上借鉴了大陆法系国家的宪法。其法院体系主要包括宪法法院和普通法院系统，另外还包括酋长法庭（即实施习惯法的法院）。其中，普通法院系统包括最高上诉法院、若干高级法院和各类地方法院；地方法院包括地区法院、治安法院等。南非宪法法院和普通法院系统受大陆法系国家影响较大。

（一）德国联邦宪法法院和法国宪法委员会对南非宪法法院的影响

南非宪法法院被赋予广泛的权力，是南非政治中的一个非常重要的机构。② 德国联邦宪法法院和法国宪法委员会对南非宪法法院的影响主要体现在名称、成员、任期、任命、性质和职能等方面。

1. 关于名称和成员，南非宪法法院主要借鉴了德国联邦宪法法院和法国宪法委员会

在宪法法院的名称和领导方面，南非借鉴了德国联邦宪法法院。根据南非 1996 年宪法第 167 条，所有宪法事务的最高法院是"宪法法院"。关于宪法法院的领导，南非宪法法院与德国联邦宪法法院一样，包括一名院长和一名副院长。此外，南非宪法法院借鉴法国宪法委员会"设委员 9名"的做法，规定南非宪法法院由院长、副院长和 9 名法官组成。

---

①　夏吉生：《当代各国政治体制·南非》，兰州大学出版社，1998，第 115~116 页。
②　Siri Gloppen, *South Africa: The Battle over the Constitution*（Dartmouth Publishing Company, 1997），p. 226.

2. 关于任期与任命，南非宪法法院在不同程度上借鉴了德国联邦宪法法院、法国宪法委员会

与德国联邦宪法法院法官的任期一样，南非1996年宪法第176条规定，宪法法院法官任期12年，不得连任。关于宪法法院法官的任命，南非结合本国国情借鉴了德国联邦宪法法院、法国宪法委员会的做法。[①] 南非1996年宪法第174条规定，院长、副院长由总统与司法服务委员会及国民议会中的党派领袖磋商后任命，法官则由总统与院长及国民议会中的党派领袖磋商后任命。

3. 关于性质和职能，南非宪法法院综合参考了德国联邦宪法法院和法国宪法委员会

德国联邦宪法法院既是一个政治机构，又是一个司法机构。作为政治上的立宪机构，它的职能主要是监督国家机关；作为一个司法机构，它是联邦的最高司法机关，德国法治国建设在很大程度上是靠它完成的。[②] 法国宪法委员会是根据1946年宪法于1958年10月4日创设的具有政治性和司法特征的一个重要的国家机构，[③] 其主要职能包括：监督选举活动和全民公决、合宪性审查、审理关于自由与权利的诉讼、对违宪法律的惩戒和处理、采取事先审查模式。[④] 至于其性质，"它是否属于司法权之一部分，至今仍在争议之中"。[⑤] 有人认为它不是一个司法审判机构，而是调整公共权力运行的组织；可以把这种"调整"活动委托给一个司法审判机关。[⑥] 更多的人认为，它事实上是一个司法性质的机构。[⑦] 南非结合本国国情综

---

① 德国联邦宪法法院由16名法官组成，16名法官中，半数由联邦议院选举产生，半数由联邦参议院选举产生；联邦议院按比例选举的方式从议员中选出12名议员，组成选举委员会；选举委员会以2/3的多数选举法官。联邦参议院委任的法官亦需获得参议院2/3的票数。法国宪法第56条规定，宪法委员会的成员为9人，3人由共和国总统任命，3人由国民议会议长任命，3人由参议院议长任命。除上述规定的9名成员外，历届前任共和国总统为宪法委员会终身当然成员。

② 韩大元主编《外国宪法》，中国人民大学出版社，2005，第140页。

③ 参见法国宪法委员会，http：//www. conseil-constitutionnel. fr/langues/francais/fral, htm, 最后访问日期：2009年7月1日。

④ Francois Luchaire, *Le controle prealable de constitutionnalite en France*, RIDC, Journees SLC, Vol. 12, 1990, p. 11.

⑤ Olivier Duhamel &Yves Mény, *Dictionnaire Constitutionnel*（Paris：PUF, 1992），p. 782.

⑥ F. Luchaire&G. Conac, *La Constitution deia Republique Francaise*, 2e éd（Paris：Economica, 1987），p. 1086.

⑦ Louis Favoreu, *Recueil de Jurisprudence Constitutionnelle (1959 - 1993)*（Paris：Litec, 1994），p. VI.

合参考了德国联邦宪法法院和法国宪法委员会，新宪法第 167 条第 3 项规定了宪法法院的性质和职能：宪法法院是所有宪法事务的最高法院，主要管辖一切涉及解释、保护和实施宪法的争议，可以对宪法问题以及与宪法有关的问题做出判决。

（二）法、德两国的普通法院系统对南非普通法院系统的影响

法、德两国普通法院系统对南非有较大影响。法国普通法院分三级，低级法院是初审法院，第二级法院包括大审法院与上诉法院，最高法院处于司法机关顶端。德国法院分为初审法院、上诉审法院、最高法院。与法、德两国相似，南非也设立了普通法院，而且也是分为三级。

南非 1996 年宪法第 166 条也将南非普通法院系统分为最高上诉法院、高级法院（以及依据议会立法设立的相当于高级法院的其他法院）、地方法院（以及依据议会立法设立的相当于地方法院的其他法院）。

与法、德两国最高法院相似，南非最高上诉法院是普通法院体系内的最高级法院，受理除宪法问题以外的任何上诉案件，包括上诉案件、同上诉案件有关的案件、由议会法案规定由它受理的任何其他问题。借鉴法、德两国的第二级法院，南非在各省及重要的市设立高级法院（以及依据议会立法设立相当于高级法院的其他法院）；高级法院负责重大案件的一审和下级法院的上诉。借鉴法、德两国的初审法院，南非设立了各类地方法院。它们是处于高级法院下一级的基层法院，包括地区法院、治安法院以及依据议会立法设立的相当于地方法院的其他法院。

四 大陆法系国家宪法有关公民权利和自由的规定对南非宪法的影响

"宪法就是一张写着人民权利的纸。"① 这意味着宪法是根本的人权保障书，而且主要是基本权利的保障书。大陆法系国家的宪法一般都对公民权利和自由有专门的规定。现代宪法的结构一般包括国家根本制度和公民权利两部分，而大陆法系国家的宪法基本上是成文宪法典，结构上比较完

---

① 《列宁全集》第 12 卷，人民出版社，1987，第 50 页。

整，都对公民权利和自由做出详细规定。南非新宪法在公民权利和自由的规定上不同程度地借鉴了大陆法系国家特别是德、法两国宪法，具体表现在以下几个方面。

（一）南非宪法在基本权利的立宪模式和宪法设计结构上借鉴了大陆法系国家宪法

在基本权利的立宪模式和基本权利的宪法设计结构上，南非新宪法不同程度地借鉴了大陆法系国家宪法。

1. 关于基本权利的立宪模式

根据是否分类规定公民基本权利，世界各国关于公民基本权利的立宪主要有两种模式：不分类立宪模式和分类立宪模式。不分类立宪模式又称逐条立宪模式，一条一条地规定公民的基本权利。法、德等国宪法在基本权利的立宪模式上属于不分类立宪模式。分类立宪模式是将公民的基本权利分成几类加以规定。自《世界人权宣言》和《国际人权公约》诞生以来，许多国家的宪法纷纷参照这两份国际人权文件对公民基本权利进行分类立宪的模式分门别类地规定本国公民的基本权利。但是在基本权利的立宪模式上，南非还是借鉴法、德等国宪法，采用不分类立宪模式，南非新宪法从第7条到第39条一条一条地规定了公民的基本权利。

2. 关于基本权利的宪法设计结构

从宪法设计结构来看，德、法两国宪法关于基本权利的内容主要列于宪法的开头。法国各时期的宪法基本上都以《人权宣言》为序言，并在宪法正文中全面贯彻《人权宣言》确立的人权保护基本原则。法国现行宪法是将《人权宣言》作为序言并补充规定了一些基本权利。德国宪法在第1条到第19条规定了基本权利。而且，德国宪法（第一章）和法国宪法（序言）都是以专章的形式规定了公民基本权利。与此相似，南非新宪法也在第二章"权利法案"以专章的形式对公民基本权利进行了规定。这种基本权利的宪法设计结构表明各国对权利和维护权利问题的重视。此外，南非新宪法在列举基本权利之前对基本人权做了纲领性宣示，在序言和第一章中强调保障各族人民的基本权利的重要性，以表达国家对人权的最基本的态度。

（二）南非宪法在对基本权利主要内容的规定上借鉴了大陆法系国家宪法

1. 德、法两国宪法规定的基本权利之主要内容

基本权利是西方国家宪法的重要内容。1919 年德国的《魏玛宪法》第二编以较大篇幅规定了公民的基本权利，不仅宣布公民享有言论、迁徙、通信、请愿、结社、集会、宗教信仰等权利和自由，还规定公民享有学术研究的权利，国家保护公民的财产所有权、继承权、工作权、休息权、失业救济和受教育权，将公民权利的范围从基本的人权扩大到经济和社会权利。1949 年德国《基本法》则将公民权利的保护范围进一步扩大到对人的尊严的维护和尊重。法国《人权宣言》（1791）以及现行宪法的有关修正案等都详尽地规定了公民的基本权利和自由。

2. 南非新宪法规定的权利和自由之主要内容

借鉴德、法两国宪法所列举之基本权利，南非新宪法在第二章"权利法案"以专章的形式对公民基本权利进行了详细的规定。其主要内容可以归纳为以下几个方面：（1）平等权，"平等包括所有权利与自由全面和平等的享有"，"国家不可以因一个或多个理由直接或间接地不公正地歧视任何人"；（2）人身与个人的权利和自由，包括人的尊严权和生存权，人身自由与安全权，隐私权，宗教信仰和言论自由权，表达自由权，迁徙与居住自由权；（3）政治方面的权利，包括选举权和被选举权，集会、示威、游行、请愿和结社权，政治选择权；（4）经济和社会方面的权利，包括经商、就业与职业自由权，劳资关系方面的权利，环境保护权，财产权，住房权，卫生保健、食物、水和社会安全权；（5）文化教育方面的权利，包括教育权、语言与文化权、获得信息权；（6）儿童的权利；（7）司法方面的权利，包括向法院申诉权，遭逮捕拘留与指控的人的权利；（8）公正管理权。[①]

（三）南非新宪法在对基本权利的限制和特殊规定上主要借鉴了德国宪法

1. 南非新宪法在对基本权利的限制上主要借鉴了德国宪法

基本权利不是无限制的，德国《基本法》在规定政党（第 21 条）和

---

① 韩大元主编《外国宪法》，中国人民大学出版社，2005，第 421～423 页。

社会团体（第 9 条）的宗旨和活动不得侵害宪法秩序外，还在第 18 条专门规定了个人享有基本权利的一般范围。① 任何人，无论是德国公民还是外国人，凡在德国境内滥用《基本法》第 18 条规定之基本权利者，都会被剥夺该项权利。此外，《基本法》第 19 条规定，基本权利在一定的前提下可以依法予以限制。借鉴德国《基本法》，南非新宪法也规定了对基本权利的限制。南非 1996 年宪法第 36 条规定，本民权条例中的权利只得依照普遍适用的法律，基于人性尊严、平等、自由，在一个开放民主的社会中合理合法的情况下予以限制，考虑的所有相关因素包括：权利的性质，限制目的的重要性，限制的性质与程度，限制与限制目的的关系，达到目的的较少约束的办法。除上述规定或本宪法其他条款所规定的外，任何法律不得限制本民权条例中确立的权利。② 此外，南非 1996 年宪法还对宣布实行紧急状态、恢复和平秩序做了规定。

2. 南非新宪法借鉴德国宪法，也对基本权利做了一些特殊规定

德国《基本法》第 1 条第 3 款规定，从第 2 条起的基本权利规范"直接有法律效力，约束立法、行政和司法"。为防止议会通过修宪取消公民的基本权利，或者将约束自己的宪法规范取消，《基本法》第 79 条第 3 款特别规定：对《基本法》的修正案不得影响第 1 条所确定的宪法原则。第 20 条第 4 款规定："所有德国人对于企图破坏自由民主基本秩序的任何人或集团，在无其他挽救可能的情况下，有抵抗的权利。"南非新宪法也对基本权利做了一些特殊规定。其序言明确规定，要在南非"建立一个基于民主价值、社会正义与基本人权的社会"；"在这个社会中，政府基于人民的意志而且每个公民平等地受到法律的保护"。南非新宪法在第一章基本条款的第 1 条中，把"人的尊严、平等的取得以及人权与自由的进步"、"非种族主义和非性别歧视"以及"成人普选权"等作为南非共和国赖以建立的"价值基础"。南非新宪法第二章权利法案第 7 条将公民的基本权利概括为权利法案作为"南非民主的基石"，"它铭记着南非全体人民的权

---

① 《基本法》第 18 条规定，凡以攻击自由民主之基本秩序为目的而滥用自由表达的权利，特别是出版自由、教育自由、集会自由、结社自由、通信、邮政、电讯秘密权、财产权利避难权者，即丧失上述各种基本权利。联邦宪法法院将宣布褫夺此类权利，并确定褫夺的范围。

② "国民大会"秘书处资料组编《新编世界各国宪法大全》第 4 册，"国民大会"秘书处，1997，第 433 页。

利，并确认人的尊严、平等和自由的价值"，"国家必须尊重、保护、促进和实现权利法案中的权利"；第 8 条规定，"权利法案适用于全部法律，并对立法行政司法和国家所有机关都具约束力"。① 从以上规定可以看出，公民的基本权利在南非新宪法中不是一般性的条款，而是作为"价值基础"和"民主基石"来对待，是贯穿于南非社会生活各个方面的最高原则。②

结 语

由于西方殖民主义统治的影响，非洲英联邦国家的司法体制一直以来都深受普通法系法律原则的影响。作为最重要的非洲英联邦国家的南非，其法律体系在许多方面借鉴了以英美为代表的普通法系，但不能归入普通法系，而表现为一种典型的混合法。与其他部门法一样，南非 1996 年宪法也是普通法系、大陆法系与南非习惯法冲突与融合的产物，是南非结合本国国情综合借鉴西方宪法的结果。南非现行宪法既受普通法系影响，也在很大程度上借鉴了大陆法系。作为大陆法系的代表，法国和德国的宪法制度对南非宪法有重大影响。从宪政发展来看，西方两大法系将持续对南非产生影响，南非宪法将继续向着有南非特色的混合法的方向演进。

（原文载何勤华主编《大陆法系及其对中国的影响》，法律出版社，2009，收入本书时有改动）

---

① 有关南非新宪法的条文内容，参见夏吉生《当代各国政治体制·南非》，兰州大学出版社，1998，第 218～238 页"1996 年南非宪法"。
② 何勤华、洪永红主编《非洲法律发达史》，法律出版社，2006，第 439 页。

独立后非洲国家刑事法律的发展

赖早兴*

独立以来，非洲国家刑事法律有了较大发展。① 从渊源上看，非洲刑法有习惯法、宗教法和一般法，独立后一般法大量增加；在刑事政策上，独立后的非洲国家刑事政策观念较为淡漠，在社会治理上大多数国家仍过分倚重于刑罚手段；在法人犯罪问题上，部分非洲国家受英美法系刑法的影响，开始确认法人可成为犯罪主体、应对严重危害社会行为承担刑事责任；对于死刑的存废问题，非洲国家并没有取得意见的一致；面对猖獗的跨国犯罪，非洲国家开始强调国际合作，其中南部非洲国家在此方面做出了表率；严重的腐败问题已经引起非洲国家的普遍关注，它们纷纷采取相应措施预防和惩治。

一 刑法渊源之发展

非洲刑法渊源首先源自习惯法。虽然英国法史学家梅因基于对古代法

* 赖早兴，对外经济贸易大学法学院教授、博士生导师。

① 近年来，非洲法研究有了长足进展，但有关非洲刑法的研究却一直停滞不前。之所以出现这种状况，我们认为其主要原因有二：一是研究者专注于代表现代刑法发展方向的欧美法，对非洲刑法的研究缺乏热情；二是非洲刑法长期不受重视，研究资料较为匮乏。本文的写作材料得益于湘潭大学法学院非洲法律与社会研究中心主任洪永红教授主编的《非洲刑法评论》。洪永红教授于 2003 年 9 月至 2004 年 9 月以访问学者的身份在南非开普敦大学法学院研究非洲法，并对非洲法产生了浓厚的兴致。为激发国内学者研究非洲刑法的兴趣并为研究者提供第一手资料，洪永红教授从《非洲法杂志》、《商法杂志》、《国际比较和应用刑事司法杂志》等刊物上选编了近年来在国际学术界具有一定影响的 15 篇刑法论文，并以《非洲刑法评论》为题于 2005 年 1 月由中国检察出版社出版。该书为我们了解、研究独立以来非洲刑事法律的发展提供了线索和难得的素材。

的考察认为，法典越古老，其刑事立法就越详细和完备。但在早期非洲，习惯法的主体内容是民事法律，刑事法律较少，正如奥德－布朗（Orde-Browne）所言，非洲习惯法"与其说属于刑法性质，还不如说是属于民法性质，几乎所有最严重、最特别的犯罪都是采用类似于仲裁而不是惩罚的制度进行处理"。[1] 当然，习惯法中占主体地位的是民事法律这一点并不说明习惯法中没有刑事法的成分，非洲习惯法中仍有刑事法的内容，直到现有，在非洲一些国家中，成文刑法与不成文刑法仍然并存。例如，肯尼亚将刑事习惯法以制定法形式编纂出来，继续适用。[2]

宗教法也是非洲刑法的重要渊源。为保证教规得到遵守，宗教法规定了惩治违反教规行为的严厉措施。这些措施曾经与世俗法中的刑事制裁措施一起成为维护社会秩序的有力工具。宗教法中的刑事制度对现代非洲仍有一定的影响。例如，1959 年尼日利亚刑法典规定，对犯通奸、诬告妇女失贞及饮酒罪的穆斯林，除按刑法典的规定惩罚外，还可按《古兰经》的规定处以鞭刑。从实践情况看，宗教法也仍有其效力。例如，一个名叫阿米娜（Amina Lawal）的 32 岁的尼日利亚妇女因通奸被伊斯兰教法庭判处死刑，以传统的石刑处死；尼日利亚妇女沙菲亚·胡塞恩（Safiya Hussein）在离婚后又因通奸怀孕九个月，被伊斯兰教法庭判处死刑。[3]

非洲刑法的第三个渊源是一般法。在大陆法非洲国家，其刑法基本采取成文法的形式，大陆法系的刑法制度和刑法理论在这些国家中产生了深远影响。在普通法非洲国家，其刑法基本上不采取成文法的形式，实行判例法，英美法系的一些刑事法原则被这些国家继承下来，如遵循先例原则。非洲英联邦国家继承了殖民时代的刑法典及刑事程序法典，这些法典来自同一模本，即刑法典来自《1895 年昆士兰法典》，刑事程序法典来自《1877 年黄金海岸刑事程序令》。当然，这些刑法典基本上以 19 世纪的英国刑法典为基础，其所包含的刑事责任原则、犯罪定义、刑罚类型和数量（scale）均与非洲传统格格不入。[4] 而在混合法色彩强烈的非洲国家，其刑

---

① T. O. Elias, *The Nature of Africa Customary Law*（Manchester University Press, 1956），p. 115.

② 洪永红、夏新华等：《非洲法导论》，湖南人民出版社，2000，第 65 页。

③ 赖早兴：《非洲死刑的存废——现状、态度与国际因素》，《西亚非洲》2005 年第 3 期。

④ Simon Coldham, "Criminal Justice Policies in Commonwealth Africa: Trends and Prospects," *Journal of African Law* 44（2000）: 218.

事法律的发展则更复杂。如在喀麦隆，1884 年 7 月 12 日的条约将喀麦隆置于德国的控制之下，从 1892 年起，喀麦隆建立了德国模式的法制，德国的 1871 年刑法在喀麦隆实施。该刑法和现在一样，将违反法律的行为分为重罪（Verbrechen）、轻罪（Vergaahen）和违警罪（Ubertretung）。法国刑法被移植到法属喀麦隆可以分为三个阶段：第一阶段是 1919～1924 年，法国沿用了与德国相同的刑事制度——"法国法制"和"土著法制"。第二阶段，法国刑法于 1924～1946 年生效，并以 1927 年文本来管理土著人的司法事务，法院系统分为初等法院、初审法院和上诉法院。第三阶段是 1946～1960 年，即独立阶段。这一阶段殖民地刑法实现了统一，建立了单一的司法机构来处理殖民者和土著人的事务，当时在道阿拉（Douala）有一个最高法院，此外还有初级法院、治安法官和刑事法院。实行英国刑事制度的南喀麦隆和北部领土于 1945 年作为托管领土由英国统治。后来，北喀麦隆成为尼日利亚联邦的一部分，在这里，英国的文官及军事人员对当地人为当事人的刑事案件具有管辖权。① 独立后，原法属殖民地的东喀麦隆对《法国刑法典》做了适当修改后直接适用，同时废除了习惯法院法官制度；而在西喀麦隆，作为英国间接统治的结果，习惯法院在非洲人的轻微犯罪的处罚方面起着十分重要的作用，可对犯罪人判处一年的监禁刑。1965 年，喀麦隆制定了统一的刑法典（由一位英国法法学家和两位法国法法学家起草），该法依照法国法的风格起草，使用简明的语言详细阐明各罪名的定义；有的规定则源自英国法，如"共谋""取保候审"等。②

二　刑罚观念之更新

在非洲刑法的早期历史上，其刑罚制度与西方标准存在较大差异。其主要表现有二：一是刑罚残酷，大量存在并且广为适用死刑、肉刑；二是刑罚与民事制裁不分，除了针对国家的犯罪及一些针对个人的严重犯罪之外，对大量针对个人的犯罪的处罚只是对被害者或其亲属进行赔偿。非洲

① 〔喀麦隆〕凯瑟琳·梦尼·艾德：《喀麦隆青少年的法律地位》，洪永红主编《非洲刑法评论》，中国检察出版社，2005，第 178 页。
② 〔喀麦隆〕比特·布灵哲：《英国和法国刑法在一个非洲国家的持久影响》，洪永红主编《非洲刑法评论》，中国检察出版社，2005，第 22 页。

传统社会的许多刑事司法制度注重保护受害人而非打击犯罪人。它们的主要目的是维护受害人及其权利。它们对犯罪施以制裁的目的不在于惩罚犯罪人以抵消危害后果。总的说来，刑罚是补偿性的而非惩罚性的。它们的意图是恢复受害人利益至受害前的状态与恢复和谐社会关系至被犯罪人破坏前的状态。根据非洲习惯法，刑事犯罪和侵权行为之间的界限十分模糊，两者都须给予赔偿，而且赔偿损失还常常是一项公共责任。① 在一些社会，整个家庭或族群的成员心甘情愿为其群体内的犯罪行为人支付赔偿并保释犯罪行为人。刑罚与民事制裁不分的目的就是确保受害人的补偿尽可能迅速且便利地实现。这与格言"当正义来得越快，它就越可爱"相一致。正如乌干达布干达人的一句谚语所说："犯罪案件如被迅速地私了，犹如拔掉了植物中带刺的种子。"② 在殖民时代，非洲的许多殖民地国家开始接受欧洲殖民国家的现代刑法，建立了现代意义的刑罚制度，如大量减少死刑，广泛废除肉刑，区分刑罚与民事制裁，设置监狱，确立罚金刑、监禁刑、徒刑等刑罚。但是，在近现代非洲刑法特别是非洲刑事习惯法中，仍存留有刑罚残酷和刑罚与民事制裁不分的遗迹。但是，由于政治、社会、经济、文化等方面的原因，欧洲化的刑罚制度在非洲适用的效果是不容乐观的。例如，根据英国刑法，刑事犯罪的特征是犯罪的个人要受惩罚，监禁是处置罪犯的唯一且最好方式。但是，在非洲人眼中，让罪犯支付一定数额的罚款作为对受害者的补偿，应该是最公正、最简单的方法，将罪犯的财产作为赔偿金是最令人满意的，因为这样可以比较便利地行使一种集赔偿与惩罚于一体的功能。人们反对将殖民政府广泛推行的监禁作为非洲社会中一种惩罚方式的另一个重要理由是，监禁在非洲社会里不像在英国或其他国家带有人们所认同的耻辱的含义，监狱甚至一度被非洲某些社区成员看作值得光顾的地方，原因是监狱里有优越舒适的生活环境，还为犯人提供机会学手艺，而这种机会在家里都很难得到。此外，罪犯在监狱外的劳动主要是修筑公路、保护公共建筑物的整洁等公益性劳动，而这些工作按惯例通常被认为是社区健壮的男性公民值得骄傲的事情，因而

---

① 《世界各国宪政制度和民商法要览·非洲分册》，上海社会科学院法学研究所编译室编译，法律出版社，1987，第 398 页。

② D. D. N. Nsereko, "Compensating the Victims of Crime in Botswana," *Journal of African Law* 33 (1989)：157.

罪犯们感到适得其所，并为此自豪。据说，人们为了实现此类还合算的目的，故意去犯罪，家长们甚至教唆自己的儿子去犯罪。① 如此看来，监禁在非洲社会中背离初衷，其结果适得其反。

非洲国家独立后，在吸取前宗主国法律合理成分的基础上，结合本国实际，借鉴国外先进经验，适应国际潮流，纷纷制定刑事法律，确立了具有本国特色的刑罚制度。例如，在英联邦国家，刑事实体法实质上仍以普通法为基础。其价值观和刑事司法理念是英国式的，而且该种价值观的运行机制也是以英国模式为基础的。政府当局采用了以报应和一般遏制为基础的刑事政策，并毫不犹豫地将刑事法作为应对社会变迁的工具。②

三 刑事政策之严厉

第二次世界大战后，欧美发达国家的刑事政策朝着两极化方向发展，即对轻微的犯罪非犯罪化、轻刑化，而对严重犯罪如恐怖犯罪、有组织犯罪等重刑化；在刑事司法中注重"非刑罚化"，在执行上主张"非监禁化"。基于这样的刑事政策，欧美发达国家已经改变过去的做法，更加注重对社会政策的运用而不过分依赖于刑罚手段，在刑罚力度上总体上也趋于轻缓，缓刑、假释和监外执行等刑罚替代措施被广泛运用。

从非洲的实际情况看，在殖民统治时期，殖民统治者特别倚重于刑罚手段维护统治秩序，对刑罚外的手段或方式则关注甚少。即使是在西方国家刑事政策已经受到重视并对刑事立法和司法产生深远影响的情况下，殖民统治下的非洲刑事政策的观念仍然极为淡薄。以英属非洲为例，刑罚个别化和刑罚社会回归（rehabilitutive）功能在殖民统治下的非洲影响甚微，当时盛行的仍然是刑罚的报应（retribution）和威慑功能。

英国学者西蒙·科德汉姆（Simon Coldham）指出："独立后非洲国家政府的刑事政策与前殖民政府的刑事政策显示出惊人的连续性。"③ 后来，为保障人权，大部分非洲国家批准了《公民权利和政治权利国际公约》（现在没有批准该公约的只有科摩罗、吉布提、几内亚比绍、利比亚、圣

---

① T. O. Elias, op. cit., p. 287.

② Simon Coldham, op. cit., J. A. L. 236.

③ Simon Coldham, op. cit., J. A. L. 224.

多美和普林西比民主共和国与毛里塔尼亚），吉布提、莫桑比克和纳米比亚还批准了《旨在废除死刑的公民权利和政治权利国际公约第二项择议定书》，所有国家均签署了《非洲人权与民族权宪章》。这些国际文件虽然在大部分非洲国家刑事政策的制定中起到了一定的作用，引导刑事政策朝文明方向发展，但在部分非洲国家刑事政策的制定中尚未起到有效的约束作用。在非洲部分国家中，由于社会治安状况不佳，犯罪率高，当局为降低犯罪率采取严厉的刑事政策，很少研究犯罪产生的原因，也轻于检验刑事政策的效果。正是在这种刑事政策下，部分国家在对付犯罪上过分依赖刑罚手段而不是采取包括轻缓的刑罚在内的综合性措施。例如，在尼日利亚、赞比亚、马拉维、喀麦隆等国家，严重的经济犯罪通常可以判处死刑。① 西方盛行的监禁替代措施始终没有在非洲产生同样的影响，"世界上其他一些地方在寻找替代性的非监禁刑罚方面表示出相当的兴趣，而非洲法院却更为依赖这些监禁手段"。② 因此，作为监禁替代措施的罚金虽然被广泛适用，但它并没有使监禁刑的适用减少；监禁刑的刑期没有出现缩短的征兆；缓刑大多只适用于大都市，即使如此，法院也很少适用缓刑，而是判处实刑。

四 死刑存废之争议

从世界范围来看，在法律上或实践中废除死刑的国家总共 118 个，而保留死刑的国家为 78 个。其中，在法律上对所有犯罪都废除死刑的国家为 80 个，对普通犯罪废除死刑的国家为 15 个，事实上废除死刑的国家（即 10 年或 10 年以上没有执行过死刑）为 23 个。死刑是非洲的传统刑罚，它曾在非洲各国广泛存在。非洲废除死刑的运动起步较晚，在 20 世纪 80 年代，只有一个国家即佛得角在其法律中没有规定死刑。受世界废除死刑运动的影响，非洲国家自 20 世纪末以来掀起了废除死刑的高潮。现在法律上废除死刑的非洲国家有佛得角、莫桑比克、纳米比亚、圣多美普林西比、

① 例如，在马拉维，"立法者错误地笃信刑罚能解决诸如公共机构盗窃这一类的多方位问题"。参见〔博茨瓦纳〕克里蒙特·恩贡奥拉《遏制在公共机构的盗窃行为——马拉维刑法与司法回应》，洪永红主编《非洲刑法评论》，中国检察出版社，2005，第 246 页。

② Simon Coldham, op. cit. , J. A. L. 232.

安哥拉、塞舌尔、毛里求斯、南非、吉布提、几内亚比绍和科特迪瓦；事实上废除了死刑的国家有阿尔及利亚、贝宁、布基纳法索、中非共和国、刚果共和国、冈比亚、肯尼亚、马达加斯加、马里、毛里塔尼亚、尼日尔、塞内加尔、多哥和突尼斯；其他的非洲国家则在法律上规定了死刑，实践中也执行死刑。

从 20 世纪最后 20 年非洲死刑发展情况看，非洲似乎已经走上了废除死刑之路。但事实也表明，非洲国家并没有全体一致、义无反顾地走上废除死刑之路。可以说，在死刑的存废问题上，非洲国家面临艰难的抉择。这种抉择不仅是现在保留死刑的国家必然面临的问题，而且也是那些在法律上或事实上已经废除死刑的非洲国家所面临的问题。① 一些法律上保留死刑的非洲国家的领导人或政要表示要限制、暂停死刑的执行，有的甚至声称要废除死刑。例如，1998 年马拉维总统巴基利·穆卢齐（Bakili Muluzi）宣布暂停所有死刑的执行，并对所有当时已经存在的死刑判决减刑。他说："生命是神圣的。我相信一个人能够得到改造……我建议非洲——我们共同的家的所有国家领导人废除死刑。"② 与此不同的是，多数仍然在法律上保留死刑并且实践中执行死刑的非洲国家中，每年仍有死刑在执行。而且，在非洲，一些国家主要是基于本国的实际情况保留死刑，因为在这些非洲国家，社会治安不尽如人意，暴力犯罪上升，国家试图通过在法律中规定死刑或在实践中运用死刑威慑犯罪分子；一些国家的民众也因不满于社会治安状况支持保留死刑。即使在已经废除死刑的国家中，关于死刑存废问题的争议也并没有因为死刑的废除而结束。南非就是一个很好的例证。南非宪法法院于 1995 年裁定 1977 年《刑事诉讼程序法》第277 条关于适用死刑的规定违宪，因为它违背 1993 年南非临时宪法第三章关于生命权和尊严权的规定。死刑作为一种酷刑，在南非遭到多数人的反对。③ 虽然 1995 年废除了死刑，但关于死刑存废的争议却自始至终都存在。在南非废除死刑时，时任南非副总统 F. W. 德克勒克（F. W. de Klerk）说，他的政党准备与时任总统纳尔逊·曼德拉（Nelson Mandela）的国大党斗争，力图在南非恢复死刑。德克勒克宣称，在南非占绝对多数的民众

---

① 赖早兴：《非洲死刑的存废——现状、态度与国际因素》，《西亚非洲》2005 年第 3 期。

② *Amnesty International Report*（AI Index：ACT 53/01/98）（Jan. 1998）.

③ 夏新华：《论南非法制变革趋势》，《西亚非洲》2000 年第 1 期。

是支持死刑的，因为当时南非的谋杀案发案率高。1997 年，南非大教主德斯蒙德·图图（Desmond Tutu）说，废除死刑"表明我们的社会关爱人类的生命，表明我们尊重人类的生命"。① 纳尔逊·曼德拉在 1998 年拒绝恢复死刑时也认为："仅仅因为某人杀死了他人而将他杀死，那种复仇对我们没有任何帮助。"②

从历史上看，死刑对维护非洲国家社会治安和保障国家、社会和公民权益起了重大作用，死刑在相当部分非洲国家仍有广泛的群众基础。死刑的存废取决于一国政治、经济、文化等诸方面的因素。非洲各国政治、经济、文化发展并不平衡，宗教状况复杂，一些国家的社会治安也令人担忧，这种情况使非洲国家无法在短时间内完全取消死刑在法律中的位置或完全消除死刑在实践中的运用。

五　法人犯罪之确认

独立前，非洲国家的法律中不存在对法人犯罪的规定，即不承认法人可以成为犯罪主体。独立后，非洲部分国家刑法受英美法系刑法的影响，开始承认法人可以成为犯罪主体，犯罪法人须承担刑事责任。下面以尼日利亚法律为例，对法人刑事责任问题做粗略介绍。

在尼日利亚，理论界和实务部门对法人犯罪刑事责任问题的关注曾经远不及对自然人犯罪的关注，其原因之一是法人人格本身就是一个较为模糊的概念。虽然判例中尼日利亚早已有法人犯罪的相关判决，但法人犯罪这一概念也没有被广泛接受。尼日利亚《公司与联合实体法》的颁布改变了这一状况。从理论的角度看，尼日利亚法人犯罪正是基于英美普通法中的"团体理论"（organic theory），它认为公司是一个团体，其某些机构和人员的思想和行为应视同为公司本身的思想和行为；相应地，这些机构的犯罪行为应归罪于公司本身。根据《公司与联合实体法》的规定，公司股东大会、董事会的任何成员或公司经理的任何行为，如果是在公司的日常经营活动中做出的，则应被视为公司本身的行为，公司对此应和自然人一

① "Africa's Tutu Applauds Vote Against Hanging," Reuters, November 7, 1997.
② *African National Congress Daily Press Briefing*, August 27, 1998.

样承担刑事责任；如果公司通过股东大会、董事会和经理人员明示或默示地授权有关机构或人员代表公司行事，则公司对该有关机构和人员的任何行为承担责任。①

从刑事责任的承担上看，尼日利亚法人犯罪刑事责任承担基本实行双罚制，即既处罚法人又处罚相关人员。例如，依据尼日利亚1991年颁布的《银行和其他金融机构令》第45条第1款，公司的董事和其他管理人员因公司的错误行为构成犯罪时必须在公司管理人员被定罪之前，先指控公司并给公司定罪。但公司犯罪并不必然对公司所有相关管理人员均以犯罪论处，即自然人因公司犯罪承担责任不是绝对的，而是附有条件的，即当他们能证明在公司犯罪中没有同意或纵容行为，并且为避免犯罪已尽心尽力时，他们就不承担与此相关的刑事责任。②

六 跨国犯罪之应对

跨国犯罪是21世纪国际社会面临的最严重的挑战之一。非洲国家间国境线漫长，陆运、空运和水运系统日益得到改善，独立开放后，非洲国家间的人员交往日趋密切，这也为跨国犯罪提供了便利条件。跨国犯罪给非洲经济、社会等诸方面造成了严重影响。以南部非洲为例，由于地处亚洲、欧洲和美洲的海空运输交汇处，这一地理和战略位置更扩大了其犯罪空间，这些跨国犯罪给南部非洲造成了极大的损失。以毒品交易为例，20世纪90年代，已经趋于稳定的南部非洲向世界开放，旋即成为非法毒品交易的国际流通中转站和消费市场。1995年，在南部非洲收缴的大麻和安眠酮分别占全球总数的近9%和48%。③ 因此，非洲各国除了国内犯罪率导致的问题外，政府越来越多地面临跨境犯罪和开展国际刑事合作的挑战。④ 2002年2月19日，南部非洲发展共同体（SADC）14个成员国以及国际刑警组织的代表在南非比勒陀利亚召开打击跨国犯罪会议。会上南非警察总

---

① 〔尼日利亚〕丘吉科·奥科里：《尼日利亚公司刑事责任透视》，洪永红主编《非洲刑法评论》，中国检察出版社，2005，第290~292页。

② 〔尼日利亚〕阿米兹·郭巴迪亚：《尼日利亚倒闭银行董事的刑事责任》，洪永红主编《非洲刑法评论》，中国检察出版社，2005，第307~310页。

③ 劳伦特·兰尼尔：《南部非洲的毒品交易》，《国际社会科学杂志》2002年第3期。

④ Simon Coldham, op. cit., J. A. L. 239.

监杰基·塞勒比（Jackie Salebi）致辞说，跨国犯罪已严重阻碍了南非以及周边国家经济的发展。他呼吁南部非洲国家加强合作，严厉打击跨国犯罪，以保护该地区已经取得的经济成果，并为继续发展经济"保驾护航"。

由于跨国犯罪的跨国特性，在打击该类犯罪上必须加强国际合作，即"所有的国家，不论是否有共同的边界，都必须合作和多方协助，共同打击跨境或跨国犯罪"。[①] 为有效打击跨国犯罪活动，非洲国家已经开展国际合作，多数非洲国家已经签署 2000 年 11 月 15 日通过的《联合国打击跨国有组织犯罪公约》，该公约是目前世界上第一部针对跨国有组织犯罪的全球性公约。它确立了通过促进国际合作、更加有效地预防和打击跨国有组织犯罪的宗旨，为各国开展打击跨国有组织犯罪的合作提供了法律基础。由于多数非洲国家是签署国，它们必然被要求按照公约的规定采取必要的立法和其他措施，将参加有组织犯罪集团、洗钱、腐败和妨碍司法等行为定为刑事犯罪；在法律上采取协调措施，以打击有组织犯罪集团与腐败行为，打击洗钱等非法活动，简化引渡程序，扩大引渡范围。

在非洲，在打击国际犯罪的合作方面，南部非洲起到了表率作用。南部非洲成立了"南部非洲发展共同体"，该共同体正着力促进成员国间合作打击该地区的跨国犯罪。例如，为打击国际非法毒品交易，该共同体于1996 年就提出了《南部非洲发展共同体非法毒品交易草案》，其目的包括：通过该地区协调计划和执法者的合作，减少和最终消灭毒品买卖、洗钱、腐败和非法使用、滥用毒品；铲除毒品生产；避免该地区成为国际毒品市场的集散地。[②] 为有效打击跨国犯罪，南部非洲国家多次召开国际性会议，强调国家间的合作。例如，2002 年 1 月 15 日南部非洲警察局长合作组织警察局长委员会会议在津巴布韦首都哈拉雷举行，会议着重就南部非洲地区警察机关如何加强合作、严厉打击跨国界犯罪活动的问题进行了讨论。与会代表一致认为，打击跨边界犯罪活动是目前本地区警方所面临的最严重问题，各成员国之间必须密切合作，互相沟通信息，加强对警察的培训和提高联合作战的能力。津巴布韦内务部长莫哈迪在会上讲话说，随着犯

---

① 〔博茨瓦纳〕丹尼尔·D. 恩塔达·恩系里科：《南部非洲跨国犯罪展望》，洪永红主编《非洲刑法评论》，中国检察出版社，2005，第 5 页。

② 〔博茨瓦纳〕丹尼尔·D. 恩塔达·恩系里科：《南部非洲跨国犯罪展望》，洪永红主编《非洲刑法评论》，中国检察出版社，2005，第 7 页。

罪集团的活动日趋专业化和国际化，本地区的警察机关应该及时互相交换信息并采取有效措施，制止犯罪集团的活动，为本地区的经济发展提供良好的安全环境。①

七　腐败犯罪之惩治

腐败是全球一大公害。"近年来国际上，尤其是非洲，越来越关注腐败问题；这种腐败本不新鲜，也不是非洲特产。可是随着它日益明显地阻碍发展，可以说它对非洲国家本业已摇摇欲坠的经济危害尤甚。这一问题的严重性如今只有艾滋病的肆虐可以比拟。"② 严重的腐败问题对非洲经济发展、社会稳定及对外交往造成了极大损害。

现在非洲国家正致力于腐败的预防和惩治。推动非洲国家决心惩治腐败的原因有三：一是为自身经济发展、社会稳定创造有利的内部环境；二是国内民主势力出现，它们呼吁建设开放、透明、负责的政府；三是国外捐助者和国际机构不再愿意容忍腐败行为，其财政援助取决于非洲政府在民主、良好的治理和责任感方面的状况。③

惩治腐败的有力方式是制定专门的反腐败法，许多非洲国家对此进行了尝试。1994 年，博茨瓦纳政府制定了《反腐败和经济犯罪法》（*Corruption and Economic Crime Act*, 1994），并依法成立了一个反腐败机构：反腐败和经济犯罪理事会（DCEC）。《反腐败和经济犯罪法》第 6 章赋予 DCEC 的权力主要包括三个方面：调查和起诉犯罪嫌疑人、预防腐败、就腐败的危害教育民众。有人称之为"刺向腐败的一把三刃剑"。④ 尼日利亚也于 2000 年通过了《腐败犯罪及其他相关犯罪法》，以禁止和惩罚腐败犯罪及其他相关犯罪。该法给腐败下了一个较为含糊的定义，它包括贿赂、贪污及其他与此相关的行为。该法为犯罪行为配置了法定刑，如第 9

---

① 高士兴：《南部非洲召开会议加强打击跨国界犯罪活动》，《解放军报》2002 年 2 月20 日。
② 〔博茨瓦纳〕查尔斯·曼伽·冯巴德：《在非洲遏制腐败：博茨瓦纳经验的几点启迪》，《国际社会科学杂志》2000 年第 2 期。
③ 〔博茨瓦纳〕查尔斯·曼伽·冯巴德：《在非洲遏制腐败：博茨瓦纳经验的几点启迪》，《国际社会科学杂志》2000 年第 2 期。
④ 〔博茨瓦纳〕查尔斯·曼伽·冯巴德：《在非洲遏制腐败：博茨瓦纳经验的几点启迪》，《国际社会科学杂志》2000 年第 2 期。

条规定，任何人向公务员行贿，处 7 年有期徒刑；第 10 条规定，公务员在执行公务时索取或收受任何种类的财物和利益归个人使用，处 7 年有期徒刑。该法还对无罪推定、举证责任、检举人保护等问题进行了规定。[①]

（原文载何勤华主编《20 世纪外国刑事法律的理论与实践》，法律出版社，2006，收入本书时有改动）

[①] 〔加拿大〕保罗·D. 奥切杰：《法律与社会变迁——2000 年〈尼日利亚腐败犯罪及其他相关犯罪法〉的法社会学分析》，洪永红主编《非洲刑法评论》，中国检察出版社，2005，第 82~95 页。

从尼日利亚阿米娜石刑案看沙里亚刑法与西方刑罚文明的冲突

冷必元[*]

2001～2003 年发生于尼日利亚的阿米娜石刑案早已尘埃落定。然而，该案在西方国家引起的广泛和持续的关注并未结束。西方国家有数以万计与此案无关的人，参与了与该案相关的活动、讨论和思考；在西方学界，也产生了大批与此案相关的法学、社会学、政治学研究成果。尼日利亚的一件普通刑事案件演化为大型国际性事件和西方国家投入极大关注的背后，蕴含着西方法律文明与尼日利亚部分地区实行的沙里亚刑法的严重冲突。

一 阿米娜石刑案基本案情

阿米娜·拉瓦尔是尼日利亚北部州一个已离异的年满 30 岁的妇女。她结过两次婚，生过 4 个孩子，但是，当她怀上第四个孩子的时候，正处于离异状态。离婚后，在到达北部州的库拉米城与母亲和继父共同生活期间，她邂逅了当地男子亚哈亚·穆罕默德。有过婚史的阿米娜承认非配偶穆罕默德就是第四个孩子的父亲，穆罕默德对她还有过婚姻承诺。不过，穆罕默德对阿米娜的陈述却矢口否认，他不但不承认自己是孩子的父亲，甚至还说根本就不认识阿米娜。而根据伊斯兰教义，并不允许利用科学的亲子鉴定测试确定父亲的身份。[①] 最后，受理案件的基层沙里亚法庭认为无法仅凭阿米娜的供述就认定穆罕默德为孩子的父亲。2002 年 3 月 20 日，

---

* 冷必元，湖南工业大学法学院副教授。

① 参见 Norimitsu Onishi, "Mother's Sentence Unsettles A Nigerian Village," *New York Times*, 2002。

当地基层沙里亚法庭认定阿米娜构成私通罪，处以石刑；而由于证据不足，判定穆罕默德不构成犯罪。[①]

尼日利亚北方各州的沙里亚刑法中都规定了私通罪。根据沙里亚刑法，私通行为包括两种：一种是未婚者之间进行的性行为，另一种是已婚者与非配偶之间进行的性行为。[②] 对于犯私通罪的人，未婚者，应处以一百杖刑，同时监禁一年；已婚者，处以石刑。[③]

根据基层沙里亚法庭的判决，阿米娜将被处以石刑，即被乱石砸死。石刑是"伴随着剧烈痛苦折磨的死刑"，执行石刑时，所选择的"石头不应该太大，以防一两个石头就把被执行者砸死；但同时也不能太小，以致这样的石头根本无法被定义为石头"。[④] 在行刑过程中，罪犯的父亲和兄长享有作为第一个和第二个石刑执行者的优先权。

父亲和兄长分别投石到不会让罪犯立即死亡的确定部位后，其他执行者一起投石，慢慢地折磨罪犯直至其死亡。整个死刑执行过程可能持续 4个小时。死刑完成后还有最后一道陈尸警示的程序，即将罪犯的尸体陈列在当地市场附近，故意让过往的行人看到。[⑤]

二　西方刑罚文明视角下的阿米娜石刑案

阿米娜的石刑判决引起了西方理论界的广泛关注，西方学者纷纷从保护人权、维护国际法和尼日利亚宪法权威、保护妇女等角度出发，对该判决进行了深入批判，提出以下观点。

（一）该判决违反了国际法

尼日利亚是《废止对妇女任何歧视待遇协定》、《禁止酷刑和其他残

[①] 参见 Shannon V. Barrow, "Nigerian Justice: Death-by-Stoning Sentence Reveals Empty Promises to the State and the International Community," *Emory International Law Review* 17 (2003): 1206 – 1207。

[②] Kia N. Roberts, "Constitutionality of Shari'a law in Nigeria and the Higher conviction Rate of Muslim Women Under Shari'a Fornication and Adultery Laws," *Southern California Review of Law and Women's Studies* 14 (2005): 316.

[③] Hauwa Ibrahim, "Reflections on the Case of Amina Lawal," *Human Rights Brief* 11 (2004): 39.

[④] Hauwa Ibrahim, op. cit., p. 1214.

[⑤] Hauwa Ibrahim, op. cit., pp. 1204 – 1205.

忍、不人道或有辱人格的待遇或处罚公约》、《非洲人权宪章》3 个国际协定或公约的成员国，同时也是《废止对妇女任何歧视待遇协定的补充协定》、《公民权利与政治权利国际公约》两个国际协定的签署国。西方学者认为，尼日利亚政府以身试法，对阿米娜判处残酷的刑罚，明显违反了其所加入或签署的国际协定或公约。①

根据审判阿米娜案的基层沙里亚法庭的习惯做法，② 有 3 种方式可以证明被告人存在私通行为。一是发现某一妇女未婚先孕，二是被告人自首，三是 4 个目击证人同时证明。③ 西方学者就此认为，沙里亚刑法关于私通罪的证据规则存在重大缺陷，其实质上构成对妇女的歧视性待遇。女人可以由于未婚先孕而被指控犯有私通罪，而沙里亚刑法却反对对男人进行科学的亲子鉴定，从而否认男人犯有私通罪。如在阿米娜石刑案中，没有对穆罕默德进行基因测试就认定其不构成私通罪。这对女人显失公平。由于男人无法怀孕，同时只要没有精神疾病，一般不会主动承认自己私通，因此，沙里亚刑法基本上只是根据 4 个目击证人的证明来认定男人犯有私通罪。实际上，要根据这个标准证明男人犯有私通罪是很不现实的，因为不可能有人会在有 4 个目击证人的环顾下公然发生性行为。④ 对私通罪规定石刑惩罚实质上只是针对妇女，它是以性别为基础的暴力，因为它会不成比例地影响妇女的权益，特别是对怀孕的妇女。⑤ 故此，对阿米娜的石刑判决就违反了《废止对妇女任何歧视待遇协定》及其《补充协定》。

《公民权利与政治权利国际公约》第六条规定："没有废除死刑的国家，死刑只能根据犯罪时生效的法律施之于最严重的犯罪，并且不能与该公约的其他规定相违背。"尼日利亚要对阿米娜的私通行为适用死刑，就必须保证私通罪是最严重的犯罪。联合国人权委员会认为，这里对"最严重的犯罪"必须进行"限制解释"。在具体涉及私通行为的场合，"最严重的

---

① Shannon V. Barrow, op. cit. , pp. 1216 – 1217.

② 这里讲的是基层沙里亚法庭的习惯证据规则，而非法定证据规则。

③ Elizabeth Peiffer, "The Death Penalty in Traditional Islamic Law and as Interpreted in Saudi Arabia and Nigeria," *William and Mary Journal of Women and the Law*, Vol. 11, 2005, p. 532.

④ Kia N. Roberts, op. cit. , pp. 318 – 319.

⑤ Vanessa Von Struensee, "Stoning, Shari'a, and Human Rights Law in Nigeria," *William and Mary Journal of the Law* 11 (2005): 419.

犯罪"应当是指"带有致死的或者极端严重后果的故意犯罪，而不能施加于非暴力犯罪，比如成人之间基于同意发生的性行为"。① 而阿米娜的私通行为并不具有上述情节，因而不属于"最严重的犯罪"，不能适用死刑。

《禁止酷刑和其他残忍、不人道或有辱人格的待遇或处罚公约》第一条规定："酷刑是对罪犯或者犯罪嫌疑人实施的，目的在于通过折磨而惩罚他的对身体或者精神带来剧烈痛苦的行为。而这些痛苦是由于公共机构官员或者具有行政官员身份的人的唆使或者默认而产生。"石刑是引起剧烈痛苦的行为，被故意地施加于某一当事人，它是由行政官员所施加，其目的是惩罚；另外，石刑的执行方式也是残虐的、不人道的和有辱人格的。因此，石刑符合"酷刑"所有的构成特征，尼日利亚对阿米娜的石刑惩罚直接违反了其所批准的《禁止酷刑和其他残忍、不人道或有辱人格的待遇或处罚公约》。②《非洲人权宪章》第五条也规定："各种形式的剥夺和侮辱，包括拷讯，残忍的、不人道的、有辱人格的惩罚和待遇都应被禁止。"因此，西方学者认为对阿米娜的石刑惩罚同时也违反了《非洲人权宪章》。③

（二）该判决违反了尼日利亚宪法

"大赦国际"发起了一场反对沙里亚刑法的国际性运动，它谴责沙里亚刑法的严厉惩罚是"蔑视尼日利亚宪法"的"性别迫害"和"歧视性惩罚"。

尼日利亚宪法第十条规定："各个州的州政府不应采纳任何宗教作为本州奉行的宗教。"然而，北方各州在刑事司法领域却违背了宪法的这一明确要求。在世俗法律领域，④ 发生在成人之间同意基础上的私通行为是不作为犯罪处理的，只有在伊斯兰教经典《古兰经》中，私通行为才被作为犯罪予以禁止。《古兰经》第二十四章即"光明章"第二条规定："私通之男女，各鞭打一百。"尼日利亚北方各州在其沙里亚刑法中，一反世

---

① Shannon V. Barrow, op. cit., p. 1223.

② Shannon V. Barrow, op. cit., p. 1227.

③ Vanessa Von Struensee, op. cit., pp. 416 – 417.

④ 世俗主义是人类宣称由传统性对神的信仰和信仰行为中得到释放的一种独特信念。基督教的世俗主义是在面对神圣和圣品信念时的一种抉择，它信奉无宗教化或者世界化。参见唐崇怀《世俗主义——被困圈的自由》，神学文献网，2011 年 1 月 13 日，http://www.godoor.net/text/shenxue/sxtt20.htm。

俗法律的普遍做法，引进了《古兰经》教义，将私通行为规定为犯罪，而且将私通罪改造为可以判处石刑的重罪。北方各州的刑法将私通行为犯罪化，表明伊斯兰教实际上已被州政府奉行为该州的宗教，要求所有州民遵循。可见，沙里亚刑法关于私通罪的规定违背了尼日利亚宪法第十条的规定。[①]

此外，尽管尼日利亚宪法允许沙里亚法庭管理穆斯林的生活，审理穆斯林的案件，但这种管理和审判只能限制于特定穆斯林地区的私人身份法律关系领域。私人身份法律关系领域，涉及结婚、离婚、儿童监护、遗嘱、信托和对无能力人的照顾等几个方面。[②] 这也就意味着沙里亚法庭的审判权不能延伸到公法领域。刑事法律领域是重要的公法领域，当然也就不属于沙里亚法庭的管辖范围。沙里亚法庭将自己的权力从私法领域延伸到刑法领域，这超越了宪法对其的授权。

尼日利亚宪法第三十四条规定："每一个个体的人格尊严有权受到尊重，没有人应当受到酷刑以及其他不人道、有辱人格的待遇。"尼日利亚用宪法的形式肯定了《禁止酷刑和其他残忍、不人道或有辱人格的待遇或处罚公约》和《非洲人权宪章》所规定的反酷刑内容。因此，在西方学者看来，尼日利亚的石刑作为一种酷刑，也违反了宪法的规定。[③]

（三）私通行为不应当被犯罪化

伊斯兰教义是一个庞大的体系，它包括禁止私通的规定，也包括生活禁忌、饮食禁忌等种种规定。有西方学者认为，应当提倡宗教信仰自由，这里的宗教信仰自由不仅是指信教和不信教的自由，还包括信徒们有根据自己的愿望选择信仰教义体系中某一原则而同时拒绝信仰其他某一原则的自由。[④] 例如，信徒们可以拒绝选择私通的禁忌而同时又遵守伊斯兰教的祈祷规则、饮食禁忌规则。也就是说，个人可以重新定义伊斯兰教义范

---

① Jennifer Tyus, "Going Too Far: Extending Shari'a in Nigeria from Personal to Public Law," *Washington University Global Studies Law Review* 3 (2004): 205 - 210.

② Jennifer Tyus, op. cit. , p. 209.

③ Shannon V. Barrow, op. cit. , p. 1217.

④ M. Ojilelo, "Human Rights and Sharia'h Justice in Nigeria," *Annual Survey of International&Comparative Law*, Vol. 9, 2003, http: //digital commons. law. ggu. edu/cgi/viewcontent. cgi? article = 1075. &context = annlsurvey, 2011 - 0113.

围，以适合自己的特定取向。西方学者论述道，正是由于个人具有绝对的宗教信仰自由，宗教信仰的领域就完全是自由的领域。禁止私通作为伊斯兰教信仰的一项原则，它也应当是一个自由的领域，信徒们可以选择信仰之，也可以不信仰之。法律不应当强制人们遵守这项伊斯兰教原则。对一位妇女而言，选择性伙伴完全是她个人的私事，与法律毫无干系。[①] 故此，沙里亚刑法判决阿米娜等妇女的私人行为构成私通罪，其实是在对妇女进行宗教道德审判，直接违背了妇女的宗教信仰自由。

三　沙里亚刑法与阿米娜的无罪判决

西方国家通过各种形式表达了对阿米娜命运的担忧。在西方国家看来，阿米娜等妇女生活在尼日利亚这样一个国度是一种莫大的不幸。尼日利亚落后的制度形态和保守的思想观念构成对妇女生命的极大威胁。然而，尼日利亚对阿米娜的最终审判结果却证明，西方国家热诚的过度担心原来完全没有必要。

由于宗教信仰的影响，尼日利亚存在南北异法的复杂刑法制度体系。[②]南部信奉的是英国殖民者带来的基督教，北部信奉的是伊斯兰教。总体上看，尼日利亚南方各州实行的是英国殖民时期遗留下来的世俗刑法典，即《尼日利亚刑事法典》；而在北方各州实行的是具有古老伊斯兰教传统的《尼日利亚北部刑法典》。[③] 在北方各州内部，还有根据伊斯兰教义和《古兰经》制定的习惯刑法，沙里亚刑法就是北部习惯刑法的重要组成部分。由此，尼日利亚北方各州内部就存在两套法律体系：一套是《尼日利亚北部刑法典》刑法体系，另一套是沙里亚刑法体系。

在基层沙里亚法庭，根据沙里亚刑法，阿米娜被判处构成私通罪。根据尼日利亚的法律规定，阿米娜对此判决享有上诉权。阿米娜既可以根据沙里亚刑法选择上诉到上级沙里亚法庭，也可以选择根据普通刑法上诉到

①　Kia N. Roberts, op. cit., pp. 332 – 333.

②　William Miles, "Muslim Ethnopolitics and Presidential Elections in Nigeria," *Journal of Muslim Minority Affairs* 20 (2000): 229 – 231.

③　Hauwa Ibrahim, "Reflections on the Case of Amina Lawal," *Human Rights Brief* 11 (2004): 39.

普通刑事法庭。① 阿米娜及其辩护律师首先选择将基层沙里亚法庭的判决上诉到上一级沙里亚法庭，但是，该上诉被上级法庭驳回；阿米娜继而又将该判决上诉到科特斯纳州的沙里亚上诉法庭。2003 年 9 月 25 日，阿米娜的上诉请求得到上诉法庭法官们的支持，阿米娜最终被改判无罪。② 实际上，根据沙里亚刑法的相关规定，阿米娜本来就不可能被判处私通罪。

沙里亚法规定，要证明一个被告人犯有私通罪，必须满足严格的程序要求。尼日利亚证据法规定了证明私通罪的两个证据规则：第一个证据规则是被告人的自首，第二个是 4 个有责任能力的成年男性目击证人同时目击到两个被告人的性行为。③

对于第一个证据规则，自首作为证明私通罪的方式，法律上存在诸多限制。其一，被告人有 4 次撤回自首的权利；其二，在两私通被告人中，若一方自首，另一方拒绝自首，则私通罪不能成立；其三，被告可以在判决前的任何时候撤回自首；其四，撤回自首不具有可罚性。④ 具体到阿米娜案，基层沙里亚法庭判处阿米娜构成私通罪的依据是两个事实：一是阿米娜的自首，二是阿米娜的无婚而孕。⑤ 就法律对自首的条件限制来看，基层沙里亚法庭认定阿米娜构成自首是没有根据的，一是因为审判该案的基层沙里亚法庭并没有给予阿米娜四次撤回自首的机会，而这是阿米娜应享有的基本诉讼权利；二是因为和阿米娜私通的嫌疑犯即第二被告人穆罕默德始终没有承认自己与阿米娜私通。根据法律相关条款，基层沙里亚法庭并不能认定阿米娜已构成自首。

而第二个证据规则则基本上取消了私通罪作为一种犯罪存在的余地。该证据规则要求 4 个有责任能力的成年男性目击证人同时目击到两个被告人的公开性行为，只有符合这一证据规则要求才能构成私通罪。4 个目击证人的证据规则实际上是对沙里亚刑法中规定的私通罪进行了彻底修改，私通罪不应再被称为私通罪，而应该是"公然淫乱罪"。在至少 4 个成年男性饶有兴致的围观下公然性交，在性质上，这种犯罪毫无疑问已由"私

① Vanessa Von Struensee, op. cit., pp. 409 – 410.

② Hauwa Ibrahim, op. cit., p. 39.

③ Hauwa Ibrahim, op. cit., pp. 39 – 40.

④ Hauwa Ibrahim, op. cit., p. 40.

⑤ Hauwa Ibrahim, op. cit., p. 39.

通"变为"公通"。事实上，在现实生活中，这种"公通"基本上是不可能发生的。具体到阿米娜案，该案被告人的行为也完全与此种"公通"毫无干系。

认定被告人构成私通罪就只有这两个证据规则，不存在其他证据规则。基层法院根据自己的习惯做法，将阿米娜无婚而孕作为其私通的强有力证据，然而，基层法院的这一认定是完全违反证据规则的。伊斯兰教法学从来就没有把怀孕当作"私通罪令人信服的证据"。① 无婚而孕不是认定阿米娜构成私通罪的法定证据。基层沙里亚法庭由此认定阿米娜构成私通罪则完全是违法审判。

以上分析表明，应当认为，在沙里亚刑法当中，存在完整的自我约束机制，从而能将私通罪限制在合理的范围内。在程序上，构成私通罪必须符合上文所讲的两个证据规则。不仅如此，在实体上，构成私通罪也有严格的法定条件限制。

沙里亚刑法规定："任何具有完全责任能力的男人或者女人，只要是和不存在性权利的对象之间通过生殖器进行性交行为，并且这一性交行为无疑处于非法性之状况下，就构成私通罪。"这是沙里亚刑法对私通罪的实体法规定。② 可见，构成私通罪必须符合 5 个实体法条件：一是行为人具有完全责任能力；二是行为人蓄意为之；三是该行为属于实质意义上的性交（即"通过生殖器进行性交"）；四是双方对彼此不存在性权利；五是根据当时的条件，该行为具有毫无疑问的非法性。③ 只有这 5 个实体法条件全部齐备，才有可能构成私通罪。

从理性的角度分析，由于实体和程序的严格限制，在尼日利亚，私通罪基本上是无法被认定的。可以认为，沙里亚刑法中规定的私通罪条文充其量只不过是一条备而不用的法律。④ 它提倡穆斯林应当过一种不进行私通的洁净性生活。但是，穆斯林如果我行我素，不遵守这一道德倡导，沙

---

① A. A. Oba, "Improving Women's Access to Justice and the Quality of Administration of Islamic Crimi-Nal Justice in Northern Nigeria," in Shari'a Implementation in Nigeria: Issues&Challenges on Women's Rights and Access to Justice, Women's Aid Collective, 2003, pp. 44 – 54.

② Hauwa Ibrahim, op. cit., p. 39.

③ Vanessa Von Struensee, op. cit., p. 418.

④ David F. Forte, *Studies in Islamic Law: Classical and Contemporary Application* (Austin&Winfield, 1999), p. 81.

里亚刑法一般也对他们无可奈何。

四　对沙里亚刑法的正当性辩护

西方国家一直对某些发展中国家的法制状况深表忧虑，担心人权得不到切实保护。阿米娜无罪判决的结果却表明，西方国家对阿米娜以及发展中国家人民命运的担忧应该是没有必要的。

西方国家部分学者认为，正是在巨大的国际压力下，尼日利亚政府才放过了阿米娜，科特斯纳州的沙里亚上诉法庭才最终推翻了对阿米娜的私通罪判决。[①] 然而，如上文所言，根据尼日利亚的法律制度，阿米娜并无可能被判犯有私通罪并被处以石刑。应当说，并不是在外在的国际压力干预下，尼日利亚才不得已撤销对阿米娜的石刑判决，尼日利亚是根据本国沙里亚刑法的相关规定主动推翻了该判决。尼日利亚政府没有必要屈从于西方国家的舆论压力。尼日利亚有关的妇女权益促进和保护组织曾极力谢绝国际社会的好意，请求西方社会停止对阿米娜案的干预，这些组织担心西方国家的这种盲目干预会让阿米娜的处境变得越来越糟。[②] 实际上，这些组织的担心是以经验教训作为基础的。1999 年，西方国家曾试图干预尼日利亚沙里亚法庭对一个年轻女孩的鞭刑，这一干预就引起了沙里亚法庭的极大反感，并在律师介入案件之前就对该女犯执行了刑罚。[③] 尼日利亚不但不需要屈从于西方社会的干预压力，更不需要以西方国家所称道的以保护人权为依归的国际法作为判处阿米娜无罪的根据，尼日利亚的沙里亚刑法就足以作为实现阿米娜个案正义的唯一法律根据。

阿米娜的辩护团队是在可选择尼日利亚普通法律体系作为上诉依据的情况下，毅然选择了在西方看来劣等、落后的沙里亚刑法作为阿米娜案上诉的依据。阿米娜及其辩护团队认为，基层沙里亚法庭的审判和判决本身违背了沙里亚刑法，根据沙里亚刑法就足以推翻原审违法判决。[④] 结果证

---

① Somini Sengupta, "Lawal Defies Death By Stoning," http：//www. accessmylibrary. com/coms2/summary_ 0286 – 24556853_ ITM, January 13, 2011.

② Vanessa Von Struensee, op. cit. , p. 410.

③ Nina Khouri, "Human Rights and Islam：Lessons from Amina Lawal and Mukhtar Mai," *The Georgetown Journal of Gender and the Law* 8（2007）：101.

④ Vanessa Von Struensee, op. cit. , p. 410.

明，阿米娜及其辩护团队的判断是完全正确的。

实际上，基于尼日利亚沙里亚刑法的原则、程序和判例，同样能够实现法律正义和维护法律公平。[①]

（一）沙里亚刑法具有内在的自我制约机制和正义实现机制

以西方广为诟病的私通罪为例，与其说沙里亚刑法规定的私通罪是一种法律规范，不如说它是一种道德规范，它实质上只是一种道德提倡，它只是对穆斯林进行道德说教，倡导穆斯林不要进行私通。这种被沙里亚刑法本身严格限制的备而不用的私通罪，实质上基本上没有判罪的危险性，并没有将私通行为犯罪化。沙里亚刑法实质上只禁止那种严重伤害风化的4个以上成年目击证人目击下的公然淫乱行为。如此看来，既然私通罪没有被判罪处刑的危险，那么私通罪规定也就不可能是酷刑，西方社会说它违背了《禁止酷刑和其他残忍、不人道或有辱人格的待遇或处罚公约》的说法也就没有任何根据。

（二）沙里亚刑法并没有违背尼日利亚宪法的规定

西方学者认为，尼日利亚宪法将沙里亚法庭的审判范围限定于私人身份关系领域，而不包括公法领域。而沙里亚刑法的支持者却认为，尼日利亚宪法规定，沙里亚法庭的审判范围原则上不能延伸到公法领域，但是"可以被州法律授予的司法权除外"，宪法的除外性规定已经确认将沙里亚法延伸到刑事审判当中的正当性。[②] 既然有宪法的授权和支持，利用体现北部人民意志的沙里亚法审判阿米娜，就可以说是合理合法的。

（三）沙里亚刑法并没有歧视妇女

西方的评论者认为，沙里亚刑法歧视妇女的最有力证据是妇女的无婚而孕也可以作为构成私通罪的证据，然而男人不会怀孕，因而不会因此被判罪。不过，考察私通罪的实体法规定和程序法规定，我们无法查找到沙里亚刑法中有歧视妇女的相关条款，因为无婚而孕根本就不是法定的证明

---

① Vanessa Von Struensee, op. cit. , p. 409.

② Jennifer Tyus, op. cit. , pp. 208 - 209.

私通罪的证据。基层沙里亚法庭以无婚而孕作为判处阿米娜私通罪的理由，这只能说它是在违法审判。这种违法审判的乱象在世界各地都有可能出现，并不只存在于尼日利亚。而且，这种违法审判在上诉过程中是完全可以矫正的。从更深层考虑，也许基层沙里亚法庭并不一定就认为阿米娜的无婚而孕是其私通罪成立的最有力证据。

因为在本案审理过程中，阿米娜自首，供述了自己和穆罕默德的交往情况。阿米娜的自主供述也许才应该是基层沙里亚法庭判处阿米娜构成私通罪的最主要证据。按照常识，既然被告人供认不讳，认定被告人构成犯罪也应属理所当然。基层沙里亚法庭更可能是在这一常识认识的基础上判处阿米娜构成私通罪。其实，世界各国的法律制度一般把自首的内容作为认定被告人构成犯罪的重要证据之一。然而，西方学者却抓住这一点，不依不饶地将它作为证明沙里亚刑法歧视妇女的证据。应该说，这种攻击方式缺乏说服力。

总之，在尼日利亚北部，沙里亚刑法具有广泛的民意基础，它得到了尼日利亚北部人民的普遍拥戴；同时，沙里亚刑法的制定也得到了宪法的授权；此外，沙里亚刑法还具有严格的自我制约机制，它能够对男女公民实行平等保护，从而实现个案正义。

阿米娜案在西方社会闹得沸沸扬扬期间，尼日利亚外交部长苏勒·拉米多就曾发表声明，坚称根据沙里亚刑法进行审判并无任何不妥，沙里亚刑法本身是正当的。[1] 2001 年 1 月，当一度中断的沙里亚刑法被北部扎穆法拉州重新引入时，民众增加了对该州政府的支持，北部的其他州也纷纷仿效，都重新引入了沙里亚刑法。[2] 可以说，沙里亚刑法在尼日利亚北部有着极为深厚的民众基础，作为北部人民的行为规范具有深厚的民意基础。北部穆斯林甚至认为沙里亚法就是自然法，是神的启示，是至高无上的，优先于一切人法和政策。[3] 不应当是国际法高于沙里亚刑法，而是沙里亚刑法高于国际法，国际协定不应凌驾于北部人民的司法权之上。[4] 沙里亚法的支持者并不认可西方社会大肆鼓吹的国际化标准，他们认为这些

[1] Shannon V. Barrow, op. cit., p. 1207.
[2] Anonymous, "Saving Amina Lawal: Human Rights Symbolism and the Dangers of Colonialism," *Harvard Law Review* 7 (2004): 2370.
[3] Anonymous, op. cit., p. 1239.
[4] Anonymous, op. cit., pp. 1238 - 1239.

标准与伊斯兰教的教义是不相容的，并不适合于非洲的特殊情况。①

五 结语

从以上的分析可以得出结论，尼日利亚沙里亚刑法确立了一整套自我约束机制和正义实现机制，其条款的制定和实行并没有违背尼日利亚宪法的规定，也并不包含歧视妇女的法律精神。相反，沙里亚刑法是对尼日利亚部分地区宗教、文化、社会和法律传统的现实反映。

长期以来，在一些发展中国家的刑事审判权行使过程中，西方国家动辄以违反国际法为理由，要求这些国家履行国际责任，保护犯罪嫌疑人、被告人或者罪犯的人权。在很多西方人眼里，像尼日利亚这样的第三世界国家的法律制度是一种落后的制度形态，世界必然会经历一场"法律全球化"运动。在这一运动中，发展中国家所坚守的传统法律会慢慢被改造和抛弃，发展中国家的法制会在一个"标准国际化"进程后脱胎换骨，西方国家所标榜的国际标准化法律规范会慢慢为其他国家所接受和吸纳，从而成为它们法律文化的一部分。② 在新时期，西方国家全面调整了殖民策略，利用国际刑法这一平台将自己所谓"标准国际化"的法制文明包装为唯一正确的法制文明，从而在世界范围内统一兜售。西方国家以"标准国际化"为口号，从而对伊斯兰教法律文化以及其他发展中国家的传统刑法文明进行"歪曲、羞辱和妖魔化"。③ 应该注意的是，文化实际上是多元的，世界上并不存在一种绝对正确的刑法文明，并不是西方国家的刑法文明就一定优于其他国家的刑法文明。西方国家推行"标准国家化"，其目的只不过在于构筑一个自封为唯一正确的法律文化帝国，并根据自己帝国的所谓国际化标准，试图将非洲乃至整个第三世界国家的刑法文明斥之为专制、落后和劣等，在新时期实现自己对发展中国家的法律殖民统治。

（原文载《西亚非洲》2012 年第 5 期，收入本书时有改动）

---

① Anonymous, op. cit. , pp. 1233 – 1234.

② Harold Hongju Koh, "Review Essay: Why Do Nations Obey International Law?" *The Yale Law Journal* 6 (1997): 2599 – 2658.

③ 姜明新：《全球化的当代特征与阿拉伯－伊斯兰认同》，《西亚非洲》2010 年第 9 期。

《埃塞俄比亚民法典》：两股改革热情碰撞的结晶

徐国栋*

在撒哈拉以南非洲国家中，埃塞俄比亚是一个非常特别的国家，其特点有三。

其一，埃塞俄比亚有悠久的文明史，3000 多年以前人类就在这片土地上繁衍生息，因此，除埃及外，埃塞俄比亚是非洲最古老的独立国家。公元 2 世纪，这里兴起了伟大的文化中心阿克苏姆。由于其辉煌，同时代的罗马皇帝君士坦丁说，阿克苏姆的公民有资格和罗马公民享受同等的待遇。扎格维王朝之后是所罗门王朝，它统治到 1855 年。此时孟尼利克二世即位，埃塞俄比亚进入一个立法时期。

其二，埃塞埃比亚人很早（公元 300 年）就有了自己的文字，用以记载自己的历史，保存自己的文明。这是作为撒哈拉以南非洲国家的埃塞俄比亚的最大特点和优点，因为其他撒哈拉以南非洲国家在殖民者到达之前都无自己的文字，因此无法储存和交换知识，使文明取得进步。在文字的基础上，埃塞俄比亚还创造了自己的成文的法律文化，据 1 世纪的一位希腊水手记载，阿克苏姆的阿杜利斯港是根据法律建立起来的 "港口"。在这个国家，确实曾有一部叫作 "国王的法律"（Fatha Negast）的汇编。① 它是信奉基督教的埃塞俄比亚人的主要的传统法律渊源，是 13 世纪科普特教徒伊本·阿萨尔用阿拉伯文写成的规则集，受到拜占庭影响，内容既有教会法，也有民法和刑法。但在埃塞俄比亚为了实现现代化颁布诸法典之

---

* 徐国栋，厦门大学法学院罗马法研究所教授、博士生导师。

① 〔英〕理查德·格林菲尔德：《埃塞俄比亚新政治史》上册，钟槐译，商务印书馆，1974，第 37～98 页。

前，它一直是这个国家最受人尊重的法源。[①]

其三，埃塞俄比亚的土著宗教是土生土长的基督教。其居民信仰的基督教的科普特教派是土生土长的，而非从欧洲传入，由宗主国强加。事实上，科普特教会是基督教的东派教会之一，这也表明埃塞俄比亚文化源远流长。但埃塞俄比亚的宗教并非单一的，也有 35% 的穆斯林人口，他们遵守哈乃斐教派的教法。[②]

由于上述特点和高山环境，埃塞俄比亚尽管像其他非洲国家一样受到西方列强的凌迫，但没有很快被征服。在所有的非洲土地都被瓜分完毕之后，埃塞俄比亚差不多是唯一的独立国。在它最终被征服后，西方殖民者在这里没有看到像其他撒哈拉以南非洲国家一样贫乏的文化，而是看到一个具有深厚文化底蕴的国度。

埃塞俄比亚最早接触的欧洲人是葡萄牙人。1493 年，葡萄牙派大使到埃塞俄比亚。1535 年，由于格兰圣战者的入侵，埃塞俄比亚向葡萄牙人求援。1541 年，援兵到达，打败了穆斯林军队。从此葡萄牙文化在埃塞俄比亚发生影响，但到 1633 年，葡萄牙人就被全部赶出了这个国家。在半个世纪的平静后，1868 年，英国发动了侵略埃塞俄比亚的战争。到了 1895 年，瓜分非洲的后来者意大利对埃塞俄比亚开始发生兴趣，因为 1919 年的《凡尔赛和约》未考虑意大利对"阳光下的土地"的要求，而葱郁的埃塞俄比亚高原令其垂涎。于是，在 1936 年到 1941 年期间，意大利人入侵埃塞俄比亚，他们先是在阿杜瓦战役中战败，直到 1935 年，墨索里尼独裁统治下的意大利才征服了这个国家。先进的意大利军队与封建时代的埃塞俄比亚军队交战，前者使用了毒气，战争十分惨烈，使这个国家的政治人物充分明白了落后就要挨打的道理。1936 年 5 月 9 日，墨索里尼宣布，埃塞俄比亚的领土和人民已经并入"意大利王国的完全和完整的主权之中"，意大利国王维托里奥·埃马努埃莱三世已为他"自己和继承人"取得埃塞俄比亚皇帝的称号。意大利人把埃塞俄比亚分为 6 个省，统称为"意属东非"，厄立特里亚为其中一个省。

埃塞俄比亚亡于意大利后，其皇帝海尔·塞拉西一世流亡英国，饱尝辛

---

① 《世界各国宪政制度和民商法要览·非洲分册》，上海社会科学院法学研究所编译室编译，法律出版社，1987，第 42～43 页。

② Rodolfo Sacco, *Il Diritto Africano* (UTET, Torino, 1995).

酸。在落难的日子里，他有机会充分观察欧洲的文明，探寻其力量的来源，可以设想他当时就下定了一旦光复河山就进行深入的法律改革的决心。

天遂人愿，二战期间，英国人和印度人在非洲打败了意大利人，埃塞俄比亚得以光复。① 1941 年 5 月 5 日，海尔·塞拉西回到亚的斯亚贝巴，宣布日是埃塞俄比亚历史上一个新纪元的开始。从此他立意改革，尤其是进行法律改革。

1955 年，海尔·塞拉西颁布了其帝国的第二部宪法以表明其改革决心。为了改革，埃塞俄比亚设立了法典编纂委员会，其工作成果反映为《埃塞俄比亚民法典》、《埃塞俄比亚商法典》（1960）、《埃塞俄比亚海事法典》（1960）、《埃塞俄比亚刑法典》（1957）、《埃塞俄比亚刑事诉讼法典》（1961）、《埃塞俄比亚民事诉讼法典》（1965）等。据勒内·达维德报道，这些法典与法国的拿破仑诸法典相当。② 因此，其策划者显然有步追拿破仑的意思。《埃塞俄比亚商法典》也是由法国人起草的。此外还创建了海尔·塞拉西一世大学，其法律系主要由加拿大魁北克的迈克基尔（McGill）民法学院的毕业生组成，因为埃塞俄比亚的民法制度以《法国民法典》为来源。

最可道者，海尔·塞拉西于 1954 年邀请世界著名的比较法学家勒内·达维德为自己的国家起草一部民法典，经过长期的工作，达维德博采法国法、瑞士法、以色列法、葡萄牙法、南斯拉夫法、英国法甚至希腊和埃及民法典中的优良因素，充分发挥自己作为比较法学家的优势，完成了这一委托。其工作成果于 1960 年 5 月 5 日即海尔·塞拉西即位 30 周年纪念日颁布，于同年 9 月 11 日生效。不难看出，这部民法典是埃塞俄比亚的苦难史的产物，它的产生与日本民法典、大清民律草案非常类似，都是为了变法自强。正如海尔·塞拉西在该法典的前言中所说的，制定这部法典，是为了使"朕的帝国的社会的法律框架实现现代化，以便与今日的这个世界的外部环境保持步调一致"。③ 只有理解了这一点，才能理解这部法典，才

① 〔美〕戴维·拉姆：《非洲人》，张理初、沈志彦译，上海译文出版社，1998，第 259 ~ 260 页。
② 〔法〕勒内·达维德：《当代主要法律体系》，漆竹生译，上海译文出版社，1984，第 524 ~ 525 页。
③ 参见 Preface of Civil Code of Ethiopia，V。

能理解为何要由一位法国人为其制定对它最重要的民法典。

为了理解这一法典，我们还必须了解法国人存在已久的改进自己的民法典的愿望。《法国民法典》制定于 1804 年，到起草《埃塞俄比亚民法典》的 1954 年，已经整整过去了 150 年。在这一漫长的期间，先后有两次完全由官方动议的全面修订民法典或起草一部新民法典的尝试。第一次发生在 1904 年《法国民法典》百岁大寿之际；第二次发生在 1945 年，甚至设立专门的委员会负责这一尝试，但 1958 年戴高乐复出后放弃了这个打算，[①] 此举可能是因为考虑到《法国民法典》负载了太多的光荣。在这种选择下，《法国民法典》的现代化工作不能以弃旧图新的痛快方式进行，而只能满足于对旧法典的修修补补。到今天，我们看到的这一部法典尽管维持着旧的结构，但其内容大大扩充。旧结构、旧条文与新问题、新条文并陈，形成了一个十足的百衲本《法国民法典》。旧法典中的一个条文，现在却可能埋伏着一个长达数十条的特别法。从美学的角度看，可谓丑矣，实在有必要重订法典（Recodification），就像荷兰人所做的那样，但法国人维护这部法典的保守情绪恰如他们制定这部法典的革命情绪一样强烈。不难想象，法国有许多人根据一个半世纪以来的理论和实践的变化设想了诸多重构《法国民法典》的方案以及对一些细节的新设想。例如，是否要把广受诟病的损害规则取消，是否要把罗马法式的包括物的租赁、劳动力和技艺的租赁和牲畜的租养的三合一的租赁概念改造为通行的物的租赁概念——但他们并无机会将之实施于自己的国家，而只能实施于外国。法国人这种变革法典的被压抑的热情一旦遇到埃塞埃比亚人求新法于西方以实现国家现代化的愿望，马上爆响出一声惊雷，紧接着西方"法雨"纷纷下，直到在亚的斯亚贝巴制定《埃塞俄比亚民法典》。不妨这样描述它的属性，如果法国由一些比较激进的人当政，他们打算重订法国的民法典，这部民法典将是什么样子？答曰，八成就是《埃塞俄比亚民法典》的样子。因此，观埃国之法典，即可窥法国未来民法典的可能样态。

《埃塞俄比亚民法典》首先对《法国民法典》的结构做了改良。众所周知，后者的结构是三编制：第 1 编，人；第 2 编，财产以及所有权的变

---

① 〔美〕艾伦·沃森：《美国民法法系的演变即形成》，李静冰、姚新华译，中国政法大学出版社，1992，第 184 页。

更；第 3 编，取得财产的各种方式。而《埃塞俄比亚民法典》的编制是这样的：第 1 编，人，规定了自然人和法人；第 2 编，家庭与继承法；第 3 编，物法，规定了各种物权，包括对文学和艺术作品的所有权；第 4 编，债法，规定了债的各种发生根据和代理；第 5 编，合同分则。这一结构以《法国民法典》的结构为基础，又进行了发展。显然，《法国民法典》的第 1 编变成了《埃塞俄比亚民法典》的第 1 编和第 2 编，由此把关于主体的规定与关于自然人以家庭为核心发生的人身关系和财产关系的规定区分开来，如此，法典对材料的处理将更具有分析性。《埃塞俄比亚民法典》第 3 编基本上沿袭了《法国民法典》第 2 编的内容，但把《法国民法典》放在其第 3 编中的关于占有和取得时效的典型的物权性规定移到这一编中来，并且增加了文学艺术作品的所有权等现代性的内容。被公认为大杂烩的《法国民法典》第 3 编的内容被《埃塞俄比亚民法典》做了大规模的分解，除了把占有和取得时效分离出去以外，还把其中关于公司的规定分离至第 1 编关于主体的规定中，把关于夫妻财产制的规定分离至第 2 编关于家庭法的规定中，关于继承的规定也是如此。这样，《法国民法典》第 3 编的内容剩下的只有债了。对这部分内容的安排，《埃塞俄比亚民法典》的设计者又根据拉丁语族国家的通例把合同分则独立成编，即第 5 编，其他内容被归在第 4 编，冠之以"债法"的标题。其内容为合同总则、债的其他发生根据和代理。如上结构除了不设总则，不将继承法独立成编，把债法的内容分两编规定外，已经很接近《德国民法典》的结构，这表明了大陆法系的两个分支——罗马法族与日耳曼法族的趋同。不过它们之间还有一个值得注意的差别，即《埃塞俄比亚民法典》的物权法未规定担保物权，它们被规定在第 5 编合同分则中。当然，每种担保物权都是以合同的形式设立的，从合同的角度理解它们也未尝不可。《埃塞俄比亚民法典》的这种安排，表明了以不同手段处理同一问题的可能。

从内容上来看，《埃塞俄比亚民法典》也在《法国民法典》的基础上做了许多改革。首先，它改变了《法国民法典》采用的三合一租赁概念，采用单纯的物的租赁概念，将法国式的广义租赁分解为租赁（第 18 题第 2 章）、雇佣（第 16 题第 1 章）、承揽（第 16 题第 3 章）等，在这一问题上，同样受《法国民法典》影响的《阿尔及利亚民法典》也是这样选择的（第 467～537 条）。其次，它没有采用《法国民法典》第 1674～1685 条规定的"损害规则"，因而对一场激烈的争论下了一个结论，立法者终于从客观价值论走向了主观价值论，后者当然更符合市场经济的现实。第三，由于其灵感来源的多元性，它甚至采用了不少地道的英美法制度，如第2353 条规定了预期违约制度，第 2363 条规定了替代购买和保护性销售作为违约的补救。这些条文证明了由比较法学家起草一部民法典的优势。从其他方面来看，《埃塞俄比亚民法典》也是一部美轮美奂的法典，我毫不怀疑它汇集了法国自其颁布民法典 150 多年以来的特别法立法经验、判例和学说的精华以及上面提到的诸国的先进经验，因此这部法典的许多规定深值我国借鉴。不妨举例说明。

该法典第 555 条规定："即使产生姻亲关系的婚姻已解除，它导致的直系和旁系姻亲关系仍应继续存在。"此条文十分符合人们的正义观，不能因为夫妻离婚就不再称呼一个被如此称呼了几十年的老妇为岳母。

第 559 条第 1 款规定，被收养儿童可保持与其原家庭的亲属关系。这与我国人民向被收养子女隐瞒其被收养的事实的做法形成对照。亲子关系是自然法上的，收养关系是市民法上的，后者不能改变前者，因此《埃塞俄比亚民法典》的这条规定比我国的习惯法做法更合理。

第 573 条第 1 款规定："对违反婚约不负有责任的未婚夫或未婚妻或其家庭，可判给合理的赔偿，以填补因违反婚约导致的精神损害。"我国过去不保护婚约，主要是为了防止在缔结婚姻的过程中掺入父母的干预。几十年来，这种情况发生了根本变化，青年男女基本上能做到婚姻自主。许多地方盛行结婚前订婚，以昭慎重的习惯法，对这种婚约如果不保护，就不符合统一合同法保护形成中的契约关系的精神，因为婚姻也是一种民事契约，以精神损害来保护这种强烈地涉及人的感情的关系，十分必要。

第 640 条第 2 款规定了夫妻同居义务的内容："在婚姻中，他们应相互保持正常的性关系，此等关系对他们的健康导致严重损害之风险的除外。"在我国婚姻法中，同居的概念从未作过正式的界定而放任人们猜测，《埃塞俄比亚民法典》的这一款勇敢地揭示了同居的内容就是性关系，人性味实足。

第 758～761 条涉及奸生子的父亲应承担的扶养义务问题。规定如果查明孩子在受孕之时母亲受诱拐或被强奸，可通过法院确认父亲身份，强制这样的父亲履行扶养义务。这样的规定合情合理，可以作为我国发生的类似事件之处理的借鉴。

通过人工授精生育子女已成为一种普遍的克服生育障碍的做法，它隐含着丈夫有不承认如此生育孩子的可能。面对这一问题，第 794 条规定："当证明孩子是经母亲的丈夫书面同意以人工授精施孕时，不许否认父子关系。"

一个被收养的孩子在养父母死亡的情况下能否再被收养？这是我国宜粗不宜细的收养法不曾明文规定的问题。《埃塞俄比亚民法典》第 801 条第 2 款规定，"在收养人死亡的情形下，对被收养人可以进行新的收养"，为这一问题提供了一个答案。

我们知道，以不特定人为相对人的法律行为很难执行，尤其在法律行为的内容是捐赠的情况下。《埃塞俄比亚民法典》第 925 条第 1 款和第 2 款规定："笼统地以穷人为受益人的遗赠，未指定任何具体的穷人为受益人的，亦得有效。除非有相反的证据，它应被视为以遗嘱人死亡时有主要居所之地的穷人为受益人做出的。"如此规定拯救了一个慈善行为的效力，有利于穷人。

这部法典还对水的问题做了无比明确的规定。其第 2 编第 7 题专设一节"水的所有权和使用"，凡 28 条，规定了水的村社使用、家庭使用、邻人的权利、灌溉、家用的优先权、水利、雨水、排水、取水、水道、航行等问题，宗旨在于合理地利用稀缺的水资源。可以说，多数国家民法典的物权法皆以对土地的权利为中心为规定，很少涉及水。

《埃塞俄比亚民法典》的这方面规定反映了当前世界严重缺水的现实，并做出了应对。

《埃塞俄比亚民法典》还做出了就消耗物可设立用益权的规定（第 1327 条），突破了罗马法的用益权定义。该条对这一问题的处理是使消耗物的用益权人成为其所有人。在用益权消灭时，课加他偿付设立用益权时计算的用益物的价值的责任。相信这一规定可满足那些希望就货币、粮食设立用益权的人的需要。

这也许是罗马法不曾考虑到的一个问题：某项权利的行使以取得另一项权利为条件，前一种权利可称为目的权利，后一种权利可称为手段权利，那么，某人获得了目的权利是否意味着默示地也获得了手段权利？《埃塞俄比亚民法典》第 1372 条至少就这一问题的地役权方面给出了答案：地役权的存在应导致为享有此等地役权所必需的手段的存在。因此，有权从水井汲水的人, 应享有通过此水井的通行权。这是一项合乎逻辑的规定。

在公共建设中, 经常发生对私人土地的征用问题。一些私人利用这种机会突击营造地上工作物, 以图谋取国家更多的补偿。《埃塞俄比亚民法典》有办法处理这种麻烦事。其第 1452 条规定: "当规划计划显示, 某一已有建筑物的土地处于公路中时, 此等土地应被课加退后地役。此等土地的所有人不得以加固该土地上的任何建筑物为目的建造任何工程。" 如果土地所有人不顾此条的禁令疯狂营造, 怎么办? 第 1476 条第 3 款规定: "估价委员会不得考虑在送达征用命令后, 以获得更多的赔偿金额为目的建造的任何建筑或对现存建筑所做的改良。" 如此, 疯狂建造等于白造。另外, 我们还可注意此条创立了一种新的地役权——退后地役, 这是建设公共工程时十分必要的一种役权。

由于实行城市规划, 私人在规划区域建造建筑必须得到市政府的批准, 其中的官员就有了以权谋私的机会, 例如, 他们可以要求建筑申请人雇佣自己的关系户等。看来法国人在处理这种问题上早有经验, 遂规定: "授予许可, 不得以申请人在建造该建筑物时雇佣特定人员为条件, 或以该建筑物由某特定公司建造为条件。"(第 1546 条)

在法律行为的瑕疵问题上, 这部民法典要么采用了一些新因素, 要么对一些旧因素进行了深化处理。

错误是导致法律行为无效的原因, 但《埃塞俄比亚民法典》不采用这种一刀切的处理, 而是具体情况具体对待, 只赋予决定性的错误 (即当事人如果知道真相就不会缔结合同的错误, 第 1697 条) 和根本的错误 (第 1698 条) 等类型的错误这种效果, 而非根本性的错误 (如就订约动机发生的错误和计算错误) 则不影响合同的效力。另外还规定发生错误的当事人不得滥用错误的结果, 而必须诚信行事。如果对方同意履行合同, 他不得在宣告合同无效等事项上进行纠缠 (第 1702 条)。这些规定使对错误的处理更具有可操作性, 更加实事求是。

胁迫也是导致法律行为无效的原因, 但什么是胁迫? 这也是一个不那么容易把握的问题。《埃塞俄比亚民法典》首先把行使某项权利的威胁排除在胁迫的范围之外, 但若这种威胁被用于获得某种过分的利益, 则不在此限 (第 1708 条)。这就确立了合法性阻却胁迫的原则, 限制了胁迫的范围。

在人们习见的错误、欺诈和胁迫的导致法律行为无效的原因外，这部民法典还复活了罗马法中"敬畏"的概念，并将之从侵权行为法中的一个概念改造为关于法律行为无效的一个原因。① 所谓"敬畏"，是在具有从属关系的人之间，被从属者利用从属者对自己的支配力的担心获得利益的行为。例如，俺的老爸在俺面前半遮半掩地拿俺的钱包，我可能就一时半会儿说不出"住手"二字。老人家可能正好利用我对他的"敬畏"，一口咬定钱是我自愿借给他的。法律如何处理此等事件？《埃塞俄比亚民法典》第1709条规定，通常情况下如此实施的法律行为有效，但利用敬畏者获得了过分利益的除外。依据这条规定，我的老父是该把钱包还给我了。如果因为这种敬畏，我让可以起诉我爸的时效期间白白经过，怎么办？第1853条规定，法院可驳回我爸的基于诉讼的抗辩。从这些规定来看，把敬畏作为独立的一种影响法律行为的因素规定于立法，有其合理性。

在法律行为的缔结中，虚假表示是常见的现象，《埃塞俄比亚民法典》对之创造了一种或可名之为"认假作真"的处理（第2123条）："某人通过其作为或不作为制造某种假象的，第三人基于对此等假象的信赖所实施的行为，可被宣告可用来对抗假象的制作人。"若适用这一条文，相信为虚假表示者会痛苦不堪，其相对人会痛快淋漓。

不可抗力也是影响法律行为效力的因素。各国民法典的传统做法是把不可抗力分为自然的因素和人的因素两种，它们都是法律行为的当事人以外的因素。《埃塞俄比亚民法典》第1793条遵循了这种普通的路径，但增加了"债务人死亡或遭遇严重事故或出乎意料的重病"作为不可抗力的一种情形，这无疑更加人道。

在某国进行的交易原则上应以该国的货币为支付手段，这是其主权的体现。但如果有些人偏偏喜欢在合同中规定美元为支付手段，怎么办？《埃塞俄比亚民法典》第1750条规定，原则上债务可按债务到期日的汇率用当地货币支付。相信此条如引入中国，会有许多的适用机会。

我们知道，《法国民法典》未规定情势变更原则，而以当事人合同中

---

① 〔意〕桑德罗·斯契巴尼：《民法大全选译·债·私犯之债和犯罪》，徐国栋译，中国政法大学出版社，1998，第64页。

的情势变更条款来解决合同关系利益失衡问题，以维护合同关系的尊严。这是 1804 年法国人的选择，到了 20 世纪 60 年代，法国人如果愿意放弃这种安排，他们会在埃塞俄比亚找到把这种改变物质化的机会。然而我们看到，《埃塞俄比亚民法典》仍未规定情势变更原则，其第 1764 条明确规定："即使合同的履行条件已发生变化，一方当事人承担的义务变得比他预见的更重，合同仍然有效。"对于由此造成的合同关系失衡，仍然采用法国式的处理方式：由当事人而非法院在原合同或新协议中进行调整。另外，还可采用在合同中预先规定如果发生情势变更则由第三人仲裁的方法解决（第 1765 条）。当然，如果当事人之间有导致他们有可能公正对待他方的亲属关系或其他关系，法院也可不顾"法院决不为当事人订合同"的原则变更合同（第 1766 条）。情势变更原则的存在前提是当事人于订约时不可能预见将来的一切事件，如果人们能采取一定的技巧控制未来的不确定性，这一原则的适用机会当然会减少。第 3213 条第 2 款为我们提供了使用这种技巧的例子："特许状可规定，价格或收费标准的改变可根据某些原料、商品或服务之价格发生的改变并按此等改变的比例自动进行。如果确定新价格或收费标准的准据是某一变动公式适用的结果，则在发生争议时，法院应确定该不定条款之适用产生的新收费标准和价格。"如此，通过设立不定条款的方式来应对将来的不确定事件，导致合同的最终内容总是要根据特定时空的参照系确定，造成合同条款的相对化。它实际上是一种值得引进的可克服许多不可预见情形的机制。

不规定情势变更原则是对"合同必须信守"之原则的强调，那么，如果一方当事人违约，是否仍然要为贯彻这一原则而强制实际履行？对这一问题，《埃塞俄比亚民法典》似乎采取了一个相反的处理，其第 1776 条以强制实际履行为例外，"除非强制实际履行合同对提出此要求的当事人特别重要，并且合同能被强制执行而不影响债务人的人身自由，不得命令强制实际履行合同"。这种安排当然符合自由市场经济的原则，但它是否与不规定情势变更原则的做法构成体系违反，值得探讨。

在侵权行为法领域，《埃塞俄比亚民法典》中也有许多非常有意思的规定。它把缔约上过失责任规定为侵权行为而非合同责任（第 2055 条：某人如果在宣告其订约意图并诱使他人为与之订约发生费用后，任意放弃其意思，他实施了过犯）。干扰他人契约关系的第三人的责任也是如此

（第 2056 条：任何知道另外两人间存在合同的人，如果与其中一人缔结合同，由此使第一个合同的履行成为不可能，他实施了过犯）。这样，合同法就与侵权行为法交叉起来了。它还规定了证人作证不实的侵权行为类型（第 2061 条），其责任的受益人是"基于对该陈述的信任采取行动的第三人"。但如果他是受他人不实陈述的蛊惑而作不实证言的，则可向陷他于错误者追究责任。这一规定对解决不实证言的民事责任问题提供了极有用处的处理方案，相信是中国需要的。

体育活动的民事责任问题也在这一法典中成文化。第 2068 条第 2 款规定："在进行体育活动的过程中，对参加同一活动的人或在场观众造成伤害的人，如果不存在任何欺骗行为或者对运动规则的重大违反，不承担任何责任。"

在侵权行为诉讼中，原告往往有为了制裁被告而要求精神损害赔偿但又想撇脱自己是为了牟利如此行为的怀疑的，第 2106 条为这种人提供了两全之策："如果被告故意使原告遭受精神损害，法院可通过补救的途径，命令被告向原告或原告指定的慈善机构支付公平的赔偿。"在后一种情形中，被告既受"出血"制裁，原告又不沾染铜臭，广大穷人通过慈善机构得利，三全其美。

关于侵害贞操权的立法在我国仍是空白，《埃塞俄比亚民法典》第 2144 条可为借鉴："如果某人已经因强奸或猥亵受刑事法院判决，则法院可通过补救的途径授予受害人公平的赔偿。在此等情形，还可授予妇女的丈夫，或被强奸少女的家人赔偿。"此条别有意味之处还在于，贞操的法益主体不以妇女本人为限，而且包括其丈夫和娘家人。

伤害妻子人身影响将来的性生活质量的问题，在第 2115 条中得到规定："如果某人对他人妻子的身体造成伤害，致使她的性器官功能退化或与丈夫的性行为不协调，则法院可通过补救的途径，裁决该人向受害人的丈夫支付公平赔偿。丈夫以此为理由提出的诉讼可独立于其妻子就其所受伤害提起的损害赔偿诉讼。"前文已述，《埃塞俄比亚民法典》已对"同居"采用了人文主义的概念，此条是对这一概念的铺陈，它无非说明性生活是夫妻关系的实质内容，获得此等生活是配偶双方的权利，侵犯者必须付出代价。如果立法者因为害羞而让侵犯者逍遥于民事责任之外，后者真的要乐坏了。遗憾的是，此条未规定丈夫的性器官受损害影响妻子的性生活满足时的赔偿问题，无怪乎这部民法典后来的修改者指责它有违男女平等原则。上述条文无疑有把妇女当作单方面的性对象之嫌。

如何最大限度地防止书面诽谤，第 2135 条采取的方案值得借鉴："报纸的执行编辑、小册子的印刷商或书籍的出版者，依法对某印刷文本之作者所犯的诽谤承担责任。"如此，不仅印刷商要对书面诽谤承担责任，还有利于从根上防止上述性质的出版物出版。

在侵权责任的分派上，我国司法实践中往往考虑当事人双方的经济状况为责任额之分配，此时，过错的大小倒成了次要的因素，由此形成"劫富济贫"的格局。《埃塞俄比亚民法典》对此做了相反的处理，其第 2158 条规定："法院在做出判决时，应考虑过犯的严重性，以及它是否可归因于行为人尽可能遵照其良心实施其职责的愿望。必不得考虑被宣告有责任的人各自的经济状况。"如此，便凸显了侵权责任的可归咎性质。如果社会保险制度发达，这样的条文也是可行的。

第 2241 条规定了信用担保代理人（Del credere agent），这是一种以收取高额佣金为条件，保证其被代理人能收到他代为售卖的货物之货款的代理人。这种制度把代理制度与保证制度结合起来，是尚未见诸我国民法而又值得借鉴的制度。

第 2241 条在对劳动者的保护问题上，《埃塞俄比亚民法典》堪称典范。其第 2527 条规定了雇主变换雇员工作时不得减少其工资或实质性地改变其级别的义务。第 2587 条规定了企业转手不解除雇佣关系，并规定企业之后的所有人应保留雇员已取得的工龄权。

在中国，学徒往往被当作廉价的家务劳动者，学艺靠自己眼勤脑勤，师傅为了维护自己饭碗的牢固性，难得专门教徒弟手艺。看来埃塞俄比亚存在同样的问题，故《埃塞俄比亚民法典》第 2594 条规定："受学徒合同约束的雇主，应保证将其全部注意力放在该学徒的职业培训上。雇员只能被雇从事与合同规定的特定职业有关的工作。"此条对制约师傅的权利滥用有所帮助。

在如何平衡旅客与旅馆的利益上，《埃塞俄比亚民法典》第 2660 条有出色规定：如果旅客为特定的一天预订了一个房间，并且获得了旅馆店主关于已为他保留该房间的通知，则即使由于不可抗力他未使用它，他仍应支付该房间 1 天的价金（第 1 款）。此款有过分照顾旅馆之嫌，因为旅客由于不可抗力不能入住，通常他是被免除违约责任的，此款却仍课加他一天的房费。但在第 3 款，我们又看到了保护旅客的规定：即使房间已被约定预留数天，价金按周或按月支付，但只应赔偿 1 天的租金。如此双方的利益得到平衡。

在中国，作者的一篇文章在某个刊物发表后马上又收进一部文集的现象很普遍，编辑部对此屡禁不止，原因还在于法无明文，编辑部自行发布的规定效力太低。对此问题，《埃塞俄比亚民法典》第 2684 条做了明文规定："只要出版商有权发行的版本没有售完，作者不能在损害出版商的情况下处分该作品或其任何部分。集体作品中的稿件或文章，在第一次出版完成之日起 3 年期满前，不能由作者再次出版。"依此规定，在中国，作者要将一篇已发表的文章收入文集，必须等待 3 年。

上述中国作者在很短时间内重复发表一篇文章的做法，可以看作对低稿费制度的反抗。因此，许多出版社已采用版税制来保障畅销作品之作者的利益。作为更早实行版税制度的国家，法国人把自己这方面保护作者的经验带到了埃塞俄比亚，故《埃塞俄比亚民法典》第 2694 条规定："当事人已约定作者的报酬全部或部分取决于预期的销售的，出版商应在约定的时间段向作者提交销售的证据。如果无相反规定，出版商的账目应在每年的第 1 个月提交给作者。"如此可保障作者的权利。

拾得物条款是各国民法典中能见其自身特色的规定，多数国家的民法典都规定拾得人享有奖励请求权以及在无人认领拾得物的情况下取得该物的权利。这是从物权法的角度规定拾得物条款的思路，将之理解为取得物的一种方式。《埃塞俄比亚民法典》独辟蹊径，将拾得物问题理解为合同问题，按寄托处理之，其第 2804 条规定："任何拾得动产并占有它的人，依法处于与受托人相同的地位。"如此，拾得人仅能取得保管人的权利，无权取得奖励或拾得物，这是一种更加背离性恶论的处理，可帮助我们设想对同一问题的多种解决可能。也许它可被归因于埃塞俄比亚人生活中宗教力量的强大。

现代都市的拥挤化造成了数人经常合租一套房屋的情况。出租人与承租人的关系由此从"一对一"变成了"一对多"，如何应对这种新形势？《埃塞俄比亚民法典》的解决方法是重新安排出租人和承租人的权利义务关系，第 2947 条课加出租人以"在不动产只有一部分出租给承租人使用时，在出租该不动产的另一部分时根据习惯和该不动产的性质考虑到第一个承租人的利益”的义务，为此他要合理选择其他承租人。第 2948 条课加承租人以考虑先承租者之利益的义务。如果他本人、与他共同生活的人或他允许其进入该不动产的人的行为打扰了享有该不动产的其他承租人，则出租人可要求终止与该承租人的租约。而且，其他承租人或出租人还可要求赔偿他们因此遭受的损害。

众所周知，对租赁不动产的大修由出租人承担，如果修理时间较长，实际上就损害了承租人对租赁物的享有，出租人是否要赔偿承租人的这一损失呢？《埃塞俄比亚民法典》第 2956 条规定：“如果出租人在租约期间对不动产进行的修理超过 15 天，则租金应按时间和承租人被剥夺该出租物的部分的比例减少。”这一规定可谓至公。

以上是对《埃塞俄比亚民法典》中的一些我认为的精华部分的初步介绍，遗珠不少。但有时这部法典看上去确实像是由一个不怎么了解埃塞俄比亚立法情况的外国人起草的。例如，其第 1154 条第 1 款规定：“任何拾得并占有有体动产的人，应遵守行政条例要求他报告其拾得的规定。”此款无碍，问题在于第 2 款：“无此等条例时，他应采取所有合适的方法使其拾得为人所知……”试问，一个了解埃塞俄比亚立法的人怎么可能写出“无此等条例时”这样的句子？

尽管如此，无论在结构上还是在内容上，我们都可以从以上分析中轻易得出《埃塞俄比亚民法典》是一部优秀民法典的结论。在我看来，它完全可以与荷兰新民法典、俄罗斯联邦民法典一起构成世界三大模范民法典。但它可能因为过于先进而不符合埃塞俄比亚国情，因而被评价为“比较法学家的快事，非洲人的噩梦”[①]。如果某一作品由于过于优秀成为“噩梦”，我难免提出这样的问题：这是“优秀”的罪过还是与“优秀”不相匹配的环境的罪过？如果结论是前者，那就匪夷所思了。

1973 年，这部民法典的恩主、统治了这个国家 44 年的海尔·塞拉西皇帝在一次军事政变中被推翻，接替他的政治领导人门格斯图向苏联靠拢，实行直到 1992 年才放弃社会主义制度。领导人发生变更，国体发生变

---

① 徐国栋、薛军：《世界民法典编纂史·非洲·埃塞俄比亚民法典》中由薛军撰写的部分，未刊稿。

更，为废除这部被称为"噩梦"的民法典创造了极好的机会。我在 1998 年 6 月从私法统一国际协会（UNIDROIT）复印回这一民法典时，就是打算把它作为一场"噩梦"的遗迹加以收藏。后来薛军翻译了它，我在校对译稿时才关心它是否仍然存活？打开西方的网站，输入《埃塞俄比亚民法典》这一关键词，一下子就调出来十几个网页，都是关于这部民法典的运作情况的信息，看来它并未被废除，而只是"在 40 年的时间里作为一只无牙的老虎存在"。既然如此，它是不是一场真正的"噩梦"，就不是不可以讨论的了。

尽管如此，在海尔·塞拉西之后，这部民法典也在经受修改，以满足几十年来社会变迁提出的新要求，尤其是满足国际社会为接纳埃塞俄比亚为其成员而对之提出的一些要求。1995 年，埃塞俄比亚议会在经过激烈争论后决定，如果争议的双方当事人都接受习惯法的规范，则可以复活习惯法的规定；如果一方当事人反对，则将适用民法典的规定。这样就进一步拓展了民法典对习惯法的包容。事实上，在这一法典颁布后，埃塞俄比亚的各个种族群体大都继续适用自己的规范和习惯。

《埃塞俄比亚民法典》颁布后 40 年变迁的焦点之一是妇女的地位。平心而论，这部民法典就妇女的地位问题做了许多改革，例如，废除了伊斯兰教法允许的多妻制、丈夫以"塔拉克"方式单方面休妻的制度；赋予妻子家庭共有财产中与丈夫同等的份额；允许她们离婚时保有自己的个人财产，并有权取得一半共有财产；在继承时妇女已不受任何歧视；等等。但妇女在人身法上的地位仍然未得到改善。民法典吸收了一些习惯法的规范，把丈夫设定为家庭的首脑，对家庭财产享有专属的管理权，可控制和管理共有财产，等等。因此，1998 年，埃塞俄比亚对民法典中的家庭法部分做了修订，主要的修订依据是埃塞俄比亚参加的国际公约和条约，消除了婚姻和家庭领域中的性别歧视规定，其内容涉及婚龄、结婚条件、夫妻关系、双方在家事中的作用、居所的选择、财产的归属、子女的抚育、离婚、家庭仲裁等。

土地法的修改也是可以预见的，因为 1995 年的埃塞俄比亚宪法规定所有的土地都属于国家，废除了先前的耕者有其田的原则，如此，以该原则为基础的民法典中的物权法的相应规定也发生调整。

当然，由于帝政已被推翻，民法典过去关于皇室成员的身份登记由文书部长单独进行的规定，类似于第 2137 条的规定，即"对埃塞俄比亚皇帝陛下实施的过犯，不得以此为据提起任何责任之诉"，显然已不合时宜。

关于这部法典的命运，还必须提到一个插曲。厄立特里亚曾是埃塞俄比亚的一个省，因此，它曾适用《埃塞俄比亚民法典》。1993 年，厄立特里亚宣布独立于埃塞俄比亚，但在一个过渡时期内仍适用《埃塞俄比亚民法典》。尽管如此，现在它已有了重新起草自己的民法典的安排。在厄立特里亚政府的资助下，厄立特里亚司法部与阿姆斯特丹大学法律系合作起草一部新的民法典。1997 年 8 月到 1998 年 12 月期间，完成第一阶段的工作；2000 年 2 月到 2000 年 12 月期间，完成第二阶段的工作。具体安排为：1998 年 9 月至 12 月，荷兰专家小组提出现有民法典修订建议草案；2000 年 2 月，提出《厄立特里亚民法典》剩余问题的建议草案，修改的主要方向是去除过去的《埃塞俄比亚民法典》中男女地位不平等的规定。事实上，荷兰专家小组在 1999 年底就完成了这一任务，但在 2000 年初，他们又被委托以起草民法典剩余问题的任务。由于《埃塞俄比亚民法典》本身就是伟大的，现在它有望在荷兰专家的帮助下得到改良，我们有望看到一部更加伟大的《厄立特里亚民法典》。

总之，《埃塞俄比亚民法典》是一部富有特色的好法典。它的杰出性质提醒人们，在谈论民法典时，如果仅仅言必称欧美，就难免有遗珠之憾。欧美优秀的民法典在向非洲、亚洲传播、与当地文化杂交的过程中，也催生出一批青出于蓝而胜于蓝的好法典，《埃塞俄比亚民法典》即为其一。它的存在是非洲人的法律智慧的一个明证，我们组织翻译这部民法典，也不过是为这种智慧做一证明。

（原文载《法律科学》2002 年第 2 期，收入本书时有改动）

非洲妇女在土地、财产继承和婚姻方面的法律地位问题

夏吉生[*]

非洲国家独立以来，非洲妇女的情况和社会地位发生了很多变化，妇女运动也在开展。但是，非洲妇女的法律地位仍然存在不少问题，尤其是在土地、财产继承和婚姻诸方面。

一

妇女占非洲农村劳动力的70%，生产非洲粮食的80%，每天平均花费15小时以上的时间来从事田间生产、家务劳动和抚育子女。她们同土地的关系最为密切。但是，在许多非洲国家，妇女的土地权利却得不到保障。她们不能拥有土地和支配土地劳动的果实，这些都归男人所有。有的国家虽然在法律上承认妇女享有土地权利，但是在实际生活中却因受到传统习惯的阻挠而无法兑现。同土地权利相联系，在农村信贷以及农业生产的投入物如种子、化肥、农业设备和技术推广等方面，妇女也往往受到歧视，不能获得平等待遇，因为这些都控制在男人手中。非洲国家独立以来实行的土地政策和经济的调整改革也没有给妇女带来好处。土地私有化使土地更加合法地归在男人的名下，而妇女在很大程度上丧失了传统的土地用益权。经济调整改革要求压缩政府开支，从而削减对食物、农业投入物等的补贴。这就使以土地为生的农村妇女，首先是其中的贫苦阶层受到沉重的打击。特别要指出的是，经济调整改革在农村把重点放在提高经济作物的生产上，给予种种优惠以增加出口，从而使以种植粮食作物为主的妇女处

---

* 夏吉生，北京大学亚非研究所教授。

于不利地位。肯尼亚80%左右的人口居住在农村，以从事一家一户的小农生产为主要生活来源。农村妇女占肯尼亚妇女的87%，多半进行土地耕作。获得一小块土地是她们的核心要求。在中央省的一个名为吉库里的村庄，有一个由20名妇女组成的互助组织，自1989年以来就向当地政府申请一块土地以种植蔬菜到市场出售。她们最终得到了半英亩土地，却被禁止种植自己的作物。她们不得不在这块土地上建造了一所幼儿园。种植蔬菜的土地始终未能解决。① 肯尼亚的《继承法》虽然规定所有子女不分性别都享有财产继承权，但仍存在一些明显的漏洞。该法将农业土地和牲畜等主要的农村财产完全排除在外，这些仍然要受许多社区剥夺妇女财产继承权的传统习惯法的支配。而且，这样一来，该法虽然承认一夫多妻制的婚姻，从而含蓄地给予这部分妇女财产继承权，但对于依靠自给自足的农业和畜牧业为生的农村妇女来说，实际上也成了一纸空文。因此，肯尼亚国会议员奥姆巴卡指出，《继承法》是一个积极步骤，但是绝没有给土地问题带来革命性的变化。肯尼亚社会服务和文化部下属的妇女局也发表政策文件《性别与发展》，强烈要求已婚夫妻共有土地和单身妇女拥有土地，指出妇女构成"耕种土地的多数"，只有使她们"继承和拥有土地"才是公平合理的。② 在埃塞俄比亚，1974年的所谓"革命的"土地改革也对妇女实行歧视。它单方面地把男人定为一家之主，并且无视一夫多妻的现实，强迫丈夫只能登记一个妻子，从而剥夺了其他妻子的合法权利。妇女的包括土地在内的许多权利都得不到保障。在乌干达，妇女生产粮食却不能拥有土地。虽然有些家长已经开始把土地传给女儿，有工作的妇女有时也能够购买土地并取得合法名义，但是总的来看，传统习惯势力的阻碍作用还相当大。

二

在财产继承方面，非洲国家独立以后制定了新的法律，但传统习惯法仍然起着很大的作用，殖民时期传入的西方法律也有影响。在许多非洲国家，妇女仍然没有财产继承权。传统观念的一种逻辑是：妇女既然不拥有

---

① 《非洲农民》，1994，第8页。
② 《非洲妇女》，1994，第8页。

财产，也就没有资格继承财产。就连她们本身，也被某些守旧的人看成是丈夫或家族的财产。乌干达基督教女青年会的领导人芒格里娜就指出："男人付出一份财礼，于是女人成了男人的财产。"① 这种观念虽然开始发生变化，但是并没有消失。在传统社会里，财产继承人因母系制度和父系制度而有所不同。母系制度中，财产继承人首先是同母所生的兄弟，其次是长姐的儿子，最后才轮到血统中最近的侄子；父系制度中，财产继承人则依据与父亲血统的亲近关系来定，常常包括众多后代。如果一对夫妇中男方来自母系社会的部族，而女方来自父系社会的部族，则财产继承顺序将通过家庭内部协议来决定。此外，许多部族还实行长子继承制。可以看出，在这些情况下，妇女对财产继承都是没有份的。而且，随着部族之间的婚姻日益增多和母系社会向父系社会过渡，妇女的权利和地位更加没有保障。特别是在城镇，妇女更多地依赖于她们的丈夫。丈夫死后，她们往往连住房都不能保有，而被丈夫的族亲继承。有些部族由于受到西方法律的影响，对妇女较为宽容。恩戈尼族（Ngoni）的习惯法规定，实行长子继承制，父亲死后，其财产由第一位妻子的长子继承；在长子死亡的情况下，由次子继承，如此顺延；如果没有后代，则由年长的侄子或兄弟继承；死者的妻子如不再嫁，在其有生之年可以继续使用死者的住房和土地。这种继承制度同古老的英国制度非常相似。类似的还有，洛齐族（Lozi）的习惯法规定，即父亲死后其子女都有继承权，但女儿如果已经嫁出，则丧失土地继承权。在现代非洲国家，由于有了新的法律，情况比较复杂。例如，在赞比亚，妇女的财产继承权取决于丈夫生前是否立有书面遗嘱？如果有，则1911年以前的英国法律仍然适用，即按遗嘱办事；如果没有，则根据1966年的《地方法院法》，按习惯法办事。而习惯法规定，在母系权利和父系权利发生冲突的情况下，丈夫的族亲可以剥夺寡妇的任何财产。因此，有人说，赞比亚实行的是一种类似殖民主义时期的双重法律体制：丈夫的习惯法适用于一个非洲寡妇；英国的法律适用于一个安居在赞比亚的非洲人的寡妇。② 在扎伊尔的金沙萨，司法当局面对城镇出现的新的经济和社会情况，制定了一些处理财产继承的法规，被称为"进步

① 《非洲农业》，1994，第29页。
② 《非洲妇女》，1994，第8页。

习惯法"。它规定在没有遗嘱时，死者的不动产由子女或他们的后代继承，在子女中平均分配。但是民众往往对这些法规一无所知，他们不是通过法庭来解决财产继承纠纷，而是付诸原有习惯法的裁决。只是经过国家财产继承局的努力，法院才得以审理若干财产继承纠纷案件。[1] 此外，在一些非洲国家，妇女被剥夺财产继承权的状况几乎没有什么改变。

三

在非洲的传统习惯法中，婚姻不是单纯的男女双方之间的事，而是两个家族甚至两个群体之间的事。婚嫁离合都与家族有关，无论母系社会还是父系社会都是如此。相对地说，婚姻和家庭被认为是短暂的，而家族和世系才是永久的。女子出嫁后，就属于丈夫的家族，丈夫死后，可继续成为丈夫兄弟或近亲的妻子。有一句成语是这样说的："婚姻和灰烬随风飘散。"[2] 实际上，婚姻关系主要取决于两个条件：一个是女方家长的同意；另一个是男方付出财礼的多少。可以认为，在传统习惯法下，妇女在婚姻中不仅处于从属地位，而且成为一种可以进行交易的"货物"。正因为如此，在婚姻关系的解除方面，妇女也处于不平等的地位。众所周知，根据伊斯兰教的规定，男方可以单方面宣布休妻而无须说明任何理由。在某些父系部族，如恩戈尼族，妇女无权以任何理由同丈夫离婚，而男子却可以这样做。只要他送妻子回娘家并带很少的礼物，就表明他已离弃妻子。如果他婚前早已送过彩礼，女方的家族需要另选一位妻子作为替代。在本巴族（Bemba），离婚需经双方同意或一方向土著法庭上诉。女方发生奸情、不育或不能很好操持家务，甚至摔打丈夫的东西，都可以成为男方离婚的理由，但是女方只有在遭到男方遗弃或虐待时才能提出离婚。离了婚的妇女或寡妇也是受到歧视的。她们除了可以保留个人的一些财物外，没有房屋和土地，不能指望前夫或死去丈夫的家族养活，回到娘家也会遭到白眼，处境艰难。在一些部族，女方离婚后还要退回男方婚前所送的彩礼。非洲盛行的一夫多妻制更给已婚妇女又添一重磨难。在一夫多妻制的家庭

---

[1] 玛利亚·罗莎·卡特鲁·费利：《非洲妇女的受压迫根源》，1983，第 62～63 页。
[2] 玛利亚·罗莎·卡特鲁·费利：《非洲妇女的受压迫根源》，1983，第 42 页。

中，妻子不仅遭受情感上的折磨，而且地位也不稳固。她们虽然分屋而居，但关系一般是不和的。严重时常常彼此指控对方使用巫术加害自己，导致矛盾加剧。有的妻子由此产生对丈夫和子女的憎恨，甚至出现精神失常。当一位妻子怀孕而丈夫移情别恋其他妻子时，其所遭受的打击会更大。

四

上述非洲妇女在土地、财产继承和婚姻诸方面法律地位的种种情况，当然有其社会根源和历史原因，但是从法律的角度看，也是同非洲复杂的法律体制紧密相连的。大家知道，非洲在殖民主义入侵以前就存在两种法律制度：一种以传统习惯法为基础；另一种以伊斯兰教法为基础。后者也承认许多习惯法的法规。殖民主义入侵后，从有利于自己的统治出发，除引入欧洲的法律体系以外，还承认习惯法处理非洲人之间关系的有效性。但与此同时，也往往对习惯法的某些法规重新做出解释，歪曲其原有含义，以适应殖民经济发展的需要。这样，在殖民地时期的非洲，首先是在英属殖民地和保护地，出现了两套主要的法律制度：传统法庭或称土著法庭适用传统习惯法以处理非洲人之间的争端和案件；非洲人首先是欧洲人受领土法庭及领土法特别是其中刑法的管辖，而不受习惯法管辖。但非洲人却同样要受领土法庭及领土法的管辖。非洲国家独立以后，虽然力图通过制定新的法律来消除双重法律制度，但是正如前文所述，传统习惯法仍然继续存在并且在广大地区特别是农村地区有很大影响。于是现在的非洲国家普遍存在两套法律制度：一套是渗入西方思想的新法律，另一套是土生土长的传统习惯法。它们互相交错，彼此牵扯。以赞比亚的婚姻法为例，殖民时期除了传统习惯法外，还分别于 1903 年与 1918 年制定了《东北罗得西亚婚姻法规》和《北罗得西亚婚姻公告》。实际上，支配非洲人婚姻的仍然是传统习惯法。1964 年赞比亚独立后，制定了新的《婚姻法令》。但是在一段时期特别是独立初期，依照新的法令结婚的人的比例还是很低。据统计，从 1964 年到 1970 年，在超过 7000 对按《婚姻法令》结婚的夫妻中，大约只有 954 对是非洲人。[①] 在法律制度双重性的情况下，

---

① 玛利亚·罗莎·卡特鲁·费利：《非洲妇女的受压迫根源》，1983，第 57 页。

妇女的法律地位和权利往往很不稳定或者模糊不清，很容易受到侵害。可以列举若干情况。一种情况是由于传统观点的影响及其他原因，新的法律对妇女的权益不够重视，没有明确提出加以保护。如津巴布韦1982年新宪法中的反对歧视条款，就将家庭法和妇女地位问题排除在外。另一种情况是妇女根据习惯法享有的权利，随着形势的变化和新法律的制定，反而有了争议。如在肯尼亚的卢奥（Luo）地区，根据传统习惯法，男人拥有土地，妇女通过结婚可以获得永久用益权。但是土地新法规的制定和土地私有化的推进，使妇女的土地权益出现一系列没有得到解决的新问题，如对她们所耕土地的继承、出售、租赁和单身妇女对土地的耕种等，妇女原有的土地权益变得不可靠。第三种情况是由于承认习惯法的存在和效力，新的法律对涉及个人关系范畴行为的规定往往比较空洞，具体的问题留待习惯法去解决。例如，一些国家的民法典中很少涉及婚姻和继承方面的各种具体可能发生的情况。这实际上表明，一位妇女即使是根据民法典的有关规定结婚，并且有在正规部门工作的收入，她的财产权问题也必须服从习惯法的规定。第四种情况是两种法律制度并存，相对而言，男人则有更多的可乘之机。他可以在两种法律中选择对他最有利的法律去适用，从而损害妇女的利益。以上不过是众多情况中的一部分，但已经可以看出，这种复杂的法律体制容易产生混乱和漏洞，对保障妇女的权益并不有利。正如一位学者在评论扎伊尔现有的法律体制时所说："比利时法典同传统法律相结合，产生了两种法律的某些最糟糕方面的大杂烩。"①

五

应该看到，许多非洲国家独立以后，在通过制定法律维护妇女权益、提高妇女地位方面做出了积极努力，取得了不少成就，一些非洲的妇女组织和非政府组织对推动这方面的进展也做出了贡献。在这些国家中，坦桑尼亚是取得较好成绩的一个。坦桑尼亚是一个部族、宗教众多的国家，传统习惯势力影响很深，妇女地位低下。在婚姻方面，基督教、伊斯兰教、印度教和"土著居民"各有不同的规定。坦桑尼亚于1964年独立后，考

---

① 罗伯特·伯格、詹尼弗·西摩·慧特克：《非洲发展战略》，1986，第402页。

虑到在婚姻法规方面的混乱现象，于 1971 年制定了新的《婚姻法》，做出统一规定。坦桑尼亚全国妇女组织（UWT）对这部新法特别注重保护妇女权益发挥了重要作用。该法对一夫一妻制和一夫多妻制两种婚姻制度都予以承认，但明确规定了男女最低的合法结婚年龄（男 18 岁、女 15 岁），并要求一切婚礼，不论在基督教堂、清真寺院或地区专员署等处举行，都必须进行登记。该法的主要特点是：（1）以明确的词句保护家庭。离婚必须具备该法规定的并得到法院认可的理由，还必须先经过婚姻调解处的调解。妇女享有与男子同等的离婚权利。这些都是为了防止男子轻易离婚、遗弃妇女。（2）允许妇女拥有和支配财产，并且可以以自己的名义签订合同和进行诉讼。妇女享有财产权不仅为该法所规定，并且在 1985 年坦桑尼亚共和国宪法的权利法案中被确认，从而改变了传统习惯法对妇女财产权特别是财产继承权的否定。曾经有一位妇女想出售她从父亲有效遗嘱中继承的一块土地，遭到男方亲戚反对，认为她无权继承部族土地。坦桑尼亚高等法院于 1989 年做出判决，判定这种反对是对妇女的歧视，认为妇女现在同男人一样，有权继承和出售土地。（3）规定妇女在离婚时有权分配她和丈夫在结婚期间通过"共同努力"所获得的资财。这条规定在执行时发生对"共同努力"一词如何解释的争议，即"共同努力"是否包括妻子操持家务、照顾子女的劳动。保守派认为这是妻子应尽的职责，不应包括在内；自由派则认为这种劳动与利用同样时间外出工作赚钱或从事经商活动并无二致，应该包括在内。法院的判决中，这两种解释都使用过。但在1983 年发生了决定性的变化：上诉法院坚持自由派的解释，而大法官和最高法院从《婚姻法》的目的是把结婚的妇女从剥削和压迫下解放出来的指导思想出发，予以肯定。这一裁决打破了传统习惯势力中广为流行的观念，即结婚使丈夫不仅获得在性的方面占有妻子的权利，而且获得占有妻子的生产能力和一切劳务的权利，因此是具有深远意义的。（4）认定男女同居两年或两年以上，已经形成实际夫妻关系的为"推定结婚"，从而保护妇女在双方分手时享有离婚的权利。以上这些特点，说明这部《婚姻法》是比较进步的，妇女的法律地位有了明显的提高。[①] 肯尼亚制定的

---

① 纳克扎尔·坦加、克里斯·梅纳·彼得：《有权成为享有一切权利的母亲：坦桑尼亚妇女的经验》，《现代非洲研究杂志》1996 年第 1 期。

1994～1996 年全国经济发展规划，第一次将性别问题同发展问题联系在一起，承认农村计划使妇女处于"边缘化"的不利地位，强调必须将妇女问题纳入经济发展的"宏观"水平去考虑。政府倡导夫妻对土地使用应联合做出决定，并平均分配所获得的经济利益。该规划还保证在使妇女获得土地和农村推广服务的同时，在对主要粮食作物的研究、生产、储存和加工方面投入更多的人力和物力，其目的在于支持妇女参加农业生产和农村发展。肯尼亚总检察长也建立专门队伍审查所有涉及妇女地位的法律，从而为使农村妇女的意见得到广大公众关注提供了一个良好机会。[①] 此外，在 1995 年于北京举行的第四次世界妇女大会上，许多非洲国家对改善妇女地位做出了重要承诺。例如，刚果计划在 2000 年以前审查所有改善妇女法律地位的立法；赤道几内亚将制定关于离婚、寡妇地位、妇女继承、计划生育以及强迫婚姻等方面的法律；莱索托将增加妇女获得信贷的机会；南非将批准消除歧视妇女的公约；厄立特里亚将改进妇幼医疗卫生服务；科特迪瓦、纳米比亚、尼日利亚和赞比亚都为提高女孩入学率、保障妇女的教育权利制定了目标。[②] 还要指出的是，一些非洲国家的民间组织在维护妇女权益方面正发挥越来越大的作用。莫桑比克有一个以首都马普托周围绿化地带为基地的名为"合作总联盟"（UGC）的组织，其 1.1 万名成员几乎全部为妇女，已经建立 210 个农业生产合作小组，成为首都水果和蔬菜的主要供应者。由于这个组织的妇女成员多数是寡妇或被去城镇当流动劳工的丈夫所遗弃，而农村妇女最迫切的问题又是土地权利问题，因此它除了完成生产任务外，还极力帮助其妇女成员获得土地。"合作总联盟"主席科萨呼吁国际非政府组织为她们提供土地丈量人员，以帮助确定土地界线。因为只有掌握了数据，才能有效地捍卫土地权利。[③] 展望未来，可以预计，非洲妇女的法律地位在各个方面都将会不断得到改善。当然，还有很长的路要走。

（原文载《西亚非洲》1997 年第 4 期，收入本书时有改动）

---

① 《非洲农民》，1994，第 8～9 页。
② 《非洲复苏》，1995，第 4 页。
③ 《非洲农民》，1994，第 16 页。

新南非劳动关系的形成及其法律保护

肖海英[*]

　　南非劳动关系形成于特定的历史时期，而且每个历史时期的南非劳动关系都独具特色。根据南非各地的考古发现，在 300 万年以前，甚至更早，南非次大陆就有人类存在。现代人在 10 万年前就已经在南部非洲生存。[1]南非的原住民主要有桑人、科伊人和班图人。最初，这些民族群的集结规模较小、社会结构松散、生存环境恶劣、生产力水平极其低下。其从事的劳动生产活动仅为获得生存所需的基本生活资料，这种简朴、单一的社会关系维系着南非早期社会的发展，缓慢而稳定。奴隶制社会时期，由于奴隶只是奴隶主的生产资料，没有人身自由，因而不存在劳动关系形成的基本要件。少许自由职业者的雇佣关系未能产生大量的劳动关系。这时候的劳动关系主要由罗马－荷兰法中关于劳动雇佣关系的规定进行调整，其目的是维护荷兰殖民统治者的利益。例如，1657～1800 年，荷兰殖民者在开普颁布了大量的涉及雇主和雇员关系的制定法。这些法律规定：雇主应承担雇员的错误行为导致的替代责任；土著人必须携带通行证。此外，还对为殖民地以外的自由民提供服务进行规定。

　　18 世纪 90 年代以后，英国入侵南非，英国殖民当局废除奴隶制度，从而为南非大量劳动关系的产生奠定了基础。19 世纪中叶以后，欧洲殖民者在南非发现了钻石和黄金，采矿业随之蓬勃发展，导致对大量劳动力的需求，特别是对技术型劳动力的渴求。当时南非引进的大部分技术工人来自欧洲，并且主要来自英国。英国技术工人不仅给南非带来了开采技术，

---

*　　肖海英，贵州财经大学人文学院教授。

①　　杨立华：《南非》，社会科学文献出版社，2010，第 188 页。

而且带来了英国的工会主义思想，工会也开始在南非出现。这时南非的劳动关系立法主要参照英国普通法中关于劳动雇佣合同关系的规定，其目的仍是维护英国殖民者的利益及对黑人劳工的管制和剥削。这种不平等的劳动关系状况在1910年南非联邦成立后开始实行的长达80年的种族隔离制度时期内更为糟糕，白人为了加强对非洲黑人的统治，保证白人的政治统治地位，不惜剥夺非洲黑人的政治权利，占有他们的土地和资源，迫使他们沦为廉价劳动力，从而进一步控制和剥削黑人劳工。在此时期，他们制定和颁布了一系列的种族主义法律。主要包括南非联邦成立之前就已在四个殖民地存在的劳工法，如《主仆法》和《通行证法》、1911年的《土著劳工管理法》和《矿山和工厂法》、1913年的《土著人土地法》等，以巩固和继续维持这种不平等的劳动关系。20世纪70年代后期，在国内外形势压力下，南非博塔政府宣布废除50多项种族主义法令，颁布了"新宪法"。① 这种废除法令的举措和"新宪法"的实施虽然没有真正地消除种族主义，但是至少已引起南非政府对黑人劳工的权益及不平等的劳动关系的重视。

20世纪80年代后期德克勒克政府上台后，种族主义法律改革的进程大大加快，这也是新旧劳动关系转型的关键期。1991年2～6月，南非政府宣布废除350多个种族主义法规。1994年新南非成立后，南非政府和劳工部积极采取措施，以构建和维护新型、民主平等的劳动关系。一是制定和修订劳动法律，如1995年的《劳动关系法》、1996年的《失业保险法》、1997年的《就业基本条件法》、1998年的《就业平等法》等；二是于1999年设立全国技术基金，资助中小企业的技术培训，设立失业保险基金和赔偿基金；三是成立比较完善的劳动纠纷解决双效机制。1994年11月建立了全国经济发展和劳工理事会，规定了工会、劳资委员会和调解委员会的职能。可以说，1994～2006年，除了1996年的南非新宪法之外，议会共制定并通过了926项法律或法律修正案，形成了较为完善的新法律体系。

劳动关系是社会生产和生活中人们相互之间最重要的联系之一，其对劳动者、企业（雇主）和整个社会有着深刻的影响。对劳动关系进行法律

---

① 何勤华、洪永红主编《非洲法律发达史》，法律出版社，2006，第465页。

保障具有重要的理论和现实意义。当前，新南非主要通过宪法、国际劳工标准以及依据宪法和国际劳工标准制定和实施的国内其他劳动立法来规范和调整新出现的劳动关系，保障劳动者的合法权益，消除种族隔离时期旧制度对劳动力市场和劳动关系造成的不良影响，以促进南非和谐劳动关系的构建，实现经济的快速发展及社会的稳定。

（一）宪法保护

从 20 世纪开始，受西方宪政主义和民主思潮的影响，许多非洲国家在宪法修订中进一步确定、完善和保障劳动关系及劳动权。南非宪法自 1961 年 4 月 24 日公布以来，其关于劳动关系及劳动权的规定，主要体现在下列宪法及其修正案中。1994 年宪法第六修正案第 27 条规定："每人皆有权享受公平的劳工措施；工人有权组织并加入工会，雇主则有权组织并加入雇主组织；工人及雇主皆有权组织并作集体谈判；工人基于集体谈判的目的，有权进行罢工；除了受到第 33 条第 1 项的规范外，雇主基于集体谈判的目的，而诉诸关闭的行动，不得受到侵略。"1996 年新宪法第二章"权利法案"第 23 条第（2）款和第（3）款规定："每个人享有公平的劳动工作的权利""每个工人都有权利组织和加入工会、参加工会的活动和计划及罢工。"南非宪法 2009 年第十六次修正法案对劳动关系的规定做了修订，主要包括："每个人皆有组织及加入工会的权利、参加工会组织的活动及安排的权利、罢工的权利；每个雇主皆有组织及加入雇主组织的权利，以及参加雇主组织的活动及安排的权利；每个工会及雇主组织皆有决定其自身行政、活动安排的权利、组织的权利，以及组织及加入联盟的权利。每个工会、雇主组织及雇主有进行集体谈判的权利。国家可制定法律规制集体谈判。如果该法律有可能限制本章中的权利，其必须符合本法第 36 条第（1）款的规定。国家立法可以承认集体协议中所含工会保护的安排。如果该法律有可能限制本章中的权利，其必须符合本法第 36 条第（1）款的规定。"上述宪法条文的规定不但是对劳动关系及劳动权的最高保障，而且是劳动立法和司法实践的主要依据。因此，为了确保立法和司法在处理劳动现象和问题时的合宪性，南非宪法法院在处理劳动争议案件时具有与劳动上诉法院和最高上诉法院同等的权力，可以审理涉嫌违宪的劳动争议案件，这是实践层面上对南非劳工的宪法保障。

（二）其他劳动立法保护

劳动关系及权利的宪法保障并不是实现劳动权和维护和谐劳动关系的唯一手段，而且在宪法的授权和委托之下，关于劳动的国内其他法律的制定有了精神之源和立法依据。宪法委托理论表明，公民劳动权的实现需要借助法律的具体规定，通过法律的规定使宪法劳动权条款具体化。① 自1994 年种族隔离制度结束以来，南非制定了大量的劳动法律，制定这些法律的目的在于建立平等的、没有性别歧视、种族偏见的新型劳动社会关系。

（1）劳动关系法。1995 年《劳动关系法》颁布后，经过了 4 次修正，现行劳动关系法为 2002 年劳动关系法修正案。该法包括 9 章 214 条和 8 个附表，制定的目的是促进南非经济社会的发展、实现社会的公平正义、维护和谐的劳动关系，以及促进工作场所的民主化。实施目标是：第一，保障宪法第 27 条的法律效力，第 27 条规定，"每个人都有获得包括医疗保健健康服务的权利、获得充足的食物和水的权利，以及社会安全保障的权利，包括他们获得适当的社会救助的权利"；第二，规范工会的组织权利，促进和便利工场与行业水平的集体谈判；第三，按照宪法的规定，调整及规范罢工权和停工闭厂的争议解决方式；第四，设立工厂论坛，促进雇员参加决策制定；第五，设立法定的调解、调停和仲裁机制为劳动争议的解决提供简单的程序，并且为了解决争议，依法设立调解、调停和仲裁委员会以及可选择性的争议解决机构；第六，设立劳工法庭和劳工上诉法院作为高级法院，对依据该法产生的案件有专属司法管辖权；第七，规定工会和雇主组织的简易程序，并且规定它们的操作规则和财务制度；第八，使南非积极履行关于劳动关系的国际法律义务；第九，修订关于劳动关系的特定法律，以及对偶发事项进行规定，如结社自由和一般保护、集体谈判、罢工和闭厂、工厂论坛、工会和雇主组织、争议解决、不公平解雇和不公正的劳动惯例。面对新出现的劳动关系问题，2012 年 3 月 14 日，南非劳动部长提交的《劳动关系法修正议案》涉及四个方面的内容：一是致力于处理劳动经纪问题；二是关于合同制工作、组织权利和集体谈判、基

① 薛长礼：《劳动权论》，科学出版社，2010，第 112 页。

本服务、罢工和停工闭厂的条款修订；三是进一步增强调解、调停和仲裁委员会的职能；四是履行作为国际劳工组织成员国的义务。

（2）就业基本条件法。1997年第75号《就业基本条件法》共有11章96项条款和4个附表。该法规定了劳动涉及的基本要件，如工作时间、假期、雇佣和薪酬的详情、禁止童工和强迫劳动、就业基本条件的变动、部门决策、就业条件委员会，监督、执行和法律程序，以及一般性条款的规定。2002年就业基本条件法修订之后，内容主要涉及"雇佣法"的定义、"时间的解释"、超时的规定、假期工资、关于福利基金的工资捐助、雇佣合同终止的时间、劳工督察、劳动法院的权力、工资决定等。该法制定的目的是促进南非社会的经济发展和防止社会的不公正，规范宪法第23条第（1）款包含的公正的劳动惯例及其实际效力，履行南非作为国际劳动组织成员国的义务，以及其他相关事宜。

最新的《就业基本条件法修正案》与2012年《劳动关系法修正案》同时被提交议会以期获得通过，二者修改的目的是一样的。但其修改的内容主要为：授权劳工部长规定工会代表进入雇主处所的权利界限；授予劳工部长和就业条件委员会关于规范临时雇工的部门决策权，拓宽对弱势工人的保护范围和为他们的结社自由提供便利；禁止雇用15岁以下的童工，规范15~18岁的童工制度，规定对使用童工和强迫劳动等违法行为的惩罚，积极履行关于最恶劣的童工形式的《第182号国际劳工组织公约》中规定的责任和义务，以及增强劳工督察的权力。

（3）平等就业法。1991年6月30日，种族隔离制度正式宣告结束。[①]然而，它对南非各族人民在方方面面的影响在短时期内是不可能完全消除的，因而新的法律和政策的制定和实施势在必行。在公平就业方面，根据1996年南非新宪法的精神和指导思想，制定和颁布了1998年第55号《平等就业法》。该法规定公平就业和与之相关的事项，包括6章65项条款和4个附表。该法制定的原因有二：一是由于受到长期实行的种族隔离政策和其他歧视性法律和惯例的影响，南非国内劳动力市场存在就业、职业和收入的差异；二是这些差异给特定种族的人带来了非常明显的不利，而且这种不利是不能够简单地通过废除歧视性法律得以改善的。基于上述原

---

① 郑家馨：《南非史》，北京大学出版社，2010，第441页。

因，该法制定的目的有五：第一，推动宪法性平等权和真实民主的实现；第二，消除就业中的歧视现象；第三，确保就业公平以缓解就业歧视的影响；第四，努力建立多元化的员工队伍，使它广泛地代表南非各族人民；第五，积极履行作为国际劳工组织成员国的责任和义务，具体而言，其内容涉及禁止不公正的歧视、反歧视行动、公平就业委员会、监督、强制执行和法律程序，以及一般条款。

2010 年《平等就业法修正案》的主要内容包括：增加或替换相关定义、禁止同工不同酬、规定用于员工面试的心理测试的认证、规定特定员工提交未解决的争议至调解、调停和仲裁委员会，等等。该修正案是为了保障平等就业权。该权利是指公民平等地获得就业机会和就业保障的权利，具体表现为就业主体平等和同工同酬。平等就业权的实现是构建平等和谐劳动关系的关键所在，缺失平等，将导致就业领域的混乱，最终会影响到社会的稳定和经济的发展，因此，对平等就业权的立法保护意义深远。然而，对于有着强烈的种族歧视背景的新南非来说，实现就业平等和禁止歧视是一项任重而道远的工程。

（三）国际劳工立法保护

南非作为国际劳工组织成员国，享有该组织章程规定的权利和承担相应的责任和义务。根据该组织的章程和颁布的约法，南非所有的劳动法律在制定和实施过程中都宣称将履行南非作为国际劳工组织成员国的责任和义务。如宪法在"前言"中规定："我们南非人民，承认过去的不公平，崇敬那些为这片土地的正义与自由做出牺牲的人们，尊崇那些为国家的建设与发展辛勤工作的人们，并且相信南非属于所有居住在其中，并团结于多元化文化之下的人们。"除宪法规定以外，其他劳动法律也对此做了规定，如劳动关系法规定，履行南非共和国关于劳动关系的公共国际法的义务是其制定的目的之一、就业基本条件法和就业平等法则规定应承担国际劳工组织规定的责任和义务，制定相关条款，如调整工时、提供就业和薪酬的详情、禁止童工和强迫劳动、改善就业基本条件、禁止不公正的歧视、反歧视行动、劳工督察，以及建立平等就业委员会和就业条件委员会等。

南非自成为国际劳工组织的缔约国以来，共批准过 23 项国际公约，当前生效的有 20 项。另外，一些尚未批准和生效的公约也为南非劳动立法提供了参考和借鉴。如 2000 年的《保护生育公约》（第 183 号）要求缔约国确保属于公约规定范围内的妇女在从事相关工作时不受合同法的限制；2006 年的《雇佣关系建议公约》（第 198 号）涉及不属于劳动法调整范围的工人问题，建议缔约国应当制定政策予以说明，如果有必要，则必须采取劳动立法以确保"存在雇佣关系情形下工人"得到有效保护。在国际劳工组织的基本权利宣言和其他公约以外，国际法义务也可以要求国家延伸劳动法的适用范围至工人，而不仅仅是雇员，从而拓展了劳动法在非正式经济领域的适用范围。

总而言之，南非从最初的原始社会发展至今，其劳动关系历经了历史性和实质性的新旧关系发展变迁，即由实质不平等的、具有种族歧视色彩的劳动关系过渡到真实平等的、和谐的新型劳动关系。在种族隔离时期颁布的三部"新宪法"及相关的劳动立法都是为了维护劳动领域白人的权益，压迫和剥削黑人劳工及其他种族的劳工；而新南非时期的劳动关系以稳定协调为基本要求，以公正公平为内核，以各方合作为重要特征。当前南非在宪法、其他劳动立法及国际劳工标准方面都对创建和维护和谐的劳动关系进行专项立法规定，意在全面推动新型劳动关系在建立、运行、监督、调处等方面规范有序、公正合理、运转顺畅、稳定协调、和谐发展，并且通过集体谈判制度、工会制度和劳动争议处理制度协调劳动关系和解决各种社会利益冲突或矛盾。在当前经济社会骤变的情境下及全球化发展的潮流中，任何国家劳动关系的规范都应有新的变化和标准，其包含的内容也应得到延伸和扩展。新南非无疑也应当根据当前国内发展的状况，不断完善相关的劳动立法及劳动司法机制，致力于构建和谐、民主、平等的劳动关系，从而进一步促进南非经济和社会快速发展。

（原文载《湘潭大学学报》（哲学社会科学版）2012 年第 6 期。与夏新华合作，收入本书时有改动）

非洲国际商法统一化与协调化

朱伟东[*]

经济全球化是当代社会的基本特征之一，它在加速推进国际商法的统一化与协调化进程。在此进程中，非洲亦不应被边缘化。

一 非洲国际商法统一化与协调化的成因

（一）经济全球化是非洲国际商法统一化与协调化的根本原因

正如经济全球化势不可挡一样，法律的统一化与协调化运动是当今国际社会法律发展的一大趋势，具有历史的必然性，其成因是多方面的，而经济全球化是其根本原因。[①] 随着经济全球化的加速与深入发展，各国间的联系和交往日益频繁，跨国民商事关系以前所未有的速度发展，国际经济竞争日益激烈，各国为了吸纳国际资金、技术和人员，无不在改善其国内法律环境，这就需要各国法律互相交流，互相借鉴，这有利于各国法律消除差异，趋向统一；而就整个国际社会而言，要谋求共同发展，保证国际社会正常的经济贸易活动的安全，进一步推动国家间经济贸易交往的扩张和深化，则需要制定更多的国际条约来规范国际商事关系，努力营造反映国际经济新秩序的国际法律环境。法律的统一化与协调化正是在这一背景下应运而生。

世界范围内法律的统一化与协调化首先表现在民商法领域。经济全球

---

[*] 朱伟东：中国社会科学院西亚非洲研究所教授、博士生导师。

[①] 郭玉军：《经济全球化与法律的协调化、统一化》，《武汉大学学报》（社会科学版）2001年第2期。

化意味着不同国家间的商人交易增多，为了降低交易风险，保障预期收益，就需要为商人之间的跨国交易设定规则，进而推动世界范围内商法规则的统一。① 因为"协调化的法律规则能降低交易成本，并因此促进国际贸易和商业的发展"。② 数十年来，国际商法的统一化进程已取得快速发展，主要表现为三方面：（1）商人通过自己的机构如国际商会等创设或统一了大量的商法规则；（2）各国通过国内立法制定了与多数国家相一致的法律规范，从而使商事法律规范趋向统一；（3）国际社会通过制定大量的调整有关国际商事关系的国际公约，推动了国际商法的统一化进程。

经济全球化是历史的必然，这就意味着处于边缘化状态的非洲国家根本无法回避经济全球化。③ 为应对经济全球化的挑战，非洲国家积极推进市场的联合与扩大，而"市场的联合总是与努力对有关金融和贸易方面的法律进行协调的活动相伴而行"。④ 非洲国家只有积极参与国际商法的统一化与协调化运动，才能最大限度地利用经济全球化的潜在好处，减少经济全球化的负面影响，进一步融入经济全球化，避免被进一步边缘化。

（二）非洲国际商法统一化与协调化的直接原因

消除法律的多样性，是非洲国际商法统一化与协调化的直接原因。法律的多样性在非洲尤显突出。非洲法律的多样性体现在以下三个方面：（1）单一国家内部法律的多样性。在一个非洲国家内部，不同地区实施不同的习惯法。殖民时期，一些外国法被强加于非洲本土法，且二者继续并存。独立后，许多非洲国家采用联邦制，使一国内部各地区具有依据本地情况进行立法的权力，而各地区的立法并不必然是统一的。（2）非洲国家之间法律的多样性。长期的殖民统治对非洲各国的法律造成深刻影响，独立后非洲国家基本上沿用前殖民国家的法律制度。伊斯兰教在非洲广大地区的传播使伊斯兰教法对一些非洲国家的法律也产生巨大影响。此外，当

---

① 车丕照：《经济全球化趋势下的国际经济法》，《清华大学学报》（哲学社会科学版）2001年第1期。

② Katharina Pistor, "The Standardization of Law and Its Effect on Developing Economies," *Journal of American Comparative Law* 50（2002）：100.

③ 李智彪：《经济全球化与非洲》，《西亚非洲》2000年第1期。

④ Rodolf Sacco, "Diversity and Uniformity in the Law," *Journal of American Comparative Law* 49（2001）：172.

今一些非洲国家的不同地区在历史上曾被不同的国家占领，造成现在一些非洲国家的不同地区适用不同类型的法律。因此，可以从法律的角度把当代非洲国家分为普通法系国家、大陆法系国家和混合法系国家。它们之间的法律必然存在巨大的不同。（3）非洲国家和其他大陆国家之间法律的多样性。尽管非洲国家的大部分法律制度源于欧洲，但不能就此认为非洲国家的法律规则等同于它们所采用的欧洲国家的法律规则。即使法律制度同属一个法系的不同国家，在处理同样事情所适用的规则上也常常存在很大差异。导致此种状况的原因包括：各国法律发展或改革的步伐不同，各国的社会文化因素对法律的影响有别；现在许多国家乐于从其他国家移植一些法律规则和概念，这些国家并非总和移植国同属一个法系。非洲国家接受欧洲法后，欧洲国家法律的发展并非总在接受国中得到反映，另外，非洲国家本身也经历着内部的法律发展，这包括新的本土法的制定、对立法做出的新解释，以及对其他国家法律的移植等。

非洲法律的多样性不仅影响非洲各国之间、非洲国家与其他大陆国家之间贸易的发展，而且在一定程度上阻碍非洲经济一体化目标的实现。

法律制度的差异是产生法律冲突的一个主要原因，而"毫无疑问，法律冲突妨碍了贸易的发展"。① 从事国际贸易者必须考虑到以下问题：某项交易应受何国法律支配？发生争议时当事人应到哪国法院寻求救济？也许有人认为，只要在合同中加入法律选择条款和法院管辖条款，上述问题即可解决。关键是，即使我们知道某一交易受某一非洲国家法律支配，由于其法律制度的多样性，我们也很难知道该国法律对我们的权利和义务是如何规定的。因此，此类条款并不是解决法律多样性产生的问题的有效、持久的方法。有人曾指出，法律选择条款"并不是解决地区之间贸易问题的实用方法，因为许多合同经常不指明适用的法律，或为追求缔约效率而忽视该问题"。② 当合同中缺乏法律选择条款时，就需要利用冲突法规则来确定交易的准据法，而非洲国家的冲突法规则同样存在巨大差异。因此，"法律体系的多样化和发生法律冲突时选择法律的困难，引起了人们对统

---

① Rodolf Sacco, "Diversity and Uniformity in the Law," *Journal of American Comparative Law* 49 (2001): 172.

② M. Ndulo, "Harmonization of Trade Laws in the African Economic Community," *International Comparative Law Quartly* 42 (1993): 108.

一贸易法越来越大的兴趣"。①

非洲国家为扭转在经济全球化中逐渐被边缘化的局面艰难探索，逐步形成了联合自强、共谋发展的共识。为应对全球化的挑战，非洲国家致力于经济的一体化，首先主要在地区间进行合作，进而逐渐关注全非洲的合作。西非国家经济共同体、东南非共同市场、南部非洲发展共同体、非洲经济共同体以及非盟的建立即为明证。非洲国家致力于非洲经济一体化进程，是因为它们相信经济一体化能保证非洲各国的经济和社会发展，并有助于整个非洲的进步和发展。为实现经济一体化的目标，非洲国家都表现出极大的决心去消除有碍发展的经济和政治方面的因素，但在消除阻碍它们参与国际贸易、不利于实现经济一体化目标的法律多样性方面却未表现出同样的决心。有人曾指出，阻碍西非国家经济一体化进程的主要问题不仅是政治、经济或社会方面的，还有其他更重要的因素，即法律方面的因素。另一位非洲人士恩杜鲁认为，"非洲经济共同体面临的非洲国家之间各种非关税贸易壁垒中，必须把目前存在于非洲的差异巨大的各种法律制度置于首位"。② 他进而指出："贸易法和商业惯例的协调是地区一体化的重要组成部分。没有它经济一体化目标就不能实现。"③ 因此，非洲国家应毫不迟疑地排除不利于经济合作的法律方面的障碍，而且最主要的目标应是在经济合作的主要领域实现实体法和程序法的统一与协调。实际上，许多非洲国家早已意识到法律多样性对经济一体化发展的负面影响，因此，它们已采取一些实际措施进行商业领域法律的统一与协调。

上述讨论的是非洲国家商法统一化与协调化的两个主要原因，此外，全球化时代法律文化交流的频繁及信息传播与获取的便捷也在一定程度上推动了非洲商法的统一化与协调化进程。如果说，在无线电时代各种社会制度最大的倾向是趋于统一，④ 那么在当今的信息时代，这种统一就更有可能得以实现。

---

① 〔法〕勒内·罗迪埃尔：《比较法概论》，陈春龙译，法律出版社，1987，第 85 页。

② M. Ndulo, "Harmonization of Trade Laws in the African Economic Community," *International Comparative Law Quartly* 42 (1993)：102.

③ M. Ndulo, "Harmonization of Trade Laws in the African Economic Community," *International Comparative Law Quartly* 42 (1993)：107.

④ 〔法〕勒内·罗迪埃尔：《比较法概论》，陈春龙译，法律出版社，1987，第 11 页。

二 非洲国际商法统一化与协调化的方式、内容及途径

(一) 非洲国际商法统一化与协调化的方式

传统的国际民商法统一与协调的主要方式有 6 种: (1) 通过国际条约进行统一与协调,这是在国际民商法统一化与协调化运动中运用最多的一种方法; (2) 通过制定统一法 (uniform law)、示范法 (model law), 引导各国民商法立法采用统一标准; (3) 通过形成国际惯例使商法规范获得国际统一; (4) 通过法院判决和仲裁裁决实现国际商法的统一与协调; (5) 通过适用一般法律原则实现国际民商法的统一与协调; (6) 通过各国国内民商法立法的趋同化来实现国际民商法的统一与协调。

在现实中, 非洲各国通常采用统一法和示范法的形式进行国际商法的统一与协调。例如, 1976 年成立的英语非洲工业产权组织, 曾制定了《英语非洲专利法示范法》和《英语非洲商标法示范法》供英语非洲国家采纳; 1993 年成立的非洲商法协调组织制定了大量的统一法供成员国采纳, 目前, 该组织制定的一些统一法已在成员国内实施。

在非洲法统一化与协调化的方法上, 有的非洲国家还采用过"重述" (restatement) 的方法, 即通过对大量法院判例的报告和出版来促成法律的统一与协调。"重述"的方法源于美国, 它在统一与协调美国各州的冲突中发挥了重要作用。"重述"的方法在对肯尼亚、马拉维、博茨瓦纳和加纳的习惯法的统一与协调做出了重要贡献。①

此外, 在非洲国际商法的统一化与协调化进程中还必须重视比较法的作用。比较法的功能之一就是促进法律的统一与协调。由于非洲法律的多样性, "比较法研究在这些国家法律的统一化进程, 或至少在协调化过程中将是极其有用的"。②

---

① James S. Read, "Law in Africa: Back to the Future?" in Ian Edge, eds., *Comparative Law in Global Perspective* (Transnational Publishers Inc, 2000), pp. 185 – 188.

② Peter de Cruz, *Comparative Law in a Changing World*, 2nd edition (Canvendish Publishing Limited, 1999), p. 24.

（二） 非洲国际商法统一化与协调化的内容

非洲国际商法的统一与协调不仅是国际商事领域实体法的统一与协调，还必须包括冲突法（包括管辖权、法律适用和外国判决与执行等程序性事项）的统一与协调。例如，《非洲商法协调组织条约》第二条规定："商法应理解为包括所有调整公司、商人法律地位、债务清偿、担保及执行程序、企业清算及破产的规则，及仲裁法、劳动法、会计法、销售法及交通法……及其他部长委员会一致决定应包括的法律。"

实体商法的统一与协调必须关注影响非洲地区贸易与投资的法律方，因此非洲国家必须关注这样一些问题：在成员国设立或运营企业的方便性、有关地区间货物交易和服务的支付、地区内人员流动和货物运输、地区内知识产权或工业产权的保护，以及对非洲各国经济发展具极其重要的投资法进行协调与统一，以吸引外资促进本地经济发展。[①]

除了这些影响非洲地区贸易与投资的实体法问题外，还须考虑下列问题：在非洲各国的贸易中，某项特定交易应适用何国法律？应在哪国法院就所发生的争议提起诉讼？在何种情况下，在一个非洲国家做出的判决能在另一个非洲国家得到承认和执行？这些问题非常重要，必须将其作为提高非洲贸易措施的一部分来看待。但非洲国家却未对这些影响本地贸易发展的程序性事项（传统的国际私法规则）给予应有的重视。因此，该是非洲国家关注协调影响本地国际贸易与投资的国际私法规则的时候了。首先，这必须涉及在全非洲制定在无统一实体法规则的情况下规定成员国法院对某一地区内部交易应适用何国国内法则。其次，还必须涉及制定选择或规定某成员国法院对产生于地区内部贸易的争议具有司法管辖权的规则，以及该法院在另一国调查取证的规则。最后，制定有助于非洲国家法院做出的判决能在另一个非洲国家得到承认和执行的规则也非常重要。

（三） 非洲国际商法统一化与协调化的途径

有关法律全球化，目前有一种观点主张一开始就在世界范围内协商，

[①] A. M. Akiwumi, "A Plea for the Harmonization of African Investment Laws," *Journal of African Law* 19 (1975): 134 – 153.

通过制定全球性的公约来实现统一；另一种观点则主张先采取区域性统一再到世界范围内统一的方法来推进法律的趋同。① 对于非洲国际商法统一化与协调化，也存在这样两种观点。例如，达特－巴赫曾指出："非洲国家国际贸易法的协调只有置于以全球范围为基础进行的国际贸易法统一化运动更广阔的范围内才可能成功……而不是仅仅局限在非洲范围内。"而恩杜鲁却认为必须在非洲范围内进行贸易法的协调，因为非洲各国国内法的多样化及国际私法规则的复杂化严重阻碍了地区内部贸易。由于促进地区贸易和投资符合非洲国家的利益，有利于经济一体化目标的实现，因此它们必须对法律制度进行改革，以求得法律的协调和统一。②

笔者认为，非洲国际商法的统一化与协调化应首先在区域内进行，因为从实践的角度来看，区域性的国际民商法统一化运动取得的成果更大，"地区性的法典编撰可能被认为是重要的，因为它减少了世界上商法制度的数量，并成为全球性统一的先兆"。③ 如可先在非洲大陆法系国家和普通法系国家分别进行商法的统一与协调，然后借鉴非洲混合法系国家的做法，对非洲大陆法系国家和普通法系国家的商法进行统一与协调，最后进行全球范围内国际商法的统一与协调。但这不是绝对的，有些事项需要优先在全球范围内进行统一与协调，而有些需要优先在区域范围内进行统一与协调，这两种方法也可同时进行。

三 非洲国际商法统一化与协调化的成果

（一）非洲区域性国际商法统一化与协调化的成果

经过多年的努力，非洲国家在商法的区域性统一与协调方面取得了很大的成就。如 1997 年 12 月西非国家经济共同体正式推出共同体旅行支票，使成员国间的金融和贸易往来更为便利，从而向实现单一货币和关税同盟的战略目标迈出了重要一步。西非国家共同体成员国为便利外国投资，决定制定共同体统一破产法，开始互免关税，而且实现了货币自由兑换、商

---

① 肖永平：《欧盟统一国际私法研究》，武汉大学出版社，2002，第 20 页。

② Gbenga Bamodu, "Transnational Law, Unification and Harmonization of International Commercial Law in Africa," *Journal of African Law* 38 (1994): 131.

③ 〔英〕施米托夫：《国际贸易法文选》，赵秀文译，中国大百科全书出版社，1996，第 16 页。

业银行营业标准化和资本账户自由化，成立了东非证券管理局。在南部非洲，南部非洲发展共同体国家在 1996 年 8 月就签署了关于实现地区贸易自由化的协议。根据协议，共同体成员国将在 8 年内分阶段逐步消除货物与服务贸易关税和壁垒，提高贸易自由化程度。在东南部非洲，东南非共同市场国家建立了贸易信息网，简化了成员国间的过境手续。为鼓励外资进入，东南非共同市场国家放宽了原产地原则，外国独资产品也能享受共同体的优惠关税，只要产品符合共同体原产地 4 项原则中的一项。此外，东南非共同市场确定了 2020 年发行单一货币、建立货币联盟的新目标。① 特别是非盟还将设立立法机构——非洲议会，以及非洲法院、中央银行、非洲货币基金组织、非洲投资银行等机构，这将有力地推动非洲范围内国际商法的统一与协调。

截至目前，在非洲国际商法的区域性统一与协调方面取得成果最显著的当数非洲商法协调组织。该组织是根据 1993 年 10 月在毛里求斯签署的《非洲商法协调组织条约》成立的，目前共有 16 个成员国。其成员国不全是法语国家，如几内亚比绍是葡语国家，而喀麦隆具有两种官方语言——英语和法语，这些成员国都具有普通法传统。该组织的主要目的是"通过采纳共同、简洁、现代的统一法，在司法机关内设立适当的审判程序，鼓励运用仲裁作为解决合同争端工具等方式对商法进行协调"（《非洲商法协调组织条约》第一条）。该组织下设 4 个机构：部长委员会、司法和仲裁共同法院、常设秘书处及地区司法学校。部长委员会由各成员国司法部长组成，是最高决策机构，它最重要的职责是批准新的统一法。常设秘书处的主要职责是负责准备统一法的起草工作。司法和仲裁共同法院的主要职责是对非洲商法协调组织法律（包括非洲商法协调组织条约、统一法以及其他可能采纳的规则）进行解释，对所有适用统一法的事项具有管辖权，其判决在各国具有最高约束力。地区司法学校主要是对成员国的法官进行培训。一旦一项统一法草案在至少有 2/3 成员国司法部长出席的部长委员会上被批准，自批准之日 90 日起，该统一法草案就成为一项在成员国国内普遍适用的法律，而无需再通过国内立法将其转化为成员国国内法。目前，该组织已批准并已实施的统一法有《一般商法统一法》、《商业公司及

---

① 姚桂梅：《全球化中的非洲地区一体化》，《西亚非洲》1999 年第 5 期。

经济利益团体统一法》《破产和清算程序统一法》《仲裁法统一法》《债务
托收简易程序及执行措施统一法》。该组织正考虑制定下列统一法：《劳动
法统一法》《消费者法统一法》《道路交通法统一法》。在 2001 年 3 月
21～23日的例会上，部长委员会做出一项声明，支持对下列目前由各成员
国国内法——竞争法、银行法、知识产权法、公司法、合伙法、合同法及
证据法调整的事项进行协调。① 有人认为，"非洲商法协调组织在商法协调
方面比欧盟更有抱负，不像欧盟的法律，非洲商法协调组织的法律是直接
在成员国国内适用，且对这些法律的解释也是通过司法与仲裁共同法院进
行从而得到协调"。②

非洲商法协调组织的目标不仅是在目前成员国内实现商法的统一与协
调，还要在非洲范围内实现商法的统一与协调，《非洲商法协调组织条约》
曾向所有非统和非盟的成员国开放，从目前来看，要使非洲普通法国家也
参与到该组织统一与协调商法的活动中去还有一定的困难，可以先将该组
织内既有大陆法又有普通法的喀麦隆作为协调普通法国家和大陆法国家之
间商法的一个实验场。③ 可以预见，非洲商法协调组织将在非洲范围内国
际商法的统一化与协调化运动中发挥重要作用。

（二）非洲在世界国际商法统一化与协调化运动中的成果

从传统角度讲，非洲国家对国际层面上法律原则的形成很少或没有产生
作用。在国际商法领域的统一与协调方面，只是近年来非洲国家才开始对一
些普遍接受和适用的原则做出自己的贡献。著名国际贸易法专家施米托夫教
授在联合国国际贸易法委员会成立前对非洲国家的状况做了如下描述："近
来独立的非洲发展中国家仅在很小的程度上参与目前在国际贸易法律的协
调、统一和现代化的领域方面所进行的活动。它们是特别需要大量和现代的
法律的国家，这对于它们在国际贸易中获得平等地位是不可缺少的。"④

---

① http：//www.ohadalegis.com/anglais/about %200hada.html，accessed June 3，2008.

② Marc Frilet，"Uniform Commercial Laws，Infrastructure and Project Finance in Africa," *International Business Lawyer* 28（2000）：215.

③ Marc Frilet，"Uniform Commercial Laws，Infrastructure and Project Finance in Africa," *International Business Lawyer* 28（2000）：215

④ Gbenga Bamodu，"Transnational Law，Unification and Harmonization of International Commercial Law in Africa," *Journal of African Law* 38（1994）：138.

　　许多非洲国家的法律还是独立前殖民宗主国遗留下来的，有的现已完全过时。因此，联合国国际贸易法委员会成立伊始，非洲国家就同其他国家一起参与到该委员会的工作中来。正如非洲法权威专家阿洛特教授所言："非洲国家并未宣布放弃对世界统一法的讨论。我坚信，它们将比以前更愿意积极地、直接地参与此项讨论。"①

　　非洲国家还通过直接采纳和实施国际公约的形式，极大地提高了它们在国际商法统一化与协调化过程中的参与程度。这对于非洲发展中国家有很大的帮助，因为它们可通过参加国际公约，满足它们为更好地参与国际贸易所必需的现代化法规的需要。例如，截至 2002 年，已有 28 个非洲国家获准或加入了 1958 年达成的《承认与执行外国仲裁裁决的纽约公约》（简称《纽约公约》），已有 7 个非洲国家加入了 1980 年达成的《联合国国际货物销售合同公约》，而且南非、加纳两国正考虑加入。此外，非洲国家还积极参与各种国际组织以实现国际商法的统一与协调。例如，截至 2002 年，已有摩洛哥、埃及、南非 3 个非洲国家加入海牙国际私法会议，已有 40 多个非洲国家加入了世界贸易组织。

　　为更好地参与世界国际商法的统一化与协调化运动，非洲还必须形成强大的贸易团体，这些团体由对某些特定工业面临的法律问题具有直接经验及知识的商人组成，它们能表达此类工业的呼声，推动改革，"市场行为者的力量越大，越可能产生普遍接受的市场惯例，也许再进一步，将这些惯例转化成标准格式合同，并且最大的影响是说服法院或立法者通过判例法或法典化赋予这些惯例以法律约束力"。② 非洲还必须培训精通国际商事知识的律师和专门人才，他们和贸易团体一道，能够在影响国际商事交往的重要而棘手的法律问题方面发展非洲的法理学，表达非洲的观点。

　　除上述区域性和世界范围内非洲国际商法的统一化与协调化运动中的成果外，非洲各国在世界银行的援助下通过对国内商法的改革，也在一定程度上促进了非洲国际商法的统一与协调。

① 阿洛特：《非洲法律的统一》，《国际法与比较法季刊》第 14 卷，1965，第 389 页，转引自〔英〕施米托夫《国际贸易法文选》，赵秀文译，中国大百科全书出版社，1996，第 236 页。

② Olusoj O. Elias, "Globalization, 'Law and Development', and Contemporary Africa," *European Journal of Law Reform* 2 (2000): 272.

四　非洲国际商法统一化与协调化的前景

阿瑟·罗塞特教授认为，推动国际商法统一化与协调化的两大动力是共同的商业文化和共同的法律文化、法律教育。[①] 由于非洲具有不同的语言和文化，并且鉴于非洲国家法律制度的多样性，人们不免会提出这样的问题：在非洲进行国际商法的统一化与协调化是否可行？语言问题如何克服？普通法法律制度怎样与大陆法和混合法法律制度进行协调？有学者认为，这些问题不会妨碍非洲国际商法的统一化与协调化。其理由是，有一些包含于国际文件中或作为国际商业惯例的一部分而适用的法律原则普遍适用于具有不同的语言、文化和法律制度的国家，这就是国际商法得以统一与协调的最简单的原因。国际贸易关涉所有现代国家，而不论其国内语言、文化或法律制度如何，它是一个全球性概念。而且，在制定构成法律协调过程核心的规范性规则过程中，有关语言的差异问题可通过创造性的解释和起草工作予以克服。至于法律制度的多样性问题可通过各国的合作与妥协，对共同的问题要设计并采纳有效的、可接受的办法来解决，并且法律制度的多样性对实现法律协调也有积极的一面。如前所述，非洲国家的法律制度可分为普通法、大陆法和混合法，这就意味着有可能把法律制度酷似的、容易协调的非洲国家分成 2 个或 3 个区域，先进行区域性国际商法的统一化与协调化。[②]

米歇尔·阿里奥教授也认为，非洲存在的种族、宗教、语言、法律、经济的多样性是构成非洲法律统一的障碍，不过，非洲也存在有利于法律统一的因素：非洲国家要解决问题的同一性，如非洲国家都面临经济发展问题，因此它们必须致力于消除不利于经济发展的法律的多样性；通过立法对法律进行重大修改的可能性，如 1960 年《埃塞俄比亚民法典》的制定，1964 年象牙海岸（今科特迪瓦）婚姻法的制定等；存在可供借鉴进行法律统一的例子，如喀麦隆国内普通法与大陆法的统一与协调。[③] 还有学

---

① Arthur Roset, "Unification, Harmonization, Restatement, Codification and Reform in International Commercial Law," *Journal of American Comparative Law* 40 (1992): 694 – 695.

② Gbenga Bamodu, "Transnational Law, Unification and Harmonization of International Commercial Law in Africa," *Journal of African Law* 38 (1994): 131, 133.

③ Michel Alliot, "Problèmes de l'Unification Des Droits Africans," *Journal of African Law* 11 (1967): 88 – 91.

者认为，非洲法律的统一将会自然地实现。① 虽然非洲国际商法的统一化与协调化还面临诸多困难，但由于非洲国家已认识到进行国际商法的统一与协调有利于非洲国家应对全球化的挑战，有利于非洲经济一体化目标的实现，有利于非洲国家贸易的发展，它们就会坚定不移地推进商法的统一化与协调化，如非洲商法协调组织的成立就是很好的例证。非盟的成立也将推动非洲商法的统一化与协调化，非盟不同于非统，非统是单一的政治实体，而非盟是涵盖政治、经济、军事、文化及社会等方面的全面的洲际组织，特别值得一提的是，非盟还将设立立法机构——非洲议会以及非洲法院等机构。此外，世界银行、联合国国际贸易与发展委员会、法国、英国等一些国际组织及国家也向非洲国家提供援助，以帮助它们对国内商法进行改革。可以相信，非洲国际商法的统一化与协调化将有很长的路要走，在这方面，"外人可以提供帮助，但主要的任务只能由非洲人自己来完成"。②

（原文载《西亚非洲》2003 年第 3 期，收入本书时有改动）

---

① Ké ba M' Baye, "The African Conception of Law," *International Encyclopaedia of Comparative Law* 2 (1975): 156.

② 米歇尔·契格:《撒哈拉以南的非洲地区：欠发达国家的最后角落》,〔美〕芭芭拉·恩多林斯主编《论全球化的区域化效应》,重庆出版社,2002,第 348 页。

三　著作评论篇

《非洲法导论》：一个读者的满意和不满

徐国栋 *

在我国，非洲法研究属于极为薄弱的环节。但非洲法研究的重要性日益凸显。我国的外国法制史课程，除了要介绍欧美国家的法制史外，还应该介绍亚非拉国家的法制史。①

1998 年，湘潭大学法学院成立了专门的非洲法研究所，该所的同人们在艰难的处境下投身于非洲法研究，终于在 2000 年结出了其第一个成果——《非洲法导论》（洪永红、夏新华等著，湖南人民出版社出版）。

该书 40 多万字，包括绪论、本论和专论三部分。第一部分包括两章，涉及非洲法的一般问题，如非洲法的概念、研究非洲法的意义、非洲法律文化的变迁等；第二部分有 5 章，分别研究了非洲的习惯法、宗教法、大陆法、普通法、混合法等；第三部分含 6 章，分别介绍了非洲的宪政法律制度、刑事法律制度、婚姻家庭法律制度、经贸投资法律制度、诉讼程序法律制度、难民法和人权法等。全书除了少量遗漏外，非洲法的方方面面在这里一览无余，读者可从本书获取关于非洲法的丰富的信息。

我是该书的一个特别的读者，因为在读它之前，我也曾就非洲国家的民法典编纂史做过研究，对非洲法并非一无所知。我希望通过阅读此书得到进一步的非洲法知识，果然，此书带给我如下关于非洲法的新知识。

第一，非洲习惯法的含义问题。按照我过去的理解，所谓习惯法，是无特定立法主体的法，也就是人们在长期的共同生活中自发地形成的调整个人人际关系的规则，可以说，人人都是这样的法的立法者。但《非洲法

徐国栋，厦门大学法学院罗马法研究所教授、博士生导师。

① 何勤华主编的《外国法制史》（法律出版社，1997）介绍了印度法、伊斯兰教法和俄国法。

导论》告诉我们，非洲的习惯法由酋长、酋长会议、公众大会、团体、长老会议甚至法官制定，并且有自己的诉讼和执行程序（第75～81页），这样的"习惯法"与人们对习惯法的通常理解相去甚远，应该是酋长社会的非洲的固有法。西方殖民者把它称为"习惯法"，实际上表明了他们对这种法的贬低。

第二，非洲法的混合法发展方向问题。非洲是个法律熔炉，世界上的重要法系通过剑（战争）或秤（商业）纷纷涌入这里。大陆法、英美法、伊斯兰教法自不必说，就连印度法也在非洲获得了一席之地。有的国家如坦桑尼亚，在法律上一分为二：一个是德国法与英国法相混合的坦噶尼喀；另一个是伊斯兰教法的桑给巴尔。在这样复杂的法律情势的背景下，非洲法的发展趋势是什么？本书告诉我们，非洲法的格局正在朝混合法类型迈进，将来，不能说某个国家是纯粹的大陆法国家或纯粹的英美法国家，而是两种法律因素兼备的国家（第51页）。我认为，这样的预言有相当理由，符合人类发展的方向。

第三，对印度教法的了解。印度人在非洲的存在给这个大陆带来了包括法律在内的新因素。尽管在印度本土，印度法已成为死法系，而在非洲的印度人社区中，印度法继续作为属人法适用于印度教徒（第160页）。正因如此，作者们在对非洲法的研究中发掘出这块化石，使我知道了它的渊源包括吠陀、法经、法典、佛教经典、国王敕令等，我的印度法知识因此得到加强。

第四，一般说明与个案分析相结合的论述方式使我对非洲法的实际运作获得了新鲜的印象。在本书中，作者始终采用一般说明与具体个案分析相结合的论述方式。例如，作者分析了1986年在肯尼亚发生的"奥蒂罗安葬权案"，该案中奥蒂罗的妻子与其丈夫所属卢奥族的头人就奥蒂罗是应该安葬在他生前经营的农场还是故土奈米拉发生争执，最后经过两审，判决死者应被安葬在故土。作者从这一个案出发进行分析，认为其实质是普通法与习惯法的矛盾冲突，最后是习惯法得胜。这一分析以小见大，令人信服。这些个案分析揭示了非洲法在实际生活中的运作情况，使人了解到纸上的法与实际法的冲突。

第五，对非洲法基本发展线索的整理。作者认为，非洲法的最初发展是固有法阶段，后来发生的三次重大变迁使固有法受到冲击。第一次变迁是伊斯兰教法与非洲传统习惯法的交汇和融合；第二次是西方殖民者把自己的法律移植到非洲后对固有法的挑战；第三次是 20 世纪 50～60 年代非洲各国纷纷独立后，它们对殖民地法的遗产与传统法进行的整合（第 17 页）。这样的概括，十分清楚地把非洲法的历史沿革完全揭示出来。

显然，在这一历史纵坐标上，非洲法发生了三次革命，其中两次是外来冲击，这种冲击是带来了进步还是倒退？作者似乎不愿明示。在第 125 页中，作者谈到了伊斯兰教法取代土著法的好处，但由于伊斯兰教法仍然是宗教法而非世俗法，因此它仍有待被世俗的西方法取代。当然，这种取代是以血腥的方式进行的，因此使人在承认这种取代的进步性上心存疑虑，为殖民者唱赞歌的罪名实在太重！尽管如此，该书仍然以不那么明朗的方式肯定了这种取代的进步性。第 6 章 "非洲普通法" 肯定了英国法对土著法的取代，如英国法概念的渗透 "导致了非洲习惯法从口头法向成文法的转化"（第 248 页），培养了 "个人权利的要求和其经济上的自立"（第 248～249 页）。"在家庭方面，亲属关系的纽带和义务的束缚有所松弛，救助的义务已经淡化。非洲许多家庭成员的法律义务逐渐个体化，人们往往有意无视其惯常的亲属关系的义务，拒绝为具有法律义务的亲属进行赔偿或捐助，相应地，他也常放弃来自同样义务的帮助。"（第 250 页）上述论述证明，在殖民主义的催化下，非洲实现了一场从身份到契约的进步运动。

对于上面的收获，我深深地感激《非洲法导论》的作者们。但是，此书有些地方我感到不很满意，兹说明如下。

第一，全书过分强调非洲的共性，忽略非洲各国的个性。我们知道，非洲可以大体分为撒哈拉以北非洲和撒哈拉以南非洲，这两个地区差别甚大，不区分南北，几乎无法一般地谈论任何非洲问题。北非通常被作为阿拉伯世界的一部分考虑，与中东问题联系在一起；而撒哈拉以南非洲问题似乎才是真正的非洲问题。无怪乎一些研究非洲法的著作，仅以撒哈拉以南非洲国家的法为研究对象。① 而在本书中，作者动辄以所有的非洲国家为对象下全称判断。因此，在阅读此书的过程中，我常常为作者们担心，

---

① 这方面的例子有意大利学者 Rodolfo Sacco 的著作 *Il Diritto Africano*（UTET，Torino，1995）。

出现任何一个反证就可推翻他们就非洲法做出的一般结论。

第二，本书基本上没有对非洲国家民法典的说明。第 10 章关于非洲婚姻家庭法律制度的论述，算是对这一缺陷的小小补救。法律的本体是民法，因此，任何比较法方面的著作，都以主要进行民法方面的比较为工作范围。事实上，非洲是一个民法典的高发区，每个大陆法系的宗主国都曾把自己的民法典扩展适用于自己的非洲殖民地，造成许多欧洲民法典曾在非洲适用并正在适用的情况。例如，《法国民法典》、意大利 1865 年民法典、西班牙民法典、葡萄牙民法典都曾在非洲适用。而且埃及还在博采众长的基础上制定了自己的 1946 年民法典，并受到许多国家的模仿，形成了埃及法系。令人遗憾的是，所有这些作者们都没有写到。1872 年英国为印度殖民地制定了契约法，① 这部合同法典一经完成，英国人就不仅把它适用于印度，而且适用于桑给巴尔、苏丹和肯尼亚，成为一种有趣的法律文化现象。可惜的是，《非洲法导论》的作者们忽略了介绍这部英国的专用于殖民地的法典。在第 182 页前讲了法国、比利时、葡萄牙在非洲的殖民统治后，应该接着讲意大利、西班牙对非洲的殖民统治，但作者们没有提到，造成了体系上的不均衡。

另外，书中还有一些小缺陷，在此不一一列举。但对于《非洲法导论》这一本具有填补空白意义的书来说，这些小缺陷不过是瑕疵而已。

（原文载《西亚非洲》2000 年第 4 期，收入本书时有改动）

---

① 《印度契约法》，宋光伟、杨波译，北京政法学院民法教研室印行，1981。

非洲法律发展的历史画卷

——评《非洲法律发达史》

由 嵘[*]

由何勤华、洪永红教授主编，多位学者参与编写的《非洲法律发达史》已由法律出版社于 2006 年 6 月出版。非洲历史悠久，是人类最早形成法律的地方。在古代，它的法律有重要影响，中世纪以后，也表现出丰富多彩的内涵与特色。但在我国法律史学界，由于学科发展所处的阶段，以及关注领域的顺序（一般来说，新时期我国法学振兴之初，外法史学界首先会去关注罗马法、教会法、大陆法、英美法等历史上的主流法律），直至 20 世纪 90 年代才逐渐有学者涉足非洲法，出版和发表了一些相关著作和文章（包括译著），特别是湘潭大学非洲法律与社会研究中心成立后，组建了一支朝气蓬勃的、有志献身非洲法研究的青年教师团队，非洲法研究大为改观，并向非洲法律史拓展。本书的成功问世，填补了我国非洲法律发展史研究的空白，使外国法律史学科的内容更加充实，体系更加完备。

经初步拜读，感到本书有以下四大看点。

1. 清晰描述了非洲法律发展的历史线索和画卷

非洲历史独特、民族众多、宗教信仰各异，其法律纷繁复杂、纵横交错，如何理清发展线索，构成科学严谨的体系，系统进行论述，向读者展现一幅非洲法律发展的历史画卷，确实有相当大的难度。但这都是史学著作的基础性工作。

本书作者借鉴中外学者关于非洲法律史研究的已有成果，结合自己的心得，把非洲法的发展划分为四个时期：（1）古代时期，以古埃及法为代表，副标题为"早期非洲法的辉煌"。（2）中世纪时期，概括为两部分，

---

[*] 由嵘，北京大学法学院教授、博士生导师。

即撒哈拉以北的非洲法，副标题是"非洲法的伊斯兰化"；撒哈拉以南的非洲法，副标题为"非洲习惯法"。（3）近代时期，主要揭示殖民主义入侵后西方法律的移植，分别分析了大陆法和普通法在非洲推行的情况，副标题为"西化与近代化"。（4）现代时期，描绘了非洲法现代化的进程，指出当代非洲法律主要由三种类型构成，即普通法法系、大陆法法系和受这两种法系交互影响形成的混合法系，副标题是"非洲法的现代化与本土化"。

本书对以上四个阶段非洲法演变进程的概括和展开，客观反映了各特定阶段非洲法的本质特征，各阶段发展线索清晰，传承关系明确，加上丰富史料的论证，呈现在读者面前的是一幅非洲法律进化的、绚丽多彩的历史画卷。

2. 通过对非洲法律历史进程的科学分析，印证了"人类社会的法律是在并存与融合中向前发展的"这一普遍规律

有史以来，各民族、国家和地区法律不可能孤立存在，由于民族、国家之间的征服、迁移及经济文化交流等原因，并存与融合成为法律存在的共同形式。这种情况我们在法律史上已经常看到，如楔形文字法、古印度法、古希腊法、罗马法、教会法、商法、伊斯兰教法，甚至当代欧共体法等莫不如此。任何一种强制性法律，在进入其他地区后，其执行者都不能忽视当地其他法律特别是原生本土法律的存在，不管他们喜欢不喜欢，因为法律是植根于社会生活之中的。

无论哪种普遍性的东西，都难免有例外出现。古埃及法律由于是人类最早出现的法律，古埃及又具有优越的地理位置和政治上的连续性，使这种法律较少（甚至没有）受到其他法律影响，具有独立性和原生性，本书第1章第3节对此做了令人信服的分析。

自中世纪以来，非洲法律就一直在并存与融合过程中发展。中世纪初，随着伊斯兰教在北非取得统治地位，伊斯兰教法逐渐成为主流法律，但在北非法律伊斯兰化的过程中，本土习惯法对此也产生了一定程度的反作用，因为伊斯兰教法学家主张将当地与教法原则不相抵触的习惯引入法律。所以，本书指出，伊斯兰教法在北非取得支配地位的过程，就是伊斯兰教法本土化的过程。西方殖民主义列强入侵非洲之后，尽管在统治方式上有英国的"间接统治"和大陆国家的"直接统治"的差异，但都强制推行本国法律，只是为了稳定社会秩序以维护宗主国根本的和长远的利益，在坚持宗主国法律占支配地位的条件下，允许本土法律继续存在，从而形成了两种法律并存的格局。在并存过程中，本土法不断受到侵蚀，适用范围有严格限制。这些书中均有详尽阐述。

20世纪中叶非洲国家相继独立后，继承了过去的法律遗产，非洲法律的现代化是在既定的发展模式中进行的，多种法律的并存与融合在更高层次上继续，取得了新的经验与成果。在此基础上逐渐确立了现代非洲法律制度，它适应全球化的需要，以源于西方的法文化为主导，保留和吸收了伊斯兰教法和传统习惯法，无论是属于普通法系、大陆法系还是混合法系（受普通法系和大陆法系交互影响的法系）的非洲国家的法律，均具有这一特征。

3. 某一地区总体上落后，并不等于其法律必定落后

非洲国家由于长期受西方殖民主义统治，以及其他种种原因，至今仍处于落后状态，虽然曙光初现，但还有很长的、艰难的路要走。殖民主义者为了维护自身的根本利益，在非洲进行了适度改革，以适应不同地区、不同时期的需要。这一过程，客观上使具有普世价值的法治精神不同程度地融入当地社会政治生活之中，未曾中断过。在现代化、全球化和非洲统一的大背景下，这有利于非洲国家法律的改革与发展。本书充分肯定了当代非洲法文化发展的成就，从各个法律部门分析了其中的制度创新，总结了经验教训，认为独立后的非洲国家"确立了以大陆法系和英美法系为特征，包含传统法律文化的新型法律"；非洲法的"这种发展趋势，很可能在一定程度上成为第三世界国家法律文化发展的未来方向"；道路是曲折的，前途是光明的。这些理性判断，书中都提出了充分的根据。

4. 史论结合，宏观与微观结合

在写作方法上，本书既有对非洲法律在各个历史阶段成长的环境、过程和发展趋势的一般论述，基本特征的概括和评价，又有对具体概念、原则和制度的阐释与分析，绝无空泛的议论，也不是史料的罗列。以西方法在非洲的移植为例，作者把西方化确定为非洲法律近代化的主要内容和基本特征，从理论上分析了西方法律移植到非洲的原因、移植的不同形式，指出通过强制与妥协，西方法律与非洲本土法律，以及中世纪从亚洲来到非洲的伊斯兰教法奇妙地融合在一起；认为无形的西方法的理念和价值标准的潜移默化，比有形的法律制度对非洲法发展的影响更为深远。此外，还指出，西方法律的移植无疑伴随着非洲人民极大的痛苦，但在客观上有利于非洲向现代化迈进。围绕着这些理论上、宏观上的论述，本书在西方法律移植的具体进程、两大法系国家法律移植的不同形式（以典型国家为例）、本土法和伊斯兰教法的改革，以及这些移植和改革在各个法律部门具体制度和规则上的体现等方面展开深入论述。这种史论结合、宏观微观结合的写作范式，对现阶段我国法律史学是比较适合的，便于不同层次的读者接受。

以上就是本书的主要贡献。

此外，给笔者留下深刻印象的还有本书资料相当丰富，而且较新，把能找到的中外文著作和论文几乎都搜集到了，单英文相关著作就达552部，许多是20世纪八九十年代以后出版的，代表了当今世界非洲法研究的水平。把这些资料搜集、汇集在一起，本身就是一项不小的工程，这些资料是由本书主编之一洪永红教授两次赴非洲，花了一年多时间搜集而来。笔者钦佩撰稿人用功之勤。

本书是多位作者合作完成，可以发挥每位作者的特长，完成自己所熟悉的部分，保证质量，早出成果；同时也彰显作者的合作精神和主编者的组织协调能力。但正由于是多位作者合作完成，本书也存在一些不足。全书结构不够严谨，某些部分有重复，如埃及法律部分，导论中非洲法律的历史发展和第一章古埃及法在部门法律制度部分有重复之处。讲到大陆国家对非洲的统治方式时，列举了七个国家，但对法律的影响只提到三个国家，不对称。个别概念不够清晰，如部落和村庄，在论述撒哈拉以南非洲原有土地制度时涉及这两个概念，第5页写道，"在撒哈拉以南非洲广大地区，土地等生产资料属于部落（村社）所有，社员只有用益权"，似乎部落和村庄是一个概念。第143页论及撒哈拉以南非洲习惯法中的土地制度时写道，这里的土地所有权大体上是一致的，"以村社公有制为主"，但在分析这种制度的内容时，又有"部落成员占有一部分土地"的提法，两者之间的界限仍不是很清楚。

本书是华东政法学院法律史研究中心组织编写的"世界各国各地区法律发达史丛书"之一。这套丛书是我国外法史学界优秀中青年学者团结协作的成果，凝结着他们的智慧和汗水，大大提升了我国外法史学科的整体水平。它的问世是何勤华教授和华东政法学院法律史研究中心的重大贡献。作为一个老法律史学工作者，笔者深感欣慰！

（原文载《河北法学》2007年第9期，收入本书时有改动）

磨砺十载，拓荒之作

——夏新华教授与《非洲法律文化史论》

贺　鉴　张小虎[*]

一　迎难而上拓荒地

非洲法律文化不仅是非洲文化研究的重要组成部分，而且是法律文化理论中不可或缺的分析对象。然而，从国内外研究动态来看，无论是在非洲学还是在法学抑或政治学的研究中，均未有直接关注并涉及非洲法律文化的学术成果，这种研究缺陷导致了我国学界对非洲法律文化研究的忽视，使那些有关非洲法、非洲法系以及非洲法律文化整体性与多样性的问题普遍存在异议，因此，加强对非洲法律文化的研究，出版相关成果，弥补研究疏漏，就变得刻不容缓。非洲法律文化虽然是世界法制文明发展史中最具魅力的特殊法域，然因其研究资料匮乏难觅，法制变迁复杂深奥，于是造成了对非洲法律文化的研究困境重重。而且非洲法律文化因其既非东方亦非西方的独特个性，又增加了研究的难度与深度。因此，长期以来，非洲法律文化研究领域成为外国法制史研究中的"烫手山芋"，这片学术处女之地亟待开拓。

2013年初，令法学界乃至非洲学界振奋的是，在历经十余年的不懈努力和辛勤耕耘下，夏新华教授的《非洲法律文化史论》终于由中国政法大学出版社出版面世。作为国内第一部专门研究非洲法律文化历史变迁的专著，该书的出版加强了我国外国法制史研究中的薄弱领域，开拓了我国非洲法研究的新局面，具有重要的理论价值和现实意义。该书集中体现了作

　*　贺鉴，中国海洋大学法政学院教授、博士生导师；张小虎，湘潭大学法学院讲师。

者在非洲法研究方面的最高学术成就，也充分展示了夏新华教授在面对学术困难时的勇气和胸怀，这份锐意进取和敢于创新的精神，获得了学界的高度肯定。我想，在中非合作论坛·法律论坛的成熟机制下，随着中非经贸与法律交往的日益频繁，《非洲法律文化史论》将会连同夏新华教授对非洲法律制度、历史与文化的研究一道，成为中非学术交流和民间交往的重要桥梁。

二　潜心钻研结硕果

《非洲法律文化史论》是夏新华教授所主持的国家社科基金项目"非洲法律文化史"的结项成果，鉴定等级为"优秀"，并入选《国家社科基金项目成果选介汇编（第七辑）》。全书洋洋洒洒三十余万字，以非洲法律文化发展中的纵横两个维度为主线，从多学科视角解读了非洲法律文化在历史进程中的林林总总，归纳了非洲法律文化的个性特征，分析了三次法律文化变革的主要原因，考察了非洲法律文化的整体性与多样性，梳理了本土法与外来法的冲突与融合，界定了非洲法律文化研究中的诸多理论问题，预测了全球化背景下非洲法律文化的发展趋向。可谓知识性与趣味性并重，专业性与可读性共存，笔者读后，收获颇丰，感触良多，以飨读者。

第一，该书对非洲法律文化研究的基本理论颇有创见。作者界定了非洲法与非洲法系的概念，确定了非洲法律文化的研究对象，将非洲的习惯法与宗教法、非洲本土法与西方外来法进行区分，并提出了非洲法律文化历经了三次变迁的重要理论。第二，该书对非洲传统法律文化和习惯法的形成进行考察，对无人涉足的古埃及法和苏丹丁卡人习惯法等展开深入研究，填补了非洲早期法律形态的研究空白。第三，该书对外来法律文化在非洲的移植与影响展开纵向的历史考察，首次全面描绘了本土法与外来法在非洲的冲突与协调。第四，该书对非洲法律文化的现代化变革和发展趋向做出了分析预测。作者结合 20 世纪非洲各国独立的特殊背景，关注其宪政体制的探索、刑事法律的进步、司法诉讼的更新等问题；同时，以南非为例考察了非洲混合法律文化的演进过程。第五，该书的附录部分记载了以夏新华教授为首的非洲法研究团队的学术贡献，罗列了一系列有关非洲法研究的学术成果，为日后全面推进非洲法的研究提供了重要资料。

总言之，该书内容丰富而全面，既有对非洲法律文化历史演进的纵向考察，又有对非洲国别法律文化的横向研究，还有对非洲部门法律文化的学理论证，结构合理，论证充分，以史为据，史论结合，资料丰厚，观点新颖。

故此，在该书的序言中，全国外国法制史研究会会长、华东政法大学校长何勤华教授予以高度评价："《非洲法律文化史论》是一部有较高学术价值的专著，公开出版后必将得到法律史学界乃至非洲学研究同行的关注。"而作为夏新华教授的导师，全国外国法制史研究会副会长、中国人民大学法学院叶秋华教授也认为，《非洲法律文化史论》是一部很有见地的学术作品，是近年来外国法制史学术界难得的一部力作，"这部凝聚着新华十余年思考与汗水的著作，一定不会让学界和读者失望，本书的学术价值、实践意义定会像新华的前几部著作一样，再次得到人民的充分肯定。"由此可见，《非洲法律文化史论》所达到的高度，源自作者十余年的学术积淀，正是这种勇于开拓创新、甘坐学术"冷板凳"的精神，造就了作者今天在非洲法研究中的成功。

三　十年积淀开新局

正如作者在《非洲法律文化史论》的后记中所言，"本书非一朝一夕之作，而是凝聚了我多年研究非洲法的心血和汗水"。的确，通过查阅近十年来有关非洲法研究的学术动态，我们可以发现，夏新华教授《非洲法律文化史论》一书的成书过程与其研究经历密不可分，正是这种长期不懈的积累和超越自我的精神，使《非洲法律文化史论》一书，连同其非洲法研究的丰富成果，一并受到了学界一致的认可和好评。翻看作者在书中描述的研学经历：1996 年底在中国人民大学进修外国法制史时，作者就开展非洲法研究的必要性与可行性等问题，向时任全国外国法制史研究会会长、著名外国法制史专家林榕年教授求教，随即获得肯定的回答与坚定的支持，由此，在林榕年先生以及时任全国非洲史学会会长、著名非洲史学家陆庭恩教授等人的帮助下，作者开启了非洲法研究的创新之路。随后，在 1997 年的全国外国法制史研究会第 12 届年会上，作者以《非洲法律文化的变迁》的主题发言引发了与会学者的关注，以此为基础，又历时两年的积淀，长达三万余字的《非洲法律文化之变迁》于 1999 年在《比较法研究》杂志上发表，再度引发学界热议。2000 年春，在全国外国法制史研究会第 13 届年会上，由夏新华教授等人著的《非洲法导论》问世，该书成为当时国内第一部非洲法著作，填补了相关领域的空白，也确立了夏新华教授在我国非洲法研究中的奠基者地位。至此，夏新华教授开始尝试构建中国特色的非洲法学研究体系，从 2002 年考取中国人民大学外国法制史方向的博士研究生开始，夏新华教授潜心致力于非洲法律文化研究，其间出版或发表了《列国志——马拉维》、《古埃及法研究新探》、《非洲法律文化研究的理论辨析》、《论埃及混合法庭的历史地位》、《论加纳法文化的历史变迁》、《美国宪政主义与 20 世纪非洲宪政的发展》等非洲法研究的创新成果，并多次以非洲法研究为主题，获得国家社科基金、教育部规划基金等立项资助。当前，作者已经完成并出版了其非洲法研究的三部曲：2000 年的《非洲法导论》对非洲法律文化和制度做了初步的介绍；2008年的《非洲法律文化专论》以专题的形式探讨了非洲法律文化研究中的具体个案与制度变迁；2013 年的这部《非洲法律文化史论》则在前两部著作的基础上进行全面的总结与升华，解决了非洲法律文化研究中的基本论题，构建了充分合理的非洲法律文化研究之逻辑体系。历经十年磨砺，三部曲系列最终完结。本书的成功正源于作者对非洲法十余年的潜心研究和积累。

　　笔者认为，夏新华教授的超越之作《非洲法律文化史论》，给我们带来的不仅仅是一份学术的盛宴，而更是一份勇气、一种信心和一套体系。首先，之于后辈，在读完《非洲法律文化史论》后，我们获得了一份勇气，一份开垦学术荒地、挑战学术困境的勇气，在面对复杂问题时能否坚持这一份勇气，将成为年轻学子获得成功的重要保障；其次，之于同人，《非洲法律文化史论》所传递的是一种信心，一种坚定研究信念，敢于挑战冷门的决心。在学术界日新月异、推陈出新的今天，能否排除杂念和抵住现实利益诱惑，坚持不懈地苦坐学术"冷板凳"，将会成为学者实现科研价值的首要态度；最后，之于学界，以《非洲法律文化史论》为契机，适时构建中国特色的非洲法学研究体系，将会成为新时期非洲法学界的主要任务。如何打破传统"中西二元"的思维局限，以开阔的视野构建中国特色的非洲法学？如何坚持"中、西、非"三维的研究限度，以中国学者的声音，利用西方的学术成果，研究非洲的法律问题，做到"材料为我所用、观点为我所创"，利用夯实的学理根基，指导当前的中非法律合作？这便是夏新华教授的新书《非洲法律文化史论》所带来的学术影响和心灵震撼。

（原文载《时代法学》2013 年第 3 期，收入本书时有改动）

非洲法律文化研究目录索引

一　专著、编著、译著

1. 〔尼日尔〕阿卢赛尼·穆鲁：《理解非洲商法协调组织》，李伯军译，湘潭大学出版社，2016。

2. 蔡高强：《艾滋病与人权保护》，中国法制出版社，2008。

3. 蔡高强、朱伟东编《东南部非洲地区性经贸组织法律制度专题研究》，湘潭大学出版社，2016。

4. 蔡高强、朱伟东编《南非经贸投资法律制度专题研究》，湘潭大学出版社，2017。

5. 蔡高强、朱伟东编《南非劳工法律制度专题研究》，湘潭大学出版社，2017。

6. 蔡高强、朱伟东编《西部非洲地区性经贸组织法律制度专题研究》，湘潭大学出版社，2016。

7. 陈晓红：《戴高乐与非洲的非殖民化研究》，中国社会科学出版社，2003。

8. 韩良：《非洲商事法律制度精析》，中国法制出版社，2015。

9. 何勤华、洪永红主编《非洲法律发达史》，法律出版社，2006。

10. 洪永红：《卢旺达国际刑事法庭研究》，中国社会科学出版社，2009。

11. 洪永红等：《当代非洲法律》，浙江人民出版社，2014。

12. 洪永红、夏新华等：《非洲法导论》，湖南人民出版社，2000。

13. 洪永红、夏新华执行主编《非洲法律与社会发展变迁》，湘潭大学出版社，2010。

14. 洪永红主编《非洲投资法概览》，湘潭大学出版社，2012。

15. 洪永红主编《非洲刑法评论》，中国检察出版社，2004。

16. 李伯军：《当代非洲国际组织》，浙江人民出版社，2013。

17. 李伯军：《联合国集体安全制度面临的新挑战——以武力打击索马里海盗为视角》，湘潭大学出版社，2013。

18. 李伯军：《作为一名独立学科的非洲法》，湘潭大学出版社，2017。

19. 〔喀麦隆〕玛莎·西姆·图蒙德：《非洲统一商法：普通法视角中的OHADA》，朱伟东译，中国政法大学出版社，2014。

20. 〔意〕沙尔瓦托·曼库索：《中国对非投资法律环境研究》，洪永红等译，湘潭大学出版社，2009。

21. 上海社会科学院法学研究所编译室编译《各国宪政制度和民商法要览·非洲分册》，法律出版社，1986。

22. 孙谦、韩大元主编《世界各国宪法·非洲卷》，《世界各国宪法》编辑委员会编译，中国检察出版社，2012。

23. 王琼：《西亚非洲法制》，法律出版社，2013。

24. 〔美〕翁·基达尼：《中非争议解决：仲裁的法律、经济和文化分析》，朱伟东译，中国社会科学出版社，2017。

25. 夏新华：《非洲法律文化史论》，中国政法大学出版社，2013。

26. 夏新华：《非洲法律文化专论》，中国社会科学出版社，2008。

27. 张永宏：《非洲发展视域中的本土知识》，中国社会科学出版社，2010。

28. 朱伟东：《非洲商法：OHADA 与统一化进程》，英国 GMB 出版公司，2008。

29. 朱伟东：《非洲涉外民商事纠纷的多元化解决机制研究》，湘潭大学出版社，2013。

30. 朱伟东、洪永红：《南非共和国国际私法研究——一个混合法系国家的视角》，法律出版社，2006。

二　论文

1. 宝音胡日雅克琪：《非洲23国宪法及其国家形式比较》，《宪法比较研究集》第 1 卷，南京大学出版社，1993。

2. 蔡高强：《艾滋病人的国际人权保护》，《求索》2005 年第 1 期。

3. 蔡高强：《论非洲艾滋病人的人权保护》，《西亚非洲》2005 年第 2 期。

4. 蔡高强：《论非洲人权和民族权宪章在南非国内的实施》，《广州大学学报》（社会科学版）2012 年第 3 期。

5. 蔡高强：《论乌干达防治艾滋病社区支持模式的社会法律制度》，《河北法学》2008 年第 5 期。

6. 蔡高强：《论乌干达防治艾滋病社区支持模式的社会法律制度》，《河北法学》2008 年第 2 期。

7. 蔡高强：《论武力打击索马里海盗中的人权保护》，载李伯军主编《21世纪的战争与法律》，湘潭大学出版社，2014。

8. 蔡高强：《论中国应对南非反倾销的法律机制》，《法治研究》2010 年第 1 期。

9. 蔡高强、贺鉴：《论非洲艾滋病人的人权保护》，《西亚非洲》2005 年第 2 期。

10. 蔡高强、刘功奇：《南非开发与利用外层空间的立法探析》，载梁慧星主编《民商法论丛》第 64 卷，法律出版社，2017。

11. 蔡高强、郑敏芝：《论〈非洲人权和民族权宪章〉在南非国内的实施》，《广州大学学报》2012 年第 5 期。

12. 曹艳芝：《南非海难救援优先权制度及其启示》，《湘潭大学学报》（哲学社会科学版）2014 年第 12 期。

13. 曹艳芝：《南非海事优先权制度探析》，《湘潭大学学报》（哲学社会科学版）2010 年第 3 期。

14. 曹艳芝、钱翔：《南非海难救援优先权制度及其启示》，《湘潭大学学报》2012 年第 3 期。

15. 陈红梅：《论南非住房权的救济》，《湘潭大学学报》（哲学社会科学版）2010 年第 4 期。

16. 陈红梅：《南非学费制度的合宪性之辩及其启示》，《法商研究》2007 年第 3 期。

17. 陈红梅：《南非学费制度的合宪性之辩及其启示》，《法商研究》2007 年第 3 期。

18. 陈红梅:《南非诊所式法律教育及其对中国的启示》,《西亚非洲》2008 年第 9 期。

19. 陈晓红:《"非洲增长与机遇法案"对撒哈拉以南非洲国家贸易和投资的影响》,《西亚非洲》2006 年第 6 期。

20. 邓德利:《非洲地区环境法对中国石油海外业务影响分析》,《油气田环境保护》2011 年第 3 期。

21. 丁峰:《埃及宪法变迁的方式和特色》,《时代法学》2017 年第 1 期。

22. 丁峰、夏新华:《后穆巴拉克时代埃及的宪法变迁》,《西亚非洲》2015 年第 5 期。

23. 范纯:《非洲环境保护法律机制研究》,《西亚非洲》2008 年第 4 期。

24. 龚微、洪永红:《南非电信立法及对中国的启示》,《西亚非洲》2005 年第 4 期。

25. 郭树理、周青山:《南非体育法律制度初探》,《西亚非洲》2007 年第 7 期。

26. 贺鉴:《阿尔及利亚与南非宪法人权保护之比较》,《求索》2010 年第 3 期。

27. 贺鉴:《北非阿拉伯国家的宪法变迁》,《湖南科技大学学报》(社会科学版)2011 年第 3 期。

28. 贺鉴:《北非国家社会主义宪法述评》,《当代世界与社会主义》2010 年第 4 期。

29. 贺鉴:《大陆法系对英语非洲国家宪法的影响——以德、法两国宪法对南非宪法的影响为例》,《湖南科技大学学报》(社会科学版)2010 年第 2 期。

30. 贺鉴:《非洲区域性国际人权保护制度评价》,《中华社科论坛》2005 年第 3 期。

31. 贺鉴:《论非洲法律文化研究中的法系问题》,《湘潭大学学报》(哲学社会科学版)2010 年第 2 期。

32. 贺鉴:《论非洲人权法对国际人权保护的贡献》,《贵州师范大学学报》2002 年第 6 期。

33. 贺鉴:《论盖卡卡法庭对卢旺达国际刑事法庭及其在国际人权保护中的作用》,《西亚非洲》2005 年第 1 期。

34. 贺鉴：《论欧洲人权保护中的个人申诉制度及其对非洲的借鉴作用》，《当代法学》2002 年第 1 期。

35. 贺鉴：《南非对华移民政策和法律控制之浅探》，《常德师范学院学报》2001 年第 3 期。

36. 贺鉴：《南非 1996 年宪政法律制度述评——以西方四国宪法对南非新宪法的影响为视角》，《当代世界与社会主义》2009 年第 2 期。

37. 贺鉴：《欧、美、非等区域性国际人权保护内容评介》，《毛泽东邓小平理论研究》2005 年第 4 期。

38. 贺鉴、洪永红：《论欧洲和非洲人权保护制度对国籍法主体的挑战》，《广西政法管理干部学院学报》2003 年第 2 期。

39. 贺鉴、石慧：《埃及和阿尔及利亚投资法比较》，《阿拉伯世界》2003 年第 2 期。

40. 贺鉴、汪翱：《从冷战后非洲维和看联合国维和机制的发展——由卢旺达大屠杀与达尔富尔危机引发的思考》，《当代世界与社会主义》2007 年第 5 期。

41. 洪永红：《阿尔及利亚投资法》，《阿拉伯世界》1998 年第 2 期。

42. 洪永红：《埃及与阿曼的私人投资法比较》，《河北法学》2000 年第 2 期。

43. 洪永红：《非洲大陆法系国家法律特征初探》，《河北法学》2001 年第 2 期。

44. 洪永红：《非洲法律现代化》，《西亚非洲》1998 年第 1 期。

45. 洪永红：《非洲国家吸引外资的基石》，《西亚非洲》2002 年第 6 期。

46. 洪永红：《非洲四国新投资法比较》，《国际经济合作》1999 年第 9 期。

47. 洪永红：《非洲习惯法初探》，《比较法研究》2001 年第 2 期。

48. 洪永红：《非洲习惯法立法形式》，《西亚非洲》2000 年第 2 期。

49. 洪永红：《关于非洲的法系问题》，《文史博览》2005 年第 12 期。

50. 洪永红：《建立卢旺达国际刑事法庭的历史考察》，载曾宪义主编《法律文化研究》第 5 卷，中国人民大学出版社，2009。

51. 洪永红：《借鉴加纳经验，以法律手段收回银行不良债权》，《河北法学》2000 年第 5 期。

52. 洪永红：《尼日利亚现行国籍法评析》，《西亚非洲》1998 年第 2 期。

53. 洪永红：《论独立后津巴布韦习惯法新趋势》，《西亚非洲》2009 年第 12 期。

54. 洪永红：《论非洲习惯法的现代化》，载陈金钊、谢晖方编《民间法》第 1 卷，山东人民出版社，2002。

55. 洪永红：《论卢旺达国际刑事法庭的管辖权》，《河北法学》2008 年第 8 期。

56. 洪永红：《论卢旺达国际刑事法庭对国际刑法发展的贡献》，《河北法学》2007 年第 1 期。

57. 洪永红：《论卢旺达国际刑事法庭管辖的国际犯罪》，载黄明儒主编《潇湘刑事法论丛》第 3 卷，湘潭大学出版社，2009。

58. 洪永红：《论南非移民法对非法移民的法律控制》，载胡平仁主编《湘江法律评论》第 8 卷，湘潭大学出版社，2009。

59. 洪永红：《论殖民时期葡萄牙法对非洲习惯法之影响》，《湘潭大学学报》（哲学社会科学版）2001 年第 1 期。

60. 洪永红：《南非调解与仲裁委员会初探》，《河北法学》2008 年第 12 期。

61. 洪永红：《南非法学教育体系考察记》，《西亚非洲》2007 年第 10 期。

62. 洪永红：《南非公司并购监管法律制度研究》，《武陵学刊》2010 年第 4 期。

63. 洪永红：《南非和美国关于承认和执行外国法院判决的比较》，《湘潭大学学报》（哲学社会科学版）1999 年第 5 期。

64. 洪永红：《南非"金融情报中心法"评析》，《西亚非洲》2003 年第 6 期。

65. 洪永红：《努力促进中国特色的非洲法研究》，《西亚非洲》1999 年第 1 期。

66. 洪永红：《试论卢旺达国际刑事法庭的合法性》，《西亚非洲》2008 年第 9 期。

67. 洪永红：《殖民时期加纳的本土法与英国法》，《西亚非洲》1999 年第 3 期。

68. 洪永红：《中非人权观比较》，《西亚非洲》2001 年第 2 期。

69. 洪永红、郭莉莉：《南非公司并购监管法律制度研究》，《武陵学刊》

2010 年第 4 期。

70. 洪永红、贺鉴：《论非洲人权法院对欧美人权法院的借鉴——个体与非政府组织参与人权诉讼》，《法学杂志》2002 年第 6 期。

71. 洪永红、贺鉴：《论欧、美、非区域性人权保护制度》，《湘潭大学学报》（哲学社会科学版）2004 年第 6 期。

72. 洪永红、贺鉴：《伊斯兰教法与伊斯兰国家法律现代化》，《阿拉伯世界》2002 年第 1 期。

73. 洪永红、瞿栋：《论殖民时期法国法在撒哈拉以南非洲的移植》，《西亚非洲》2006 年第 1 期。

74. 洪永红、李雪冬：《中非法律交往五十年的历史回顾与前景展望》，《西亚非洲》2010 年第 11 期。

75. 洪永红、刘婷：《尼罗河水资源之争：非洲的国籍法难题》，《中国社会科学报》2010 年第 6 期。

76. 洪永红、周严：《非洲人权与民族权法院述评》，《西亚非洲》2007 年第 1 期。

77. 洪永红、周益兰：《南非调解仲裁委员会初探》，《河北法学》2008 年第 12 期。

78. 侯宇清：《南非宪法法院社会经济权利保护》，《求索》2010 年第 11 期。

79. 赖早兴：《非洲死刑的存废——现状、状态与国际因素》，《西亚非洲》2005 年第 3 期。

80. 赖早兴、洪细根：《国际因素与尼日利亚的反腐败实践》，《西亚非洲》2006 年第 7 期。

81. 李伯军：《从军事打击利比亚看国际干预的法律标准》，《法治研究》2012 年第 9 期。

82. 李伯军：《非盟宪章下之"干涉权"探析》，《河北法学》2008 年第 4 期。

83. 李伯军：《非洲国际法初探》，《西亚非洲》2006 年第 2 期。

84. 李伯军：《非洲国家的律师制度》，《河北法学》2007 年第 3 期。

85. 李伯军：《非洲国家与国际海洋法的发展》，《西亚非洲》2010 年第 5 期。

86. 李伯军：《非洲民族国家建构中的"失败国家"与国际法》，《求索》2010 年第 2 期。

87. 李伯军：《使用武力打击索马里海盗存在的国际法问题》，《湘潭大学学报》（哲学社会科学版）2012 年第 4 期。

88. 李伯军：《索马里海盗、普遍管辖权与集体安全》，《社科纵横》2012 年第 9 期。

89. 李伯军、石婷：《非洲妇女在武装冲突中遭受性暴力的人权保护法律问题及对策》，《广州大学学报》2012 年第 5 期。

90. 李伯军、谭观秀：《非洲国家的法律援助制度评析》，《西亚非洲》2007 年第 4 期。

91. 李鼎楚：《非洲法研究的限度——之于中国法治建设意义的有限》，《求索》2008 年第 3 期。

92. 李小燕：《南非体育立法研究》，载洪永红主编《非洲法评论》第 1 卷，湘潭大学出版社，2015。

93. 连光阳：《南非诉讼时效期间制度研究——基于比较法的视野》，载梁慧星主编《民商法论丛》第 64 卷，法律出版社，2017。

94. 刘进：《南非竞争法执法体系与实践述评》，《西亚非洲》2008 年第 6 期。

95. 刘丽：《南非平等权的宪法保护及启示——以霍弗曼诉南非航空公司案为例》，《西亚非洲》年 2006 第 3 期。

96. 刘丽、倪洪涛：《南非充分受教育权原则制之辨》，《西亚非洲》2004 年第 4 期。

97. 刘友华、李雨维：《南非药品专利保护历程、改革与借鉴》，载洪永红主编《非洲法评论》第 2 卷，湘潭大学出版社，2016。

98. 卢徽：《论中非人权法所共有的集体的人权观》，《湘潭大学学报》（哲学社会科学版）2002 年第 S2 期。

99. 彭峰：《法律进化与环境法法典化的未来》，《东方法学》2010 年第 6 期。

100. 彭峰：《法语非洲国家环境法的进化之路》，《环境经济》2011 年第 5 期。

101. 覃斌武：《非洲国家进行跨国诉讼的策略分析——以"利比亚诉高盛

案"为分析对象》，载洪永红主编《非洲法评论》第 2 卷，湘潭大学出版社，2016。

102. 王奎：《南非的死刑废除：历史、根据与特征》，《西亚非洲》2006 年第 9 期。

103. 王奎：《南非习惯法的历史发展》，《佛山科学技术学院学报》（社会科学版）2011 年第 1 期。

104. 王霞、吴勇：《肯尼亚的纳税人诉讼——公共资金支出权的司法审查》，《河北法学》2007 年第 11 期。

105. 吴勇：《非洲环境法简析》，《西亚非洲》2008 年第 5 期。

106. 吴勇：《非洲环境法浅析》，《西亚非洲》2003 年第 10 期。

107. 吴勇、王霞：《TRIPS 与非洲植物品种保护》，《电子知识产权》2005 年第 1 期。

108. 席逢遥：《南非法律体系与刑罚执行制度历史变迁及启示》，《中国司法》2013 年第 6 期。

109. 夏新华：《冲突与调适：南非混合法形成的历史考察》，《河北法学》2002 年第 3 期。

110. 夏新华：《从"非洲法系"到"非洲混合法系"——再论非洲法研究中的法系问题》，《比较法研究》2014 年第 6 期。

111. 夏新华：《非洲的传统社会与法律文化》，载曾宪义主编《法律文化研究》第 1 辑，中国人民大学出版社，2005。

112. 夏新华：《非洲法律文化现代化的思考》，《西亚非洲》2006 年第 1 期。

113. 夏新华：《非洲法律文化研究初探》，《环球法律评论》2006 年第 2 期。

114. 夏新华：《非洲法律文化研究的理论辨析》，《法学家》2006 年第 2 期。

115. 夏新华：《非洲法律文化之变迁》，《比较法研究》1999 年第 2 期。

116. 夏新华：《古埃及法研究新探》，《法学家》2004 年第 3 期。

117. 夏新华：《美国宪政主义与 20 世纪非洲宪政的发展》，《法制与社会发展》2005 年第 1 期。

118. 夏新华：《肯尼亚奥蒂罗安葬权案评析》，《河北法学》1999 年第

5 期。

119. 夏新华：《勒内·达维德与〈埃塞俄比亚民法〉》，《西亚非洲》2008 年第 1 期。

120. 夏新华：《论 8～16 世纪伊斯兰教法在黑非洲的移植》，《湘潭大学学报》（哲学社会科学版）1999 年第 4 期。

121. 夏新华：《论埃及混合法庭的历史地位》，《西亚非洲》2004 年第 2 期。

122. 夏新华：《论埃及混合法院》，载韩延龙主编《法律史论集》第 5 卷，法律出版社，2003。

123. 夏新华：《论非洲法律发展中的本土法与外来法》，《辽宁大学学报》（哲学社会科学版）2010 年第 1 期。

124. 夏新华：《论非洲习惯法的概念与特征》，《西亚非洲》1999 年第 3 期。

125. 夏新华：《论加纳法文化的历史变迁》，《辽宁大学学报》2007 年第 1 期。

126. 夏新华：《论南非法制变革趋势》，《西亚非洲》2000 年第 1 期。

127. 夏新华：《论殖民时代西方法在非洲的移植》，《西亚非洲》1998 年第 2 期。

128. 夏新华：《南非环境立法简介》，《西亚非洲》2001 年第 6 期。

129. 夏新华：《南非新内幕交易法评析》，《湘潭大学学报》（哲学社会科学版）2002 年第 2 期。

130. 夏新华：《苏丹丁卡人习惯法研究》，载胡平仁主编《湘江法律评论》第十卷，湘潭大学出版社，2011。

131. 夏新华：《新南非环境立法与人权保护》，《湖南省政法管理干部学院学报》2002 年第 4 期。

132. 夏新华：《英国法在非洲的本土化》，《西亚非洲》2001 年第 3 期。

133. 夏新华：《政治转型时期埃及的宪法危机及启示》，《湖南师范大学社会科学学报》2015 年第 5 期。

134. 夏新华、贲向前：《津巴布韦马嘎亚遗产继承权案》，《中国审判》2007 年第 4 期。

135. 夏新华、甘正气：《法律全球化与非洲法的发展趋势》，《华东政法学院学报》2005 年第 5 期。

136. 夏新华、郭兰英：《从奥蒂罗案看英国法对非洲的影响》，《西亚非洲》1999 年第 1 期。

137. 夏新华、何志辉：《口头法与非洲传统法律文化》，《湘潭大学学报》（哲学社会科学版）2006 年第 3 期。

138. 夏新华、刘星：《论南非法律体系的混合特性》，《时代法学》2010 年第 4 期。

139. 夏新华、彭妍艳：《论非洲法律的区域化》，《西亚非洲》2010 年第 1 期。

140. 夏新华、彭妍艳：《遭警察轮奸的女士告倒南非安全部长》，《中国审判》2007 年第 1 期。

141. 夏新华、肖海英：《非洲法律文化的历史演进——首届"非洲法律与社会发展变迁"国际研讨会述评》，《华东政法大学学报》2010 年第 2 期。

142. 夏新华、阎云峰：《东非三国的法律教育》，《西亚非洲》2003 年第 1 期。

143. 夏新华、张怀印：《尼日利亚的法律教育》，《西亚非洲》2004 年第 1 期。

144. 肖海英：《社会主义思潮对非洲宪政发展的影响》，《郑州航空工业管理学院学报》2011 年第 5 期。

145. 肖海英：《新南非劳动关系的形成及其法律保护》，《湘潭大学学报》（哲学社会科学版）2014 年第 10 期。

146. 肖海英、夏新华：《非洲传统宗教与习惯法的发展》，《河南政法干部管理学院学报》2011 年第 2 期。

147. 肖伟志：《南非公民受义务教育权的标准及实现》，《西亚非洲》2013 年第 12 期。

148. 肖文黎：《中美人权较量中非洲对中国的支持》，《西亚非洲》2002 年第 2 期。

149. 肖文黎、贺鉴：《论中美国际人权斗争中非洲支持中国的原因》，《湘潭大学学报》（哲学社会科学版）2005 年第 3 期。

150. 颜美芳：《伊斯兰教法与乌干达法律文化之变迁》，《文史博览》2012

年第 3 期。

151. 颜运秋:《非洲司法制度的本土化与外来化》,《西亚非洲》2000 年第 4 期。

152. 颜运秋、洪永红:《非洲诉讼法的特征》,《西亚非洲》2000 年第 3 期。

153. 颜运秋、王泽辉:《非洲国家外商投资法的基本特征》,《外交学院学报》2005 年第 2 期。

154. 颜运秋、周晓明:《非洲国家税法对外资的影响分析》,《河北法学》2007 年第 5 期。

155. 杨凯:《南非刑法的渊源与罪刑法定原则》,《河南省公安高等专科学校学报》2002 年第 8 期。

156. 叶自强:《论非洲民事审判组织及其决案原则》,《河北法学》1992 年第 2 期。

157. 曾龙、贺鉴:《论非洲的集体人权观与第三代人权的确认》,《河北法学》2007 年第 2 期。

158. 曾琼:《加纳法院对仲裁活动的介入权述评》,《西亚非洲》2008 年第 5 期。

159. 张宝:《南非的环境公益诉讼》,《世界环境》2010 年 1 期。

160. 张怀印:《埃及投资法律体系及其特点》,《西亚非洲》2006 年第 3 期。

161. 张怀印:《从 2008 年大选透视加纳宪政民主的发展》,《西亚非洲》2013 年第 9 期。

162. 张怀印:《尼日利亚宪法述评》,《河北法学》2007 年第 9 期。

163. 张怀印:《尼日利亚宪政制度初探》,《湖南科技大学学报》2004 年第 8 期。

164. 张怀印:《尼日利亚伊斯兰刑法述评——从阿米娜"石刑"谈起》,《长春工业大学学报》2007 年第 1 期。

165. 张怀印:《论埃及投资法对埃及经济发展的影响》,《阿拉伯世界研究》2007 年第 3 期。

166. 张怀印:《全球化与南非的知识产权保护》,《学术界》2007 年第 3 期。

167. 张怀印、胥胜超：《从 2008 年大选透视加纳宪政民主的发展》，《西亚非洲》2011 年第 4 期。

168. 张怀印、杨柳青：《当代非洲宪政制度改革探析》，《广西警官高等专科学校学报》2012 年第 10 期。

169. 张怀印、姚远光：《南非驰名商标保护第一案：麦当劳案》，《河南科技大学学报》2009 年第 4 期。

170. 张怀印、张明磊：《埃及投资法的新近发展》，《长春工业大学学报》2006 年第 1 期。

171. 张立平：《南非律师制度初探》，《河北法学》2008 年第 2 期。

172. 张立平：《南非律师制度初探》，《河北法学》2008 年第 2 期。

173. 张敏纯、张宝：《非洲环境权入宪的实践及其启示》，《求索》2011 年第 4 期。

174. 张小虎：《论古埃及〈亡灵书〉及其法文化价值》，《原生态民族文化学刊》2011 年第 12 期。

175. 张小虎：《论南非公民环境权的司法保障》，载梁慧星主编《民商法论丛》第 64 卷，法律出版社，2017。

176. 张小虎：《论 1948 年〈埃及民法典〉之所有权制度的罗马法渊源》，《南华大学学报》（社会科学版）2011 年第 8 期。

177. 张小虎：《1948 年〈埃及民法典〉：冲突与融合的二重奏》，载梁慧星主编《民商法论丛》第 61 卷，法律出版社，2016。

178. 张小虎：《1948 年〈埃及民法典〉制订的历史考察》，载里赞主编《法律史评论》第 5 卷，法律出版社，2012。

179. 张小虎：《浅析 1948 年〈埃及民法典〉的仿效对象与编纂模式》，《湖南工程学院学报》（哲学社会科学版）2013 年第 4 期。

180. 张小虎：《私法的世俗化，抑或公法的伊斯兰化？——〈埃及民法典〉第 226 条的存废之争》，载程波主编《湘江法律评论》第 11 卷，湘潭大学出版社，2014。

181. 张小虎：《中非关系与中非法律合作述评》，《文史博览》2011 年第 7 期。

182. 章育良：《论非洲区域性人权保护机制》，《河北法学》2007 年第 4 期。

183. 郑飞：《坦桑尼亚证据法改革（一）：社会与法律体挑战》，载洪永红主编《非洲法评论》第 1 卷，湘潭大学出版社，2015。

184. 周琦、成璐：《探析非洲特色的维和机制》，《求索》2012 年第 4 期。

185. 周琦、贺鉴：《非洲军人政权对国家宪法变迁与宪政发展的影响》，《求索》2011 年第 10 期。

186. 周青山、刘丹江：《让体育远离法庭：南非足球联盟纠纷解决委员会——南非和非洲体育纠纷解决的模范》，载洪永红主编《非洲法评论》第 2 卷，湘潭大学出版社，2016。

187. 朱伟东：《OHADA 在喀麦隆的经验：普通法法律人士特别关注的领域》，载梁慧星主编《民商法论丛》第 56 卷，法律出版社，2011。

188. 朱伟东：《OHADA 仲裁法律制度述评》，载董松根主编《仲裁与法律》第 110 辑，法律出版社，2008。

189. 朱伟东：《埃及仲裁法介评》，载王文英主编《仲裁与法律》第 121 辑，法律出版社，2012。

190. 朱伟东：《东非共同体三国投资法规》，《中国经贸》2001 年第 9 期。

191. 朱伟东：《多元法律背景下的苏丹冲突法》，《河北法学》2007 年第 12 期。

192. 朱伟东：《多元法律背景下的苏丹法律冲突法》，《河北法学》2007 年第 12 期。

193. 朱伟东：《非洲地区一体化进程中的法律一体化》，《西亚非洲》2013 年第 1 期。

194. 朱伟东：《非洲国际商法统一化与协调化》，《西亚非洲》2003 年第 3 期。

195. 朱伟东：《非洲国际私法》，《北大国际法与比较法评论》第 7 卷，北京大学出版社，2005。

196. 朱伟东：《非洲国际私法的历史、现状和未来》，载梁慧星主编《民商法论丛》第 43 卷，法律出版社，2009。

197. 朱伟东：《非洲国家的二元婚姻法律制度》，载梁慧星主编《民商法论丛》第 39 卷，法律出版社，2008。

198. 朱伟东：《非洲合同法的趋势》，载胡平仁主编《湘江法律评论》第 8 卷，湘潭大学出版社，2009。

199. 朱伟东：《非洲商法协调组织述评》，《西亚非洲》2009 年第 1 期。

200. 朱伟东：《国际法与非洲国家国内法的关系》，《西亚非洲》2005 年第 5 期。

201. 朱伟东：《国际法在非洲国家国内法中的地位和作用》，《国际法学》2005 年第 3 期。

202. 朱伟东：《国际法在非洲国家国内法中的地位和作用》，《时代法学》2004 年第 6 期。

203. 朱伟东：《国际私法与非洲经济共同体：呼吁更大的关注》，载梁慧星主编《民商法论丛》第 51 卷，法律出版社，2011。

204. 朱伟东：《海牙国际私法会议与非洲国际私法的发展：呼吁合作》，载梁慧星主编《民商法论丛》第 50 卷，法律出版社，2011。

205. 朱伟东：《津巴布韦"土地征收案"评析》，《西亚非洲》2013 年第 12 期。

206. 朱伟东：《开罗地区国际商事仲裁中心主持下的仲裁及其他 ADR 程序》，载王文英主编《仲裁与法律》第 120 辑，法律出版社，2011。

207. 朱伟东：《尼日利亚的普通法仲裁浅谈》，《河北法学》2003 年第 5 期。

208. 朱伟东：《尼日利亚法院处理涉外民商事案件的理论与实践》，《河北法学》2005 年第 4 期。

209. 朱伟东：《尼日利亚法院处理涉外民商事案件的理论与实践》，《河北法学》2005 年第 4 期。

210. 朱伟东：《尼日利亚法院对涉外商事案件准据法的确定》，《湘潭大学学报》（哲学社会科学版）2000 年第 1 期。

211. 朱伟东：《尼日利亚法院行使涉外诉讼管辖权的依据》，《西亚非洲》2001 年第 6 期。

212. 朱伟东：《莫桑比克仲裁法对国际商事仲裁的便利性》，《仲裁与法律》2009 年第 8 期。

213. 朱伟东：《南部非洲国际私法的历史与未来》，载梁慧星主编《民商法论丛》第 39 卷，法律出版社，2008。

214. 朱伟东：《南非对涉外离婚案件管辖权的确定》，《河北法学》年 2005 第 4 期。

215. 朱伟东：《南非法律冲突的解决：普通法与习惯法的协调》，载谢晖、陈金钊主编《民间法》第 4 卷，山东人民出版社，2005。

216. 朱伟东：《南非法院对涉外离婚案件的处理》，《西亚非洲》2008 年第 7 期。

217. 朱伟东：《南非法院对外国判决的承认和执行》，《西亚非洲》2001 年第 3 期。

218. 朱伟东：《南非法院对外国仲裁裁决的承认和执行》，《涉外仲裁司法审查》2006 年第 3 期。

219. 朱伟东：《南非法院对外国仲裁裁决的承认和执行》，《仲裁研究》2005 年第 6 期。

220. 朱伟东：《南非法院对外国仲裁裁决的承认和执行》，《仲裁研究》2005 年第 3 期。

221. 朱伟东：《南非法院有关涉外金钱诉讼的管辖权规则》，载陈光中主编《诉讼法论丛》第 11 卷，法律出版社，2006。

222. 朱伟东：《南非国际民事司法协助浅谈》，《西亚非洲》2003 年第 4 期。

223. 朱伟东：《南非国际私法中的住所制度》，载李双元主编《国际法与比较法论丛》第 17 辑，中国检察出版社，2007。

224. 朱伟东：《南非海事诉讼中的不方便法院原则》，《西亚非洲》2004 年第 3 期。

225. 朱伟东：《南非涉外婚姻关系的法律适用》，《西亚非洲》2007 年第 5 期。

226. 朱伟东：《南非涉外结婚的法律适用》，《西亚非洲》2006 年第 7 期。

227. 朱伟东：《南非投资促进与保护法述评》，《西亚非洲》2011 年第 3 期。

228. 朱伟东：《撒哈拉以南非洲投资：国际仲裁在解决投资争议中的作用》，载王文英主编《仲裁与法律》第 123 辑，法律出版社，2011。

229. 朱伟东：《苏丹仲裁法述评》，《仲裁研究》2011 年第 7 期。

230. 朱伟东：《在悍马的阴影之下：国际仲裁和公共政策例外》，载董松根主编《仲裁与法律》第 106 辑，法律出版社，2008。

231. 朱伟东：《中非贸易与投资及法律交流》，《河北法学》2008 年第

6 期。

232. 朱伟东：《中国与非洲民商事法律纠纷及其解决》，《西亚非洲》2012年第 3 期。

233. 邹琳：《乌干达与中国专利审查制度比较研究》，载洪永红主编《非洲法评论》第 2 卷，湘潭大学出版社，2016。

后 记

　　本书在编辑过程中得到湖南师范大学法学院硕士研究生陈兵、何颖冰、章家好、罗啸、张紫涵，以及本科生丁广宇、陈仁鹏等同学在文稿校对方面的协助；入选论文亦得到作者的授权许可，在此一并致谢。不周之处，请批评指正。

夏新华

编辑部章程

第一章 总则

第一条 《法律文化研究》是由中国人民大学法律文化研究中心与北京市法学会中国法律文化研究会组织编写、曾宪义法学教育与法律文化基金会资助、社会科学文献出版社出版的学术集刊。

第二条 《法律文化研究》编辑部（以下简称编辑部）负责专题的策划、征稿、审定、编辑、出版等事宜。

第三条 《法律文化研究》为年刊或半年刊，每年出版一或二辑。

第二章 组织结构

第四条 编辑部由编辑部主任一名、副主任两名、编辑若干名组成。编辑部主任负责主持编辑部的日常工作，统筹《法律文化研究》刊物的总体策划与协调。

第五条 《法律文化研究》实行各辑主编责任制，负责专题的拟定、申报（或推荐）和稿件编辑工作。每辑主编采取自荐或者他人推荐的方式，经编辑部讨论后确定。

第六条 编辑部成员须履行下列义务：1. 遵守编辑部章程；2. 积极参加编辑部的各项活动，连续两年不参加活动者视为自动退出。

第七条 编辑部每年召开一次编务会议，审议稿件并讨论第二年的工作计划。

第三章　经费使用

第八条　编辑部经费来源于曾宪义法学教育与法律文化基金会。

第九条　编辑部给予每辑主编一定的编辑费用，由各辑主编负责编辑费用的管理、支配和使用，并按照主办单位的财务要求进行报销。

第十条　本刊不向作者收取任何费用，也不支付稿酬。作品一旦刊发，由编辑部向主编赠送样刊 30 本，向作者赠送样刊 2 本。

第四章　附则

第十一条　本章程由《法律文化研究》编辑部负责解释。

第十二条　本章程自 2014 年 4 月 1 日起施行。

征稿启事

　　《法律文化研究》发刊于2005年，是由曾宪义教授主编，中国人民大学法律文化研究中心、曾宪义法学教育与法律文化基金会组织编写的学术集刊。自创刊以来，承蒙学界同人的支持，至2010年已出版六辑，并获得学界的肯定，在此向支持本刊的各位专家学者致以诚挚的感谢。

　　自2014年度起，本刊改版续发，每年年底由中国人民大学法律文化研究中心、北京市中国传统法律文化研究会组织，编辑部审议所申报的选题，并决定次年的出版专题。文集由曾宪义法学教育与法律文化基金会资助，社会科学文献出版社出版，每年出版一或二辑。选题来源于各位同人的申报以及编辑部成员的推荐，申报者自任主编，实行主编负责制。

　　改版后的《法律文化研究》，向海内外学界同人诚恳征稿。

注释体例

一　中文文献

（1）专著

标注格式：责任者及责任方式，文献题名/卷册，出版者，出版时间，页码。

示例：

侯欣一：《从司法为民到人民司法——陕甘宁边区大众化司法制度研究》，中国政法大学出版社，2007，第 24 ~ 27 页。

桑兵主编《各方致孙中山函电》第 3 卷，社会科学文献出版社，2012，第 235 页。

（2）析出文献

1）论文集、作品集及其他编辑作品

标注格式：析出文献著者，析出文献篇名，文集责任者与责任方式/文集题名/卷册，出版者，出版时间，页码。

示例：

黄源盛：《民初大理院民事审判法源问题再探》，载李贵连主编《近代法研究》第 1 辑，北京大学出版社，2007，第 5 页。

2）期刊

标注格式：责任者，文章篇名，期刊名/年期（或卷期、出版年月）。

示例：

林建成：《试论陕甘宁边区的历史地位及其作用》，《民国档案》1997

年第 3 期。

3）报纸

标注格式：责任者，文章篇名，报纸名/出版年、月、日，版次。

示例：

鲁佛民：《对边区司法工作的几点意见》，《解放日报》1941 年 11 月 15 日，第 3 版。

＊同名期刊、报纸应注明出版地。

（3）转引文献

无法直接引用的文献，转引自他人著作时，须标明。

标注格式：责任者，文献题名，转引文献责任者与责任方式，转引文献题名/卷册，出版者，出版时间，页码。

示例：

章太炎：《在长沙晨光学校演说》（1925 年 10 月），转引自汤志钧《章太炎年谱长编》下册，中华书局，1979，第 823 页。

（4）未刊文献

1）学位论文

标注格式：责任者，文献题名，类别，学术机构，时间，页码。

示例：

陈默：《抗战时期国军的战区——集团军体系研究》，博士学位论文，北京大学历史学系，2012，第 134 页。

2）会议论文

标注格式：责任者，文献题名，会议名称，会议地点，召开时间。

示例：

马勇：《王爷纷争：观察义和团战争起源的一个视角》，政治精英与近代中国国际学术研究会会议论文，2012 年 4 月，第 9 页。

3）档案文献

标注格式：文献题名，文献形成时间，藏所，卷宗号或编号。

示例：

《席文治与杜国瑞土地纠纷案》，陕西省档案馆藏，档案号：15/1411。

（5）电子、网上文献

1）光盘（CD－ROM）图书

引证光盘文献除了标示责任者、作品名称、出版信息外，还应标示出该文献的出版媒介（CD – ROM）。

2）网上数据库

标注格式：责任者，书名/题名，出版者/学术机构，时间，页码，数据来源。

示例：

邱巍：《吴兴钱氏家族研究》，浙江大学博士论文，2005 年，第 19 页。据中国优秀博硕士学位论文全文数据库：http：//ckrd. cnki. net/grid20/Navigator. aspxID = 2。

3）网上期刊等

网上期刊出版物包括学术期刊、报纸、新闻专线等，引用时原则上与引用印刷型期刊文章的格式相同，另需加上网址和最后访问日期。

示例：

王巍：《夏鼐先生与中国考古学》，《考古》2010 年第 2 期，http：//mall. cnki. net/magazine/Article/KAGU201002007. htm，最后访问日期：2012 年 6 月 3 日。

（6）古籍

1）刻本

标注格式：责任者与责任方式，文献题名/卷次，版本，页码。

示例：

张金吾编《金文最》卷一一，光绪十七年江苏书局刻本，第 18 页 b。

2）点校本、整理本

标注格式：责任者与责任方式，文献题名/卷次，出版地点，出版者，出版时间，页码。

示例：

苏天爵辑《元朝名臣事略》卷一三《廉访使杨文宪公》，姚景安点校，中华书局，1996，第 257 ~ 258 页。

3）影印本

标注格式：责任者与责任方式，文献题名/卷次，出版地点，出版者，出版时间，（影印）页码。

示例：

杨钟羲：《雪桥诗话续集》卷五上册，辽沈书社，1991 年影印本，第 461 页下栏。

4）析出文献

标注格式：责任者，析出文献题名，文集责任者与责任方式，文集题名/卷次，版本或出版信息，页码。

示例：

《清史稿》卷二三〇《范文程传》，中华书局点校本，1977，第 31 册，第 9352 页。

5）地方志

唐宋时期的地方志多系私人著作，可标注作者；明清以后的地方志一般不标注作者，书名前冠以修纂成书时的年代（年号）。

示例：

民国《上海县续志》卷一《疆域》，第 10 页 b。

同治《酃县志》卷四《炎陵》，收入《中国地方志集成·湖南府县志辑》第 18 册，江苏古籍出版社影印本，2002，第 405 页。

6）常用基本典籍，官修大型典籍以及书名中含有作者姓名的文集可不标注作者，如《论语》、二十四史、《资治通鉴》、《全唐文》、《册府元龟》、《清实录》、《四库全书总目提要》、《陶渊明集》等。

7）编年体典籍，可注出文字所属之年月甲子（日）。

示例：

《清太祖高皇帝实录》卷一〇，天命十一年正月己酉，中华书局，1986 年影印本。

﹡卷次可用阿拉伯数字标示。

二　外文文献

引证外文文献，原则上使用该语种通行的引证标注方式。兹列举英文文献标注方式如下。

（1）专著

标注格式：责任者与责任方式，文献题名（斜体）（出版地点：出版社，出版年代），页码。

示例：

Stewart Banner, *How the Indians Lost Their Land*：*Law and Power on the Frontier* （Cambridge：Harvard University Press, 2005），p. 89.

引用三位以上作者合著作品时，通常只列出第一作者的姓名，其后以"et al."省略其他著者姓名。

示例：

Randolph Quirk et al., *A Comprehensive Grammar of the English Language* （New York：Longman Inc., 1985），p. 1143.

（2）译著

标注格式：责任者及责任方式，文献题名，译者（出版地点：出版者，出版时间），页码。

示例：

M. Polo, *The Travels of Marco Polo*, trans. by William Marsden （Hertfordshire：Cumberland House, 1997），pp. 55, 88.

（3）析出文献

1）论文集、作品集

标注格式：责任者，析出文献题名，编者，文集题名（出版地点：出版者，出版时间），页码。

示例：

R. S. Schfield, "The Impact of Scarcity and Plenty on Population Change in England," in R. I. Rotberg and T. K. Rabb, eds., *Hunger and History*：*The Impact of Changing Food Production and Consumption Pattern on Society* （Cambridge, Mass：Cambridge University Press, 1983），p. 79.

同一页两个相邻引文出处一致时，第二个引文可用"Ibid."代替。

2）期刊

标注格式：责任者，析出文献题名，期刊名，卷册（出版时间）：页码。

示例：

Douglas D. Heckathorn, "Collective Sanctions and Compliance Norms：A Formal Theory of Group Mediate Social Control," *American Sociological Review*

55（1990）：370.

（4）未刊文献

1）学位论文

标注格式：责任者，论文标题（Ph. D. diss. / master's thesis，提交论文的学校，提交时间），页码。

示例：

Adelaide Heyde, The Relationship between Self – esteem and the Oral Production of a Second Language（Ph. D. diss. , University of Michigan, 1979），pp. 32 – 37.

2）会议论文

标注格式：责任者，论文标题（会议名称，地点，时间），页码。

示例：

C. R. Graham, Beyond Integrative Motivation：The Development and Influence of Assimilative Motivation（paper represented at the TESOL Convention, Houston, TX, March 1984），pp. 17 – 19.

3）档案资料

标注格式：文献标题，文献形成时间，卷宗号或其他编号，藏所。

示例：

Borough of Worthing：Plan Showing Consecration of Burial Ground for a Cemetery, 1906 – 1919, H045/10473/B35137, National Archives.

C. R. Graham, Beyond Integrative Motivation：The Development and Influence of Assimilative Motivation（paper represented at the TESOL Convention, Houston, TX, March 1984），pp. 17 – 19.

图书在版编目（CIP）数据

法律文化研究. 第十一辑，非洲法律文化专题 / 夏
新华主编. -- 北京：社会科学文献出版社，2018.10
ISBN 978 - 7 - 5201 - 3079 - 0

Ⅰ.①法… Ⅱ.①夏… Ⅲ.①法律 - 文化研究 - 丛刊
②法律 - 文化研究 - 非洲 Ⅳ.①D909 - 55

中国版本图书馆 CIP 数据核字（2018）第 157329 号

法律文化研究 第十一辑:非洲法律文化专题

主　　编／夏新华

出 版 人／谢寿光
项目统筹／芮素平
责任编辑／芮素平　肖世伟

出　　版／社会科学文献出版社·社会政法分社（010）59367156
　　　　　地址：北京市北三环中路甲 29 号院华龙大厦　邮编：100029
　　　　　网址：www. ssap. com. cn
发　　行／市场营销中心（010）59367081　59367018
印　　装／三河市尚艺印装有限公司

规　　格／开 本：787mm × 1092mm　1/16
　　　　　印 张：22.5　字 数：363 千字
版　　次／2018 年 10 月第 1 版　2018 年 10 月第 1 次印刷
书　　号／ISBN 978 - 7 - 5201 - 3079 - 0
定　　价／98.00 元

本书如有印装质量问题，请与读者服务中心（010 - 59367028）联系